AF218758

PROPUESTAS PARA LA GESTIÓN DE SERVICIOS SANITARIOS

Directores

DAVID CANTARERO-PRIETO
JOAQUÍN CAYÓN-DE LAS CUEVAS

Coordinadora

PALOMA LANZA-LEÓN

PROPUESTAS PARA LA GESTIÓN DE SERVICIOS SANITARIOS

Editorial Aranzadi, S.A.U.
C/ Collado Mediano, 9
28231 Las Rozas (Madrid)
Tel: 91 602 01 82
e-mail: clienteslaley@aranzadilaley.es
https://www.aranzadilaley.es

Primera edición, 2024

Depósito Legal: M-11370-2024
ISBN versión impresa: 978-84-1162-899-0
ISBN versión electrónica: 978-84-1162-900-3
Incluye soporte electrónico

Diseño, Preimpresión e Impresión: Editorial Aranzadi, S.A.U.
Printed in Spain

Índice General

Página

Página

Página

Capítulo 1

Los desafíos económicos de la gestión de los servicios sanitarios en tiempos de la medicina de precisión

PALOMA LANZA-LEÓN
Profesora e investigadora. Departamento de Economía. Universidad de Cantabria

DAVID CANTARERO-PRIETO
Catedrático de Universidad. Departamento de Economía. Universidad de Cantabria

La gestión sanitaria desde el punto de vista económico y su impacto es un tema muy importante en el ámbito de la salud pública. Su objetivo principal es garantizar una atención médica y enfermera de calidad a la población protegida, al mismo tiempo que gestionar de manera eficiente y equitativa todos los recursos disponibles. En este sentido, es necesario tener en cuenta que la gestión de este tipo de servicios no sólo depende de los recursos financieros disponibles, sino también de otros factores, como la política gubernamental y la cultura organizativa, determinantes que sirven de apoyo a la sostenibilidad del sistema sanitaria de un país a largo plazo. En nuestro estado de las autonomías, con un sistema que valora la atención médica y la salud, la gestión de los servicios sanitarios puede ser óptima y más efectiva, incluso con recursos limitados.

Precisamente, la gestión de los servicios sanitarios puede verse afectada de diferentes maneras en función del periodo económico en el que se encuentre un país. En este contexto, dicha gestión en un periodo caracterizado por la estabilidad económica se centra en la mejora de la calidad de la atención sanitaria, implementando estrategias como la adopción de tecnologías, la promoción de la atención centrada en el paciente y la mejora de los procesos clínicos y administrativos. Por el contrario, los procesos de gestión de servicios sanitarios vienen marcados por un periodo de medicina de precisión, incremento de gastos e incertidumbre y focalizado todo ello en la contención de los precios y, por ende, del gasto sanitario, lo que supone enfrentarse a cómo lograr la cobertura sanitaria universal con fondos limitados. Es decir, la gestión sanitaria puede variar en periodos de auge o recesión económica y, además, los sistemas de salud deben adaptarse a estas situaciones y a los desafíos económicos y reguladores del entorno en el que operan.

La existencia de determinados eventos adversos, como puede ser la inflación e incremento de los costes de financiación vivido en la actualidad debido, principalmente, al incremento de los precios de la energía, las tensiones en la cadena de suministro global y la guerra entre Rusia y Ucrania. Todo ello puede implicar un desequilibrio en la gestión de los servicios sanitarios, a pesar de haberse implementado medidas para su recuperación. Por estos motivos, la situación económica de Europa y, por ende, de España, se encuentra en un contexto de incertidumbre y volatilidad. En este sentido, cabe indicar que la inflación sanitaria es entendida como el incremento de los precios de bienes y servicios del sector en un determinado periodo de tiempo. En otras palabras, se puede definir la inflación en este campo como la disminución del valor del dinero con respecto a la cantidad de bienes y servicios sanitarios a comprar con él. Este hecho puede tener un impacto significativo y negativo en la gestión de los servicios sanitarios, tanto en el acceso a la atención médica y la capacidad de mantener los niveles de servicios como en los costes de los insumos para la prestación de servicios y sostenibilidad económica de los sistemas de salud.

Más concretamente, una de las principales implicaciones económicas de la inflación en la gestión de los servicios sanitarios es el aumento de los costes de los bienes y servicios que se necesitan para prestar atención sanitaria. En dichos períodos de inflación, los proveedores de servicios sanitarios pueden enfrentarse a varios desafíos a la hora de adquirir los equipos y suministros necesarios para brindar una atención de calidad a los pacientes, lo que puede resultar en una disminución de la disponibilidad de servicios, así como en un aumento de estos costes de atención sanitaria tanto para los pacientes como para los sistemas o servicios de salud. Cabe señalar que la reciente situación de escasez de oferta que tuvo lugar con la pandemia por COVID-19 generó grandes desafíos en la gestión de los servicios sanitarios de todo el mundo, afectando a la capacidad de mantener los niveles de servicios. Así, la falta de determinados suministros médicos como guantes, mascarillas, respiradores o gafas de seguridad, entre otros, puede perjudicar potencialmente la seguridad tanto de los profesionales sanitarios como de los pacientes. Por ello, sería importante establecer un presupuesto plurianual y realista, ajustando los gastos y la asignación a las áreas prioritarias de atención sanitaria.

De esta manera, la inflación puede afectar a la capacidad de los sistemas de salud para financiar la atención sanitaria al derivar en ajustes técnicos del presupuesto de un sistema sanitario, lo que afectará al grado de atención médica. Como se ha indicado anteriormente, en épocas de inflación, los precios de los bienes y servicios, en general, aumentan, lo que puede generar una disminución del poder adquisitivo de compra de los servicios de salud. Sin embargo, el encarecimiento de los precios puede considerarse una causa de crecimiento del gasto sanitario, como sucedió en los países de la Organización para la Cooperación y el Desarrollo Económicos (OCDE) en 2020 y 2021 como respuesta a la pandemia por COVID-19. Así, los sucesos acontecidos en los últimos meses, como los mayores costes de energía y transporte, entre otros, dieron como resultado en 2022 y 2023 una inflación más alta que en las últimas décadas en muchos países. En este sentido, es fundamental que las organizaciones sanitarias y, por ende, los responsables de su gestión estén preparados para hacer frente a los efectos de la inflación y ajustar sus estrategias y presupuestos en consecuencia para poder continuar proporcionando atención médica adecuada y de calidad a sus pacientes.

Cabe señalar que al igual que se produce una pérdida de poder adquisitivo para los sistemas de salud, también ocurre esto para los ciudadanos. Es el caso, por ejemplo, de los seguros de salud. Durante los periodos de alta inflación, como se ha mencionado anteriormente, los costes de atención sanitaria siguen una tendencia al alza, lo que puede derivar en aumentos de los precios de los seguros de cobertura sanitaria privada. Además, se produce una reducción de los ingresos disponibles de los hogares, de modo que el incremento de los costes supone un notable impacto en la capacidad de las personas a la hora de adquirir servicios de atención médica y acceder, por lo tanto, a los seguros de salud o, incluso, para mantenerlos. Más concretamente, el aumento de precio en los seguros de salud conlleva bien una reducción del número de seguros contratados bien una disminución del importe destinado a ellos. Por otro lado, esta pérdida de poder adquisitivo puede generar dificultades para acceder a la atención sanitaria, especialmente para aquellos que se encuentren en situaciones más desfavorecidas con menores ingresos y recursos.

En este momento cabe mencionar dos términos que los economistas utilizan con frecuencia, rigor y priorización. Es necesario conocer qué tareas son de suma importancia y que, por tanto, será de obligado y riguroso cumplimiento llevar a cabo. Este hecho se debe a que los recursos son limitados y, por tanto, es necesario establecer prioridades en la identificación y asignación de los mismos, garantizando la sostenibilidad económica del sistema sanitario. En la gestión efectiva y eficiente de los recursos sanitarios es importante determinar las áreas prioritarias de atención sanitaria, como pueden ser los tratamientos de determinadas enfermedades o los casos más urgentes. Además de la priorización, la optimización de procesos y del uso de los recursos humanos puede asegurar que estos estén disponibles para las mencionadas áreas prioritarias, así como en situaciones de mayor demanda. Asimismo, en la actualidad, con el gran peso que tiene la Inteligencia Artificial en muchos, por no decir que todos, los campos de nuestra vida, y, en especial, en la telemedicina, la utilización de la tecnología puede resultar ser un instrumento útil para optimizar la atención sanitaria y mejorar la eficiencia. De todos modos, no debe quedar en el olvido que la prevención y promoción de la salud también son formas efectivas para lograr disminuir los costes sanitarios, mejorando la salud de la población.

A continuación, se indican una serie de propuestas y estrategias que se consideran necesarias para hacer frente a las presiones crecientes que afrontan los sistemas sanitarios en la actualidad, marcadas por una alta inflación y el empuje de la medicina de precisión. Primero, se debe tener en consideración que nuestro Sistema Nacional de Salud se financia principalmente a través de impuestos, lo que significa que el Gobierno es el principal responsable de la financiación del sistema de salud. Así, en periodos de alta inflación, tal y como se ha indicado anteriormente, la financiación de los servicios sanitarios puede suponer un desafío importante. Para manejar esta compleja situación, se podría mejorar la eficiencia en la gestión de los servicios sanitarios e invertir en prevención para lograr una reducción de los costes y mejorar la salud de la población. Algunas acciones que se podrían llevar a cabo para lograr esta mejora serían reducir los tiempos de espera y mejorar la gestión de dichas listas, automatizar determinados procesos administrativos, hacer un mayor uso de la tecnología y optimizar el uso de los recursos humanos. Por otro lado, la colaboración y cooperación entre los sectores público y privado puede ser una forma efectiva de financiar los servicios sanitarios, ya que ambos sectores trabajan en conjunto con el fin común de proporcionar servicios sanitarios de alta calidad a la población. Así, el sector público puede aportar parte de sus infraestructuras y financiación, así como la regulación necesaria para garantizar que los servicios sanitarios sean accesibles y asequibles para todos los ciudadanos. Mientras tanto, el sector privado puede prestar servicios médicos en áreas donde el sector público no llega o tiene dificultades de acceso. Además, puede invertir en tecnologías avanzadas, equipos y recursos humanos, lo que puede mejorar la calidad de la atención sanitaria y reducir los tiempos y listas de espera para dicha atención. Asimismo, dado que los precios lógicamente aumentan en tiempos de alta inflación, fomentar la prevención y promoción de la salud es una manera eficaz de intentar reducir los costes de la atención sanitaria a largo plazo al reducir la necesidad de tratamiento y hospitalización. Relativo a la reducción de los costes de la prestación de servicios, se podría establecer una negociación de precios más bajos entre los sistemas de salud y los proveedores de servicios sanitarios con los proveedores de suministros y fármacos, ayudando a mejorar la sostenibilidad financiera del sistema.

En síntesis, la gestión de los servicios sanitarios en la actualidad en nuestro país se enfrenta a varios desafíos en el contexto económico debido a la situación de inflación actual, como pueden ser la asignación eficiente de los recursos disponibles o el aumento de los costes de la prestación de servicios de atención sanitaria tanto para los pacientes como para los sistemas o servicios de salud, entre otros. En este sentido, es esencial garantizar una atención sanitaria de calidad y sostenible en el tiempo.

Las perspectivas de abordaje son amplias, pero a fan de lograr una gestión efectiva de servicios sanitarios en tiempos de alta inflación es necesario establecer políticas y estrategias adecuadas de financiación, distribución y priorización de recursos y procesos. Asimismo, se recomienda la mejora y promoción de la eficiencia y eficacia en la prestación y gestión de los servicios de salud. En cuanto a los diferentes niveles de atención sanitaria, se requiere un fortalecimiento de la atención primaria de salud, al ser considerado un nivel fundamental en la gestión de los servicios sanitarios y, por ello, pudiendo contribuir a la prevención, detección y manejo temprano de enfermedades. Por otro lado, la planificación cuidadosa y la colaboración y cooperación entre los diferentes actores del sistema sanitario, así como la negociación de precios entre dicho sistema y los proveedores de servicios sanitarios con los proveedores de suministros y fármacos son fundamentales para obtener una gestión efectiva de los recursos limitados. Además, esta gestión implica evaluar el impacto económico de la atención médica para garantizar su sostenibilidad a largo plazo. Asimismo, estrategias de prevención y promoción de la salud también han de ser tenidas en cuenta no sólo en periodos de inflación y recesión económica, sino también en épocas de bonanza ya que ayudan a mejorar la salud de la población. En otras palabras, la nueva gestión sanitaria implica cambios en las alianzas actuales a fin de potenciar la eficiencia, autonomía (sin menoscabo de una jerarquización bien entendida) y dialogo, de modo que se reduzcan las actuales tensiones financieras y sociales dentro del sistema.

Capítulo 2

Gestión de servicios sanitarios: determinantes legales y tipología de personificaciones para su gestión directa

JOAQUÍN CAYÓN-DE LAS CUEVAS
Jefe del Servicio Jurídico de la Consejería de Salud. Gobierno de Cantabria
Director del Grupo de Investigación en Derecho Sanitario y Bioética
IDIVAL-Universidad de Cantabria

1. DETERMINANTES DE LA GESTIÓN SANITARIA: QUERER, TENER Y PODER

La implementación de una decisión en el ámbito de la salud generalmente requiere la conjugación de tres verbos: querer, poder y tener. Es muy posible que la preterición de uno de ellos frustre la decisión, por lo que no resulta descabellado tenerlos en mente a modo de sencillo recordatorio. Cuando hablamos de «*querer*», nos referimos a la imprescindible voluntad política para acometer un determinado proyecto. Sin perjuicio de la existencia de iniciativas *botton-up*, resulta indudable que la implementación de un determinado servicio o prestación sanitaria tiene como pre-requisito la conformidad de los responsables políticos de la administración competente.

Con el «*tener*» nos referimos a la capacidad presupuestaria para acometer la reforma deseada. En este sentido, la Ley 47/2003, de 26 de noviembre, General Presupuestaria, es tajante cuando prohíbe adquirir compromisos de gasto y obligaciones por cuantía superior al importe de los créditos autorizados en los estados de gastos, siendo nulos de pleno derecho los actos administrativos y las disposiciones generales con rango inferior a ley que incumplan esta limitación, sin perjuicio de las responsabilidades correspondientes (artículo 46). Dicha regla, no obstante, rige en el ámbito de los presupuestos limitativos y no en los estimativos que son propios de las entidades del sector público fundaciones y empresarial. En todo caso, resulta evidente la necesidad de respaldo económico-presupuestario para gestionar la actividad que se desee implementar.

Por último, y no menos importante, debe hacerse referencia al verbo «*poder*», que evocaría la viabilidad jurídica del proyecto en cuestión. La adecuación al ordenamiento jurídico de la acción a implementar forma parte de la receta precisa para su éxito o su fracaso, no ya solo por un prurito de legalidad formal sino también por eficiencia de la misma, afectando incluso al factor tiempo, que puede verse afectado en forma de recursos, impugnaciones o dilaciones derivadas de la retroacción de actuaciones.

Podemos afirmar, por todo ello, que la ausencia de algunos de estos tres condicionantes de la gestión sanitaria compromete gravemente la definitiva implementación de las acciones a llevar a cabo, razón por la cual constituyen tres perspectivas que no debieran perderse de vista en el diseño inicial de las misma.

En el presente trabajo queremos realizar una sucinta referencia a una de ellas: al verbo «poder», que enlaza inescindiblemente la gestión sanitaria con el Derecho, expresión que no es equivalente a «regulación». En otras palabras, el Derecho constituye un determinante de la gestión sanitaria, pese a que muchas veces no haya gozado de buena prensa entre los gestores. Ello probablemente tenga que ver con una visión reduccionista del Derecho como factor limitante sin apreciar su profundo potencial transformador. Muy posiblemente a ello hayan contribuido los propios juristas, muchas veces más preocupados por hacer «*Derecho defensivo*», que por emplear el formidable arsenal que ofrece el ordenamiento jurídico. Por Derecho defensivo, parafraseando la práctica análoga de medicina defensiva, nos referimos al ejercicio de la práctica jurídica basado en la negación infundada de posibilidades de actuación con la finalidad de evitar su ulterior judicialización. Es posible que la etiología del fenómeno sea multifactorial pero solo se podrá combatir desde la promoción del conocimiento jurídico-sanitario. Es cierto que siempre serán necesarios los controles de legalidad y existirán listones infranqueables porque no todo lo que es presupuestariamente posible y políticamente deseable resulta jurídicamente viable. Pero no lo es menos a que dicha conclusión debiera llegarse cuando se hayan agotado y exprimido todos los insondables vericuetos que el ordenamiento muestra. En este sentido, no hay duda que la creatividad y la capacidad de innovación no son ajenas al quehacer jurídico que, al igual que la medicina, es una ciencia (ciencia social con un método propio con ciertas reminiscencias propias de las matemáticas en forma de analogía, reenvío o remisión) pero también un arte. Como sostuvo Celso hace siglos, el Derecho es el arte de lo bueno y de lo justo (*ius est ars boni et aequi*). El discutible optimismo del predicado de la frase (referido a la bondad y a la justicia) no empaña lo acertado del sujeto de la oración: el Derecho como arte.

Sentadas estas premisas, este trabajo introductorio solo persigue exponer de manera panorámica las diferentes fórmulas de gestión de los servicios sanitarios. La elección de una u otra no es baladí. Tiene consecuencias prácticas en aspectos clave como los recursos humanos, la presupuestación, la contabilidad o la contratación de obras, servicios y suministros. Por ello, su correcto conocimiento debe formar parte del diseño de los proyectos de gestión desde su gestación.

2. GESTIÓN DIRECTA Y GESTIÓN INDIRECTA

El servicio público sanitario ha constituido, desde siempre, un gran banco de pruebas en el que ensayar nuevas técnicas de desarrollo y gestión, tanto directa como indirecta. Cuando hablamos de fórmulas de gestión directa nos referimos a aquellas en las que tanto la titularidad de organización sanitaria como su ejercicio son públicos. No obstante, deben diferenciarse tres fenómenos de privatización que afectan, respectivamente, al régimen jurídico, al ejercicio y a la titularidad o lo que, con otras palabras, MENÉNDEZ REXACH denomina «privatización formal», «privatización funcional» y «privatización material», respectivamente[1]. Pues bien, en el primero estaríamos en presencia de gestión pública directa, en el segundo de gestión pública indirecta y en el tercero de gestión privada[2].

1. MENÉNDEZ REXACH, A., «La gestión indirecta de la asistencia sanitaria pública. Reflexiones en torno al debate sobre la privatización de la sanidad», *Revista de Administración Sanitaria,* n.º 6 (2), 2008, pp. 269-296.
2. Sobre el tema, CAYÓN DE LAS CUEVAS, J., «Modelos de gestión sanitaria: público y privado en la gestión de la salud», en VV. AA, *Público y Privado en el Sistema de Seguridad Social,* Ediciones Laborum, Murcia, 2013, (especialmente pp. 31-33) y CAYÓN DE LAS CUEVAS, J, «Derecho a la asistencia sanitaria pública y gestión del servicio sanitario», en ROMEO CASABONA, C. (dir.), *Manual de Bioderecho,* Dykinson, Madrid, 2022, pp. 59-86 (especialmente pp. 75-79).

La privatización formal tan solo afecta al régimen jurídico bajo el cual la Administración Pública presta el servicio. Se trata del conocido fenómeno ya calificado como «huida del Derecho Administrativo» y que lleva ya décadas implantado y admitido en nuestro país desde el punto de vista de su constitucionalidad[3]. Este tipo de privatización afecta tan sólo al Derecho aplicable y se ha articulado básicamente de dos maneras. En primer lugar, a través de la creación de personificaciones jurídico-públicas pero sometidas al Derecho privado, cuyo ejemplo paradigmático serían las Entidades Públicas Empresariales o las Agencias Estatales. En segundo lugar, se encontrarían los supuestos en los cuales el servicio público es prestado por personificaciones en forma societaria o fundacional de capital social o patrimonio fundacional íntegramente público. En este caso, nos encontraríamos ante personificaciones jurídico-privadas sometidas también al Derecho privado, pero «en mano pública». En todos ellos se sigue preservando la naturaleza pública del servicio sanitario por cuanto nos encontramos en el ámbito de la gestión directa.

Un segundo supuesto es la privatización funcional que afecta al ejercicio o modo de desarrollo del servicio público. Nos referimos a la gestión indirecta en la que el servicio público es prestado por empresas con participación privada, si bien la titularidad del mismo sigue predicándose de la Administración Pública. Es el caso de los negocios jurídicos en los que se externalizan las funciones del prestador, como ocurre en el contrato de concesión de servicios o en el contrato de servicios previstos en la Ley 9/2017, de 8 de noviembre, de Contratos del Sector Público (en adelante LCSP), cuya distinción descansa fundamentalmente en la asunción o no del riesgo operacional por parte del contratista. Particularmente, el artículo 284.1 LCSP permite que la Administración pueda gestionar indirectamente, mediante contrato de concesión de servicios, los servicios de su titularidad o competencia siempre que sean susceptibles de explotación económica por particulares.

La privatización material sería la privatización propiamente dicha, en tanto que afecta a la propia titularidad del servicio, que pasaría de la Administración Pública a operadores privados. Es este, precisamente, el límite existente de entre las legítimas opciones que se ofrecen a la Administración Pública para el desenvolvimiento del servicio público sanitario, precisamente porque el servicio público dejaría de serlo.

3. *Vid.* VILLAR ROJAS, F. J., «La huida al Derecho Privado en la gestión de los servicios de salud», *Derecho y Salud*, Vol. 2, n.º 1, 1994, pp. 97-108.

Las fórmulas de gestión directa e indirecta en el ámbito sanitario pueden ser variadas[4]. En la presente tabla ofrecemos, a modo de resumen, un esquema básico, diferenciando entre personalidad jurídica (entidad de Derecho público o de Derecho privado) y régimen jurídico que, a su vez, puede ser de Derecho público o de Derecho privado, si bien esta última distinción debe ser tomada con matices pues no en todos los casos la aplicación de uno u otro régimen es plena.

Modalidad de gestión	Tipo de entidad	Personalidad	Régimen jurídico
Gestión directa	Consejería	Carece	Derecho público
	Organismo autónomo	Pública	Derecho público
	Entidad Pública Empresarial	Pública	Derecho privado
	Fundación Pública Sanitaria	Pública	Derecho privado
	Entidades apátridas	Pública	Derecho privado
	Agencias	Pública	Derecho público/Derecho Privado
	Consorcio con entidades públicas	Pública	Derecho público
	Consorcio con entidades privadas	Pública	Derecho público/Derecho Privado
	Fundación íntegramente pública	Privada	Derecho privado
	Sociedad mercantil íntegramente pública	Privada	Derecho privado
Gestión indirecta	Fundación parcialmente pública	Privada	Derecho privado
	Sociedad mercantil parcialmente pública	Privada	Derecho privado
	Fundación privada	Privada	Derecho privado

4. Para el estudio detallado sobre las nuevas formas de gestión, puede consultarse la monografía de DOMINGUEZ MARTÍN, M., *Formas de gestión de la sanidad pública en España,* La Ley-Wolters Kluwer, Las Rozas (Madrid), 2006. También de la misma autora, «Formas de gestión en el Sistema Nacional de Salud: de la Ley General de Sanidad a las fórmulas de colaboración público-privada», en PALOMAR OLMEDA, A. y CANTERO MARTÍNEZ, J., (Dir.), *Tratado de Derecho Sanitario,* volumen I, Thomson Reuters Aranzadi, 2013, pp. 401-436.

Modalidad de gestión	Tipo de entidad	Personalidad	Régimen jurídico
	Sociedad mercantil privada	Privada	Derecho privado

Fuente. Elaboración propia.

En el presente trabajo daremos cuenta de las fórmulas de gestión directa de servicios sanitarios. Obviamente no se trata de agotar la materia sino de ofrecer al lector una panorámica de la multiplicad de tipológica que permite su articulación. Para su exposición haremos referencia a las normas estatales que regulan la materia, si bien debe tenerse en cuenta que el ámbito de la organización administrativa es competencia exclusiva de las Comunidades Autónomas, razón por la que, en cada caso, habrá que estar a sus disposiciones específicas. No obstante, la mayor parte de ellas han replicado de forma mimética las categorías estatales por lo que, a efectos puramente expositivos, utilizaremos estas últimas. En este sentido, el segundo párrafo del apartado 1 del artículo único de la Ley 15/1997, de 25 de abril, es tributario de esta idea y respeta la potestad auto-organizativa de las Comunidades Autónomas señalando que «en el marco de lo establecido por las leyes, corresponderá al Gobierno, mediante Real Decreto, *y a los órganos de gobierno de las Comunidades Autónomas —en los ámbitos de sus respectivas competencias—*, determinar las formas jurídicas, órganos de dirección y control, régimen de garantías de la prestación, financiación y peculiaridades en materia de personal de las entidades que se creen para la gestión de los centros y servicios mencionados». Dicha ley fue desarrollada por el Real Decreto 29/2000, de 14 de enero, vigente en lo que no se oponga a la Ley 40/2015, de 1 de octubre, de Régimen Jurídico del Sector Público (en lo sucesivo, LRJSP).

3. TIPOLOGÍA DE PERSONIFICACIONES PARA LA GESTIÓN DIRECTA DEL SERVICIO PÚBLICO SANITARIO

3.1. GESTIÓN DIRECTA EN RÉGIMEN DE DERECHO PÚBLICO

La gestión directa del servicio sanitario en régimen de Derecho público se puede realizar por la propia Administración General a través de las Consejerías competentes en materia sanitaria (supuesto solo existente en la Comunidad Valenciana) o por organismos autónomos con personalidad jurídica diferenciada. Estos últimos son una manifestación del principio de descentralización funcional y constituyen la forma típica de configuración de la práctica totalidad de los servicios autonómicos de salud.

Los organismos autónomos son entidades de derecho público, con personalidad jurídica propia, tesorería y patrimonio propios y autonomía en su gestión, que desarrollan actividades propias de la Administración Pública, incluyendo actividades de fomento, prestacionales, de gestión de servicios públicos o de producción de bienes de interés público, susceptibles de contraprestación, en calidad de organizaciones instrumentales diferenciadas y dependientes de ésta (artículo 98.1 LRJSP). Interesa destacar que su personal puede ser funcionario (concepto que incluye al personal estatutario como relación funcionarial especial) o laboral (artículo 100.1 LRJSP) y que les resulta de plena aplicación la LCSP.

3.2. GESTIÓN DIRECTA EN RÉGIMEN DE DERECHO PRIVADO

La gestión directa también puede realizarse por entidades de Derecho público que, sin embargo, se rigen por el Derecho privado. Por tanto, en este caso, se conserva el carácter público de la personificación, aplicándose el Derecho privado en su forma de actuación. Dentro de este grupo, encontramos las siguientes categorías.

a) Entidades Públicas Empresariales (EPEs): Constituyen una de las tres categorías de «organismos públicos» previstas en la LRJSP, junto con los organismos autónomos y las agencias estatales. Las EPEs se financian con ingresos de mercado, a excepción de aquellas que tengan la condición o reúnan los requisitos para ser declaradas medio propio personificado de conformidad con la LCSP. Junto con el ejercicio de potestades administrativas desarrollan actividades prestacionales, de gestión de servicios o de producción de bienes de interés público, susceptibles de contraprestación (artículo 100 LRJSP). A diferencia de los Organismos autónomos, las EPEs se rigen por el Derecho privado, excepto en la formación de la voluntad de sus órganos, en el ejercicio de las potestades administrativas que tengan atribuidas y en los aspectos específicamente regulados para las mismas en el ordenamiento jurídico (artículo 104 LRJSP). También se distinguen de los organismos autónomos en el hecho de que, como regla general su personal solo puede ser laboral (artículo 105.1 LRJSP).

b) Otras Entidades de Derecho público con estatuto específico: Se trata de las históricamente denominadas «*entidades apátridas*» por cuanto eran insusceptibles de resultar incardinadas en ninguna de las categorías típicas de organismos públicos. Por ello, su régimen jurídico era el previsto en el respectivo estatuto en cada caso, no siendo infrecuente la remisión a las normas de Derecho privado. Los casos paradigmáticos son los de Osakidetza-Servicio Vasco de Salud (al que la Ley 8/1997, de 26 de junio, de Ordenación Sanitaria de Euskadi, califica en su artículo 20 como ente público de Derecho privado) y el Instituto Catalán de la Salud, definido en la Ley 8/2007, de 30 de julio, como entidad de Derecho público de la Generalidad, que actúa sujeto al Derecho privado, sin perjuicio de los ámbitos en los cuales tiene que actuar sujeto al Derecho público (artículo 1)[5].

A esta categoría también pertenecerían, en el ámbito de la Administración del Estado, las «*agencias estatales*», contempladas como organismo público en el artículo 84.1.a) LRJSP. En este sentido, se trataría de entidades de derecho público, dotadas de personalidad jurídica pública, patrimonio propio y autonomía en su gestión, facultadas para ejercer potestades administrativas, que son creadas por el Gobierno para el cumplimiento de los programas correspondientes a las políticas públicas que desarrolle la Administración General del Estado en el ámbito de sus competencias (artículo 108.bis.1 LRJSP). Más adelante, se señala que se rigen por la propia LRJSP y, en su marco, por el estatuto propio de cada una de ellas; y el resto de las normas de derecho administrativo general y especial que le sea de aplicación (artículo 108.ter.1 LRJSP)

c) Fundaciones Públicas Sanitarias: A diferencia de las fundaciones privadas que son personas jurídico-privadas sometidas al Derecho privado, las Fundaciones Públicas Sanitarias son personas jurídicas de Derecho público sometidas al Derecho privado. En este sentido se rigen por lo dispuesto en el artículo 111 de la Ley 50/1998, de 30 de diciembre, de Medidas fiscales, administrativas y del orden social, por el Real Decreto 29/2000, por sus estatutos y por lo dispuesto para las entidades públicas empresariales en la LRJSP, en lo no previsto en aquéllos. Se trata, por tanto, de una suerte de EPEs sanitarias con un nombre ciertamente desacertado, pues induce a clara confusión con las fundaciones tradicionales. No obstante, difieren de las EPEs en un aspecto nuclear: la posibilidad de contar con personal estatutario.

d) Consorcios sanitarios: Los consorcios son entidades de derecho público, con personalidad jurídica propia y diferenciada, creadas por varias Administraciones Públicas o entidades integrantes del sector público institucional, entre sí o con participación de entidades privadas, para el desarrollo de actividades de interés común a todas ellas dentro del ámbito de sus competencias. Particularmente, pueden realizar actividades de fomento, prestacionales o de gestión común de servicios públicos y cuantas otras estén previstas en las leyes (artículo 118 LRJSP). Por su parte, el Real Decreto 29/2000 los define como las organizaciones comunes, dotadas de personalidad jurídica propia

5. La rúbrica de dicho artículo 1 califica el Instituto Catalán de la Salud como empresa pública, si bien ha de tenerse en cuenta que el concepto de empresa pública en la legislación autonómica catalana difiere del previsto en el ordenamiento estatal, equiparándose a lo que en este último se entiende por Entidad Pública Empresarial.

y suficiente para el cumplimiento de sus fines, que se constituyan a consecuencia de los convenios, cuyo objeto sea la gestión y administración de los centros, servicios y establecimientos sanitarios de protección de la salud o de atención sanitaria, que celebre el Instituto Nacional de la Salud (hoy INGESA) con las Comunidades Autónomas, las entidades que integran la Administración local y con entidades privadas sin ánimo de lucro, que persigan fines de interés público concurrentes con los de las Administraciones públicas o con todas ellas conjuntamente (artículo 46.1).

En cuanto a su régimen jurídico, los consorcios ordinarios se regirán por lo establecido en la LRJSP, en la normativa autonómica de desarrollo y sus estatutos. Por otra parte, las normas establecidas en la Ley 7/1985, de 2 de abril, y en la Ley 27/2013, de 21 de diciembre, de racionalización y sostenibilidad de la Administración Local sobre los Consorcios locales tendrán carácter supletorio respecto a lo dispuesto en esta Ley (artículo 119 LRJSP).

No obstante, debe tenerse en cuenta que los consorcios sanitarios cuentan con un régimen jurídico específico, previsto en la Disposición adicional única de la Ley 15/1997, introducida por la Ley 15/2014, de 16 de septiembre. Con arreglo a dicha disposición, los consorcios sanitarios cuyo objeto principal sea la prestación de servicios del Sistema Nacional de Salud están adscritos a la Administración sanitaria responsable de la gestión estos servicios en su ámbito territorial de actuación y su régimen jurídico es el establecido en esta disposición y, subsidiariamente, en aquello no regulado en esta Ley, la normativa que regula con carácter general el resto de consorcios administrativos. Particularmente, se indica que los consorcios sanitarios están sujetos al régimen de presupuestación, contabilidad y control de la Administración sanitaria a la que estén adscritos, sin perjuicio de su sujeción a lo previsto en la Ley Orgánica 2/2012, de 27 de abril, de Estabilidad Presupuestaria y Sostenibilidad Financiera. Del mismo modo, su personal podrá ser funcionario, estatutario o laboral procedente de las Administraciones participantes o laboral en caso de ser contratado directamente por el consorcio.

En el ámbito sanitario, la figura del Consorcio ha tenido un especial desarrollo en la Comunidad Autónoma de Cataluña donde existe una importante red participada por la Generalidad, las entidades locales y entidades privadas[6]. Así cabe citar los casos de la Corporación Sanitaria Parc Taulí de Sabadell o el Hospital Clínico y Provincial de Barcelona. En el caso

6. La figura del Consorcio ya era empleada en Cataluña mucho antes de la aprobación de la Ley 15/1997. *Vid.* LAFARGA TRAVER, J. L., «El Consorcio: un instrumento al servicio del consenso en la gestión de los servicios sanitarios», *Derecho y Salud*, Vol. 2, n.º 1, 1994, pp. 109-116.

de Andalucía, la Administración sanitaria y la Orden Hospitalaria San Juan de Dios constituyeron un consorcio sanitario público para gestionar el Hospital del Aljarafe en Sevilla.

e) Fundaciones en mano pública: Otra figura que no debe confundirse con las fundaciones públicas sanitarias es la de las fundaciones en mano pública (legalmente denominadas «fundaciones del sector público»). Mientras las fundaciones públicas sanitarias son personificaciones jurídico-públicas, estas últimas se caracterizan por tener la consideración de personas de Derecho privado. En este sentido, el Real Decreto 29/2000 determina que tendrán la consideración de fundaciones, las organizaciones sanitarias sin ánimo de lucro constituidas por el extinto Instituto Nacional de la Salud, que destinen y afecten un patrimonio a la realización de fines sanitarios de interés general y que tengan por objeto la gestión y administración de los centros, servicios y establecimientos sanitarios de protección de la salud o de atención sanitaria (artículo 38).

Actualmente, su régimen jurídico está previsto en la LRJSP, cuyo artículo 128 exige para que se califiquen como fundaciones del sector público estatal, el cumplimiento de alguno de los requisitos siguientes: a) Que se constituyan de forma inicial, con una aportación mayoritaria, directa o indirecta, de la Administración General del Estado o cualquiera de los sujetos integrantes del sector público institucional estatal, o bien reciban dicha aportación con posterioridad a su constitución; b) Que el patrimonio de la fundación esté integrado en más de un 50 por ciento por bienes o derechos aportados o cedidos por la Administración General del Estado o cualquiera de los sujetos integrantes del sector público institucional estatal con carácter permanente; c) que la mayoría de derechos de voto en su patronato corresponda a representantes de la Administración General del Estado o del sector público institucional estatal.

Son actividades propias de las fundaciones del sector público estatal las realizadas, sin ánimo de lucro, para el cumplimiento de fines de interés general, con independencia de que el servicio se preste de forma gratuita o mediante contraprestación. Únicamente podrán realizar actividades relacionadas con el ámbito competencial de las entidades del sector público fundadoras, debiendo coadyuvar a la consecución de los fines de las mismas, sin que ello suponga la asunción de sus competencias propias, salvo previsión legal expresa. Las fundaciones no podrán ejercer potestades públicas.

Como luego veremos en el caso de las sociedades mercantiles públicas, sólo podremos hablar de gestión directa en el caso de las fundaciones del sector público cuando la totalidad de su patrimonio sea de aportación pública [artículo 32.2.c) LCSP].

Por lo demás, las fundaciones del sector público estatal se rigen, además de la LRJSP, por la Ley 50/2002, de 26 de diciembre, de Fundaciones, la legislación autonómica que resulte aplicable en materia de fundaciones (artículo 130 LRJSP). Son ejemplos clásicos la Fundación Hospital de Alcorcón, la Fundación Hospital de Manacor, la Fundación Hospital de Calahorra o la Fundación Hospital Universitario Vall d'Hebron-Instituto de Investigación.

f) Sociedades mercantiles públicas: Para calificar una sociedad mercantil como pública, la LRJSP establece en su artículo 111 el requisito de control. Puede tratarse de un control por la participación de la Administración en el capital social, si es superior al 50 por 100, o bien de un control derivado de la pertenencia a un grupo de sociedades liderado por la Administración.

Ahora bien, cuestión diferente es determinar cuando la prestación de servicios sanitarios por sociedades mercantiles públicas es gestión directa. El artículo 85.2 de la Ley 7/1985, de 2 de abril, Reguladora de las Bases del Régimen Local, se refiere a las sociedades mercantiles como forma de gestión directa, siempre que su capital social sea de titularidad pública, sin aclarar expresamente si dicha titularidad debe ser integra o simplemente mayoritaria. A esta cuestión vino a responder expresamente, en el ámbito estatal, el Real Decreto 29/2000, que califica como sociedades estatales aquéllas en cuyo capital sea *mayoritaria o única* la participación del extinto Instituto Nacional de la Salud y que se constituyan para la gestión y administración de los centros, servicios y establecimientos sanitarios de protección de la salud o de atención sanitaria (artículo 54).

No obstante, esta previsión reglamentaria sanitaria contradice la LCSP, dado que las disposiciones referidas al contrato de concesión de servicios públicos no son aplicables a los supuestos en los que la gestión del servicio público se atribuya a una sociedad de derecho privado cuyo capital sea de titularidad pública en su totalidad. En este caso, procedería un encargo a medio propio personificado [artículo 32.2.c) LCSP]. En este sentido, cabe concluir que únicamente sería gestión directa la desarrollado por sociedades de capital enteramente público. Esta antinomia entre la norma sanitaria y la norma de contratación debe ser resuelta en favor de esta última, no sólo acudiendo a los criterios jerárquico y cronológico, sino también al carácter del LCSP como norma de cabecera del grupo normativo.

Al margen de la consideración anterior, la regulación estatal en la materia ha sido fielmente reproducida por las Comunidades Autónomas que, bien en forma de sociedad anónima o de sociedad de responsabilidad limitada, han constituido para gestionar servicios sanitarios sociedades mercantiles de capital social íntegra o mayoritariamente público regidas por sus propios estatutos sociales y por el Texto Refundido de la Ley de Sociedades de Capital, aprobado por el Real Decreto Legislativo 1/2010, de 2 de julio.

Capítulo 3

Análisis del impacto de la pandemia por COVID-19 en los pacientes crónicos pluripatológicos de la comunidad autónoma de Cantabria

M. Alexandra Albarracín Castillo
Médico de Familia. Gerencia de Atención Primaria. Servicio Cántabro de Salud

Raúl Pesquera Cabezas
Médico de Familia. Gerencia de Atención Primaria. Servicio Cántabro de Salud

1. INTRODUCCIÓN

El 31 de diciembre de 2019, en Wuhan, China se notificó un grupo de casos de neumonía de etiología desconocida, identificados posteriormente el 9 de enero de 2020 como un nuevo coronavirus por el Centro Chino para el Control y la Prevención de Enfermedades. El 30 de enero de 2020, la Organización Mundial de la Salud (OMS) declaró el brote como una Emergencia de Salud Pública de Importancia Internacional. El 11 de febrero, la

OMS denominó a esta enfermedad COVID-19, abreviatura de «enfermedad por coronavirus 2019». El Comité Internacional sobre la Taxonomía de los Virus (ICTV por sus siglas en inglés) informó del «síndrome respiratorio agudo severo del coronavirus 2» (SARS-CoV-2) nombrando así el nuevo virus que causa la COVID-19. Sin embargo, no fue hasta el 11 de marzo de 2020 cuando el director general de la OMS declaro la COVID-19 como una pandemia (OMS, 2020) evolucionando rápidamente como una emergencia de salud pública internacional.

En Europa el primer caso reportado fue el 20 de enero de 2020 en Francia y el primer caso en Cantabria (España) fue el 29 de febrero de 2020 (Saludcantabria, 2020). Sin embargo, algunos estudios sugirieron una circulación previa del virus (Stoecklin SB, 2020), (Coma Redon E, 2020). El 14 de marzo de 2020 con el ánimo de vencer la rápida propagación de la enfermedad el gobierno español decreto un confinamiento nacional, como muchos otros países (Boletín oficial del estado (BOE). Real Decreto 463/2020, de 14 marzo, por el que se declara el estado de alarma para la gestión de la situación de crisis sanitaria ocasionada por el COVID-19, 2020).

El SARS-CoV-2 infecta a personas de todos los grupos de edad, pero las personas mayores de 60 años, con comorbilidades como la diabetes, enfermedades respiratorias crónicas y enfermedades cardiovasculares, tienen un mayor riesgo de desarrollar la infección y sus complicaciones (OMS, 2020). Comprender el número de individuos con mayor riesgo de contraer la COVID-19 severa puede indicar el diseño de estrategias para el adecuado seguimiento y control de los pacientes con enfermedades crónicas.

Analizando los datos clínicos y epidemiológicos de la COVID-19 sugieren que la presencia de comorbilidades aumenta el riesgo de infección con peor lesión pulmonar y muerte. Las comorbilidades más comunes comunicadas hasta ahora son la hipertensión arterial (HTA), las enfermedades cardiovasculares (ECV) y la diabetes mellitus (DM) (Zhou F, 2020). Además, una alta proporción de pacientes con COVID-19 y otras afecciones en los casos ingresados en la UCI sugieren como factor de riesgo potencial presentar comorbilidades (Wang D, 2020).

Tabla 1. Grupos con mayor riesgo de desarrollar enfermedad grave por COVID-19

· mayor edad
· enfermedades cardiovasculares e hipertensión arterial
· diabetes
· enfermedad pulmonar obstructiva crónica
· cáncer
· inmunodepresión
· embarazo
· otras enfermedades crónicas

Fuente: Ministerio de Sanidad, Consumo y Bienestar Social, 2021.

La mayor parte de los casos hospitalizados y las defunciones se concentran en las personas de mayor edad (tabla 2), en las que el riesgo esta incrementado ante la presencia de comorbilidades y residir en instituciones sociosanitarias, por lo que establecer un umbral a partir del cual el riesgo está aumentado es difícil (Ministerio de sanidad, Consumo y Bienestar Social, 2021).

Tabla 2. Distribución del número de casos de COVID-19 por grupos de edad y situación clínica en España (n=2.944.721 casos notificados) a 10 de marzo de 2021

Grupo de edad (años)	Casos totales N	Hospitalizados[1] N (%)	UCI[1] N (%)	Defunciones[1] N (%)
<2	34832	870 (2,5)	30 (0,1)	17 (0,0)
2-4	56703	347 (0,6)	12 (0,0)	4 (0,0)
5-14	279578	1145 (0,4)	73 (0,0)	11 (0,0)
15-29	578285	7008 (1,2)	318 (0,1)	61 (0,0)
30-39	412772	10969 (2,7)	676 (0,2)	116 (0,0)
40-49	499067	20778 (4,2)	1804 (0,4)	418 (0,1)
50-59	435890	31306 (7,2)	3854 (0,9)	1470 (0,3)
60-69	276483	37308 (13,5)	5989 (2,2)	3855 (1,4)
70-79	176039	40880 (23,2)	5267 (3,0)	8658 (4,9)
≥80	184015	61715 (33,5)	1079 (0,6)	27635 (15,0)
Total	2944721	212948 (7,2)	19151 (0,7)	42452 (1,4)

[1] n (%) calculado sobre el total de casos en cada grupo de edad

Fuente: Ministerio de Sanidad y Consumo, 2021.

Según la OMS las enfermedades no transmisibles (ENT) o enfermedades crónicas representan la principal causa de muerte en el mundo. En 2012, 38 millones (el 68%) de los 56 millones de defunciones registradas fueron secundarias a ello de las cuales más del 40% (16 millones) fueron muertes prematuras ocurridas antes de los 70 años (OMS, 2014) y *es aquí donde radica el problema de la cronicidad, no es el hecho de que produzca muertes en sí, sino la mortalidad prematura y potencialmente evitable en la que debemos intensificar los esfuerzos.*

La Encuesta Nacional de Salud (ENS) de 2017 en España, refleja el envejecimiento de la población, el aumento de la prevalencia de enfermedades crónicas y de los factores de riesgo cardiovascular, metabólicos (diabetes, hipertensión, hipercolesterolemia, obesidad...) y enfermedades del aparato locomotor (artrosis, dolor lumbar); así como la prevalencia de enfermedades crónicas que se percibe en mayor medida en los mayores de 65 años, alcanzando valores superiores al 94% en los mayores de 75 años con mayor afectación en las mujeres (Encuesta Nacional de Salud 2017).

Si hablamos de pluripatología, en AP se estima una prevalencia de un 1,38% entre la población general y un 5% en los ancianos. El 40% de los PCP presentan tres o más enfermedades crónicas, el 94% esta polimedicado, el 34% tiene deterioro funcional y el 37% presenta deterioro cognitivo; así se calcula que las enfermedades crónicas son la causa del 80% de las consultas en AP (Ramírez-Duque N, 2008) lo que nos alerta del problema de la cronicidad y la pandemia en nuestro sistema de salud.

Los datos sugieren que entre el 11 y el 58% de todos los pacientes con COVID-19 tienen DM con una tasa de mortalidad del 8% y un riesgo de ingreso en UCI del 14,2% (Yang J, 2020), (Bhatraju PK, 2020), (Wang D., 2020).

La tendencia a contraer infecciones en los pacientes diabéticos se debe a diversos factores como: el deterioro de las células fagocíticas, niveles elevados de receptores ACE-2 (Rao S, 2020) y a la expresión elevada de niveles de furina (Fernandez C, 2018); esta proteína convertasa interviene en la entrada del virus dentro de la célula huésped al disminuir la dependencia del SARS-CoV-2 de las proteasas humanas. La proteína Spike (S) del SARS-CoV-2 que se une a los receptores ACE-2 es activada por los enormes niveles de furina. Esta preactivación de la proteína S permite la entrada del virus en la célula y escapa del sistema inmunológico humano (Shang J, 2020). Por lo tanto, una respuesta inmune desregulada con un aumento de los receptores ACE-2 y la expresión de furina puede conducir a una mayor tasa de inflamación pulmonar y menores niveles de insulina (Rao S, 2020, Fernández C, 2018). Además, la función alterada de las células T y los niveles elevados de interleucina-6 (IL-6) también desempeñan un papel decisivo en el desarrollo de la COVID-19 en los pacientes con DM (Kulcsar KA, 2019).

En cuanto a la presión arterial según los datos reportados se ha visto que cifras fuera de control se asocian con la infección por SARS-CoV-2 y también con una alta tasa de letalidad. En China, el 23% de los casos de la COVID-19 eran personas hipertensas que notificaron una tasa de letalidad del 6% (Ma LY, 2020).

En los pacientes hipertensos, los inhibidores de la enzima convertidora de angiotensina (IECA) y los bloqueadores de los receptores de angiotensina 2 (ARA II) se utilizan con frecuencia para el tratamiento. Estos inhibidores, regulan positivamente la expresión del receptor ACE-2, lo que conduce a una mayor susceptibilidad a la infección por SARS-CoV-2 (Fang L, 2020). Una mayor expresión de células receptoras en los pulmones hace que la infección sea más vulnerable, aumenta las posibilidades de lesión pulmonar grave y de insuficiencia respiratoria. Aunque no está claro que el uso de IECA o ARA II sea dañino o beneficioso para estos pacientes, se recomienda usar estas moléculas para mantener la presión arterial normal. A su vez, debe seguir siendo prioritario en los pacientes con COVID-19 el control óptimo de la presión arterial para reducir la carga de la enfermedad (HFSA/ACC/AHA Statement Addresses Concerns Re: Using RAAS Antagonists in COVID-19, 2020).

La pandemia de COVID-19 y las restricciones instauradas para su control (confinamientos y no presencialidad en las consultas médicas) han afectado significativamente la atención médica en todo el mundo, con efectos sobre el diagnóstico de enfermedades, con el seguimiento y control de las ya existentes. Durante y después del confinamiento, el gobierno recomendó que los pacientes se comunicaran con sus médicos de familia por teléfono, insistieron en que las personas permanecieran en casa, fomentando el teletrabajo, se cancelaron los servicios de atención médica no esenciales, manteniendo solo para casos urgentes determinados procedimientos diagnósticos y terapéuticos, y sumado a ello también se redujeron considerablemente la mayoría de las actividades preventivas y de cribado (Harky A, 2020).

En la actualidad el impacto de la pandemia por COVID-19, sus medidas en el seguimiento y control de las enfermedades crónicas o la prevención cuaternaria no se han analizado en profundidad en AP, por lo que nos hemos planteado evaluar el impacto real de estas medidas en nuestra Comunidad Autónoma, analizando la afectación que tienen los PCP en cuanto a la COVID-19 se refiere; valorando si puede existir consecuencias en su control y seguimiento, teniendo en cuenta las principales patologías dentro de la estrategia de cronicidad como son la HTA y la DM. Esta valiosa información podría ayudar a adoptar medidas basadas en la evidencia, que mejoren la atención y organización para optimizar el adecuado control de estos pacientes.

2. MÉTODOS

Estudio observacional descriptivo realizado sobre los PCP adscritos al Servicio Cántabro de Salud (SCS), entidad que gestiona la sanidad pública de la CAC y que cubre a 566.322 usuarios lo que representa el 97,15% de la población Cántabra (INE, 2021. Datos obtenidos a 1 de enero de 2021 proporcionados por la oficina de tarjeta sanitaria del SCS).

Los datos se han obtenido tanto de la estación clínica descentralizada OMI-ap como de la estación clínica centralizada APCantabria utilizando la herramienta gráfica SQL Developer que permite realizar consultas sobre bases de datos (BBDD) en lenguaje SQL.

El SCS posee una historia clínica electrónica de Atención Primaria (HCEAP) única con datos estructurados sobre diagnósticos codificados según la Clasificación Internacional de Atención Primaria (CIAP-2). Los PCP se identifican en su HCEAP con el CIAP-2: A30. Para la selección de estos pacientes se creó una sentencia SQL que solicitaba la extracción de todos los pacientes codificados con el CIAP-2: A30 que estuvieran tanto en el activo como en el histórico de la HCEAP.

2.1. PARTICIPANTES Y PERIODO DE ESTUDIO

Se incluyeron todos los pacientes mayores de 18 años asignados a los CS de AP y Residencias Sociosanitarias que pertenezcan a la red del SCS codificados con el CIAP-2: A30, hasta el 30 de marzo de 2021 y de estos los que además hayan padecido Infección debida al Coronavirus, identificados con el código CIAP-2: A77.01, cuyo episodio se encuentre tanto abierto como cerrado en el periodo de estudio comprendido entre el 1 de marzo de 2020 y el 30 de marzo de 2021.

Se compararon los efectos de la COVID-19 en estos pacientes en el período comprendido entre el 1 de marzo de 2020 al 30 de marzo de 2021 (pandemia) respecto al período anterior del 1 de marzo de 2019 al 28 de febrero de 2020 (prepandemia).

Analizaremos el impacto en las patologías más relevantes dentro de la estrategia de cronicidad (HTA y DM) en los pacientes activos.

El PCP se define como todo paciente adulto con dos o más enfermedades crónicas que presentan episodios de reagudización e interrelación con otras patologías condicionantes de fragilidad clínica o deterioro progresivo, pérdida de autonomía y de capacidad funcional. Para ello deben cumplir un Criterio de Ollero (Bernabeu-Wittel M, 2011) de al menos dos categorías diferentes más los indicadores sociales predictores de vulnerabilidad (Ruta del Paciente Pluripatológico Crónico Complejo del SCS, 2018).

Los pacientes que hayan padecido la Infección por Coronavirus debían cumplir los siguientes criterios (Protocolo de seguimiento de casos confirmados y contactos estrechos por Atención Primaria, actualización 30/04/2021):

- Persona que cumple criterio clínico de caso sospechoso y PCR positiva.
- Persona que cumple criterio clínico de caso sospechoso, con test de antígenos positivo.
- Persona que cumple criterio clínico de caso sospechoso, con PCR negativa y resultado positivo de IgM por serología de alto rendimiento (no por test rápidos de anticuerpos).
- Persona asintomática con PCR positiva, con IgG negativa o no realizada.

Paciente activo es aquel que está vigente en la BBDD de la HCEAP con centro de atención y facultativo asignado. Los pacientes que se encuentran en el histórico de la HCEAP es debido a baja por fallecimiento (FA), cambio de comunidad de residencia (CC), duplicidad (DP) u otros motivos (O) y este dato se refiere a la fecha de extracción de los datos.

Un episodio se refiere a un proceso o problema que se crea al paciente en la HCEAP según lo que nos refiera en el motivo de consulta, estos episodios a su vez pueden estar abiertos o cerrados. Un episodio abierto es aquel que está activo y en curso, cuando el proceso finaliza o existe curación de ese problema pasa a estado cerrado; lo que realiza el profesional sanitario de forma manual.

Para valorar el seguimiento se compara el número de citas totales en el CS tanto en agendas de medicina, enfermería como del servicio de urgencias de atención primaria (SUAP), y el registro de al menos una medición de TA o una determinación de la HBA1C en ambos períodos.

Para valorar el control se determina según las Guías de Práctica Clínica (GPC) que las cifras de TA y HBA1C se encuentren en rango adecuado en ambos periodos; teniendo en cuenta que para HTA el rango de control sería para TAS ≤ 139 y para la TAD ≤ 79 (139/79), (Williams B, 2019). En el caso de los pacientes con DM, la HBA1C tiene objetivos de control individualizados dependiendo de la edad y comorbilidades; como partimos que los sujetos objeto de estudio presentan al menos 2 comorbilidades marcamos como buen control valores de HBA1C menor de 8% en los menores de 75 años y menor de 8,5% para los mayores de 75 años (Ismail-Beigi F, 2011), (Inzucchi S, 2015).

2.2. VARIABLES

La descripción de la muestra se realiza mediante el análisis de las variables edad, sexo y de las características clínicas y demográficas de estos pacientes (tabla 3).

2.3. ANÁLISIS ESTADÍSTICO

Se realiza un análisis descriptivo y bivariable.

En el análisis descriptivo se calculan los siguientes parámetros:

Variables categóricas:

a. La descripción de las variables categóricas se realizó por su distribución de frecuencias.

b. La representación gráfica se realiza por medio de histogramas. Se realiza tabulación de todos los resultados.

Variables cuantitativas o continuas:

a. Para la descripción de las variables cuantitativas o continuas se realiza el cálculo de: media, intervalo de confianza de la media al 95%, mediana, moda, varianza, desviaciones típica o estándar, valores máximos, mínimos y rango, percentiles, cuartiles y rango Intercuartil.

b. Se comprobó previamente la distribución normal de las variables continuas, por medio del Prueba K de Kolmogorov-Smirnov (K-S test).

c. Se realizó representación gráfica por medio del diagrama de caja y bigote (box-plot). Se realiza tabulación de todos los resultados.

Para el análisis bivariable se realizan las comparaciones de proporciones y medias por medio de los siguientes métodos:

Variables categóricas:

a. La comparación de proporciones se realiza por medio de tablas de contingencia, y utilizando el Test de McNemar y su valor «p».

b. Posteriormente se analizarán los riesgos por medio de un modelo de la Regresión de Logística Univariante. Se obtienen los valores de Odds Ratio cruda (ORc). Se calculan los intervalos de confianza al 95% de los valores de la OR.

c. La representación gráfica se realiza por medio de histogramas.

Tabla 3. Variables objeto de estudio

Variables Demográficas	Edad del paciente	Recogida en años
	Sexo	Hombre (M)
		Mujer (F)
	CIP	SNS
		AUTONOMICO
	Número de Historia Clínica	NHC de AP
	Centro de Salud	C.S
	Zona Básica de Salud	ZBS
	Estado	Activo (Si)
		Histórico (No)
	Fecha de paso a histórico	dd/mm/aa
	Motivo de paso a histórico	FA: Fallecido
		CC: Cambio de Comunidad
		DP: Duplicado
		O: Otros motivos
Variables Clínicas	HTA	No complicada código CIAP-2 K86
		Complicada código CIAP-2 K87
	DIABETES MELLITUS	TIPO I NC código CIAP-2 T89
		TIPO II NC código CIAP-2 T90
	INSUFICIENCIA CARDIACA	Código CIAP-2K77
	EPOC (ENFERMEDAD PULMONAR OBSTRUCTIVA CRONICA)	Código CIAP-2R95
	ACCIDENTE CEREBROVASCULAR NC / ICTUS	Código CIAP-2K90
	ATAQUE ISQUEMICO TRANSITORIO	Código CIAP-2 K89
Datos Generales del Paciente (DGP´s)	Tensión Arterial Sistólica (TAS)	Código DGP AG
	Tensión Arterial Diastólica (TAD)	Código DGP AH
	Hemoglobina glicosilada (HBA1c)	Código DGP EHGBA1C
	FEV1/VEMS	Código DGP FFEV1
Otras variables	Número de visitas en el Centro de Salud - en los dos periodos a comparar	Agendas de medicina
		Agendas de enfermería
		Servicio de Urgencia de Atención Primaria (SUAP)

Para la comparación de variables cuantitativas o continuas, se utilizaron diversos métodos, dependiendo del tipo de distribución de la variable, el número de casos y la homogeneidad de las varianzas de las variables a estudiar:

a. Se comprobó previamente la distribución normal de las variables continuas, por medio del Prueba K de Kolmogorov-Smirnov (K-S test).

b. La homogeneidad de las varianzas de las variables realizó por medio del Test de Levene.

c. Al igual que en la comparación de proporciones, se utilizó métodos de comparación de medias para grupos dependientes o relacionados.

   - La comparación de dos medias de muestra relacionadas (determinaciones realizadas de forma seriada o consecutivas en el tiempo al mismo paciente) y cuya distribución no fue normal, se utilizó la prueba Z de Wilcoxon.

d. Se realizó representación gráfica por medio de líneas de evolución y diagramas de cajas y bigotes (box-plot). Se realiza tabulación de todos los resultados.

3. RESULTADOS

Una vez seleccionados los pacientes se obtuvieron 7.167 sujetos de estudio identificados con el CIAP-2: A30 de los cuales 5.988 (83,5%) pacientes estaban en el activo de la HCEAP en el momento de la extracción de los datos y 1.179 (16.5%) pacientes se encontraban en el histórico de la BBDD de la HCEAP (figura 1 y 2).

Figura 1. Distribución de la muestra

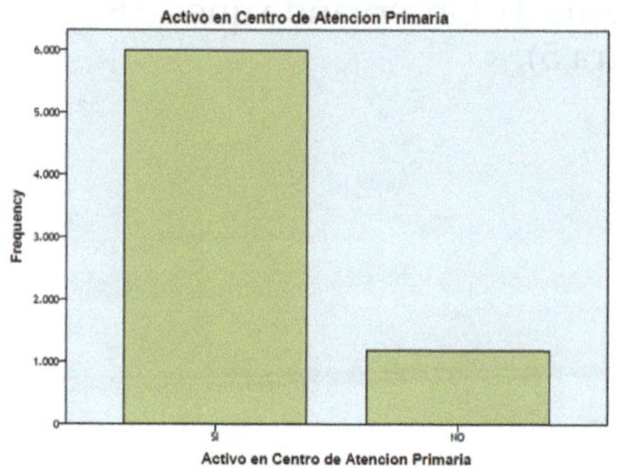

Figura 2. Distribución de los sujetos según su estado en la BBDD de HCEAP

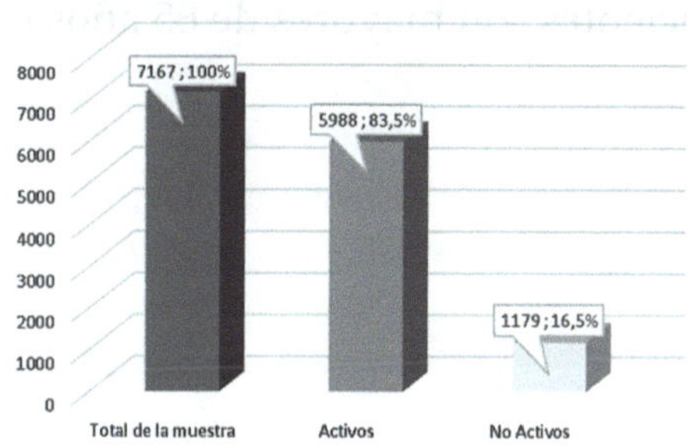

Analizaremos el impacto en las patologías más relevantes dentro de la estrategia de cronicidad (HTA y DM) en los pacientes activos. De estos pacientes 5.741 (96%) vivían en su domicilio familiar y 247 (4%) se encontraban institucionalizados en residencias sociosanitarias (figura 3).

Figura 3. Distribución según lugar de residencia habitual en los PCP activos en la HCEAP

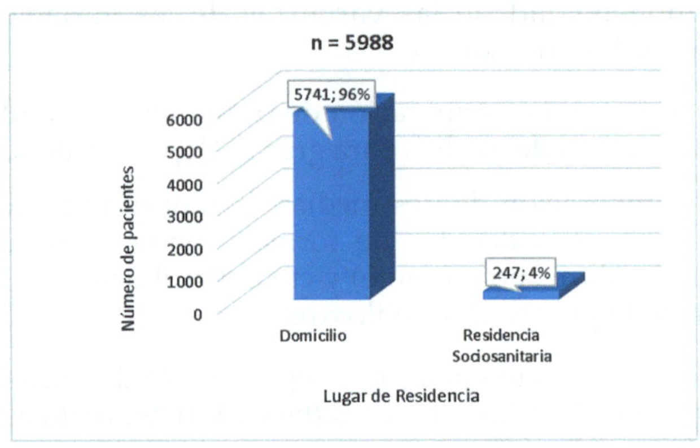

Los pacientes no activos causan baja en la HCEAP por diferentes motivos, de los cuales 1.106 (15,4%) se corresponden con pacientes fallecidos. Más adelante analizaremos la mortalidad teniendo en cuenta los pacientes fallecidos en el período de estudio y su relación con la infección por coronavirus.

3.1. EDAD

La edad media de los pacientes activos analizados fue de 77,34 años con un intervalo de confianza (IC) de la media del 95% entre (77,01-77,68), una desviación estándar (DS) de 13,11 y un rango comprendido entre los 19 y 111 años. La mediana fue de 80 años (figura 4). Observando que 4.881 (82%) pacientes son mayores de 65 años (figura 5).

Figura 4. Distribución por edad

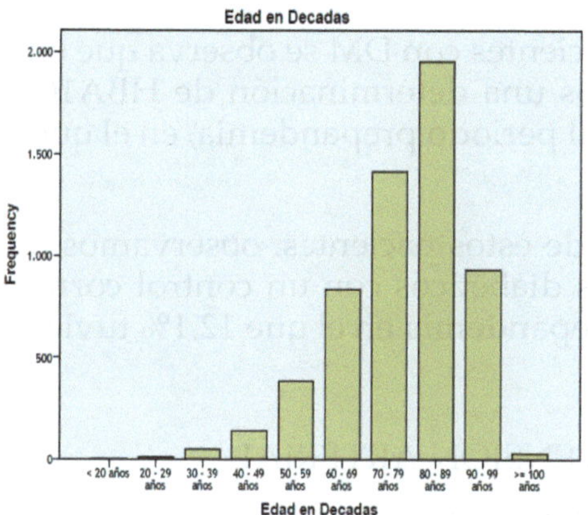

Figura 5. Pacientes mayores de 65 años

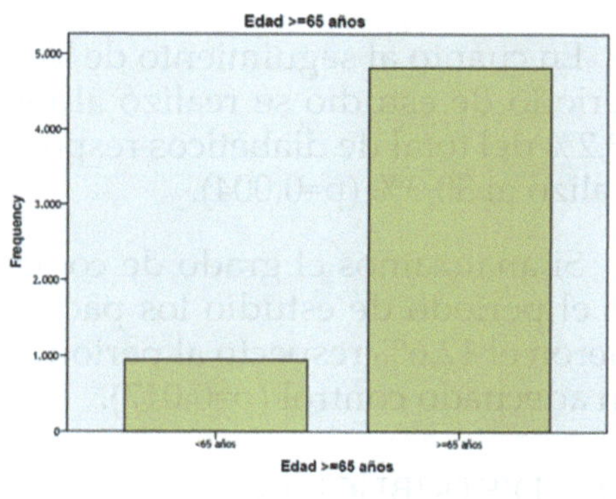

3.2. SEXO

La distribución por sexo en los sujetos del estudio fue de 2.916 mujeres (48,7%) y 3.072 hombres (51,3%), (figuras 6 y 7).

Figura 6. Distribución por sexo

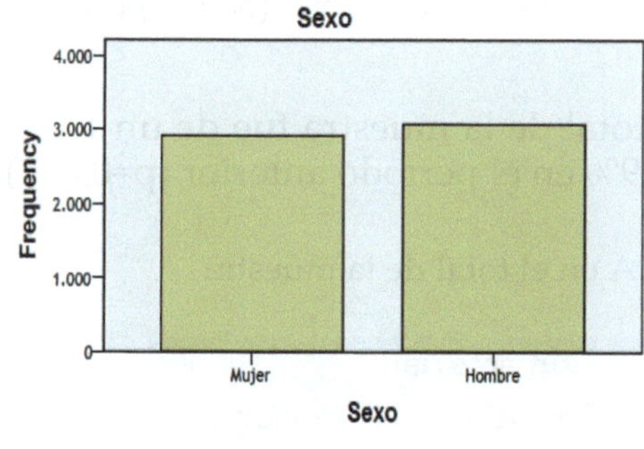

Figura 7. Distribución por sexo porcentajes

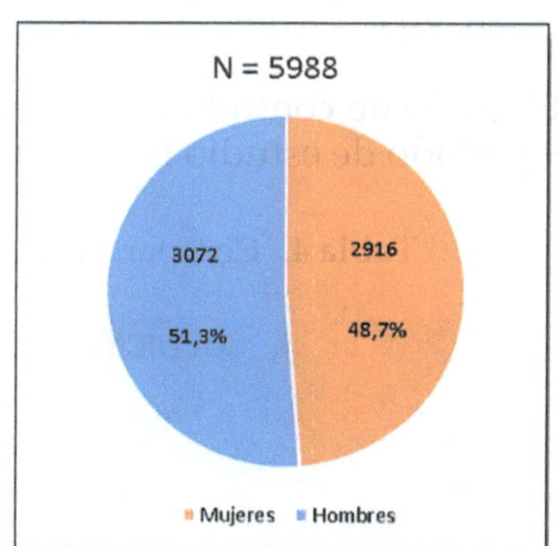

3.3. DISTRIBUCIÓN DE LA DIABETES

Del total de pacientes activos en la HCEAP en el momento de la extracción de los datos se identifican 2.813 pacientes diagnosticados de DM de los cuales 662 (11,1%) están codificados como DM tipo I (CIAP-2: T89), 2.388 (39,9%) como DM tipo II (CIAP-2: T90) y en 237 sujetos tenían ambos diagnósticos registrados.

En cuanto al seguimiento de los pacientes con DM se observa que en el periodo de estudio se realizó al menos una determinación de HBA1C al 33,2% del total de diabéticos respecto al periodo prepandemia, en el que se realizó al 30,3% (p=0.004).

Si analizamos el grado de control de estos pacientes, observamos que en el periodo de estudio los pacientes diabéticos con un control correcto fueron el 12,6% respecto al periodo prepandemia en el que 12,1% tuvieron un adecuado control (p=0,017).

3.4. DISTRIBUCIÓN DE LA HIPERTENSIÓN ARTERIAL

Del total de pacientes activos en la HCEAP en el momento de la extracción de los datos se identifican 4.479 pacientes con diagnóstico de HTA de los cuales 3.512 (58,7%) están codificados como HTA-no complicada (CIAP-2: K86), 967 (16,1%) como HTA-complicada (CIAP-2: K87) y 208 sujetos tenían registrados ambos diagnósticos.

Para valorar el seguimiento de los pacientes hipertensos se ha tenido en cuenta el registro de la TA. En el total de la muestra encontramos que en el periodo de estudio se realizó medición de la TA a 2.677 (44,7%) pacientes respecto al periodo prepandemia en el que se realizó a 3.507 (58,6%) pacientes (p = 0.001).

El grado de control de la TA en el total de la muestra fue de un 18,3% en el periodo de estudio frente a un 25,9% en el periodo anterior (p=0,057).

Tabla 4. Comparación de la TA en el total de la muestra

MEDICIONES (TA) Tensión arterial		Periodo Pandemia	Periodo Anterior
TAS	Controlada	55,1%	58,6%
	No Controlada	44,9%	41,4%
TAD	Controlada	63,3%	62,9%
	No Controlada	36,7%	37,1%

En cuanto al grado de control de la TA en los hipertensos realizamos el análisis por separado tanto de la TAS como de la TAD en ambos periodos, diferenciando los pacientes con hipertensión complicada y no complicada.

Tabla 5. Comparación del control de la TA en los PCP hipertensos en ambos periodos

			Periodo Pandemia	Periodo Anterior	Variación Porcentual
K86 HTA No Complicada	TAS	Controlada	50,8%	52,2%	-2,68%
		No Controlada	49,2%	47,8%	2,93%
	TAD	Controlada	61,9%	62,9%	-1,59%
		No Controlada	38,1%	37,1%	2,70%
K87 HTA Complicada	TAS	Controlada	51,5%	52,6%	-2,09%
		No Controlada	48,5%	47,4%	2,32%
	TAD	Controlada	65,4%	65,4%	0,00%
		No Controlada	34,6%	34,6%	0,00%

Tras el análisis se observa en el caso de los pacientes con *HTA no complicada* que en cuanto a la TAS, de los 1205 pacientes que estaban correctamente controlados en el periodo prepandemia un 65,6% continuaba correctamente controlado en la pandemia y en los 1105 pacientes que no estaban controlados en el periodo prepandemia un 34,7% se controló en la pandemia (p = 0,001).

Ocurre de una manera similar en lo que respecta a la TAD, donde se aprecia como en los 1455 pacientes con adecuado control en el periodo prepandemia un 75,3% continuaban con adecuado control en el periodo pandemia y a su vez en los 858 pacientes que no tenían un control correcto en el periodo prepandemia un 39,2% de los pacientes logro control en la pandemia (p = 0,001).

En los pacientes codificados como *HTA complicada* para la TAS vemos que de los 334 pacientes que estaban correctamente controlados en el periodo prepandemia un 67,1% continuaba correctamente controlado en el periodo pandemia y en los 301 pacientes que no estaban controlados en prepandemia un 34,2% se controló en la pandemia (p = 0,001). En estos mismos pacientes para la TAD, se apreció que en los 415 pacientes con adecuado control en prepandemia un 78,8% continuaban con adecuado control en la pandemia y en los 220 pacientes que no tenían control correcto en el periodo prepandemia un 40% logro control adecuado en la pandemia (p = 0,001).

3.5. DATOS DE INGRESOS

En cuanto al comportamiento de los ingresos hospitalarios en los PCP vemos que en el período de estudio se produjeron 1.986 ingresos hospitalarios correspondientes a 1.284 pacientes en comparación con los 2.085 ingresos el periodo prepandemia correspondientes a 1.381 pacientes; lo que representa una reducción del 4,75% en el número de ingresos en el periodo de estudio respecto al anterior.

Según los datos obtenidos de la oficina de cronicidad del SCS en cuanto al número de visitas a la urgencia hospitalaria, se registraron 5.111 visitas en el periodo de estudio respecto a las 6.541 visitas a urgencias en el periodo prepandemia; lo que supone una reducción del 21.8% en las visitas a la urgencia hospitalaria de los PCP en el periodo de estudio respecto al anterior.

3.6. SEGUIMIENTO DE LOS PACIENTES

Para valorar la atención que han recibido los PCP en AP se ha tenido en cuenta las citas registradas en las agendas de medicina, enfermería y SUAP en los CS.

Se aprecio (tabla 6) como en la pandemia, la media de las citas fue de 25,92 respecto al 24,58 del periodo prepandemia (p = 0.001).

Tabla 6. Comparación de la media de citas

Comparación de medias de citas		
Descripción	**Periodo Pandemia**	**Periodo Anterior**
Media	25,92	24,58
IC 95% de la media	(25,31 - 26,52)	(24,00 - 25,16)
Mediana	19	19
Desviación estándar (DS)	23,790	22,845

Figura 8. Distribución de citas en el periodo de estudio (pandemia)

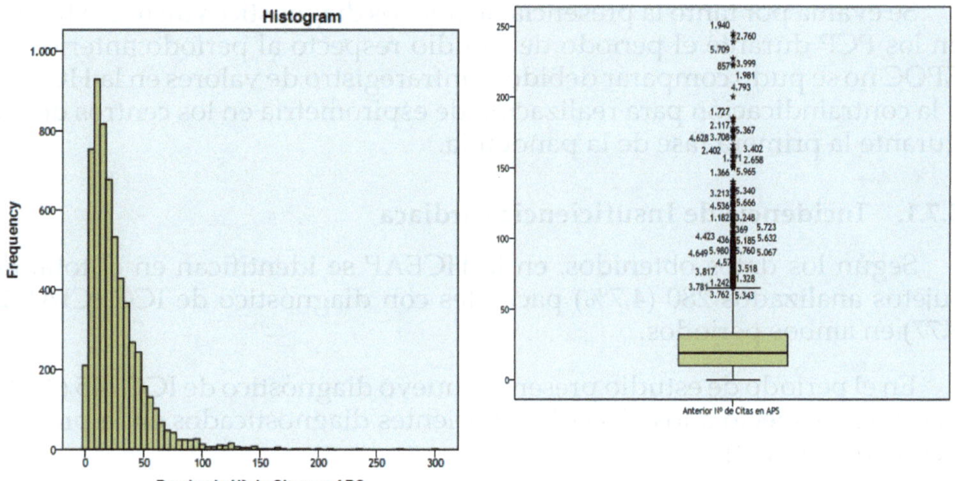

Figura 9. Distribución de citas en el periodo anterior (prepandemia)

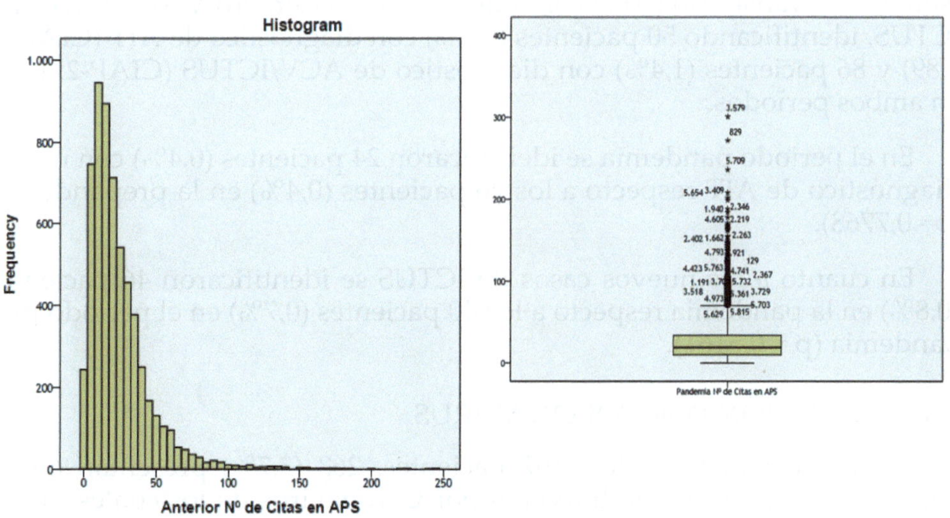

3.7. INCIDENCIA DE INSUFICIENCIA CARDIACA E ICTUS

Como sabemos, en los PCP la tendencia al desarrollo de comorbilidades es frecuente siendo lo más prevalente el desarrollo/agudización de patologías ya presentes como Insuficiencia Cardiaca (ICC), EPOC y la predisposición a potenciales accidentes cerebrovasculares.

Se evalúa por tanto la presencia de nuevos diagnósticos de ICC e ICTUS en los PCP durante el periodo de estudio respecto al período anterior. El EPOC no se pudo comparar debido al infraregistro de valores en la HCEAP y la contraindicación para realización de espirometría en los centros de AP durante la primera fase de la pandemia.

3.7.1. Incidencia de Insuficiencia cardiaca

Según los datos obtenidos, en la HCEAP se identifican en el total de sujetos analizados 280 (4,7%) pacientes con diagnóstico de ICC (CIAP-2: K77) en ambos periodos.

En el periodo de estudio presentan nuevo diagnóstico de ICC 145 (2,4%) pacientes respecto a los 135 (2,3%) pacientes diagnosticados en la prepandemia (p = 0,5453).

3.7.2. Incidencia de ICTUS

Se ha analizado la presencia de nuevos diagnósticos tanto de Accidente Isquémico Transitorio (AIT) como de Accidente Cerebro Vascular (ACV)/ ICTUS, identificando 50 pacientes (0,8%) con diagnóstico de AIT (CIAP-2: K89) y 86 pacientes (1,4%) con diagnóstico de ACV/ICTUS (CIAP-2: K90) en ambos periodos.

En el periodo pandemia se identificaron 24 pacientes (0,4%) con nuevo diagnóstico de AIT respecto a los 26 pacientes (0,4%) en la prepandemia (p= 0,7768).

En cuanto a los nuevos casos de ICTUS se identificaron 46 pacientes (0,8%) en la pandemia respecto a los 40 pacientes (0,7%) en el periodo prepandemia (p = 0,5161).

3.8. INFECCIÓN POR CORONAVIRUS

En la muestra total de 7.167 pacientes, 263 (3,7%) presentan en su HCEAP el diagnóstico de Infección por Coronavirus de los cuales 217 se encuentran activos y 45 pacientes fueron dados de baja por fallecimiento en el momento de la extracción de datos.

Los pacientes activos en la HCEAP con diagnóstico de infección por coronavirus representan un 3,6% del total de pacientes analizados, de los cuales 116 son hombres y 101 mujeres (figura 10).

Figura 10. Pacientes COVID (+)

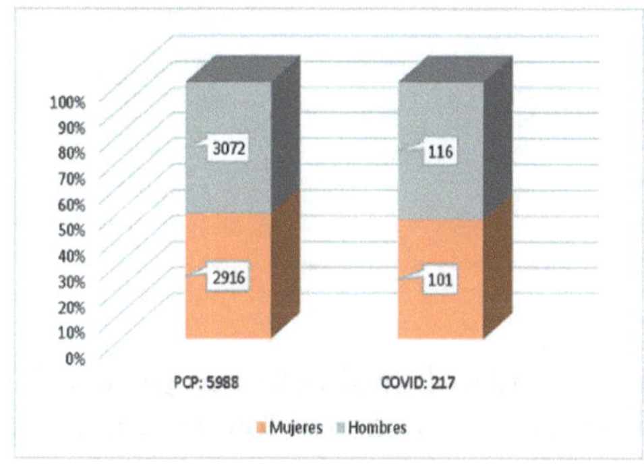

Figura 11. Pacientes COVID (+) activos en la HCEAP y su distribución por sexo y lugar de residencia

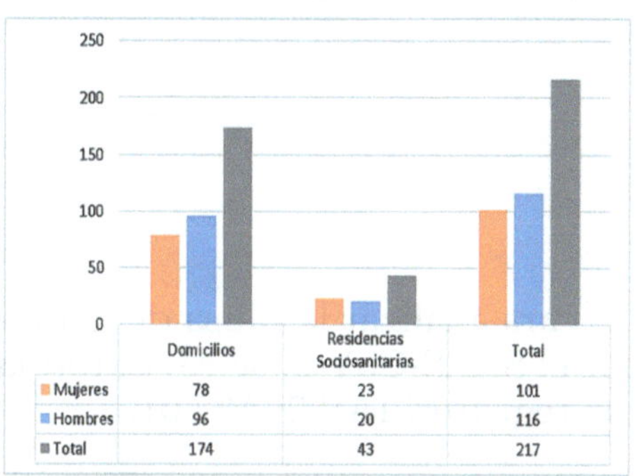

Si analizamos su distribución según el lugar de residencia habitual, observamos que 174 pacientes se encontraban en su domicilio familiar y 43 pacientes estaban institucionalizados en residencia sociosanitaria (figura 11).

3.9. MORTALIDAD

La mortalidad en el total de la muestra fue de 1.106 sujetos. En el período de estudio fallecieron 617 personas (93%) respecto a los 356 fallecidos en el periodo anterior lo que supone un aumento de la mortalidad de un 73,31% sin que pueda atribuirse este aumento a la COVID-19 (figura 12).

Además, se observó que en estos 617 fallecidos del periodo pandemia solo 45 (7%) tenían registrado en la HCEAP el diagnóstico de infección por coronavirus (figura 13).

Figura 12. Mortalidad

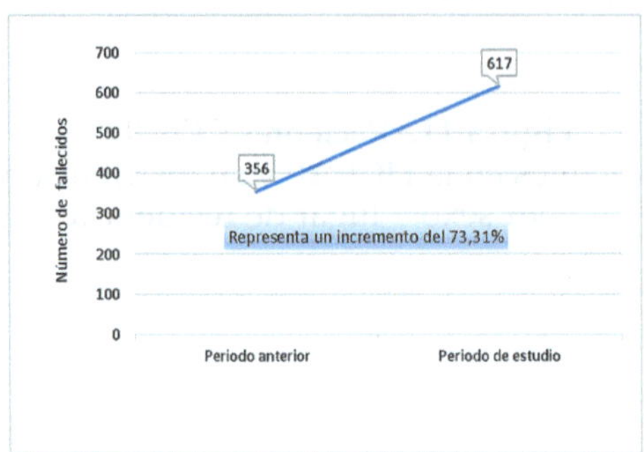

Figura 13. Mortalidad durante el período de estudio

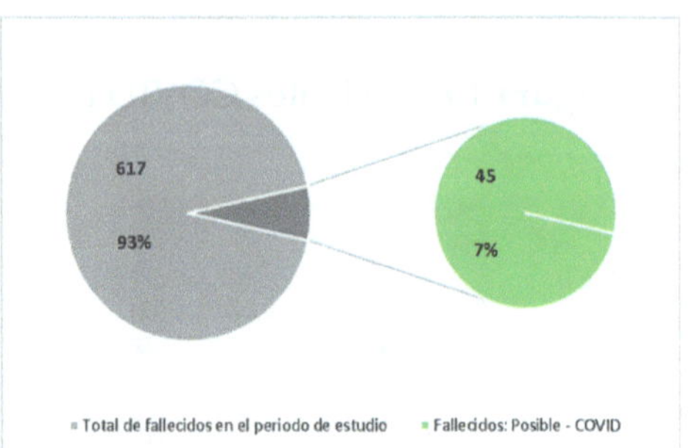

Para analizar la causa de la muerte y comprobar si esta fue producida por el SARS-CoV-2, se revisaron las historias clínicas de los 45 fallecidos con registro CIAP-2: A77.01.

De estos pacientes 30 (67%) fallecieron a causa de patología derivada del SARS-CoV-2 concretamente por neumonía en 29 de ellos y uno con infección por SARS-CoV-2 sin neumonía. Los 15 restantes fallecieron por otras causas (figura 14).

Si, se analiza el lugar de residencia: 12 pacientes estaban institucionalizados y los 33 restantes vivían en su domicilio familiar, observando que el 87% de los pacientes falleció en el entorno hospitalario y todos ellos fueron diagnosticados de la COVID-19 durante el ingreso (figura 15).

Figura 14. Causa de muerte en pacientes COVID (+)

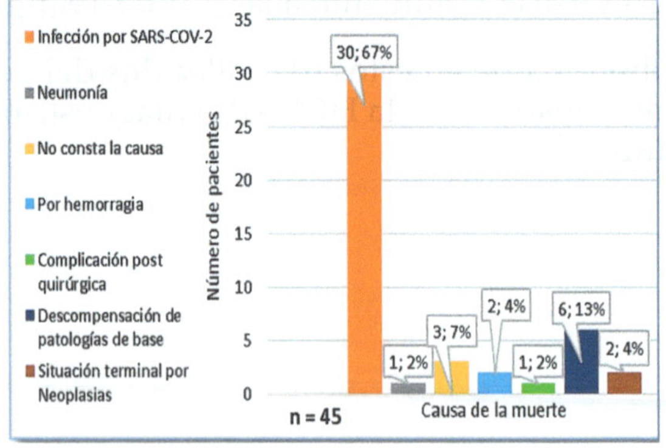

Figura 15. Distribución de los pacientes fallecidos según el lugar de residencia habitual

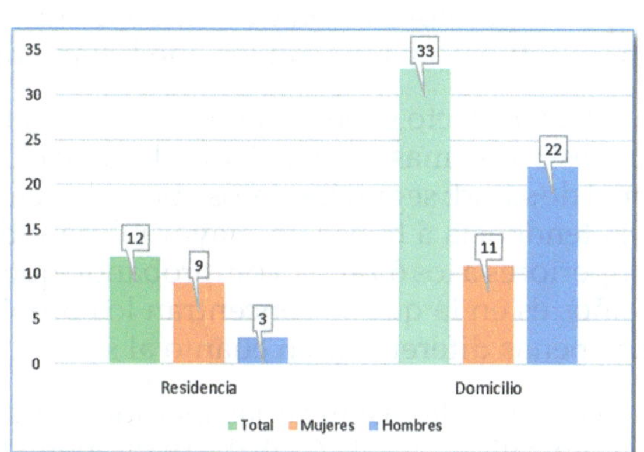

4. DISCUSIÓN

La situación pandémica en la que hemos estado inmersos a nivel global, secundaria a la aparición del SARS-CoV-2 sigue poniendo en peligro millones vidas y en jaque a los diferentes sistemas sanitarios para su contención, tratamiento y control. Es bien conocido en la actualidad que la COVID-19 se manifiesta desde procesos asintomáticos a personas con síntomas leves o graves parecidos a la neumonía y donde la presencia de comorbilidades como la DM, la HTA, la EPOC, la ECV, las neoplasias malignas, el VIH, etc... podrían desarrollar una situación potencialmente mortal; lo que unido a su transmisión asintomática y presintomática, y a su periodo de incubación cambiante por las nuevas cepas, hacen muy compleja la dinámica de la COVID-19 a nivel poblacional, complicando el rastreo y la contención del virus.

Adicionalmente, debido a que el SARS-CoV-2 es un patógeno recientemente identificado, sin contacto previo entre los humanos, no existe inmunidad natural, tampoco existe ninguna estrategia terapéutica definitiva para la disminución o erradicación de la transmisión del SARS-CoV-2 (Plasencia-Urizarri TM, 2020) lo que sigue suponiendo un reto en la estrategia de vacunación y atención sanitaria de la población.

Debido al actual escenario asistencial, donde cronicidad y complejidad son condiciones dominantes, los profesionales de AP se han visto obligados a reorganizar su actividad, concibiendo modelos de gestión de la consulta que les permita atender la demanda de sus pacientes y continuar vigilando las patologías que ya de por si presentaban. La coordinación de la atención es un proceso complejo que recae en la AP y su gestión depende del grado de especialización clínica, del nivel y tipo de interdependencias de las actividades asistenciales, del manejo de la incertidumbre, y está asociada con la capacidad para procesar información y la variabilidad en la respuesta del paciente suponen un esfuerzo y reto con los que lidiar a diario.

Centrándonos en el impacto sobre la atención sanitaria, la cronicidad es uno de los principales problemas y prioridades de actuación en la estrategia del sistema nacional de salud; según los datos obtenidos en el estudio vemos como se cumple la tendencia a haber un mayor número de personas afectadas en edades superiores a los 65 años, comprobando que la franja de edad entre los 80 y 89 años es en la que se concentran los problemas por la cronicidad sin existir apenas diferencias en cuanto al sexo.

A pesar de la necesidad de instaurar las medidas para controlar la epidemia y reducir la mortalidad por la COVID-19 (Siqueira C, 2020), muchos estudios señalan daños colaterales a la salud, se informó una reducción de las actividades preventivas, tales como: el cribado (Vigliar E, 2020), la vacunación infantil (Santoli JM, 2020), el diagnóstico (Williams R, 2020) y control de enfermedades crónicas en la atención primaria (Coma E M. N., 2020). Además, algunos estudios destacaron un aumento de las enfermedades mentales (White RG, 2020). Dos estudios han examinado el efecto sobre el control de la diabetes mellitus, aunque los resultados son inconsistentes (Ghosal S, 2020), (Beato-Víbora, 2020).

Coma E., et al; observo un efecto negativo en el 85% de los indicadores Estándar de Calidad Asistencial (EQA) en marzo y el 68% en abril de 2020. El 90% de los indicadores de control tuvieron efecto negativo comprobando como los resultados de los indicadores de seguimiento, control, cribado y vacunación de pacientes en atención primaria se redujeron; solo comprobaron mejoría en los indicadores de prevención cuaternaria. Destacan entre otros la reducción del control de la TA en marzo un -2,13% (IC del 95% -2,34% a -1,9%) y -2,59% (IC del 95% -2,8% a -2,37%) en abril, el porcentaje de pacientes diabéticos con un control metabólico aceptable pasó de un 70% en enero del 2020 a solo un 57% en octubre (un 19% de reducción). Esto se debió, principalmente, a una disminución de las pruebas solicitadas; teniendo en cuenta el grupo de pacientes a los que sí se les realizo una determinación de la HBA1C durante este período, en los que el grado de control se redujo un 2%.

En nuestra serie a diferencia de lo que plantean los anteriores autores no se encuentra un empeoramiento en el control de los pacientes diabéticos durante el periodo de pandemia donde fue del 12,6% respecto al 12,1% en el periodo anterior (p = 0,017), vemos como se aprecia un adecuado seguimiento con determinaciones de HBA1C en el 15,6% de los diabéticos en el periodo pandemia respecto al 14,2% del prepandemia (p = 0,004).

El control de los pacientes hipertensos presento un ligero empeoramiento en el periodo pandemia (TAS: -2,68/TAD: -1,59%) respecto al anterior (TAS: -2,09%/TAD: 0%), pero a su vez cabe resaltar como los hipertensos que estaban controlados correctamente en el periodo prepandemia continuaban correctamente controlados en la pandemia en una proporción superior al 65% en la mayoría de los casos sin presentar empeoramiento (p = 0,001).

Los resultados del análisis de datos de la COVID-19 en España demuestran el impacto positivo del confinamiento en la contención de la enfermedad. Se pudo identificar un patrón similar en la mayoría de las comunidades autónomas de España, caracterizado por un pronunciado descenso de la incidencia, los ingresos hospitalarios, los ingresos en UCI y las tasas de mortalidad (Flaxman S, 2020). En otras revisiones se ha evidenciado una reducción en el número de casos atendidos en urgencias de patologías como el infarto agudo de miocardio (IAM) y el ictus, aunque de momento el alcance de sus consecuencias no es conocido (Hauguel-Moreau M, 2021); así mismo, vemos en nuestro estudio una disminución del 4,75% en la incidencia de ingresos hospitalarios en el periodo de la pandemia (1.986) respecto al periodo prepandemia (2.085) en los PCP. De igual manera se comportaron las visitas a la urgencia hospitalaria, en las que hubo un descenso del 21,87%. En el periodo pandemia se registraron (5.111) respecto al prepandemia (6.541) coincidiendo con los datos de los trabajos anteriormente citados.

Por otra parte, vemos como en el seguimiento de los pacientes en AP medido como las citas en los CS, hubo una mayor demanda de atención en el periodo de la pandemia con una media del 25,92 (IC del 95% de la media entre 25,31-26,52) respecto al periodo prepandemia en el que la media de citas se situaba en 24,58 (IC del 95% de la media entre 24,00-25,16) lo que representa un aumento del 5,45% (p = 0,001). Sin embargo, las mediciones de TA se realizaron en menor medida en el periodo de estudio (44,7%) respecto al prepandemia (58,6%), (p = 0,001) a diferencia de las determinaciones de HBA1C en las que hubo un aumento en el periodo de estudio (15,6%) respecto al anterior (14,2%), (p = 0,004). No se encontraron diferencias en cuanto a la incidencia de ICC (p = 0,5453) ni de ICTUS/AIT (p = 0,5161 / p = 0,7768).

En actualizaciones epidemiológicas previas sobre la COVID-19, publicadas por la Organización Panamericana de la Salud/Organización Mundial de la Salud (OPS/OMS), una de las formas de medir el impacto de la pandemia por la COVID-19 en las personas de mayores de 60 años, es a través de las tasas de mortalidad específica; sin embargo, también es importante analizar cuán prematuras son las defunciones (Salud O. P., 2020). En un análisis sobre los años de vida perdidos por muerte prematura (AVPP) en una muestra de 81 países, se encontró que, en total, se han perdido 20.507.518 años de vida por la COVID-19, debido a 1.279.866 muertes por la enfermedad. El promedio de AVPP es de 16 años. La muestra de este estudio presenta una edad promedio al momento de la muerte de 72,9 años, siendo el grupo de edad de 55 a 75 años los que aportan el 44,9% del total de AVPP (Pifarré i Arolas H, 2021).

Se ha observado que la mortalidad ha aumentado por todas las causas (Banerjee A, 2020). Además, cabe destacar como en España se ha notificado un elevado número de muertes ocurridas en las residencias sociosanitarias donde gran parte de los residentes son de edad avanzada y presentan múltiples comorbilidades, siendo una población especialmente vulnerable a la COVID-19. Se estima que la tasa de mortalidad es cuatro veces mayor que la de los individuos no institucionalizados (Amblàs-Novellas J, 2020); según nuestros datos vemos que al igual que los artículos comentados anteriormente la mortalidad ha experimentado un aumento considerable (73,3%) en los PCP por todas las causas con una edad promedio al momento de la muerte de 85 años sin que se le pueda atribuir concretamente a la COVID-19; sin embargo, solo un 7% de los fallecidos en el periodo de estudio presentaba el diagnóstico de infección por coronavirus de los cuales 67% fallecieron como causa directa de la infección por SARS-CoV-2 y al contrario que en los estudios referenciados solo el 26,66% de los pacientes en el momento del diagnóstico residían en una institución sociosanitaria.

Se enfatiza el manejo meticuloso de los pacientes COVID-19 con comorbilidades en contraste con los pacientes sin comorbilidades para controlar el peligro de muerte. Las personas con comorbilidad deben tomar medidas preventivas más exhaustivas para protegerse priorizando su vacunación y el adecuado control de las patologías que padecen.

4.1. LIMITACIONES DEL ESTUDIO

Se ha incluido en el estudio los pacientes asignados y atendidos en los CS sin tener en cuenta la población con atención privada, aunque el tamaño muestral es considerable y se asume que extrapolable a la población general han podido quedar fuera pacientes que no estuvieran asignados a los CS.

Puede existir un sesgo de información porque únicamente se ha recogido lo que consta en la HCEAP; teniendo en cuenta que podría existir un sesgo de registro y que los datos no estén bien codificados en todos los casos; aunque la información es extensa y adecuada.

Asumo que la muestra es representativa, pero puede haber un sesgo de infraregistro ya que la búsqueda se ha hecho en base al diagnóstico CIAP-2; es posible que no se muestren en la historia clínica con esta codificación y perdamos pacientes mal etiquetados.

Aunque se ha intentado ser rigurosos en la codificación de los pacientes en cuanto al diagnóstico de infección por coronavirus (CIAP-2: A77.01) puede existir un sesgo de codificación por la subnotificación, ya que aproximadamente un tercio de los casos ocurridos en España fueron asintomáticos, más el elevado número de personas enfermas en las que no se realizaron pruebas diagnósticas para confirmar la enfermedad (Pollán M, 2020) por tanto se asume que haya pacientes que padecieron la enfermedad sin estar registrados como A77.01 en la HCEAP por lo que no se han incluido en el estudio.

Los pacientes EPOC se han tenido que descartar y no ha sido posible su análisis debido al subregistro de parámetros de espirometría y a la no utilización de los protocolos de registro de las agudizaciones, así como la contraindicación para la realización de espirometrías en los CS en una primera fase de la pandemia por lo que no fue posible su análisis.

5. CONCLUSIONES

Contener la pandemia de COVID-19 ha sido la máxima prioridad de salud durante los últimos dos años. Debemos continuar intentando mitigar la pandemia, pero también debemos asegurarnos de que las causas comunes de morbilidad y mortalidad, como los cánceres, y las enfermedades crónicas se tengan en cuenta cuando se tomen decisiones y se prioricen respecto a otras medidas.

Tras el análisis de los PCP de nuestra comunidad según los datos obtenidos de nuestra muestra, podemos concluir que:

- En los pacientes diabéticos durante la pandemia el control adecuado de las cifras objetivo de HBA1C ha sido ligeramente superior al observado en el periodo prepandemia.
- El seguimiento de los pacientes diabéticos en la pandemia presento un ligero aumento en la solicitud de determinaciones de HBA1C

respecto al periodo prepandemia; por lo que parece que en el periodo pandemia el seguimiento ha seguido igual que en el periodo anterior; incluso ha mejorado levemente.

- En los pacientes hipertensos el grado de control de la TA ha empeorado respecto al anterior y la medición de la TA se realizó en menos pacientes en el periodo de estudio respecto al anterior.
- La incidencia de ingresos hospitalarios durante la pandemia disminuyo en los PCP respecto al periodo prepandemia.
- En los PCP hubo una mayor demanda de atención durante la pandemia respecto al periodo anterior en las consultas de AP.
- El número de visitas a urgencias hospitalaria de los PCP disminuyo durante el periodo de estudio respecto al periodo anterior al inicio de la pandemia.
- La incidencia de ICC e ICTUS en los PCP se mantuvo similar en ambos periodos.
- La infección por coronavirus ha afectado muy levemente a los PCP en el periodo estudiado.
- La mortalidad en los PCP ha experimentado aumento en la pandemia respecto al anterior por todas las causas sin poder atribuir este aumento a la infección por coronavirus.

Por todo lo anterior expuesto y según los datos arrojados quisiera resaltar la necesidad urgente de reforzar la AP, eje real de los planes de atención a la cronicidad, basada en el sentido común, la sensibilidad, la humanidad, el conocimiento directo de la población destacando que la atención al paciente crónico pluripatológico/complejo requiere una revisión y formación específica para poder atenderlo con todas nuestras capacidades y habilidades. Estar bien formado es la premisa; entender y gestionar adecuadamente la demanda debería ser una prioridad para poder atender adecuadamente las necesidades de los pacientes crónicos, los cuales requieren mayor dedicación.

6. BIBLIOGRAFÍA

Amblàs-Novellas, J., Santaeugènia, S. J., Vela, E., et al. What lies beneath: A retrospective, population-based cohort study investigating clinical and resource-use characteristics of institutionalized older people in Catalonia. BMC Geriatr. 2020, 20, 187.

Banerjee, A., Pasea, L., Harris, S., et al. Estimating excess 1-year mortality associated with the COVID-19 pandemic according to underlying conditions and age: a population-based cohort study. Lancet. 2020 30; 395:1715-1725.

Beato-Víbora, P. I., No deleterious effect of lockdown due to COVID-19 pandemic on glycaemic control, measured by glucose monitoring, in adults with type 1 diabetes Diabetes Technol Ther. 2020. May 12.

Bernabeu-Wittel, M., Ollero-Baturone, M., Moreno-Gaviño, L., et al. Development of a new predictive model for polypathological patients. The PROFUND index. Eur J Intern Med. 2011 Jun; 22(3):311-317.

Bhatraju, P. K., Ghassemieh, B. J., Nichols, M., et al. Covid-19 in critically ill patients in the Seattle region-case series. N Engl J Med 2020; 382:2012-22.

Boletín Oficial del Estado (BOE). Real Decreto 463/2020, de 14 marzo, por el por el que se declara el estado de alarma para la gestión de la situación de crisis sanitaria ocasionada por el COVID-19: https://www.boe.es/diario_boe/txt.php?id=BOE-A-2020-3692

Centro Nacional de Epidemiología. Informe 69. Situación de COVID-19 en España. Casos diagnosticados a partir 10 de mayo Informe COVID-19 [Internet]. 2021 mar. Disponible en: https://www.isciii.es/QueHacemos/Servicios/VigilanciaSaludPublicaRENAVE/EnfermedadesTransmisibles/Documents/INFORMES/Informes%20COVID19/INFORMES%20COVID19%202021/Informe%20COVID19.%20N%C2%BA%2069_%2010%20de%20marzo%20de%202021.pdf

Coma, E., Guiriguet, C., Mora, N., et al. Impact of the COVID-19 pandemic and related control measures on cancer diagnosis in Catalonia: a time-series analysis of primary care electronic health records covering about five million people. BMJ Open 2021 May 18;11(5): e047567.

Coma, E., Mora, N., Méndez, L., et al. Primary care in the time of COVID-19: monitoring the effect of the pandemic and the lockdown measures on 34 quality of care indicators calculated for 288 primary care practices covering about 6 million people in Catalonia. BMC Fam Pract 21, 208 (2020).

Coma Redon, E., Mora, N., Prats-Uribe, A., et al. Excess cases of influenza and the coronavirus epidemic in Catalonia: a time-series analysis of primary-care electronic medical records covering over 6 million people. BMJ Open. 2020;10: 039369.

Encuesta Nacional de Salud 2017. Ministerio de Sanidad. Disponible en: https://mscbs.gob.es/estadEstudios/estadisticas/encuestaNacional/encuestaNac2017/ENSE2017

Fang, L., Karakiulakis, G., Roth, M., Are patients with hypertension and diabetes mellitus at increased risk for COVID-19 infection? Lancet Respir Med 2020;8(4):e21.

Fernández, C., Rysa, J., Almgren, P., et al. Plasma levels of the proprotein convertase furin and incidence of diabetes and mortality. J Intern Med 2018;284(4):377-87.

Flaxman, S., Mishra, S., Gandy, A., et al. Report 13: Estimating the number of infections and the impact of non-pharmaceutical interventions on COVID-19 in 11 European countries. Imperial College London. 2020.

Ghosal, S., Sinha, B., Majumder, M., Misra, A., Estimation of effects of nationwide lockdown for containing coronavirus infection on worsening of glycosylated haemoglobin and increase in diabetes-related complications: a simulation model using multivariate regression analysis. Diabetes Metab Syndr. 2020;14(4):319-23.

Harky, A., Chiu, C. M., Yau, T. H. L., et al. Cancer Patient Care during COVID-19. Cancer Cell. 2020;37(6):749-750.

Hauguel-Moreau, M., Pillière, R., Prati, G., et al. Impact of Coronavirus Disease 2019 outbreak on acute coronary syndrome admissions: four weeks to reverse the trend. J Thromb Thrombolysis. 2021 Jan;51(1):31-32.

HFSA/ACC/AHA Statement Addresses Concerns Re: Using RAAS Antagonists in COVID-19. https://professional.heart.org/professional/ScienceNews/UCM_505836_HFSAACCAHA-statement-addresses-concerns-re-using-RAAS-antagonists-in-COVID-19.jsp. Accessed 29 March 2020.

Informe sobre la situación mundial de las enfermedades no transmisibles 2014. OMS 2014. Disponible en: www.who.int/ncd

Instituto Cántabro de estadística (ICANE). Cifras de población a 1 de enero de 2021. www.icane.es/c/document_library/get_file?uuid=6ec13c92-9e23-4f9d-b50f-43167222d0b8&groupld=10138

Inzucchi, S., Bergenstal, R., Buse, J., et al. Management of Hyperglycemia in Type 2 Diabetes, 2015: A Patient-Centered Approach: Update to a

Position Statement of the American Diabetes Association and the European Association for the Study of Diabetes. Diabetes Care 2015 Jan; 38(1): 140-149.

Ismail-Beigi, F., Moghissi, E., Tiktin, M., et al. Individualizing glycemic targets in type 2 diabetes mellitus: implications of recent clinical trials. Ann Intern Med. 2011 Apr 19;154(8):554-9.

Kulcsar, K. A., Coleman, C. M., Beck, S. E., Frieman, M. B., Comorbid diabetes results in immune dysregulation and enhanced disease severity following MERSCoV infection. JCI Insight 2019;4(20): e131774.

La Declaración de Sevilla y el Documento de Consenso para la atención al paciente con enfermedades crónicas. 20 de enero de 2011. Disponible en: www.semfyc.es/wp-content/uploads/2016/05/documento-Enfermedades-Crónicas.pdf

Ma, L. Y., Chen, W. W., Gao, R. L., et al. China cardiovascular diseases report 2018: an updated summary. J Geriatr Cardiol. 2020;17(1):1-8.

Ministerio de Sanidad. INFORMACIÓN CIENTÍFICA-TÉCNICA. COVID-19 en distintos entornos y grupos de personas. Actualización, 25 de marzo 2021. Disponible en: https://www.mscbs.gob.es/profesionales/saludPublica/ccayes/alertasActual/nCov/documentos

Ollero Baturone, M., Orozco Beltrán, D., Domingo Rico, C., et al. Conferencia Nacional para la atención al paciente con enfermedades crónicas. Documento de consenso. Sevilla: Mergablum; 2011.

Organización Mundial de la Salud. Actualización epidemiológica: Enfermedad del Coronavirus (COVID-19). 25 de agosto de 2020, Washington, D.C.: OPS/OMS; 2020.

Organización Mundial de la Salud. (2014). Obtenido de OMS. Enfermedades crónicas: http://www.who.int/topics/chronic_diseases/es/

Pifarré, I., Arolas, H., Acosta, E., López-Casasnovas, G., et al. Years of life lost to COVID-19 in 81 countries. Sci Rep. 2021;11(1):3504.

Plasencia-Urizarri, T. M., Aguilera-Rodríguez, R., Almaguer-Mederos, L. E., Comorbilidades y gravedad clínica de la COVID-19: revisión sistemática y metaanálisis. Rev haban cienc méd. 2020; 19: e3389.

Pollán, M., Pérez-Gómez, B., Pastor-Barriuso, R., et al. Articles Prevalence of SARS-CoV-2 in Spain (ENE-COVID): a nationwide, population-based seroepidemiological study. The Lancet. 2020; 6736(20), 1-11.

Ramírez-Duque, N., Ollero-Baturone, M., Bernabeu-Wittel, M., et al. Características clínicas, funcionales, mentales y sociales de pacientes pluripatológicos. Estudio prospectivo durante un año en Atención Primaria. Rev Clin Esp. 2008; 208:4-11.

Rao, S., Lau, A., So, H. C., Exploring diseases/traits and blood proteins causally related to expression of ACE2, the putative receptor of SARS-CoV-2: a Mendelian randomization analysis highlights tentative relevance of diabetes-related traits. Diabetes Care 2020 Jul; 43(7): 1416-1426.

Santoli, J. M., Lindley, M. C., DeSilva, M. B., et al. Effects of the COVID-19 Pandemic on Routine Pediatric Vaccine Ordering and Administration - United States, 2020. MMWR Morb Mortal Wkly Rep. 2020 May 15;69(19):591-593.

Shang, J., Wan, Y., Luo, C., et al. Cell entry mechanisms of SARS-CoV-2. Proc Natl Acad Sci USA 2020;117(21):11727-34.

Siqueira, C., Freitas, Y., Cancela, M. C., et al. (Siqueira C, 2020) The effect of lockdown on the outcomes of COVID-19 in Spain: An ecological study. PLoS One. 2020 Jul 29;15(7): 0236779.

Vigliar, E., Iaccarino, A., Bruzzese, D., et al. Cytology in the time of coronavirus disease (covid-19): an Italian perspective. J Clin Pathol. 2020-206614.

Wang, D., Hu, B., Hu, C., et al. Clinical characteristics of 138 hospitalized patients with 2019 novel coronavirus-infected pneumonia in Wuhan, China. JAMA 2020;323(11): 1061-9.

White, R. G., Van Der Boor, C., Impact of the COVID-19 pandemic and initial period of lockdown on the mental health and well-being of adults in the UK. BJPsych Open. 2020;6(5): e90.

Williams, B., Mancia, G., Spiering, W., et al. Guía ESC/ESH 2018 sobre el diagnóstico y tratamiento de la hipertensión arterial. Grupo de Trabajo de la Sociedad Europea de Cardiología (ESC) y la European Society of Hypertensión (ESH) sobre el diagnóstico y tratamiento de la hipertensión arterial. Revista Española de Cardiología. 2019;72(2):160. e1-e78.

Williams, R., Jenkins, D. A., Ashcroft, D. M., et al. Diagnosis of physical and mental health conditions in primary care during the COVID-19 pandemic: a retrospective cohort study. Lancet Public Health. 2020 Oct;5(10): e543-e550.

World Health Organization. Coronavirus disease (COVID-19). Situation Report-141. WHO, Geneva, Switzerland; 2020. https://www.who.int/docs/defaultsource/coronaviruse/situation-reports/20200609-covid-19-sitrep-141.pdf?sfvrsn=72fa1b16 2

Yang, J., Zheng, Y., Gou, X., et al. Prevalence of comorbidities in the novel Wuhan coronavirus (COVID-19) infection: a systematic review and meta-analysis. Int J Infect Dis 2020; 94:91-5.

Zhou, F., Yu, T., Du, R., et al. Clinical course and risk factors for mortality of adult inpatients with COVID-19 in Wuhan, China: a retrospective cohort study. Lancet 2020;395(10229):1054-62.

Capítulo 4

Proyecto de centralización de la historia clínica de atención primaria como eje fundamental en la gestión sanitaria

ROSA MARÍA GONZÁLEZ FERNÁNDEZ
Médico de Familia y Comunitaria. Coordinadora de Equipos. Gerencia de Atención Primaria. Servicio Cántabro de Salud

1. INTRODUCCIÓN

En el presente trabajo de fin de máster, se realiza un análisis retrospectivo sobre la importancia de la historia clínica de Atención Primaria como una fuente fundamental de datos para la gestión sanitaria.

Disponer de una estación clínica de calidad que permita el registro de datos de forma homogénea, normalizada y estandarizada es un objetivo común a todos los Servicios de Salud de las Comunidades Autónomas (CCAA), motivo por el cual varias de ellas están en este momento en un proceso de evolución de sus aplicaciones, o se están planteando hacerlo en un corto plazo de tiempo. Además, es un requisito indispensable hoy día en todas las aplicaciones sanitarias y de gestión, permitir la interoperabilidad e integración sin limitaciones tecnológicas.

Por ello, a continuación, se desarrolla de forma detallada el proyecto de implantación de una Historia Clínica Centralizada en un Servicio Salud de una Comunidad Autónoma desde su inicio, conociendo la situación de partida, realizando un análisis previo de las fortalezas, debilidades, amenazas y oportunidades del proyecto (DAFO), y un estudio de mercado de las soluciones existentes en otros Servicios de Salud, hasta la formación a usuarios finales y puesta en marcha. También se identifican las metodologías y estándares utilizados a lo largo del proyecto.

El sistema a implantar ha de tener como referencia al ciudadano, situándolo en el núcleo de la actividad asistencial permitiéndole una comunicación directa con los profesionales de Atención Primaria, y así mismo disponer de su propia información.

Posteriormente se plantea la Historia Clínica Centralizada como herramienta para la gestión sanitaria, identificando diferentes usos de la misma tanto a nivel nacional en proyectos como la Base de Datos Clínica de Atención Primaria (BDCAP) o la Base de datos para la Investigación Farmacoepidemiológica en Atención Primaria (BIFAP), como de las CCAA a través del uso de cuadros de mando, indicadores, portales de transparencia, etc. Así mismo, la correcta administración y gestión de las historias clínicas contribuyen a mejorar la calidad de la atención de los pacientes. Además, ayuda a la recolección de datos para docencia, estudios de investigación y elaboración de estadísticas.

2. EVOLUCIÓN DE LA HISTORIA CLÍNICA EN ATENCIÓN PRIMARIA

2.1. SITUACIÓN INICIAL

A continuación, se describe una situación inicial de la Historia Clínica de la que se parte en una Gerencia de Atención Primaria del Sistema Sanitario Público.

El sistema se encuentra informatizado al 100%, alcanzando la totalidad de los Centros de Salud y Consultorios Rurales distribuidos en Áreas Sanitarias.

La aplicación de Historia Clínica implantada es una solución del año 1998. Su puesta en marcha en Atención Primaria comenzó en el año 1999 y finalizó en el año 2005. Esto supuso la informatización total de la Atención Primaria con un sistema cuyas principales características son:

- Tecnología cliente/servidor.
- Plataforma distribuida (descentralizada): repositorio de pacientes en cada Zona Básica de Salud, en el cual se almacenan las Historias Clínicas de los pacientes a los que atiende.

Desde 1999 hasta su renovación, la aplicación evolucionó funcionalmente pero tecnológicamente no, ya que las bases de datos (BBDD) seguían estando descentralizadas en servidores físicos en los Centros de Salud.

A lo largo de este documento, se utilizará el término Historia Clínica Descentralizada (HCD) para referirse a la Historia inicialmente implantada, descrita en este apartado.

2.2. JUSTIFICACIÓN

La justificación de la necesidad del proyecto de evolución de la Historia Clínica Descentralizada se debe a diferentes tipos de factores: asistenciales, de gestión, económicos, técnicos, de seguridad de la información, así como de prevención de riesgos (ruido servidores).

Factores asistenciales

Aumento de la movilidad geográfica de los usuarios. Los usuarios del sistema, cada vez con mayor frecuencia, varían su residencia y con ello la necesidad de cambio de centro de salud. Los sistemas descentralizados son capaces de permitir el traspaso de la historia clínica de un centro de salud a otro ya que disponen de bases de datos locales pero los mecanismos y resultado final nunca son tan óptimos como el de disponer de un sistema centralizado que no implique un traspaso de información sino únicamente la nueva asignación de centro. Con ello, el 100% de la información viaja con el usuario, el usuario se convierte en el eje del sistema. Por contra, con un sistema distribuido no sólo el resultado no es que la información no viaja íntegramente, sino que el esfuerzo humano requerido es mayor y las posibilidades de error también son mayores.

Atención en los Servicios de Urgencias de Atención Primaria (SUAPs). Disponibilidad de la Historia Clínica de los usuarios en cualquier SUAP independientemente de la Zona Básica de Salud a la que esté adscrito, tanto para la visualización como para trabajar sobre la misma.

Mejoras funcionales. La centralización supondrá no sólo una renovación tecnológica, sino una adaptación del sistema de gestión de Atención Primaria a las necesidades funcionales y de ergonomía actuales, que son diferentes a las de hace veinte años.

Acceso por parte del ciudadano. Las organizaciones deben adaptarse para preparar sus estructuras, de forma que sean más eficientes ante un envejecimiento de la población, lo que conlleva el tratamiento de enfermedades de larga duración, etc. Los sistemas TIC son un mecanismo imprescindible para abordar las estrategias que han de ponerse en marcha. La plataforma centralizada incluye además de la Estación Clínica, un módulo de salud para el paciente que permitirá una comunicación directa entre los profesionales de Atención Primaria y los pacientes (usuarios). Los Sistemas de Información han de tener como referencia al ciudadano, situándolo en el núcleo de la actividad asistencial y permitiéndole disponer de su propia información.

<u>Factores de gestión y económicos</u>

Ayuda a la toma de decisiones: una infraestructura centralizada permitirá realizar el análisis de la ingente cantidad de información almacenada en Atención Primaria de una forma mucho más ágil y fiable, ya que los datos se encontrarán normalizados, los procesos unificados, etc. De esta forma la organización conocerá mejor su realidad y será capaz de tomar decisiones basadas en la información obtenida. Ayuda a la toma de decisiones, mediante la implantación de mecanismos que permitan monitorizar el funcionamiento de la Organización.

Adaptación de las aplicaciones a los planes estratégicos del Servicio de Salud:

- Aumento de la resolutividad.
- Continuidad asistencial y de cuidados.
- Autonomía del paciente.

Costes de mantenimiento de las infraestructuras: los equipos y dispositivos requeridos en la actual infraestructura distribuida son numerosos y el coste de su mantenimiento considerable. En una arquitectura centralizada la solución se aloja en un centro de proceso de datos centralizado con la consiguiente reducción de costes en mantenimiento.

Flexibilidad: el Sistema de Información debe ser flexible permitiendo su adaptación al entorno sanitario actual y futuro.

Eficiente: permitir el incremento de la eficiencia del Sistema Sanitario a través de cambios en sus mecanismos de gestión.

Mejora de salud en el puesto de trabajo: disminución del ruido generado por los ventiladores de los servidores ubicados en las Áreas de Admisión de los Centros de Salud, que provoca malestar en el personal. Así mismo, la renovación tecnológica que permite la nueva aplicación, permite trabajar con pantallas de mayor tamaño que facilita la visualización de los datos.

Factores tecnológicos

Sistemas de gestión: Atención Primaria goza de sistemas de gestión muy maduros y con una fuerte base conceptual. La tecnología implantada en la que se basa la Historia Clínica Descentralizada es una tecnología obsoleta cuya renovación es necesaria para permitir la evolución de la propia plataforma, de forma que pueda adaptarse a las necesidades actuales tanto de los usuarios como de la propia organización. La solución actualmente implantada se basa en tecnología de hace más de veinte años.

Normalización, estandarización e interoperabilidad: el sistema no debe satisfacer únicamente las necesidades propias de un colectivo o incluso de una organización. Desde el Ministerio de Sanidad se están impulsando numerosos proyectos de interoperabilidad como «Historia Clínica del SNS», «Interoperabilidad de Historia Clínica Europea», «Receta Electrónica del SNS», etc.

Para abordar este tipo de proyectos es necesario disponer de una plataforma que facilite la integración en los mismos cumpliendo los estándares de interoperabilidad:

- Técnica.
- Semántica.
- Sintáctica.

Adaptación a los estándares tecnológicos: la adaptación a los estándares tecnológicos orientados a una gestión más eficiente y racional de los recursos y una respuesta más ágil al profesional y al ciudadano.

Homogeneización de aplicaciones: la homogeneización de aplicaciones por niveles asistenciales para los usuarios de los sistemas.

Integración de sistemas: la Historia Clínica debe integrarse con el resto de aplicaciones del Sistema. No puede continuar aislada de forma que su información no se comparta ni tampoco reciba de otras fuentes.

Seguridad: los mecanismos de seguridad que pueden formularse en un sistema centralizado en una única base de datos nunca serán los mismos que en bases de datos descentralizadas. Se debe garantizar la seguridad no sólo frente a pérdidas de información ante errores de los sistemas o de alguna catástrofe, sino también ante posibles filtraciones de información que puedan producirse. En este punto la ganancia se produce en eficiencia, dado que los recursos humanos precisos para garantizar la seguridad sobre decenas de servidores, bases de datos y dispositivos de copia no son los mismos que en un entorno centralizado. Como consecuencia de la distribución de los servidores en «n» sedes la seguridad física de los mismos no es la idónea, según la Ley Orgánica de Protección de Datos, en las auditorías realizadas siempre se ha reflejado este incumplimiento de la norma.

También es destacable la identificación unívoca del ciudadano a través de su Historia Clínica Electrónica Centralizada, que le facilite el acceso a los recursos sanitarios y la asistencia sanitaria.

Disponer de un dato único en todo el Sistema de Información del Sistema Sanitario permitirá una gestión centralizada orientada a la calidad.

2.3. OBJETIVOS

Principal

El objetivo principal del proyecto es dotar al Servicio de Salud de una ESTACIÓN CLÍNICA para Atención Primaria, que suponga la renovación tecnológica y cambio de la arquitectura distribuida actual a una arquitectura centralizada, manteniendo para todos los perfiles de usuarios finales, la totalidad de funcionalidades y procedimientos de la actual plataforma.

Para lograr el objetivo principal será necesario:

- La dotación del software específico y dedicado.
- La implantación de la solución.
- La migración del sistema actual al nuevo sistema.
- La puesta en marcha.
- El soporte y mantenimiento del sistema a lo largo del tiempo.

Secundarios

El Sistema de Información a implantar dará soporte a la actividad de los centros sanitarios, y debe garantizar el desarrollo de un sistema sanitario más cercano, accesible, con una mayor capacidad de respuesta y en el menor tiempo posible. Dando solución a las necesidades de los ciudadanos y profesionales sanitarios, con los siguientes objetivos secundarios:

- Los Sistemas de Información han de tener como referencia al ciudadano, situándolo en el núcleo de la actividad asistencial y permitiéndole disponer de su propia información.
- Identificación unívoca del ciudadano a través de su Historia Clínica Electrónica, que le facilite el acceso a los recursos sanitarios y la asistencia sanitaria.
- Sistemas de Información flexibles que permitan su adaptación al entorno sanitario actual y futuro.
- Sistema de Información normalizado y uniforme para toda la Atención Primaria de la Comunidad Autónoma.
- Actualización tecnológica tanto de la aplicación de Historia Clínica como la arquitectura del sistema (solución web y en el CPD[7] corporativo).
- Incremento de la eficiencia del Sistema Sanitario a través de cambios en sus mecanismos de gestión.
- Datos únicos a nivel de todo el Sistema de Información de Atención Primaria que permitan una gestión centralizada orientada a la calidad. Los datos podrán ser clínicos, administrativos, de gestión, de recursos y de actividad.
- Ayuda a la toma de decisiones, mediante la implantación de mecanismos que permitan monitorizar el funcionamiento de la Organización.

2.4. ANÁLISIS DEL PROYECTO

La evolución de la Historia Clínica de Atención Primaria de un sistema distribuido a un sistema centralizado requiere realizar un análisis previo de las fortalezas, debilidades, amenazas y oportunidades del mismo (DAFO).

7. Centro de Proceso de Datos.

Este análisis debe ser conocido tanto por el equipo de proyecto como por la dirección del mismo, de forma que conjuntamente puedan trabajar en el logro de los objetivos.

Matriz DAFO

FACTORES INTERNOS	
FORTALEZAS	DEBILIDADES
Equipo de proyecto altamente comprometido Amplia experiencia y conocimiento de las necesidades. Apoyo de la Dirección del Servicio de Salud.	Recursos humanos insuficientes. Recursos tecnológicos insuficientes (base de datos, nodos de aplicación, etc.) Necesidad espacio para la formación in situ. Parque informático obsoleto. Resistencia al cambio por parte de los profesionales. Dependencia de otros servicios para integraciones.
OPORTUNIDADES	AMENAZAS
Aprovechar la experiencia del proveedor del software. Participación en un proyecto ilusionante que va a suponer un antes y un después en la Atención Primaria (gestión y asistencia). Establecer relaciones con otros proveedores.	Falta de formación en informática de los profesionales. Plazos de contratación con proveedores. Exigencia de plazos para consecución de los diferentes hitos irreales por parte de los Gestores.
FACTORES EXTERNOS	

2.5. DOCUMENTO DE REQUISITOS

Funcionales

La estación clínica deberá contemplar, con carácter mínimo, la estructura de ordenamiento sanitario actual: comunidad, gerencia, área, zona básica, centro de salud, y consultorio; y deberá estar preparada para asumir una posible reestructuración del ordenamiento actual.

Deberá mantener para todos los perfiles de usuarios finales, la totalidad de funcionalidades, procedimientos y operatoria de la Historia Clínica descentralizada instalada en el momento de la recepción y puesta en marcha del software objeto del contrato.

El sistema deberá constituirse en una herramienta de gestión que facilite el trabajo de los profesionales en su actividad diaria y optimice su rendimiento con las herramientas adecuadas, así como la explotación de la información para los diferentes niveles y perfiles establecidos por la organización, garantizando el cumplimiento de la legalidad vigente en todos aquellos aspectos concernientes a la seguridad y confidencialidad.

El conjunto de funcionalidades se agrupará en los siguientes epígrafes para su valoración:

- Gestión de datos clínicos.
- Gestión de datos administrativos.
- Explotación de la información.
- Estructura del sistema y seguridad.
- Mecanismos de integración.

Requisitos específicos, cada usuario del sistema, y de acuerdo a su perfil, podrá acceder a las funcionalidades que le son permitidas y más aún, al horizonte que puede visualizar. El sistema contemplará la existencia de perfiles no asistenciales pero que requieran un acceso total al sistema (incluyendo gestiones clínicas, administrativas, etc.).

Técnicos y de Arquitectura

La arquitectura de la Estación Clínica de Atención Primaria responderá a un modelo genérico adaptado a la plataforma corporativa del Servicio de Salud.

Las principales características serán las siguientes:

Solución Web con un servidor de aplicaciones que soportará la lógica de negocio y de navegación, mantendrá el acceso a los datos y controlará la interacción con el resto de sistemas de información.

La base de datos será centralizada. La infraestructura será diseñada para permitir altos niveles de rendimiento y disponibilidad (balanceo de carga, clustering, etc.).

Se aplicarán mecanismos de seguridad de acceso basados en estándares (como LDAP y ACLs). Se manejan distintos perfiles de usuarios con distintos privilegios.

El sistema y los desarrollos son conformes con la normativa de Protección de Datos y el resto de normativa relacionada con la seguridad de los datos y sistemas vigente en la actualidad, o de aplicación en este caso como puede ser el Esquema Nacional de Seguridad (ENS).

Los controles de seguridad que deberán implantarse durante el desarrollo de la aplicación son los siguientes:

- Controles de autenticación y control de acceso: la aplicación se integrará con el Sistema de Single Sign On (SSO) Corporativo del Servicio de Salud.
- Controles de confidencialidad e integridad: para todos aquellos datos que sean considerados privados, deberán aplicarse las medidas de seguridad oportunas para garantizar su confidencialidad y su integridad. Entre dichas medidas de seguridad, se hará uso cuando corresponda, de algoritmos criptográficos estándar.
- Controles de validación de datos: la aplicación deberá validar de forma exhaustiva todos los datos de entrada, internos y de salida. De esta forma, deberán evitarse fallos en la seguridad de la aplicación provenientes de ataques externos e internos a la misma.
- Deberán implementarse todos aquellos controles a nivel de código y a nivel de servidor de aplicaciones, que garanticen la disponibilidad en todo momento del aplicativo. Para ello deberán capturarse todas las posibles excepciones y errores producidos dentro de la aplicación, manejando su comportamiento.
- Controles de auditoría: la aplicación deberá implementar un registro de eventos (sistema, aplicación y seguridad) para su posterior monitorización y auditoria. Los módulos de auditoría proporcionados por el adjudicatario serán validados por el Servicio de Salud. Los eventos de seguridad mínimos a registrar serán los siguientes:

  Arranque y parada de los servicios de la aplicación.

Operaciones de acceso/modificación/borrado en toda la aplicación. Incluye gestiones clínicas, gestiones administrativas, operaciones de administrador, impresiones realizadas, listados generados, etc.

Acceso de los usuarios a la aplicación.

Activación y desactivación del registro de eventos.

De Integración e Interoperabilidad

El Sistema deberá incorporar Integraciones tanto de Sistemas de Información del Servicio de Salud como de otros organismos públicos.

Se deberá proporcionar una serie de Web Services (WS) necesarios para las integraciones con otros sistemas y que al menos serán los que están implementados para la aplicación descentralizada. Los WS permitirán tanto la consulta de información como el envío de la misma.

Integraciones:

- Tarjeta Sanitaria: Base de datos poblacional.
- Receta Electrónica y Visados: Sistema de prescripción y dispensación electrónico tanto para AP como para AE. Deberá de utilizar el módulo de prescripción y visado electrónico.
- Laboratorios (LIS) y Anatomía Patológica: ambos sistemas se integrarán a través del Gestor de Peticiones corporativo.
- SSO: LDAP[8] corporativo del Servicio de Salud.
- Visor Corporativo: Visor de Historia Clínica del Servicio de Salud e Historia Clínica Digital del Sistema Nacional de Salud (HCDSNS).
- TAO: Sistema de gestión del Tratamiento Anticoagulante Oral.
- Sagitario: gestión de la incapacidad temporal.
- Alertas y alergias: Sistema centralizado de gestión de alertas y alergias.
- Gestión de Interconsultas: Sistema de envío y recepción de las interconsultas Atención Primaria – Atención Especializada (AP-AE).

8. Protocolo Ligero de Acceso a Directorio.

- Estación clínica de Atención Especializada.
- Planes de cuidados de enfermería de Atención Especializada.
- Atención Temprana: Sistema de Historia clínica de Atención Temprana en Atención Primaria.
- 061: Sistema de Historia Clínica del 061.
- SIGETRES: Sistema de gestión de las terapias respiratorias.
- Registro de Voluntades Previas: Sistema de gestión de las voluntades anticipadas.

Ilustración 1: *Arquitectura Historia Clínica Centralizada e Integraciones*

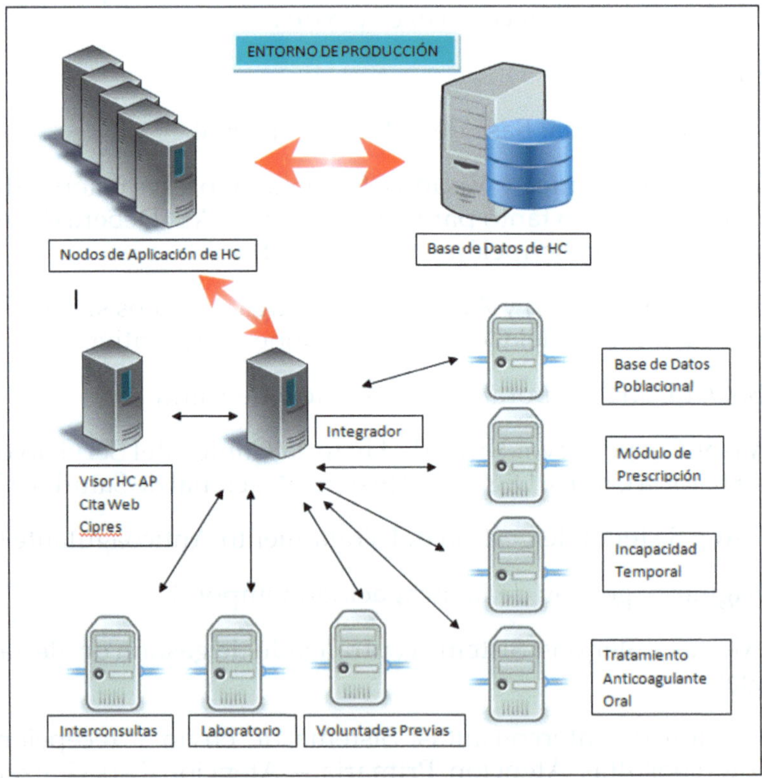

La ejecución de los trabajos se realizará utilizando estándares tecnológicos, funcionales, de metodología y calidad a todos los niveles, con el objetivo de garantizar el éxito, la homogeneidad y la proyección hacia el futuro, a medio y largo plazo.

Para ello será necesario que, de forma general, se cumpla con los siguientes requisitos técnicos de integración, en aquellos casos que proceda:

- Soporte de estándares básicos de mensajería e intercambio (HL7 v2.5). Utilización de las guías corporativas definidas por el Servicio de Salud.
- Utilización de Servicios Web (descritos mediante WSDL y encapsulado de mensajes XML con tecnología SOAP).
- Soporte de intercambio de información bajo XML.
- Invocación directa a aplicaciones con paso de parámetros de forma segura.
- Garantía del funcionamiento de todas las interfaces desarrolladas en el proyecto frente a actualizaciones de software.

El sistema de información deberá permitir utilizar los sistemas de codificación habituales del entorno sanitario, según la normativa vigente y los corporativos fijados por el Servicio de Salud.

Al menos debe contemplar los siguientes estándares sanitarios:

SNOMED CT (Systematized Nomenclature of Medicine – Clinical Terms) es la terminología clínica integral, multilingüe y codificada de mayor amplitud, precisión e importancia desarrollada en el mundo. SNOMED CT es, también, un producto terminológico que puede usarse para codificar, recuperar, comunicar y analizar datos clínicos permitiendo a los profesionales de la salud representar la información de forma adecuada, precisa e inequívoca. La terminología se constituye, de forma básica, por conceptos, descripciones y relaciones. Estos elementos tienen como fin representar con precisión información y conocimiento clínico en el ámbito de la asistencia sanitaria. (Sanidad, 2021)

LOINC, permite identificar de forma inequívoca una prueba de laboratorio. LOINC® (Logical Observation Identifies Names and Codes) es una base de datos con nombres y códigos estandarizados para la identificación de resultados de laboratorio, observaciones clínicas y observaciones de estudios diagnósticos. (Gallego, Mas Mota, & Rodriguez Naqué, 2010)

CIAP es la Clasificación Internacional de Atención Primaria segunda edición, publicada por la WONCA[9] en 1.999. Permite clasificar por «episodios de atención», concepto más amplio que el hospitalario de «episodio de enfermedad», que incluye: la razón de consulta expresada por el paciente, los problemas de salud detectados por el profesional, y las intervenciones o procedimientos del proceso de atención.

CIE-9 y CIE-10 Clasificación Internacional de Enfermedades, novena edición, publicada en 1977 por la Organización Mundial de la Salud (OMS), y cuyo fin es clasificar las enfermedades, afecciones y causas externas de enfermedades y traumatismos, con objeto de recopilar información sanitaria útil relacionada con defunciones, enfermedades y traumatismos (mortalidad y morbilidad). En España se inició en el año 2016 el cambio de la codificación del CIE-9 al CIE-10 en el ámbito hospitalario y se utiliza en diversas comunidades autónomas en Atención Primaria. (Wikipedia, 2021)

DICOM, estándar en Imagenología Digital y Comunicaciones en Medicina (DICOM) que describe los medios de formato e intercambio de imágenes médicas y la información relacionada para facilitar la conectividad de dispositivos y sistemas médicos. El estándar DICOM respaldado por la NEMA[10] es el resultado de esfuerzos en conjunto de usuarios y fabricantes de imagenología médica y tecnología de la información sobre la salud. (Siemens, 2021)

NANDA (antes llamada North American Nursing Diagnosis Association) es una sociedad científica de enfermería cuyo objetivo es estandarizar el diagnóstico de enfermería. Fue fundada en 1982 para desarrollar y refinar la nomenclatura, criterios y la taxonomía de diagnósticos de enfermería. En 2002, se convirtieron oficialmente en NANDA International. (Wikipedia, https://es.wikipedia.org/wiki/NANDA, 2021).

Las interrelaciones entre las etiquetas diagnósticas NANDA, los Criterios de Resultados NOC y las Intervenciones NIC, no son más que la relación entre el problema, real o potencial que se ha detectado en el paciente y los aspectos de ese problema que se intentan o esperan solucionar mediante una o varias intervenciones enfermeras de las que también se desplegarán una o más actividades necesarias para la resolución del problema.

Esta interrelación no deja de ser la práctica de la realización del Proceso Enfermero.

9. Organización Mundial de Médicos de Familia.
10. Asociación de Fabricantes Eléctricos.

La última fase en la elaboración de los Planes de Cuidado es la asociación de los conceptos NANDA-NOC-NIC y la forma de utilizarlos.

Nursing Interventions Classification NIC (clasificación de intervenciones de enfermería).La taxonomía NIC, es una clasificación global y estandarizada de las intervenciones que realiza el profesional de enfermería, que tiene como centro de interés la decisión que tome para llevar a la persona al resultado esperado. Esta taxonomía está compuesta por dos elementos sustanciales: las intervenciones y las actividades de enfermería.

Nursing Outcomes Classification NOC (clasificación de resultados de enfermería). La taxonomía NOC se utiliza para conceptualizar, denominar, validar y clasificar los resultados que se obtienen de la intervención de enfermería. Este lenguaje incluye resultados esperados, indicadores y escalas de medición. Los resultados representan el nivel más concreto de la clasificación y expresan los cambios modificados o sostenidos que se quieren alcanzar en las personas, familia o comunidad, como consecuencia de los cuidados de enfermería.

2.6. CONTRATACIÓN

Previo al proceso de contratación se realizará un estudio de mercado, contactando con empresas del sector tecnológico especializadas en Salud, con soluciones en Producción en diferentes Comunidades Autónomas (CCAA).

A continuación, se hace referencia al proceso de contratación de tipo Procedimiento Abierto según la LCSP[11]. Desde el Servicio de Contratación del Servicio de Salud se iniciará un Expediente de Contratación y el Procedimiento Abierto iniciado requiere al menos los siguientes documentos:

- Memoria Justificativa
- Pliego de Prescripciones Técnicas
- Pliego de Cláusulas Administrativas
- Aprobación Consejo de Gobierno
- Publicación: se publicará el procedimiento en los siguientes boletines oficiales:

11. Ley 9/2017, de 8 de noviembre, de Contratos del Sector Público, por la que se transponen al ordenamiento jurídico español las Directivas del Parlamento Europeo y del Consejo 2014/23/UE y 2014/24/UE, de 26 de febrero de 2014.

Boletín Oficial de la Comunidad Autónoma

Boletín Oficial del Estado

Diario Oficial de la Unión Europea

- Recepción y valoración de las ofertas
- Adjudicación
- Formalización del contrato

2.7. EQUIPO DE TRABAJO

Para el desarrollo del Proyecto será necesario constituir comités y grupos de trabajo según los siguientes niveles de decisión:

- A nivel estratégico

  Comité de Dirección

- A nivel táctico

  Comité de seguimiento

  Grupos de trabajo de integraciones

  Grupo de trabajo de arquitectura y sistemas

  Grupo de trabajo de interoperabilidad con la Historia Clínica del Sistema Nacional de Salud (HCDSNS) y la Historia Clínica Europea

- A nivel operativo

  Equipo de proyecto de Atención Primaria

  Equipo de migración

  Equipo de formación

  Equipo de soporte in situ

2.8. PLAN DE FORMACIÓN

Para el desarrollo del Plan de Formación es necesario formar equipos multidisciplinares que cubran todos perfiles de los centros de salud. Se trata de crear un plan que permita compaginar la asistencia sanitaria con la formación. Por ello, se propone formar cada Zona Básica de Salud a lo largo de una semana, la mitad del personal sanitario de una Zona Básica de Salud durante dos días, la otra mitad del personal sanitario otros dos días y el personal no sanitario un día.

Los recursos humanos necesarios para la formación son los siguientes:

Personal funcional:

- 4 personal facultativo.
- 4 personal enfermería.
- 4 personal administrativo.

Personal informático

- 4 técnicos informático.

Los recursos materiales necesarios son:

2 aulas de informática para la formación disponibles a tiempo completo para el proyecto, con la siguiente dotación mínima en cada aula:

- 20 puestos con PC con acceso a la versión de formación de la aplicación para discentes.
- 1 puesto con PC con acceso a la versión de formación de la aplicación para los docentes.
- 1 proyector y pantalla.

La formación de los usuarios finales se realizará a todos los perfiles de trabajadores de las zonas básicas de salud: Medicina (Equipo Atención Primaria y SUAP), Enfermería (Equipo Atención Primaria y SUAP), Pediatría, Odontólogo, Higienista Dental, Matrona, Fisioterapeuta, Trabajador Social, Auxiliar de Clínica, Auxiliar Administrativo, Celador.

Secuencia habitual para la formación de una zona básica de salud:

Semana 1: Charla inicial

Esta charla será impartida en el Centro de Salud por personal funcional para informar a los profesionales de la zona básica de salud acerca del proceso de formación, migración de datos y soporte presencial que se va a llevar a cabo.

Semana 2: Formación

La formación se dará sobre un entorno en el que se habrán migrado los datos pertenecientes a la zona básica a la que se está dando la formación.

Se realizará la semana previa a la migración con el objetivo de tener los conocimientos lo más recientes posibles y con los recursos planteados se podrían llegar a formar dos centros simultáneamente.

Durante la primera parte del curso se impartirán conocimientos comunes de la aplicación que van a ser utilizados por los profesionales implicados. La segunda parte de la jornada se dedicará a impartir conocimientos específicos de los profesionales.

Semana 3: Arranque del centro

Se realizará soporte in situ durante una semana a cargo del personal funcional y personal informático.

2.9. PLAN DE MIGRACIÓN

Cada migración de una Zona Básica de Salud a la nueva estación centralizada requiere de una serie de tareas que se clasifican en:

– Tareas previas a la migración

Se realizan durante los 15 días anteriores a la migración.

Realizar un simulacro de migración en un entorno no productivo (por ejemplo entornos de Formación o Preproducción). Los datos de la Zona Básica a migrar se cargarán, y se realizarán pruebas técnicas y funcionales, verificando que los datos se migran correctamente.

Seguridad: autorizar el acceso a la aplicación desde la Zona Básica a migrar.

Microinformática: revisar los ordenadores del Centro y los Consultorios Rurales asegurando que el navegador necesario está actualizado.

Configurar las impresoras, de tickets, etc.

Comunicación: se enviarán comunicaciones a los distintos grupos afectados por la migración, entre ellos destacan los profesionales de la Zona Básica a migrar, los profesionales de todas las Zonas Básicas que ya están migradas informando de la parada que se va a realizar durante el fin de semana con motivo de la migración, a la Dirección de Atención Primaria, al grupo Técnico de Migración, etc.

– Tareas de migración

Se realizan el día de comienzo de la migración.

Comunicación: se avisará del inicio de las tareas de migración a todos los grupos afectados.

Migración: se realizará la parada de la aplicación durante el proceso de incorporación de los datos de la Zona Básica migrada a la Base de Datos centralizada. Estas tareas se realizarán en franja nocturna.

– Tareas posteriores a la migración

Durante una semana se realizará soporte funcional in situ y soporte técnico in situ en el centro, de forma que cualquier incidencia funcional y/o técnica ocurrida durante la migración pueda resolverse en el menor tiempo posible.

Pilotaje

Una vez que la aplicación está preparada para su puesta en Producción, se planificará la migración de alguna/s Zonas Básicas que pilotarán la aplicación. Se recomienda seleccionar diferentes tipos de Zona Básica de Salud para el pilotaje, de forma que se cubran diferentes casuísticas en función de los siguientes parámetros:

Tamaño, número de centros/consultorios y servicios proporcionados. Es muy conveniente seleccionar zonas que presten diferentes servicios, por ejemplo Servicio de Urgencias de Atención Primaria, Profesionales de Área: Matrona, Odontólogo, Trabajador Social, Fisioterapeuta, etc.

El pilotaje se realizará durante al menos dos meses. En ese período es probable que surjan incidencias o peticiones, que deberán resolverse de forma muy ágil.

Despliegue masivo

Una vez que la aplicación está preparada para su puesta en Producción tras el pilotaje, se planificará la migración de todas las Zonas Básicas de Atención Primaria.

El despliegue se realizará de forma paulatina, migrando una o varias Zonas Básicas de Salud cada semana o quincenalmente. El ritmo de migración se establecerá en función de los recursos disponibles: equipos de formación y soporte, equipos de migración, recursos de Sistemas (capacidad de procesamiento y Base de Datos en el Centro de Proceso de Datos) y aulas de Informática para la formación presencial.

3. METODOLOGÍA Y CALIDAD

La metodología propuesta se basa en dos estándares de facto para la gestión de proyectos tecnológicos, que se resumen en los dos apartados siguientes:

«Project Management Institute/Project Managament Body of Knowledge» (PMI/PMBOK): Será la base de la metodología de gestión del proyecto. El PMBOK proporciona el cuerpo de conocimiento y herramientas de gestión de proyectos más comúnmente aceptados dentro de las disciplinas de gestión de proyectos. Es la base metodológica para la gestión de los servicios a prestar.

MÉTRICA V.3: Será la base metodológica para el equipo de desarrollo, de todos los procesos que ésta recoge se utilizarán sólo aquellos que sean necesarios para el ámbito, alcance y objeto de los servicios solicitados.

ITIL v3 como marco metodológico para la colaboración, integración y participación con otros departamentos y con el Centro de Soporte del que dispone el Servicio de Salud para la recepción, gestión y seguimiento de los tickets derivados al proveedor. Adicionalmente, aplicará esta metodología para la gestión de la mejora continua de los proyectos, según el ciclo de Deming, y para las implantaciones y puestas en producción.

4. LA HISTORIA CLÍNICA CENTRALIZADA COMO HERRAMIENTA PARA LA GESTIÓN SANITARIA

La historia clínica debe garantizar unas funciones determinadas que van desde la asistencia, que siempre ha sido su aspecto más importante, la docente, la investigación, la gestión clínica y la planificación de recursos asistenciales, aspectos jurídico-legales y por qué no, el control de la calidad asistencial. Debe ser única para cada persona, acumulando toda su información clínica, y además ser integrada de forma que contenga la información de todos los contactos y episodios del paciente. (Cabo Salvador, 2010).

La correcta administración y gestión de las historias clínicas contribuye a mejorar la calidad de la atención de los pacientes. Además, ayuda a la recolección de datos para estudios de investigación, elaboración de estadísticas y sirve de enseñanza para estudiantes y profesionales.

Diferentes estudios demuestran que existe una relación directa entre la calidad de la atención prestada y la calidad de las historias clínicas, permitiendo el análisis retrospectivo del desempeño de los profesionales sanitarios. Estos registros constituyen la base para la toma de decisiones médicas en el diagnóstico y tratamiento, y permiten la evaluación de los diferentes problemas de salud (Chero Farro, Cabanillas Olivares & Fernández Mogollón, 2017). Así mismo una historia clínica centralizada, normalizada y completa permite tomar decisiones de gestión, incrementando, por ejemplo, el número de recursos humanos en determinada área, servicio, etc.

La historia clínica debe contener toda la información de salud de los ciudadanos, con independencia de dónde y cuándo se genera. Además, la aplicación de historia clínica debe formar parte, directa o indirectamente (por ejemplo, a través de un cuadro de mando) de los sistemas de gestión del Servicio de Salud: económico-financiero, planificación estratégica y control de gestión.

4.1. DECISIONES DE GESTIÓN

Los Servicios de Salud son organizaciones complejas debido al número y diversidad de categorías profesionales, y también al número de centros y usuarios. En esta situación los gestores sanitarios de las Gerencias requieren información de gestión que les permita analizar los datos para la toma de decisiones. (OCDE, 2004)

La información necesaria dependerá del nivel asistencial que se analice y del tipo de decisión a tomar: de tipo estratégico, táctico u operativo.

Para proporcionar esta información es necesario contar con herramientas específicas de análisis de datos, como los cuadros de mando o el BigData. Estas permiten integrar una capa de inteligencia artificial en la que pueden crearse modelos predictivos que ayuden a anticiparse a posibles necesidades futuras.

De esta forma se podrán utilizar los recursos sanitarios de una forma más eficiente: frecuencia de asistencia a consultas sanitarias (médicas, enfermería u otros profesionales sanitarios), derivaciones a atención hospitalaria, tratamiento...

Se pueden establecer sistemas de alerta, predicción de necesidades y emisión de recomendaciones.

En el caso de la Atención Primaria, es fundamental poder gestionar adecuadamente los recursos y optimizarlos. Conocer los diferentes patrones (perfiles) de los usuarios, segmentándolos en base a los servicios sanitarios que consumen en función de su patología, necesidad de pruebas y controles, permite detectar pacientes hiperfrecuentadores[12], algo esencial para poder mejorar la atención y gestión clínica.

El Cuadro de Mando Integral

El Cuadro de Mando Integral (CMI, o Balanced Scorecard), desarrollado por Kaplan y Norton (Kaplan & Norton, 2000), es una herramienta fundamental para la dirección y gestión sanitaria. Es la forma de poder alinear la práctica diaria de la dirección con los objetivos más estratégicos. (Villalbí, y otros, 2007)

En el caso del CMI de Atención Primaria basado en la Historia Clínica, existen diferentes actividades y servicios a explotar:

Actividad asistencial

- Actividad del Equipo de Atención Primaria
- Actividad del Servicio de Urgencias de Atención Primaria
- Actividad de las Unidades de Atención Temprana
- Actividad de las Unidades de Atención a las Conductas Adictivas
- Actividad de la Unidad de Salud Bucodental
- Demoras en Atención Primaria
- Telemedicina
- Vacunación

12. Usuario que acude a consulta 12 veces o más al año. SEMERGEN.

Ilustración 2: *Actividad Equipo Atención Primaria*

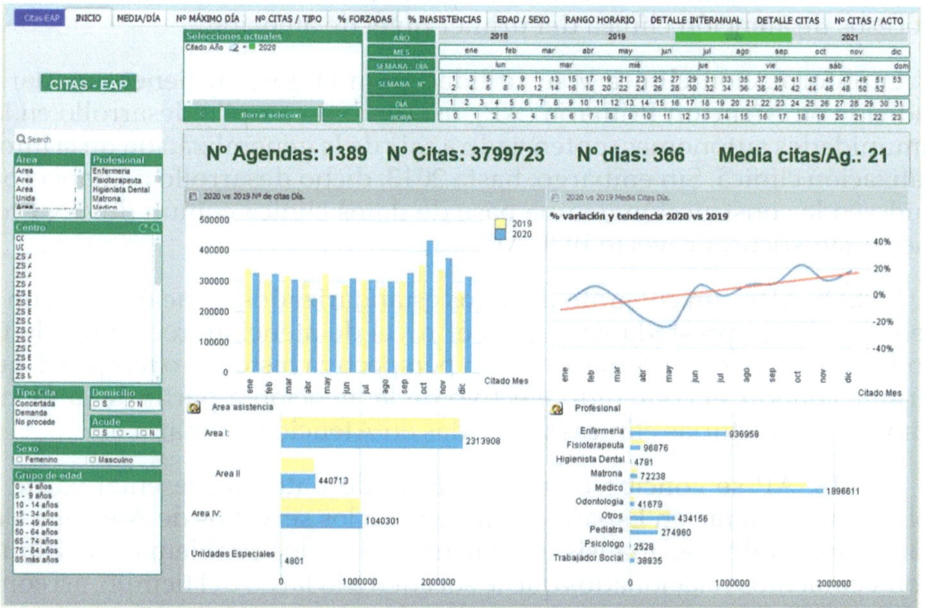

Indicadores basados en la Historia Clínica

- A nivel nacional: BDCAP y BIFAP
- A nivel de Comunidad Autónoma: Memoria anual de indicadores del Servicio de Salud y Portal de Transparencia.

<u>Base de Datos Clínica de Atención Primaria (BDCAP)</u>

En el año 2005, el Consejo Interterritorial del Sistema Nacional de Salud (CI-SNS) encomendó a la Subcomisión de Sistemas de Información del Sistema Nacional de Salud la construcción de un Sistema de Información de Atención Primaria (SIAP).

Información en SIAP:

- Catálogo de centros
- Estadística de población y recursos
- Estadística descriptiva funcional y de oferta de servicios
- Estadística de actividad

Una vez consolidada la información en SIAP, en el año 2013, el CI-SNS plantea la necesidad de avanzar un paso más en el conocimiento de los procesos de atención clínica del primer nivel de atención.

La información clínica y su utilidad para la gestión tienen una larga tradición en Atención Primaria (AP), así como un amplio desarrollo en las comunidades autónomas, potenciado a raíz de la generalización de la informatización clínica. Sin embargo, hasta 2013, dicho desarrollo no había confluido en la construcción de una base de datos clínica común del SNS con fines estadísticos, Proyecto BDCAP.

La BDCAP es un conjunto de datos estandarizados, relacionados con la atención clínica prestada en el primer nivel de atención, recogidos de un modo homogéneo y sistemático y con perspectiva histórica o temporal, que permite conocer el contenido efectivo de la atención a partir de la fuente primaria: las historias clínicas utilizadas en Atención Primaria.

La BDCAP se concibe como una base de datos representativa de la población residente en España y que acude a los servicios de Atención Primaria, centrando sus análisis en el usuario y en los problemas de salud o acontecimientos relacionados que le suceden a lo largo del tiempo, así como en la manera en la que se actúa sobre ellos. Los datos se obtienen anualmente de los sistemas de información de Atención Primaria de las CCAA.

***Ilustración* 3:** *Estructura BDCAP*

Base de datos para la Investigación Farmacoepidemiológica en Atención Primaria (BIFAP)

La misión de la Agencia Española de Medicamentos y Productos Sanitarios (AEMPS) es velar por el cumplimiento de las garantías de calidad, seguridad y eficacia de los medicamentos que son autorizados, y de que la relación entre los beneficios y riesgos de los medicamentos sea en todo caso favorable. Tras la autorización del medicamento, es tarea de la farmacovigilancia identificar, cuantificar y evaluar los nuevos riesgos y su impacto en la relación beneficio-riesgo del medicamento. (www.bifap.org, 2021).

El sistema de notificación de sospechas de reacciones adversas permite identificar nuevos riesgos (señales) como consecuencia del uso de los medicamentos. Pero además es necesario diseñar y llevar a cabo estudios específicos, utilizando el método farmacoepidemiológico, que nos permitan: confirmar la existencia del riesgo, caracterizar y cuantificar el riesgo, identificar factores que modifican dicho riesgo y evaluar la efectividad de las medidas reguladoras que se adoptan para minimizar dichos riesgos.

BIFAP se nutre de los datos registrados por los médicos de familia y pediatras de atención primaria en la Historia Clínica Electrónica (HCE-AP). Con el propósito de asegurar que BIFAP incluye información longitudinal de la actividad asistencial relativa a los pacientes atendidos, la base de datos se actualiza periódicamente, al menos una vez al año, con los datos proporcionados desde cada una de las CCAA participantes.

Todo ello permite que BIFAP sea una fuente de información muy apropiada para la realización de estudios epidemiológicos, orientada a la investigación de los patrones de uso, la seguridad y la efectividad de los medicamentos.

Ilustración 4: *Estructura BIFAP*

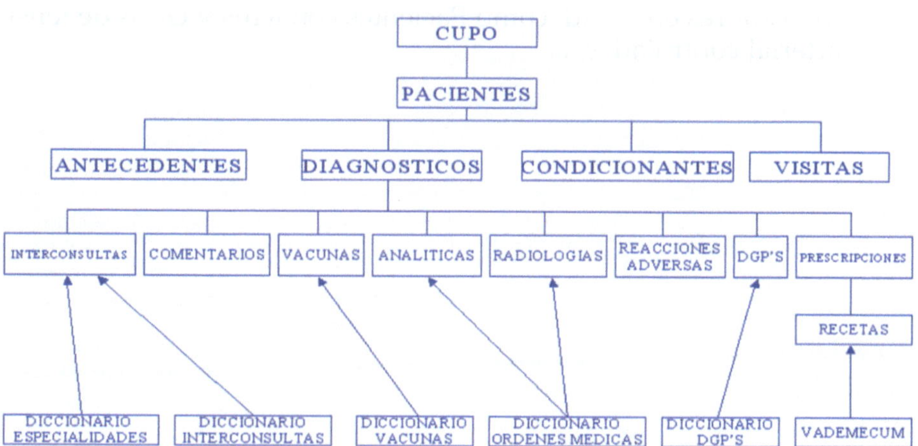

Memoria anual de indicadores del Servicio de Salud

Los Servicios de Salud de las Comunidades Autónomas (CCAA) elaboran anualmente su Memoria de Indicadores de Gestión. Para poder realizar este trabajo una fuente principal de los datos es la Historia Clínica de Atención Primaria.

Los indicadores de Atención Primaria presentan resultados generales de la actividad y la asistencia sanitaria de los centros de salud de la Comunidad. Los indicadores se encuentran agrupados en diferentes apartados que recogen datos generales de actividad, así como indicadores en urgencias e indicadores en salud.

Cada uno de los indicadores presenta una ficha técnica en la que se describe el indicador, el cálculo del mismo, la fuente de datos y los resultados globales de los centros de salud en el periodo de tiempo analizado. También se presentan los resultados de los indicadores de forma individual desglosados según los distintos centros de salud de la Comunidad.

Algunos de los indicadores de gestión de Atención Primaria son:

- Infraestructura y Estructura: N.º de Centros de Salud y Consultorios. N.º de Servicios de Urgencias. Población asignada a Médicos y Pediatras.
- Equipo de Atención Primaria: N.º de citas/día por profesional (Médico/Pediatra, Odontólogo, Enfermería, Matrona, Trabajador Social, fisioterapeuta).
- Urgencias: 061 y SUAP.
- Indicadores en Salud: como Pacientes con ictus y cifras de tensión arterial controladas, ...

Ilustración 5: *Indicador Pacientes con ictus y cifras de tensión controladas*

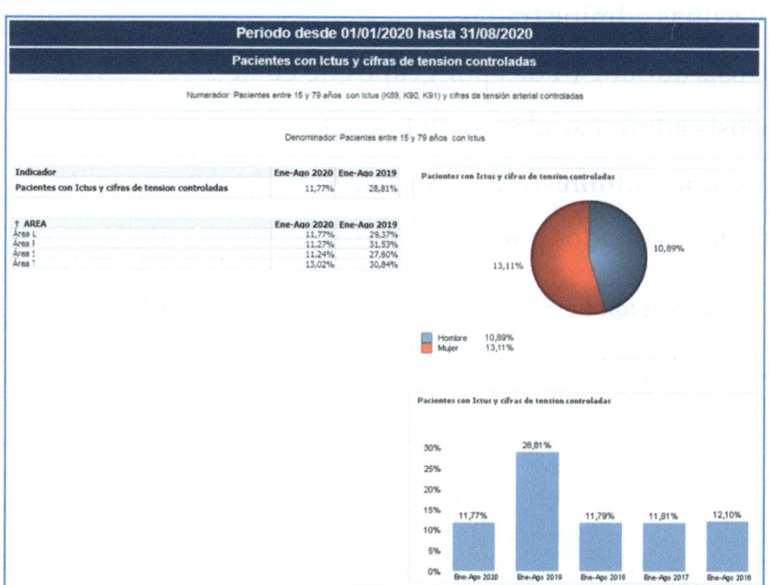

Periodo desde 01/01/2020 hasta 31/08/2020

Pacientes con Ictus y cifras de tension controladas

Numerador: Pacientes entre 15 y 79 años con Ictus (K89, K90, K91) y cifras de tensión arterial controladas

Denominador: Pacientes entre 15 y 79 años con Ictus

Indicador	Ene-Ago 2020	Ene-Ago 2019
Pacientes con Ictus y cifras de tension controladas	11,77%	28,81%

↑ AREA	Ene-Ago 2020	Ene-Ago 2019
Área L	11,77%	29,37%
Área I	11,27%	31,53%
Área S	11,24%	27,60%
Área T	13,02%	30,84%

<u>Portal de transparencia</u>

Las CCAA utilizan los datos de las Historias clínicas para presentar públicamente a la ciudadanía información relevante. En estos momentos se publica la información relativa a la pandemia por COVID19:

Información de la situación epidemiológica en la Comunidad Autónoma

- Casos Covid confirmados
- Pacientes hospitalizados incluida UCI
- Fallecimientos
- Incidencia acumulada 14 días
- Situación epidemiológica del personal sanitario

En el caso de la CA de Cantabria los datos se publican en la página web del Servicio Cántabro de Salud. (www.scsalud.es, 2021).

Información sobre la vacunación

- Personas vacunadas

- Personas inmunizadas
- Vacunas administradas
- Dosis administradas por grupos de edad
- Dosis administradas por fabricante
- Vacunas administradas por semana
- % de vacunados por municipio

Ilustración 6: *Situación vacunación en Cantabria 07/05/2021*

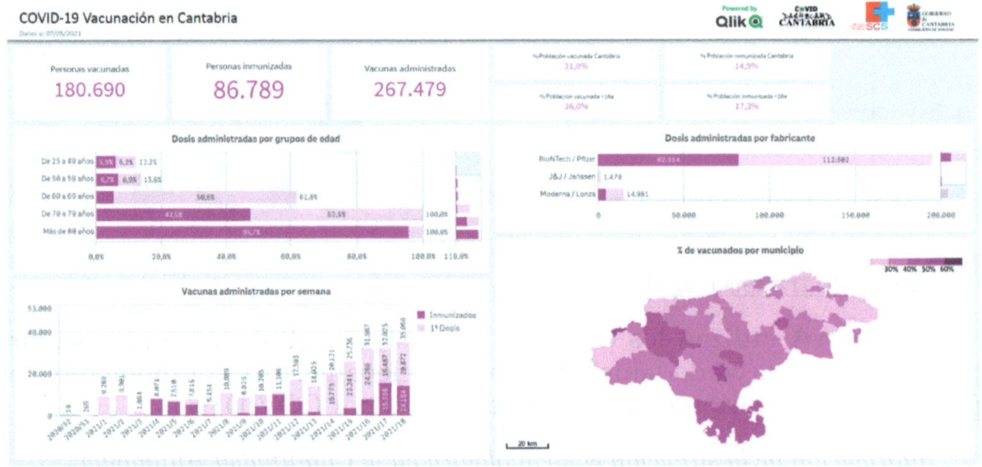

5. CONCLUSIÓN

El desarrollo de este Trabajo de Fin de Máster me ha permitido investigar y conocer en profundidad todas las actividades y tareas que requiere un Proyecto de Centralización de la Historia Clínica en un Servicio de Salud, así como sus usos posteriores como herramienta fundamental para la Gestión Sanitaria.

Como conclusión principal del trabajo considero que el beneficio que aporta la Historia Clínica Centralizada tanto en el día a día de la práctica clínica, así como en la gestión y planificación sanitaria es muy grande y compensa con creces el esfuerzo y coste que supone un Proyecto de evolución de la Historia Clínica.

Disponer de datos estandarizados, normalizados y homogéneos de todas las Zonas Básicas de Salud y del resto de Servicios y Unidades en los que se utiliza la Estación Clínica de Atención Primaria permite poder incorporarlos en los cuadros de mando, indicadores de gestión y portal de transparencia del Servicio de Salud de forma que los Gestores y Directivos dispongan de información actualizada y fiable.

Además, esa información puede ser complementada con datos de otros sistemas de información aportando una visión global de la situación del Servicio de Salud.

Por otra parte, renovar tecnológicamente la plataforma hace que las integraciones con aplicaciones de otros ámbitos como el hospital o la Consejería de Sanidad sean viables y faciliten el trabajo asistencial y no asistencial en el día a día. Los estudios de investigación y la docencia como actividades fundamentales para la Atención Primaria se ven también beneficiadas al disponer de los datos de forma centralizada.

Así mismo, toda la comunicación de información con entidades externas al Servicio de Salud como el Ministerio de Sanidad o Institutos de Investigación científica se facilita al disponer de un solo repositorio con todos los datos.

El haber detallado todas las tareas a realizar en el Proyecto de Centralización es un trabajo que puede ser de gran ayuda para otros Servicios de Salud que se estén planteando dar este gran paso tanto funcional como tecnológico. Puede utilizarse a modo de guía con todas las actividades y tareas a realizar, así como el equipo de trabajo necesario para cada una de ellas.

6. BIBLIOGRAFÍA

Cabo Salvador, J. (2010). Gestión sanitaria integral: pública y privada. Madrid: Centro de Estudios Financieros.

Chero Farro, D., Cabanillas Olivares, A. & Fernández Mogollón, J. (2017). Historia clínica como herramienta para mejora del proceso de atención. Elsevier, 115,116.

Gallego, C., Mas Mota, T. & Rodríguez Naqué, M. (2010). La terminología en Laboratorio. Rev. Informática y Salud (80), 32-37.

Kaplan, R. & Norton, D. (2000). Cuadro de Mando Integral. Barcelona: Gestión 2000.

OCDE. (2004). Towards high-performing Health Systems.

Sanidad, M. d. (17 de marzo de 2021). Página web del Ministerio de Sanidad. Recuperado el 17de marzo de 2021, de https://www.mscbs.gob.es/profesionales/hcdsns/areaRecursosSem/snomed-ct/quees.htm

Siemens. (1 de abril de 2021). DICOM: Los estándares básicos para la gestión de la imagen y la imagenología. Recuperado el 1 de abril de 2021, de https://www.siemens-healthineers.com/ec/services/it-standards/dicom

Villalbí, J., Guix, J., Casas, C., Borrel, C., Duran, J., Artazcoz, L. y otros. (2007). El Cuadro de Mando Integral como instrumento de dirección en una organización de salud pública. Gaceta Sanitaria, 60-65.

Wikipedia. (2 de mayo de 2021). https://es.wikipedia.org/wiki/NANDA. Recuperado el 2 de mayo de 2021.

Wikipedia. (17 de marzo de 2021). Wikipedia. Recuperado el 17 de marzo de 2021, de https://es.wikipedia.org/wiki/CIE-9

www.bifap.org. (10 de mayo de 2021). Recuperado el 10 de mayo de 2021.

www.scsalud.es. (8 de mayo de 2021). Recuperado el 8 de mayo de 2021.

Capítulo 5

Desigualdades socioeconómicas en la utilización sanitaria de los mayores en tiempos de la COVID-19

JAVIER ISAAC LERA TORRES
Grupo de Investigación en Economía de la Salud (IDIVAL)

CARLA BLÁZQUEZ FERNÁNDEZ
Grupo de Investigación en Economía de la Salud (IDIVAL)
Departamento de Economía (Universidad de Cantabria)

1. INTRODUCCIÓN

1.1. INTRODUCCIÓN GENERAL

El pasado año 2020 ha sido un año totalmente diferente a los demás para absolutamente todos los estamentos de la población. La pandemia de la COVID19 ha afectado transversalmente a la sociedad en términos económicos y sociales. La crisis económica sobrevenida por la COVID19 se ha cebado con el sector servicios, el motor de la economía española y las medidas de distanciamiento social han afectado especialmente a aquellas personas desplazadas fuera de su comunidad autónoma y a aquellas personas que viven solas. No obstante, en términos sanitarios, el efecto transversal de la COVID19 se diluye pues sus efectos más nocivos se concentran entre los más mayores y aquellas personas con alguna patología adicional (Lithander *et al.*, 2020).

España, como uno de los países con mayor esperanza de vida y mayor nivel de envejecimiento poblacional, ha sido fuertemente azotada por la pandemia. Ya no sólo por el efecto directo de la enfermedad de la COVID19 sobre las personas mayores, sino por los efectos indirectos derivados de las medidas de carácter social y económico que se han llevado a cabo. Centrándonos en las medidas de distanciamiento social cabría destacar:

- Primer confinamiento de marzo a mayo 2020: un confinamiento totalmente estricto que nos impedía salir de casa más allá de realizar las compras para satisfacer las necesidades básicas.
- Distanciamiento social: limitación de personas en reuniones de carácter social.

A priori podría parecer que el carácter universal de estas medidas hace que sus efectos sean similares para todos los extractos de la población, pero es necesario recordar varias cosas: las personas mayores son las más vulnerables tanto a la COVID19 como a las medidas de distanciamiento social. Son ellos los que necesitan cuidados diarios y por tanto una mayor demanda de servicios sanitarios. Una ausencia de cuidados o de compañía puede resultar fatal en términos psicológicos (Baumeister and Leary, 1995; Bai *et al.*, 2004; Hawkley and Cacioppo, 2010; Venkatesh and Edirappuli, 2020; Achterberg *et al.*, 2021).

Las enfermedades mentales tienen cada vez un impacto mayor en nuestras sociedades, solamente hay que mirar las estadísticas sobre causas de muerte en países de la UE: incrementos de 26.1%, 32.6%, 22.5%, 15.6% and 10.2% en UE-28, Alemania, España, Francia e Italia respectivamente en los últimos años. (EUROSTAT, 2021). Algunos estudios como el de Roca *et al.* (2013) corroboran ese aumento de enfermedades mentales en España. Este tipo de desórdenes pueden tener consecuencias fatales como el suicidio, que en general está causado por la situación socioeconómica de la persona (Blázquez-Fernández, Cantarero-Prieto and Pascual-Sáez, 2017).

Más allá de la edad, en relación con la salud y la pandemia de la COVID19, como gran determinante de la utilización de recursos sanitarios; la evidencia empírica nos demuestra una larga lista de variables que afectan a la misma. Informes del Banco Mundial muestran como las mujeres tienen una mayor predisposición a determinadas enfermedades como pueden ser las enfermedades con resultados de discapacidad (World Health Organization and The World Bank, 2011) lo que haría que ellas fueran mayores demandantes de servicios sanitarios. Algunos autores sugieren que este tipo de sesgos se deben a problemas en el acceso a la sanidad por parte de las mujeres debido a errores atribuibles al sistema sanitario (Glaesmer et al. 2012).

1.2. SITUACIÓN SOCIOECONÓMICA COMO DETERMINANTE

Siguiendo con la importancia del tipo de sistema sanitario existente, también existe evidencia empírica que demuestra diferencias en la utilización de Servicios Sanitarios dependiendo de si el proveedor es una entidad pública o privada (Regidor *et al.*, 2008) Los Servicios Sanitarios son muy caros, por lo que acudir a un especialista puede suponer un esfuerzo económico importante, o incluso una barrera imposible de saltar. Algunos trabajos (Abásolo, Negrín and Pinilla, 2014) muestran como las personas con un perfil socioeconómico más bajo no pueden hacer frente a los costes y deben esperar las largas listas de espera. Este efecto se ve incrementado si tenemos en cuenta las diferencias entre países, al haber países donde para tener una cita con un especialista es necesaria la prescripción del profesional de atención primaria (Majo and van Soest, 2012) lo que perjudicaría especialmente a las personas más vulnerables en términos económicos. El tipo de sistema sanitario guarda una estrecha relación con la utilización de recursos sanitarios que a su vez está relacionado con diferencias en los ingresos de los hogares (Devaux, 2015), que son un factor clave para determinar el uso del sistema sanitario que hace una persona (Majo and van Soest, 2012; Devaux, 2015; Floridi, Carrino and Glaser, 2020; Hu, Si and Li, 2020). Estas diferencias no solo se deben a diferente acceso a información, sino a una mayor predisposición a padecer ciertas enfermedades como la obesidad por parte de los colectivos más vulnerables (Devaux and Sassi, 2013). Informes como el del Instituto Europeo para la Igualdad de Género, recuerdan que hay un 52% de hogares europeos que no tienen acceso a los cuidados que precisan debido a su situación socioeconómica [European Institute for Gender Equality (EIGE), 2020].

1.3. ESTILOS DE VIDA

Los estilos de vida son una clave determinante en la utilización sanitaria de cualquier individuo. Parece claro que aquellos individuos con unos estilos de vida más saludables deberían demandar menos servicios sanitarios. En este sentido, la literatura es también contradictoria en cuanto al hábito tabáquico y alcohólico. En relación con el primer hábito, una mayor parte de la evidencia empírica muestra que aquellas personas que mantienen un hábito tabáquico tienen una mayor probabilidad de consumir recursos sanitarios (Kahende et al. 2009; Wacker et al. 2013; Xu et al. 2015; Wang et al. 2018). No obstante también existen estudios donde encuentran una correlación negativa (Schlichthorst et al. 2016). Con al hábito alcohólico sucede algo parecido. Cuando la persona bebedora es una persona sin ningún tipo de enfermedad crónica, el hábito alcohólico estaría relacionado con una menor utilización sanitaria debido a que los no bebedores suelen reportar una peor salud auto percibida (Ormond and Murphy, 2017). En el caso de que la persona con hábito alcohólico tenga un historial de enfermedades crónicas sí que estaría relacionado con un aumento de las visitas a atención primaria (Polen *et al.*, 2001). Hay que señalar que en España los programas para dejar de fumar dependen de atención primaria, lo que apoyaría la tesis de un mayor gasto sanitario en aquellas personas que fuman.

Como no podía ser de otra manera, otro de los grandes determinantes de la línea de los estilos de vida sería el nivel de actividad física y la dieta. Es por ello, que dentro del diseño de programas para mayores se suela recomendar incluir fomentar la actividad física (Stathokostas *et al.*, 2017; Luan *et al.*, 2019). Es evidente que mantenerse active físicamente supone de primera mano un incremento en nuestro nivel de salud y en el caso de las personas mayores, una ayuda extra para mantener la capacidad de mantenerse bien en términos funcionales y de empoderamiento (EU Working Group «Sport & Health», 2008).

Como se ha dicho anteriormente, la salud de los individuos se ve mejorada considerablemente tanto a nivel físico como mental. A este último respecto, el estudio de Harvey *et al.* (2018) demuestran como un nivel mantenido de actividad física ayuda a reducir el impacto de la depresión en los pacientes. En cuanto a nivel físico, quizás lo más conocido es el impacto positivo que la actividad física tiene sobre las enfermedades cardiovasculares o la obesidad. No obstante diversos estudios muestran como el ejercicio físico no sólo ayuda a evitar enfermedades cardiovasculares, sino que permite reducir la probabilidad de padecer o los efectos de enfermedades como la diabetes, la arterioesclerosis, la hipertensión, facilitar la recuperación de enfermos renales o incluso algunos tipos de cáncer (Berzigotti, Saran and Dufour, 2016; McPhee *et al.*, 2016; Orkaby and Forman, 2018; Gallardo-Alfaro *et al.*, 2019; Cauley and Giangregorio, 2020; Elliott *et al.*, 2020).

Teniendo en cuenta lo mencionado en el párrafo anterior, la primera derivada podría ser pensar que la evidencia empírica muestra inequívocamente que hay una relación estadísticamente significativa entre la actividad física y una reducción en la utilización de recursos sanitarios. No obstante, la evidencia empírica no es tan clara y no establece que haya una relación estadística tan directa y sencilla.

Por una parte, están la mayor parte de los estudios que dictaminan que la actividad física está íntimamente relacionada con una reducción en la utilización sanitaria. Estos estudios sugieren que aquellas personas que realizan habitualmente algún tipo de actividad física tienen una menor probabilidad de demandar atención sanitaria en general (Woolcott *et al.*, 2010; Sari, 2011; Cantarero-Prieto, Pascual-Sáez and Lera, 2020). Otros autores como Martin et al. (2006), Jacobs et al. (2013) o González-Prieto (2016) sugieren que el mantenimiento sostenido de actividad física reduce la utilización de recursos sanitarios, sean estos de emergencias, tratamientos u hospitalizaciones.

En el otro lado de la ecuación se encuentran aquellos estudios que o bien no encuentran una relación estadística significativa o directamente aquellas personas que se mantienen activas físicamente son las que más recursos sanitarios utilizan (Rocca *et al.*, 2015; Kang and Xiang, 2017; Lee, Chang and Du, 2017)

Otra de las líneas dentro de los estilos de vida y su impacto en la utilización sanitaria es la de los hábitos alimenticios. Un estudio de Hernández-Aceituno *et al.* (2017) demuestra que si las personas mayores siguen dietas saludables como puede ser la dieta mediterránea (Trichopoulou *et al.*, 2014) les ayudaría a reducir el consume de fármacos y el uso de Recursos sanitarios. Dicho de otra manera: aquellas personas que no siguen una dieta saludable son más propensas a sufrir de múltiples enfermedades a la vez (Afshin et al., 2019).

En la línea de los beneficios potenciales de una dieta saludable se encuentra el reducir la probabilidad de sufrir una enfermedad cardiovascular, diabetes o reducir el deterioro cognitivo (Martínez-González and Bes-Rastrollo, 2014; Salas-Salvadó *et al.*, 2014; Tsai, 2015; Knight, Bryan and Murphy, 2016)

1.4. IMPACTO DE LA COVID-19 EN LA UTILIZACIÓN SANITARIA

Hasta ahora hemos realizado una pequeña revisión de los principales determinantes de la utilización sanitaria entre las personas mayores: renta, género, salud o estilos de vida. No obstante, el año 2020 supuso la aparición de un nuevo actor que cambiaría drásticamente nuestra conducta y por tanto también nuestras decisiones relativas a nuestras visitas al médico, ya sea en atención primaria o especializada. La irrupción de la COVID19 supuso no solo un reto médico en sí misma, sino también la decisión de atrasar algunos tratamientos y/o operaciones, la dificultar para acudir al médico de cabecera bien por la imposibilidad de tener una cita presencial o por el miedo al contagio.

Este pequeño apartado pretende resumir algunos estudios y así contextualizar el impacto de la pandemia en sobre la utilización sanitaria. Cabe señalar que todavía no hay mucha evidencia empírica sobre los efectos de la COVID19 en la utilización sanitaria más allá de estudios puramente descriptivos.

El primer efecto de la pandemia en la provisión de servicios sanitarios es el cambio en el ámbito organizativo. Las personas mayores no son solo el grupo poblacional que mayor demanda hace de los servicios sanitarios, sino que son los más vulnerables a la COVID19. En el estudio de Joy *et al.* (2020) para el Reino Unido muestran como las consultas presenciales y a domicilio cayeron un 64.6% y 62.6% respectivamente. A contrario sensu las consultas a través de videollamada y/o telefónicas aumentaron un 106% y 102% respectivamente. Estos número son similares en España, donde las video consultas aumentaron durante la pandemia en un 156% según un estudio de la empresa MediQuo (2020).

El estudio de Zhang et al. (2020) trata de arrojar luz sobre la utilización y gasto sanitario durante la pandemia en China. Los autores muestran como ambas variables han caído un 37.8% y 40.8% respectivamente durante los momentos más duros de la pandemia. Además, señalan que una vez pasaron los picos más altos la utilización sanitaria sufrió un repunte notable sin que este lograra suplir la pérdida anterior y no se llegó a más que un 90% de los niveles de utilización pre-COVID19.

En otro estudio, en este caso para Australia (Sutherland et al., 2020), los autores evalúan el impacto de la pandemia sobre atención primaria, servicios de emergencia, atención hospitalaria entre otros. En este caso, la caída en la utilización sanitaria no disminuyó en tanta medida como en el caso anteriormente mencionado, en el caso australiano las visitas a atención primaria solamente cayeron un 22.1%.

Considerando todo lo mencionado anteriormente, a modo de resumen podríamos decir que el objetivo de este trabajo es responder a las siguientes preguntas:

1. ¿Cuál es el impacto de la situación socioeconómica de los individuos en su utilización sanitaria?

2. ¿La decisión de postergar una cita en atención primaria, atención especializada está relacionada con el nivel socioeconómico? Si hay una relación entre el estatus y la decisión, ¿esta decisión se concentra entre las personas con mayor o menor nivel socioeconómico?

Este trabajo se estructura de la siguiente manera: la sección segunda incluye toda la información sobre la metodología y datos usados en el presente trabajo. Las secciones tercera y cuarta se destinan a los resultados del análisis y a la discusión de los mismos. La quinta sección se destina a las conclusiones principales del trabajo. Finalmente, la última parte del presente trabajo está destinada a analizar y evaluar las posibles implicaciones prácticas para los gestores de nuestra Comunidad Autónoma.

2. METODOLOGÍA Y DATOS

Para la realización de este trabajo y el estudio de las hipótesis mencionadas en el capítulo anterior, utilizamos la encuesta de salud, envejecimiento y jubilación en Europa, también conocida como SHARE (The Survey of Health, Ageing and Retirement in Europe).

La encuesta del SHARE es una encuesta centrada en los mayores de 50 años que se realiza en 28 países europeos más Israel. Entre las bondades de esta encuesta está su carácter multidisciplinar que incluye microdatos sobre las características personales, el estatus socioeconómico, la salud o las redes personales de los encuestados. Esto permite la realización de estudios con diferentes enfoques más allá de aquellos con una perspectiva puramente socioeconómica o sanitaria.

En el caso de este trabajo, utilizamos la última información disponible de la encuesta del SHARE, que es la beta de la oleada 8 (2020). Se trata de una versión reducida y con carácter preliminar a la oleada 8 definitiva que será publicada a finales de este mismo año. El consorcio realizador de la encuesta del SHARE tomó la decisión de publicar una versión preliminar para avanzar en el estudio de los efectos de la COVID-19 sobre las personas mayores.

Teniendo en cuenta los objetivos marcados al inicio del presente trabajo: analizar el impacto del nivel socioeconómico de los pacientes en su decisión de posponer algún tratamiento médico. Nuestras variables de interés están relacionadas con los servicios de atención primaria y servicios de atención especializada.

Nuestra variable principal es la que captura la pregunta sobre la decisión de postergar alguna cita de atención primaria debido a la COVID-19. Esta información se extrajo de la variable caq011_1 «Healthcare: postponed planned general practitioner check up». Para facilitar la comprensión en español, esta variable ha sido renombrada como AP.

Por otra parte, se encuentra la otra variable de interés relacionada con la atención especializada. En este caso nuestra variable lleva como nombre AE. De nuevo, esta información se ha obtenido de la pregunta caq011_2 «Healthcare: postponed specialist/dentist check up».

Tabla 2.1. Definición de las variables y sus estadísticos principales

Variable	Definición	Código	Media	Desv. Est.
Utilización Sanitaria				
AP	Cita en atención primaria pospuesta por COVID19	1: Individuo ha pospuesto alguna cita en AP; 0: Individuo NO ha puesto alguna cita en AP	0.2180	0.4130
AE	Cita en atención especializada pospuesta por COVID19	1: Individuo ha pospuesto alguna cita en AE; 0: Individuo NO ha puesto alguna cita en AE	0.7320	0.4430
Perfil socioeconómico				
FinMes	Capacidad del individuo para llegar a final de mes	1. Con gran dificultad, 2. Con alguna dificultad, 3. Más o menos de manera sencilla y por último 4. De manera sencilla.	2.6610	0.9752
Ingreso mensual	Ingreso mensual del encuestado durante la COVID19	Ingreso mensual en euros	1619.028	1520.743
Otras características personales				
Edad	Edad del encuestado	Edad en años	68.4466	10.4084
Género	Género del encuestado	1: Mujer; 0: Hombre	0.5672	0.4955
Tamaño Hogar	Tamaño del hogar	Personas convivientes	2.3135	1.0722
Salud auto percibida				
SAP	Salud auto percibida por el encuestado	1: Excelente. 2: Muy Buena. 3: Buena. 4: Regular. 5: Mala	3.4087	0.9755

Fuente: Elaboración propia a partir de datos del SHARE oleada 8 beta.

Siguiendo el objetivo de nuestro estudio, hemos seleccionado dos variables relacionadas con el perfil socioeconómico de los individuos. La primera de ellas FinMes captura la capacidad de las personas para llegar a final de mes. Los encuestados tienen que escoger entre las siguientes opciones para responder a esta pregunta: teniendo entre las opciones: 1. Con gran dificultad, 2. Con alguna dificultad, 3. Más o menos de manera sencilla y por último 4. De manera sencilla. La segunda variable que recoge la información sobre el perfil socioeconómico de los encuestados es el IngresoMensual. Esta variable captura el ingreso mensual del individuo durante la pandemia. El uso de ambas variables nos permite obtener unos resultados más robustos. El ingreso mensual podría entenderse como una primera aproximación a la situación socioeconómica del individuo y su hogar, mientras que el hecho de incorporar una variable que captura la capacidad del hogar de llegar a final de mes hace que se tenga en cuenta las necesidades de los individuos más allá de una simple aproximación pecuniaria.

La literatura nos indica la existencia de otras variables que también afectan a la utilización sanitaria. Algunas ya se han mencionado en la sección introductoria: estilos de vida, características personales como edad, género. En este caso, debido a las restricciones de esta versión beta de la oleada 8 del SHARE, sólo se han podido incluir aquellas más relevantes que estuvieran disponibles. Según diversos estudios (Bähler et al., 2015; Cantarero-Prieto, Pascual-Sáez and Blázquez-Fernández, 2018) la edad es un determinante fundamental en la utilización de recursos sanitarios No debemos olvidar que son las personas mayores las que más demanda atención sanitaria (Aguado et al., 2012). En este mismo camino de las características personales, hemos incluido la variable Género que captura si la persona encuestada es mujer u hombre pues según Prince et al., (2015) el género también importa en la utilización de recursos sanitarios.

Otras variables que la literatura muestra como fundamental serían aquellas relacionadas con la salud y con la composición del hogar (Motel-Klingebiel, Tesch-Roemer and Von Kondratowitz, 2005; Gorman and Braverman, 2008; Rodrigues et al., 2013). En relación con las primeras de ellas, hemos incluido solamente la salud auto percibida del encuestado. La limitación de datos disponibles nos ha impuesto el poder solo incluir esta variable como proxy de la salud de los encuestados. En cuando a la composición del hogar, la oleada 8 beta nos incluye información sobre el número de personas que conviven en la misma casa que el encuestado.

Nuestras variables de interés *(AP, AE; AH)* están relacionadas con la utilización sanitaria y la decisión de posponer dichas citaciones debido a la COVID-19 Todas ellas toman valor 1 si el encuestado tuvo que retrasar o cancelar su visita médica durante los momentos más duros de la COVID-19 y valor 0 en caso de que no hayan tenido que verse en esta tesitura. La probabilidad de que la variable de interés tome valor 1 o valor 0 es *p* y *1-p* respectivamente. En este sentido, la probabilidad de tener que posponer una visita médica (*p*) es una función de dos vectores: uno de ellos es el de un conjunto de variables explicativas que afectan a dicha decisión *(x)*. El otro vector lo compone una serie de parámetros desconocidos (β) que serán estimados a través de métodos econométricos. Así pues, lo modelos de elección discreta que se utilizarán serán los siguientes:

$$\text{Prob}(y=1)=F(x,\beta), \quad (1)$$

$$\text{Prob}(y=0)=1 - F(x,\beta), \quad (2)$$

Es necesario recordar que solamente se puede observar una de las decisiones: un encuestado solo puede haber estado en la situación de tener que posponer alguna visita médica o por el contrario no haber estado en dicha situación. Cuando esto ocurre, se considera que se está ante una situación con variables latentes que podría representarse de la siguiente manera:

$$y=1 \text{ si } y^* > 0, \quad (3)$$

$$y=0 \text{ si } y^* \leq 0, \quad (4)$$

donde:

$$y^* = x'\beta + \varepsilon \quad (5)$$

La ecuación (5) es la representación de nuestro modelo de elección discreta para estimar los parámetros β mencionados anteriormente. Estos parámetros son los que permiten estimar el impacto de las diferentes variables explicativas en la decisión de retrasar una visita médica. De esta manera, se estiman dichos parámetros de la regresión logística para conocer el impacto de las diferentes variables incluidas en el modelo. variables. En un modelo logístico, la probabilidad condicionada permite que la probabilidad predicha del evento esté entre 0 y 1, teniendo la siguiente forma estadística:

$$p = Prob\ (y = 1|X) = \frac{\exp\ (X'\beta)}{1 - \exp\ (X'\beta)} \quad (6)$$

Uno de los problemas de este tipo de modelos es que no son lineares. Esto hace que la interpretación de los coeficientes estimados no sea tan directa ni sencilla. Para ello es necesario calcular las odds ratio, que son la ratio de probabilidad de éxito y de fallo:

$$ln\left(\frac{p}{1-p}\right) = X'\beta \tag{7}$$

Con el modelo logístico podemos estudiar el impacto del nivel socioeconómico de los individuos sobre su decisión de posponer su cita en atención primaria, atención especializada o atención hospitalaria. No obstante, nuestros objetivos son más ambiciosos y nos hacen ir más allá. En este trabajo buscamos además analizar dónde se concentran estas decisiones de posponer los tratamientos y las citas médicas. En otras palabras, buscamos responder a la siguiente pregunta: ¿las decisiones de posponer algún tipo de cita o tratamiento se concentran entre los más pobres? ¿entre los más ricos? ¿el nivel socioeconómico no importa?

Siguiendo la literatura pasada que estudia la desigualdad en la utilización sanitaria, utilizaremos también Índices de Concentración que fueron propuestos por autores hace unas décadas (Wagstaff, Paci and van Doorslaer, 1991; Wagstaff and van Doorslaer, 2000; Wagstaff, 2005). Varios estudios han utilizado esta herramienta estadística para analizar donde se concentra la utilización de un determinado recurso sanitario. Podrían citarse como ejemplos los trabajos Ilinca, Rodrigues y Schmidt (2017) o Lera, Pascual-Sáez y Cantarero-Prieto (2021) donde analizan la concentración de los cuidados entre personas mayores.

Los índices de concentración toman la siguiente forma estadística:

$$IC = \frac{2}{\mu} \text{cov}(h_i, r_i) \tag{8}$$

En esta representación, h_i y μ son las variables que están relacionadas con la utilización sanitaria. La primera recogería la utilización de determinado Servicio de entre aquellos que estudiamos y la segunda sería su media. La variable r_i es la que captura la posición en el ranking de cada uno de los individuos, en nuestro caso sería el estatus socioeconómico, representado por el ingreso mensual y la capacidad de llegar a final de mes.

Los Índices de Concentración van de -1 a +1. La interpretación de estos es muy sencilla: si el IC toma valores positivos significaría que la decisión de posponer un tratamiento/cita está concentrada entre aquellos con una posición socioeconómica más alta. En este sentido, si el IC toma valores más bajos que 0, significaría que son los más pobres los que se han visto más empujados a posponer su utilización sanitaria. En el caso de que el IC fuera 0, significaría que no hay diferencias significativas debido a la posición socioeconómica.

Cabría resaltar que nuestras variables de interés tienen un carácter binario es decir solamente toma valores 1 y 0. Esto hace que los IC puedan tender a 0 lo que haría que nuestros resultados fueran sesgados y por tanto inconsistentes (Wagstaff, 2005). Para evitar este problema, Erreygers (2009) propone una transformación de los IC que tendría la siguiente forma:

$$ICC = 4 \times \mu \times \mathrm{CI} = 8\,\mathrm{cov}(h_{\mathrm{i}}, \mathrm{r_i}) \qquad (9)$$

Estos índices de concentración corregidos también van de -1 a 1 y tienen la misma interpretación que los IC presentados con anterioridad.

3. RESULTADOS

Esta Sección pretende mostrar los resultados de las regresiones econométricas estimadas a partir de nuestros objetivos marcados y de los índices de concentración. Los primeros resultados permiten analizar cómo afectan cuantitativamente diversas variables a la decisión de postergar algún tipo de tratamiento o cita ya sea en atención primaria o especializada. Mientras que los IC permiten analizar la distribución de dicha decisión de atraso de la utilización sanitaria.

Lo primero de todo es analizar para cada país el porcentaje de la muestra disponible que tomó la decisión de posponer su visita a su médico de cabecera o al especialista. Las Figura 3.1 y 3.2 muestran dicha información.

Figura 3.1. Porcentaje de la muestra que pospuso visitas a Atención Primaria

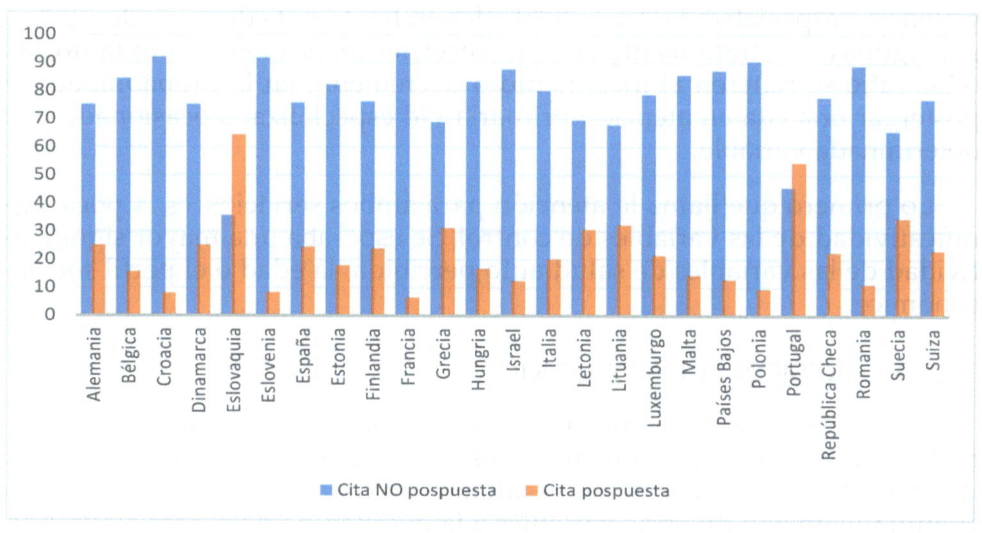

Fuente: Elaboración propia.

Figura 3.2. Porcentaje de la muestra que pospuso visitas a Atención especializada

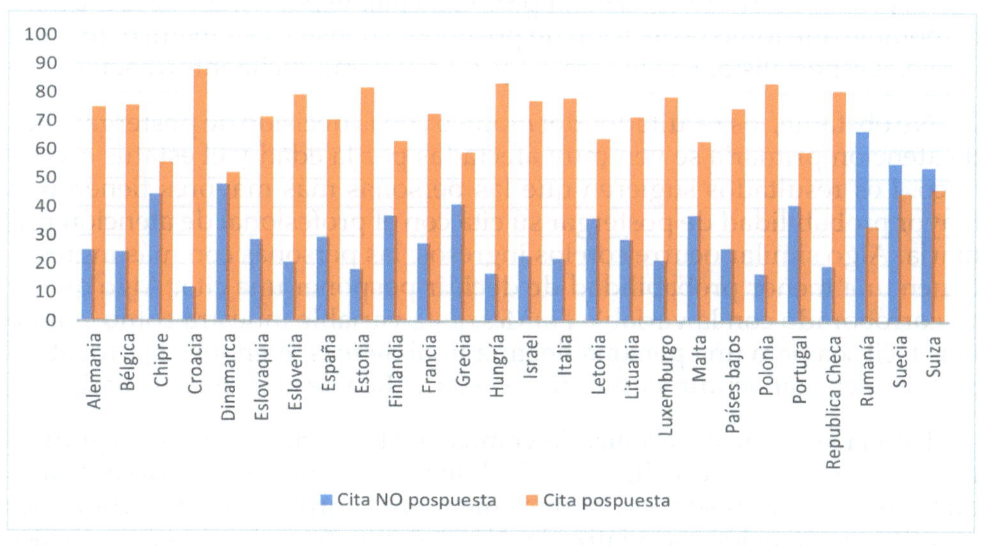

Fuente: Elaboración propia.

La Tabla 3.1 muestra los resultados de las estimaciones del modelo logit para cada uno de los servicios estudiados en este trabajo: atención primaria y atención especializada. La variable dependiente es la decisión de postergar alguna cita o tratamiento en estos servicios mencionados. Por tanto, las odds ratio se refieren al incremento o decremento en la probabilidad de postergar una cita en atención primaria y/o especializada ocasionado por determinada variable.

Lo primero que llama la atención para ambos servicios, es la poca significatividad de las variables de control. Se esperaba una mayor significatividad de las variables de salud auto percibida, la edad o el perfil socioeconómico.

3.1. REGRESIÓN ECONOMÉTRICA

Esta Sección pretende mostrar los resultados de las regresiones econométricas estimadas a partir de nuestros objetivos marcados y de los índices de concentración. Los primeros resultados permiten analizar cómo afectan cuantitativamente diversas variables a la decisión de postergar algún tipo de tratamiento o cita ya sea en atención primaria o especializada. Mientras que los IC permiten analizar la distribución de dicha decisión de atraso de la utilización sanitaria.

Lo primero de todo es analizar para cada país el porcentaje de la muestra disponible que tomó la decisión de posponer su visita a su médico de cabecera o al especialista. Las Figura 3.1 y 3.2 muestran dicha información.

No obstante, los resultados del modelo con la decisión de postergar citas de atención primaria se ven muy afectadas por la edad y el estatus económico. Los resultados sugieren que las personas más mayores tienen una mayor probabilidad de postergar su cita con el profesional de atención primaria. Algo similar ocurre con los ingresos: las personas con más ingresos tienen una menor probabilidad de decidir posponer una cita. Algo que se ve corroborado con la variable *FinMes.* Esta variable muestra como cuanto más fácil sea para una persona llegar a final de mes, menor es la probabilidad de rechazar acudir a una cita con su médico de atención primaria.

Para la atención especializada vemos que las variables no son significativas, salvo aquellos que llegan a final de mes con facilidad. Esto indicaría que a mayor estatus socioeconómico menor es la probabilidad de posponer una cita con atención especializada. No obstante, como las demás variables no son significativas, hay que tomar estos resultados con cautela.

En cuanto a la variable de salud auto percibida, solamente es significativa para la atención especializada. A pesar de esto, se ve como cuanto peor sea la salud que el individuo percibe, mayor es la probabilidad de decidir posponer una cita médica.

Tabla 3.1. Estimaciones de modelos logit – Variable dependiente: postergar cita con AP o AE

	Atención Primaria	**Atención Especializada**
Variable	Odds ratio	Odds ratio
Perfil socioeconómico		
FinMes con alguna dificultad	0.955	0.933
	(0.157)	(0.153)
FinMes con algo de facilidad	0.785	0.699
	(0.133)	(0.161)
FinMes con facilidad	0.683*	0.695**
	(0.137)	(0.125)
Log(Ingreso)	0.837***	1.076
	(0.047)	(0.054)
Tamaño Hogar * Ingreso	1.001*	0.999
	(0.001)	(0.000)
Otras características personales		
Edad	1.018***	0.9938
	(0.006)	(0.006)
Género	0.957	0.902
	(0.108)	(0.096)
Tamaño Hogar	1.003	1.044
	(0.064)	(0.059)
Estado de salud		
Muy buena	0.998	1.219
	(0.328)	(0.346)

	Atención Primaria	Atención Especializada
Buena	1.101	0.898
	(0.325)	(0.225)
Regular	1.074	1.081
	(0.326)	(0.279)
Mala	1.223	2.450**
	(0.392)	(0.916)
Constante	0.287*	2.569
	(0.202)	(1.666)
Log pseudolikelihood	-1118.407	-1249.426
Number of obs	2164	2164

*Nota: Desviación estándar debajo de los estimadores. ***, **, *, son los niveles de significatividad estadística al 1, 5 and 10% respectivamente. Categorías de referencia: FinMes con mucha dificultad y Salud auto percibida excelente.*

3.2. ÍNDICES DE CONCENTRACIÓN

Siguiendo en la línea de los resultados anteriores, esta subsección pretende analizar la distribución de la decisión de postergar citas médicas por estatus socioeconómico y país a país para poder ver las diferencias regionales.

La Figura 3.3 muestra los ICs para el retraso en las visitas a atención primaria. Lo que se puede ver a nivel generalizado, es que es la gente más pobre aquella que decide no acudir a su cita médica y posponerla al futuro. En general, las diferencias entre la variable de medida (capacidad de llegar a final de mes o los ingresos mensuales del hogar) no son estadísticamente significativas. Solamente unos pocos países muestran algún tipo de IC positivo, si bien es cierto que ninguno de ellos es mayor de 0.2, mostrando una distribución cercana a 0. Interesantes son los casos de España e Italia, donde dependiendo de la variable elegida como proxy del nivel socioeconómico, el IC cambia de signo.

Figura 3.3. Índices de Concentración - Retraso en visitas a Atención Primaria

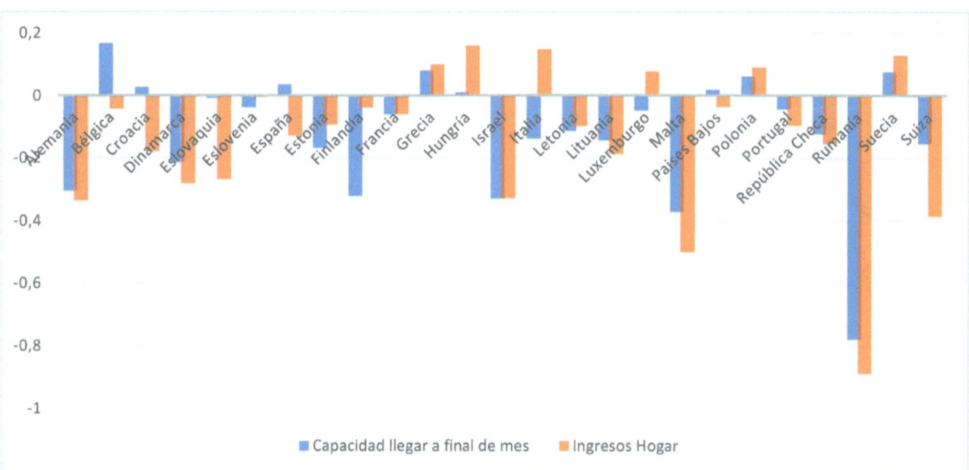

Fuente: Elaboración propia.

Los mismos índices de concentración se han calculado para la decisión de postergar una cita con atención especializada en la Figura 3.4. Al contrario de lo que ocurría con atención primaria, los ICs son mayoritariamente positivos, lo cual indica que la mayor parte de los que deciden rechazar acudir a su citación con un profesional de la especializada pertenecen a los grupos socioeconómicos más altos. Como ocurría anteriormente, hay algunos países donde el signo del IC cambia dependiendo de la medida del estatus económico. En este caso, los IC asociados a España son cercanos a cero, lo que indicaría que el nivel socioeconómico no afectaría a la decisión de retrasar una cita con el especialista, algo positivo pues significaría que los efectos nocivos de la COVID19 en relación con la utilización sanitaria no se habrían concentrado entre los más pobres.

Figura 3.4. Índices de Concentración - Retraso en visitas a Atención Especializada

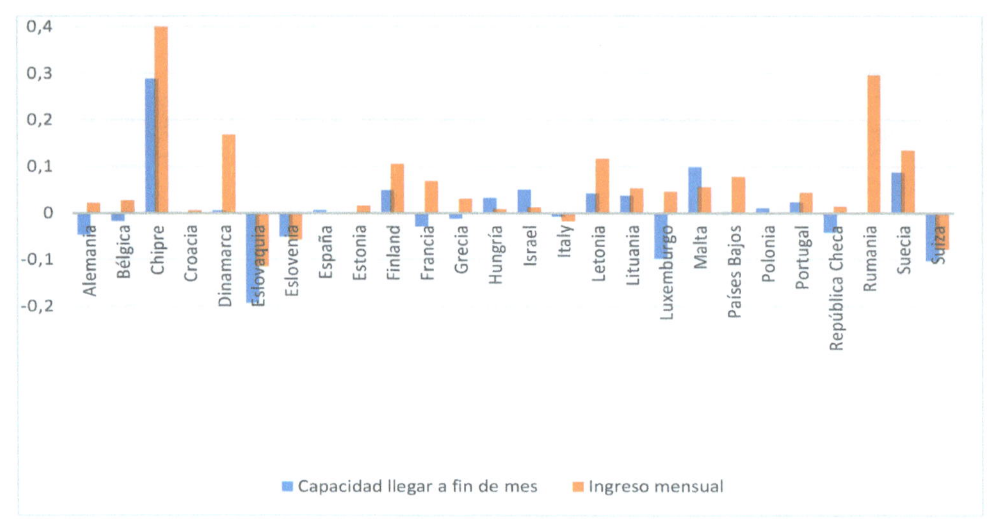

Fuente: Elaboración propia.

4. DISCUSIÓN DE LOS RESULTADOS

En este trabajo final de máster hemos analizado como el perfil socioeconómico de los individuos ha afectado a la utilización sanitaria de las personas mayores en varios países participantes en la encuesta del SHARE. Para ello hemos estimado diferentes modelos econométricos y desarrollados Índices de Concentración utilizando como medidas de estatus socioeconómico el ingreso mensual y la capacidad para llegar a final de mes. En cuando a la decisión de postergar alguna citación o tratamiento, hemos extraído la información sobre atención primaria y atención especializada disponibles en el SHARE.

Sería necesario diferencias los resultados: primero mencionar que las regresiones logísticas calculadas muestran que el nivel socioeconómico solo está relacionado estadísticamente hablando con la postergación de las citas de atención primaria, mientras que en atención especializada no lo estaría. Incluso los índices de concentración muestran como en atención especializada, los más afectados por la COVID19 son las personas con mayor nivel socioeconómico. Esto puede deberse a que son ellas justamente las que en general tienen un acceso más sencillo a este tipo de servicios sanitarios, tienen los recursos para no tener que esperar listas de espera y acudir a un especialista privado (Cseh, Koford and Phelps, 2015; Hoebel *et al.*, 2017)

Parece que la edad y la percepción de la salud no siguen jugando un papel fundamental en la utilización de las personas mayores durante la pandemia quizás otras variables como puede ser el miedo al contagio puedan estar detrás del comportamiento de las personas. Algo completamente entendible si tenemos en cuenta que nuestra muestra se circunscribe a personas mayores de 50 años que son las más vulnerables a los efectos de la COVID19 (Lithander *et al.*, 2020)

Otro asunto remarcable es la diferencia por países que se puede ver en los índices de concentración: a pesar de que para ambos servicios hay una tendencia clara, las diferencies en el impacto de la COVID19 en la decisión de postergar una cita médica siguen siendo muy grandes para una enfermedad que afecta globalmente. Estas diferencias pueden deberse a características geográficas (Peiro and Maynard, 2015) debidas al sistema sanitario de cada país puesto que está demostrado que las características nacionales afectan significativamente a la utilización (Godoy and Huitfeldt, 2018).

Antes de terminar con esta Sección, hay que mencionar algunas de las limitaciones que tiene este trabajo final de máster:

1. El estudio se basa en la encuesta del SHARE, es decir, en respuestas auto reportadas por lo que puede haber algún tipo de sesgo por la posible información reportada nº 100% verdadera.
2. Relacionado con la anterior limitación, y que quizás ahonda en ella, es que hemos utilizado la información más reciente (Oleada 8 del SHARE) que a su vez es una versión preliminar con grandes restricciones de información y sin todas las correcciones añadidas. No obstante, los datos permiten el desarrollo de estudios con el rigor científico necesario.
3. Sería primordial tener este tipo de datos para la Comunidad Autónoma de Cantabria, así como para las demás CCAA. Sin estos datos, la traslación de los resultados no puede ser 100% directa. Por tanto, las recomendaciones e implicaciones en términos de gestión deben ser trasladadas con precaución y previa evaluación de estas.

Estas limitaciones no eliminan el rigor científico del trabajo y a su vez entenderse como futuras líneas de investigación a desarrollar.

5. CONCLUSIONES

5.1. CONCLUSIONES DEL TRABAJO EMPÍRICO

En el contexto pandémico actual junto a la situación de Europa frente al envejecimiento y una creciente demande de servicios sanitarios, este trabajo final de máster busca analizar cómo afecta el nivel socioeconómico a la decisión de postergar citas médicas en atención primaria y atención especializada debido a la COVID19. Para ello hemos utilizado los datos más recientes de la Encuesta de Salud, Envejecimiento y Jubilación de Europa (SHARE).

Los principales resultados muestran como a mayor edad, menor nivel socioeconómico y peor salud auto percibida, mayor será la probabilidad de posponer la cita que ya se tenía en atención primaria. Los índices de concentración calculados también muestran esta misma tendencia: la decisión de dejar para más adelante una cita con el profesional de atención primaria se concentra entre las personas con menor nivel socioeconómico. Por otro lado, para atención especializada, los resultados son totalmente diferentes: posponer una cita se concentra entre las personas con mayor renta, mostrando como son ellas las que más acceso tienen a estos servicios. Dicho de otra manera, las personas con un menor estatus socioeconómico no tienen el mismo acceso a atención especializada y deben esperar listas de espera más largas, lo que afecta a su imposibilidad de posponer algo que todavía queda lejano. Los resultados de este trabajo final de máster son consistentes con la literatura publicada hasta la fecha que analiza también las desigualdades sociales en el acceso a servicios sanitarios (Arnault, Jusot and Renaud, 2021).

5.2. IMPLICACIONES DE GESTIÓN PARA CANTABRIA

Hasta ahora este trabajo ha tenido un enfoque muy generalista y poco concentrado en la situación de España y Cantabria. A pesar de que este trabajo utiliza datos de una encuesta internacional como es la encuesta del SHARE, los resultados de este trabajo pueden ser muy interesantes para la sociedad en general y para los responsables sanitarios de la Comunidad Autónoma de Cantabria en particular. En este sentido, lo primero que es necesario hacer es analizar la evolución de la pandemia tanto a nivel nacional como a nivel regional. La Figura 6.1 y 6.2 muestran la evolución de la pandemia de la COVID19 en España y Cantabria respectivamente. Es necesario resaltar las características especiales de Cantabria: dispersión poblacional o población envejecida.

Figura 6.1. Evolución de la Pandemia en España

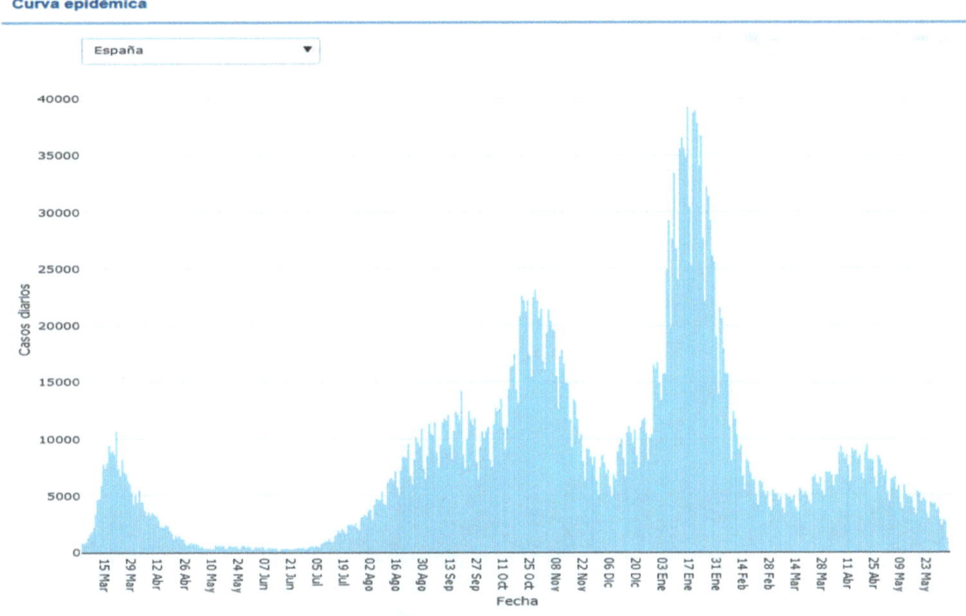

Fuente: https://cnecovid.isciii.es/covid19/#ccaa

Para intentar mitigar los contagios, las autoridades tomaron diversas medidas entre las que cabría destacar: confinamientos totales (marzo 2020 – mayo 2020), confinamientos parciales/perimetrales, obligatoriedad de la mascarilla, distanciamiento social, etc. Estas medidas han ido cambiando a lo largo de estos meses de evolución de la pandemia. Algunas desapareciendo y otras viendo como su intensidad se moderaba. lo largo de estos meses las restricciones han ido cambiando. Como se ha mencionado anteriormente, el distanciamiento social tiene efectos positivos en el control de la pandemia, pero también efectos muy negativos en términos de soledad y salud mental. Teniendo en cuenta que los mayores son los más vulnerables tanto en términos de soledad/salud mental como por la COVID19, sería necesario evaluar el impacto de la pandemia en la salud mental de los mayores de Cantabria. El resultado esperado es un empeoramiento generalizado, por lo que sería necesario un plan específico de contingencia que permita tratar de manera urgente a todas aquellas personas que precisen este servicio. Además, se propondría el estudio de la implementación de un servicio de compañía que permita luchar contra la soledad de las personas mayores. Esto no solo permitiría mejorar la salud mental de los mayores, sino que permitiría que volvieran a acudir a su cita médica.

Figura 6.2. Evolución de la Pandemia en Cantabria

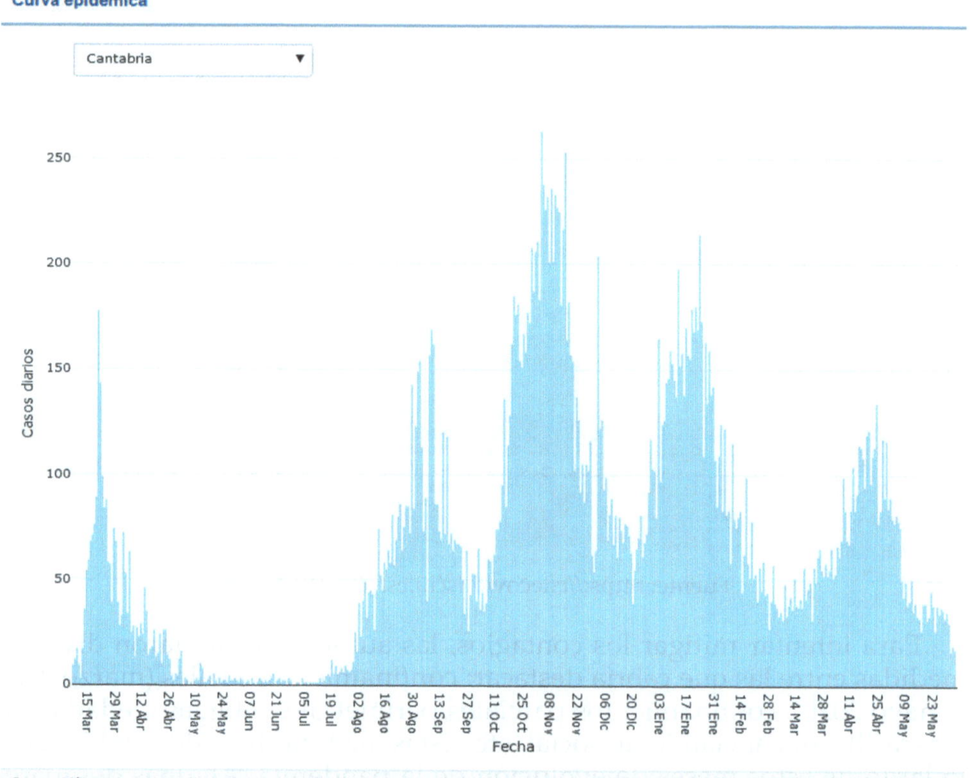

Fuente: https://cnecovid.isciii.es/covid19/#ccaa

Como se ha visto anteriormente, el miedo al contagio puede ser una de las variables que estén detrás de las decisiones de postergación de las citas médicas. En Cantabria, se ha desarrollado un plan específico de teleconsulta. Actualmente la mayor parte de las consultas en atención primaria se hacen a través de una llamada telefónica. Sería necesario evaluar cómo cambia ese miedo al contagio con la vacunación. Segundo, sería necesaria una evaluación clara de cómo se ha desarrollado la implementación de la tele consulta, con la ayuda de todos los stakeholders involucrados en el proceso: profesionales sanitarios, pacientes y familiares de estos. Tercero, teniendo en cuenta que los mayores son los mayores usuarios de servicios sanitarios: reforzar la atención primaria como servicio más cercano que actúa como cortafuegos en el desarrollo de enfermedades. Cuarto, sería necesario un refuerzo de las medidas antiCOVID19 para evitar y reducir el miedo a acudir a la cita previa. Por último y no menos importante, sería necesario realizar una evaluación del número de consultas pospuestas en Cantabria y las posibles implicaciones de este hecho en términos de salud, pero también en costes. Es posible que muchas de las consultas que se han dejado para más adelante supongan una pérdida de salud a medio y largo plazo que tengan como derivada un incremento de los costes de la prestación sanitaria para el servicio público de salud.

Estas medidas para la gestión van en la línea de los objetivos europeos de conseguir una mayor equidad en el acceso a servicios sanitarios sin importar el nivel socioeconómico o personal de los individuos (Tordrup, Angelis and Kanavos, 2013; Viia *et al.*, 2016; Vollaard and Martinsen, 2017).

6. BIBLIOGRAFÍA

Abásolo, I., Negrín, M. A. and Pinilla, J. (2014) «Utilisation and Waiting Times: Two Inseparable Aspects of the Analysis of Equity», *Revista Hacienda Pública Española*, 208(1), pp. 11-38. doi: 10.7866/HPE-RPE.14.1.1.

Achterberg, M. *et al.* (2021) «Perceived stress as mediator for longitudinal effects of the COVID-19 lockdown on wellbeing of parents and children», *Scientific Reports*, 11(1), p. 2971. doi: 10.1038/s41598-021-81720-8.

Aguado, A. *et al.* (2012) «Distribución del gasto sanitario en atención primaria según edad y sexo: un análisis retrospectivo», *Atención Primaria*, 44(3), pp. 145-152. doi: 10.1016/j.aprim.2011.01.011.

Arnault, L., Jusot, F. and Renaud, T. (2021) *Social inequalities in access to healthcare among the population aged 50+ years during the COVID-19 pandemic in Europe*. 58-2021. doi: 10.17617/2.3289765.

Bähler, C. *et al.* (2015) «Multimorbidity, health care utilization and costs in an elderly community-dwelling population: A claims data based observational study», *BMC Health Services Research*, 15(1), pp. 1-12. doi: 10.1186/s12913-015-0698-2.

Bai, Y. *et al.* (2004) «Survey of Stress Reactions Among Health Care Workers Involved With the SARS Outbreak», *Psychiatric Services*, 55(9), pp. 1055-1057. doi: 10.1176/appi.ps.55.9.1055.

Baumeister, R. F. and Leary, M. R. (1995) «The need to belong: desire for interpersonal attachments as a fundamental human motivation», *Psychological bulletin*, 117(3), pp. 497-529. Available at: http://www.ncbi.nlm.nih.gov/pubmed/7777651

Berzigotti, A., Saran, U. and Dufour, J.-F. (2016) «Physical activity and liver diseases», *Hepatology*, 63(3), pp. 1026-1040. doi: 10.1002/hep.28132.

Blázquez-Fernández, C., Cantarero-Prieto, D. and Pascual-Sáez, M. (2017) «What Does It Drive the Relationship Between Suicides and Economic Conditions? New Evidence from Spain», *Social Indicators Research*, 130(3), pp. 1087-1099. doi: 10.1007/s11205-016-1236-2.

Cantarero-Prieto, D., Pascual-Sáez, M. and Blázquez-Fernández, C. (2018) «What is Happening with Quality of Life Among the Oldest People in Southern European Countries? An Empirical Approach Based on the SHARE Data», *Social Indicators Research*, 140(3), pp. 1195-1209. doi: 10.1007/s11205-017-1828-5.

Cantarero-Prieto, D., Pascual-Sáez, M. and Lera, J. (2020) «Healthcare Utilization and Healthy Lifestyles among Elderly People Living in Southern Europe: Recent Evidence from the SHARE», *Atlantic Economic Journal*, 48(1), pp. 53-66. doi: 10.1007/s11293-020-09657-3.

Cauley, J. A. and Giangregorio, L. (2020) «Physical activity and skeletal health in adults», *The Lancet Diabetes & Endocrinology*, 8(2), pp. 150-162. doi: 10.1016/S2213-8587(19)30351-1.

Cseh, A., Koford, B. C. and Phelps, R. T. (2015) «Hospital Utilization and Universal Health Insurance Coverage: Evidence from the Massachusetts Health Care Reform Act», *Applied Health Economics and Health Policy*, 13(6), pp. 627-635. doi: 10.1007/s40258-015-0178-1.

Devaux, M. (2015) «Income-related inequalities and inequities in health care services utilisation in 18 selected OECD countries», *The European Journal of Health Economics*, 16(1), pp. 21-33. doi: 10.1007/s10198-013-0546-4.

Devaux, M. and Sassi, F. (2013) «Social inequalities in obesity and overweight in 11 OECD countries», *The European Journal of Public Health*, 23(3), pp. 464-469. doi: 10.1093/eurpub/ckr058.

Elliott, A. D. *et al.* (2020) «Association between physical activity and risk of incident arrhythmias in 402 406 individuals: evidence from the UK Biobank cohort», *European Heart Journal*. doi: 10.1093/eurheartj/ehz897.

Erreygers, G. (2009) «Correcting the Concentration Index», *Journal of Health Economics*, 28(2), pp. 504-515. doi: 10.1016/j.jhealeco.2008.02.003.

EU Working Group «Sport & Health» (2008) *EU Physical Activity Guidelines Recommended Policy Actions in Support of Health-Enhancing Physical Activity*. Available at: https://ec.europa.eu/health/sites/health/files/nutrition_physical_activity/docs/2008_eu_physical_activity_guidelines_en.pdf (Accessed: 11 February 2019).

European Institute for Gender Equality (EIGE) (2020) *Gender equality and long-term care at home*. doi: 10.2839/007919.

Floridi, G., Carrino, L. and Glaser, K. (2020) «Socioeconomic Inequalities in Home-Care Use Across Regional Long-term Care Systems in Europe», *The Journals of Gerontology: Series B*. Edited by C. Kemp. doi: 10.1093/geronb/gbaa139.

Gallardo-Alfaro *et al.* (2019) «Leisure-Time Physical Activity and Metabolic Syndrome in Older Adults», *International Journal of Environmental Research and Public Health*, 16(18), p. 3358. doi: 10.3390/ijerph16183358.

Glaesmer, H. *et al.* (2012) «Gender Differences in Healthcare Utilization: The Mediating Effect of Utilization Propensity», *Journal of Applied Social Psychology*, 42(5), pp. 1266-1279. doi: 10.1111/j.1559-1816.2011.00888.x.

Godoy, A. and Huitfeldt, I. (2018) *Regional variation in healthcare utilization and mortality*. 890. Oslo. Available at: https://www.econstor.eu/handle/10419/192872

González-Prieto, N. (2016) *Ensayos sobre evaluación de políticas públicas*. University of Cantabria.

Gorman, B. K. and Braverman, J. (2008) «Family structure differences in health care utilization among U.S. children», *Social Science & Medicine*, 67(11), pp. 1766-1775. doi: 10.1016/j.socscimed.2008.09.034.

Harvey, S. B. *et al.* (2018) «Exercise and the Prevention of Depression: Results of the HUNT Cohort Study», *American Journal of Psychiatry*, 175(1), pp. 28-36. doi: 10.1176/appi.ajp.2017.16111223.

Hawkley, L. C. and Cacioppo, J. T. (2010) «Loneliness Matters: A Theoretical and Empirical Review of Consequences and Mechanisms», *Annals of Behavioral Medicine*, 40(2), pp. 218-227. doi: 10.1007/s12160-010-9210-8.

Hernández-Aceituno, A. *et al.* (2017) «Combined Healthy Behaviors and Healthcare Services Use in Older Adults», *American Journal of Preventive Medicine,* 53(6), pp. 872-881. doi: 10.1016/j.amepre.2017.06.023.

Hoebel, J. *et al.* (2017) «Socioeconomic Inequalities in Health and Perceived Unmet Needs for Healthcare among the Elderly in Germany», *International Journal of Environmental Research and Public Health,* 14(10), p. 1127. doi: 10.3390/ijerph14101127.

Hu, H., Si, Y. and Li, B. (2020) «Decomposing Inequality in Long-Term Care Need Among Older Adults with Chronic Diseases in China: A Life Course Perspective», *International Journal of Environmental Research and Public Health,* 17(7), p. 2559. doi: 10.3390/ijerph17072559.

Ilinca, S., Rodrigues, R. and Schmidt, A. E. (2017) «Fairness and eligibility to long-term care: An analysis of the factors driving inequality and inequity in the use of home care for older Europeans», *International Journal of Environmental Research and Public Health,* 14(10). doi: 10.3390/ijerph14101224.

Jacobs, J. M. *et al.* (2013) «Physical Activity and Health Service Utilization Among Older People», *Journal of the American Medical Directors Association,* 14(2), pp. 125-129. doi: 10.1016/j.jamda.2012.10.023.

Joy, M. *et al.* (2020) «Reorganisation of primary care for older adults during COVID-19: a cross-sectional database study in the UK», *British Journal of General Practice,* 70(697), pp. e540-e547. doi: 10.3399/bjgp20X710933.

Kahende, J. W. *et al.* (2009) «Disparities in health care utilization by smoking status--NHANES 1999-2004.», *International journal of environmental research and public health,* 6(3), pp. 1095-106. doi: 10.3390/ijerph6031095.

Kang, S. and Xiang, X. (2017) «Physical activity and health services utilization and costs among U.S. adults», *Preventive Medicine,* 96, pp. 101-105. doi: 10.1016/J.YPMED.2016.12.043.

Knight, A., Bryan, J. and Murphy, K. (2016) «Is the Mediterranean diet a feasible approach to preserving cognitive function and reducing risk of dementia for older adults in Western countries? New insights and future directions», *Ageing Research Reviews,* 25, pp. 85-101. doi: 10.1016/J.ARR.2015.10.005.

Lee, I.-C., Chang, C.-S. and Du, P.-L. (2017) «Do healthier lifestyles lead to less utilization of healthcare resources?», *BMC Health Services Research,* 17(1), p. 243. doi: 10.1186/s12913-017-2185-4.

Lera, J., Pascual-Sáez, M. and Cantarero-Prieto, D. (2021) «Socioeconomic Inequality in the Use of Long-Term Care among European Older Adults: An Empirical Approach Using the SHARE Survey», *International Journal of Environmental Research and Public Health*, 18(1), p. 20. doi: 10.3390/ijerph18010020.

Lithander, F. E. *et al.* (2020) «COVID-19 in older people: a rapid clinical review», *Age and Ageing*, 49(4), pp. 501-515. doi: 10.1093/ageing/afaa093.

Luan, X. *et al.* (2019) «Exercise as a prescription for patients with various diseases», *Journal of Sport and Health Science*, 8(5), pp. 422-441. doi: 10.1016/j.jshs.2019.04.002.

Majo, M. C. and van Soest, A. (2012) «Income and health care utilization among the 50+ in Europe and the US», *Applied Econometrics*, 28(4), pp. 3-22.

Martín, M. Y. *et al.* (2006) «Leisure-Time Physical Activity and Health-Care Utilization in Older Adults», *Journal of Aging and Physical Activity*, 14(4), pp. 392-410. doi: 10.1123/japa.14.4.392.

Martínez-González, M. A. and Bes-Rastrollo, M. (2014) «Dietary patterns, Mediterranean diet, and cardiovascular disease», *Current Opinion in Lipidology*, 25(1), pp. 20-26. doi: 10.1097/MOL.0000000000000044.

McPhee, J. S. *et al.* (2016) «Physical activity in older age: perspectives for healthy ageing and frailty», *Biogerontology*, 17(3), pp. 567-580. doi: 10.1007/s10522-016-9641-0.

MediQuo (2020) *La telemedicina ha llegado*. Available at: https://www.mediquo.com/blog/telemedicina/telemedicina-ha-llegado/ (Accessed: 6 June 2021).

Motel-Klingebiel, A., Tesch-Roemer, C. and Von Kondratowitz, H. J. (2005) «Welfare states do not crowd out the family: Evidence for mixed responsibility from comparative analyses», *Ageing and Society*, 25(6), pp. 863-882. doi: 10.1017/S0144686X05003971.

Orkaby, A. R. and Forman, D. E. (2018) «Physical activity and CVD in older adults: an expert's perspective», *Expert Review of Cardiovascular Therapy*, 16(1), pp. 1-10. doi: 10.1080/14779072.2018.1419062.

Ormond, G. and Murphy, R. (2017) «An investigation into the effect of alcohol consumption on health status and health care utilization in Ireland», *Alcohol*, 59, pp. 53-67. doi: 10.1016/j.alcohol.2017.01.008.

Peiro, S. and Maynard, A. (2015) «Variations in health care delivery within the European Union», *The European Journal of Public Health*, 25(suppl 1), pp. 1-2. doi: 10.1093/eurpub/cku223.

Polen, M. R. *et al.* (2001) «Drinking patterns, health care utilization, and costs among HMO primary care patients», *The Journal of Behavioral Health Services & Research*, 28(4), pp. 378-399. doi: 10.1007/BF02287770.

Prince, M. *et al.* (2015) *World Alzheimer Report 2015. The global impact of dementia: an analysis of prevalence, incidence, cost and trends., London: Alzheimer's Disease International*. doi: http://dx.doi.org/10.1007/s00270-010-9954-3

Regidor, E. *et al.* (2008) «Socioeconomic patterns in the use of public and private health services and equity in health care», *BMC Health Services Research*, 8(1), p. 183. doi: 10.1186/1472-6963-8-183.

Roca, M. *et al.* (2013) «Economic crisis and mental health in Spain», *The Lancet*, 382(9909), pp. 1977-1978. doi: 10.1016/S0140-6736(13)62650-1.

Rocca, P. *et al.* (2015) «Is the association between physical activity and healthcare utilization affected by self-rated health and socio-economic factors?», *BMC Public Health*, 15(1), p. 737. doi: 10.1186/s12889-015-2079-5.

Rodrigues, R. *et al.* (2013) «The indirect costs of long-term care», *Research note 8/2013. European Commission: Directorate-General for Employment, Social Affairs and Inclusion*, pp. 1-42.

Salas-Salvadó, J. *et al.* (2014) «Prevention of Diabetes With Mediterranean Diets», *Annals of Internal Medicine*, 160(1), pp. 1-10. doi: 10.7326/M13-1725.

Sari, N. (2011) «Exercise, physical activity and healthcare utilization: A review of literature for older adults», *Maturitas*, 70(3), pp. 285-289. doi: 10.1016/j.maturitas.2011.08.004.

Schlichthorst, M. *et al.* (2016) «Why do men go to the doctor? Socio-demographic and lifestyle factors associated with healthcare utilisation among a cohort of Australian men», *BMC Public Health*, 16(S3), p. 1028. doi: 10.1186/s12889-016-3706-5.

Stathokostas, L. *et al.* (2017) «Long-term Evaluation of the Get Fit for Active Living Program», *Canadian Journal on Aging*, 36(1), pp. 67-80. doi: 10.1017/S0714980816000635.

Sutherland, K. *et al.* (2020) «Impact of COVID-19 on healthcare activity in NSW, Australia», *Public Health Research & Practice*, 30(4). doi: 10.17061/phrp3042030.

Tordrup, D., Angelis, A. and Kanavos, P. (2013) «Preferences on Policy Options for Ensuring the Financial Sustainability of Health Care Services in the Future: Results of a Stakeholder Survey», *Applied Health Economics and Health Policy*, 11(6), pp. 639-652. doi: 10.1007/s40258-013-0056-7.

Trichopoulou, A. *et al.* (2014) «Definitions and potential health benefits of the Mediterranean diet: Views from experts around the world», *BMC Medicine*, 12(1), pp. 1-16. doi: 10.1186/1741-7015-12-112.

Tsai, H.-J. (2015) «Dietary patterns and cognitive decline in Taiwanese aged 65 years and older», *International Journal of Geriatric Psychiatry*, 30(5), pp. 523-530. doi: 10.1002/gps.4176.

Venkatesh, A. and Edirappuli, S. (2020) «Social distancing in covid-19: what are the mental health implications?», *BMJ*, p. m1379. doi: 10.1136/bmj.m1379.

Viia, A. *et al.* (2016) «Futures of European welfare models and policies: seeking actual research questions, and new problem-solving arsenal for European welfare states», *European Journal of Futures Research*, 4(1), p. 1. doi: 10.1007/s40309-015-0080-y.

Vollaard, H. and Martinsen, D. S. (2017) «The rise of a European healthcare union», *Comparative European Politics*, 15(3), pp. 337-351. doi: 10.1057/cep.2016.3.

Wacker, M. *et al.* (2013) «The association of smoking status with healthcare utilisation, productivity loss and resulting costs: results from the population-based KORA F4 study», *BMC Health Services Research*, 13(1), p. 278. doi: 10.1186/1472-6963-13-278.

Wagstaff, A. (2005) «The bounds of the concentration index when the variable of interest is binary, with an application to immunization inequality», *Health Economics*, 14(4), pp. 429-432. doi: 10.1002/hec.953.

Wagstaff, A. and van Doorslaer, E. (2000) «Measuring and Testing for Inequity in the Delivery of Health Care», *The Journal of Human Resources*, 35(4), p. 716. doi: 10.2307/146369.

Wagstaff, A., Paci, P. and van Doorslaer, E. (1991) «On the measurement of inequalities in health», *Social Science & Medicine*, 33(5), pp. 545-557. doi: 10.1016/0277-9536(91)90212-U.

Wang, Y. *et al.* (2018) «Health Care Utilization and Expenditures Attributable to Cigar Smoking Among US Adults, 2000-2015», *Public Health Reports*, 133(3), pp. 329-337. doi: 10.1177/0033354918769873.

Woolcott, J. C. *et al.* (2010) «Does physical activity reduce seniors» need for healthcare?: a study of 24 281 Canadians», *British Journal of Sports Medicine*, 44(12), pp. 902-904. doi: 10.1136/bjsm.2008.057216.

World Health Organization and The World Bank (2011) *World Report on Disability, WHO Library*. Available at: https://www.who.int/disabilities/world_report/2011/en/

Xu, X. *et al.* (2015) «Annual Healthcare Spending Attributable to Cigarette Smoking», *American Journal of Preventive Medicine*, 48(3), pp. 326-333. doi: 10.1016/j.amepre.2014.10.012.

Zhang, Y.-N. *et al.* (2020) «Reduction in healthcare services during the COVID-19 pandemic in China», *BMJ Global Health*, 5(11), p. e003421. doi: 10.1136/bmjgh-2020-003421.

Capítulo 6

Alfabetización en salud, un proceso para disminuir las desigualdades en salud

Patricia Gómez Neira
Optometrista

María Madrazo Pérez
Departamento de Enfermería. Universidad de Cantabria.

1. INTRODUCCIÓN

La alfabetización en salud (en inglés *health literacy*) es un término anglosajón de los años 70 empleado por primera vez por el profesor Scott K. Simonds en una conferencia sobre educación y salud (Juvinyá, Bertran y Suñer-2018). Según la OMS la alfabetización en salud son una serie de «habilidades sociales y cognitivas que determinan el nivel de motivación y la capacidad de una persona para acceder, entender y utilizar la información de forma que le permita promover y mantener una buena salud».

Según esto, la alfabetización en salud requiere y conlleva un pensamiento crítico. De tal manera que la relación entre usuario e información supone saber acceder a ella, comprenderla y analizarla, ser críticos y valerse de esos conocimientos para que repercutan positivamente en la toma de decisiones sobre nuestra propia salud y sobre la de nuestra comunidad (Falcón y Luna-2012). La alfabetización en salud es un proceso complejo que abarca muchos y muy diversos elementos, todos ellos tienen un papel muy importante para que el empoderamiento de los usuarios sea una realidad.

La alfabetización en salud favorece un aprendizaje que empodera a los pacientes y permite establecer una relación entre profesionales y usuarios menos jerarquizada, más humanizada. De esta manera, el paciente pasa a ocupar un punto central en el proceso de la asistencia sanitaria ya que su opinión se transforma de pasiva a activa, es decir, los profesionales de la salud la tienen en cuenta porque realmente refleja la dimensión personal y social del problema, y la actuación del clínico ya no se fundamentará únicamente el conocimiento teórico sanitario de la enfermedad. En este intercambio de información entre profesional de la salud y paciente subyace que la tradicional relación de poder entre ambos tiende a desaparecer, y que el paciente debe adquirir habilidades comunicativas que le permitan expresar claramente su dolencia, queja o malestar (Málaga et al.-2019).

En este proceso hay dos factores clave: los profesionales y los pacientes. Desde el punto de vista de los primeros, deben de redirigir parte de su esfuerzo en su quehacer profesional para aprender a utilizar un lenguaje menos técnico y más accesible para con los usuarios, e intentar una comunicación más didáctica y adaptada a los requerimientos individuales de cada paciente. Se reconoce la necesidad de que adquieran habilidades sociales y comunicativas para establecer un buen clima en la consulta. Y desde el punto de vista de los segundos, deben dedicarse e implicarse en un proceso de aprendizaje que les facilitará la toma conciencia de su estado de salud, tanto en el autocuidado como en la toma de ciertas decisiones para reorientar su estilo de vida. Dicho proceso de aprendizaje necesita en gran medida de la adquisición de competencias (Gavidia et al.-2019, Juvinyá, Bertran y Suñer-2018 y Málaga et al.-2019).

Es decir, se requiere de una dimensión transformadora en la que se identifiquen todos los factores que impulsen una alfabetización que empodere a la comunidad (Flecha, Ruiz y Vrecer-2013). En este sentido, la alfabetización en salud oculta un proceso educativo que depende de factores individuales, pero dentro de un contexto. El marco particular en el que se desencadena dicho proceso, requiere de todos y cada uno de los ciudadanos. Se les debe facilitar una serie de herramientas, apropiadas e idóneas, para que alcancen el conocimiento.

Por otro lado, desde el punto de vista de la teoría constructivista, el aprendizaje es una construcción de conocimientos que engloba características biológicas, psicológicas, sociales, económicas, culturales, políticas e históricas, es decir, es un aprendizaje contextualizado. En éste hay un desarrollo del propio aprendizaje durante una serie de fases o pasos que posibilitan la integración de nuevos conocimientos, así, existe una modificación que supone una transformación entre el punto de partida y el final debido a los procesos de asimilación, integración y organización del conocimiento (Ortiz-2015). De ahí que la alfabetización en salud deba de tener en cuenta el punto de partida, es decir, el nivel de conocimientos de la comunidad y de cada individuo, y ofrecer las estrategias oportunas. Como lo son también la región y los tipos de servicios ofrecidos por las instituciones en salud (Málaga et al.-2019) y resto de características anteriormente citadas.

Asimismo, la alfabetización en salud puede ser considerada una consecuencia de la Educación para la Salud (Juvinyá, Bertran y Suñer-2018) que resulta de la combinación de ésta última y la comunicación. De ahí su carácter multifactorial en la que se interrelacionan: entornos, profesionales, y personas y/o comunidades.

La Educación para la Salud según la OMS «comprende las oportunidades de aprendizaje creadas conscientemente que suponen una forma de comunicación destinada a mejorar la alfabetización sanitaria, incluida la mejora del conocimiento de la población en relación con la salud y el desarrollo de habilidades personales que conduzcan a la salud individual y de la comunidad». Por lo tanto, sirve de instrumento para la alfabetización y es herramienta para mejorar la salud individual y comunitaria. Este tema transversal se imparte a lo largo del sistema educativo, por lo que supone la primera toma de contacto para poder establecer una base para la alfabetización en salud, en esta etapa se deben de fomentar competencias tales como (Gavidia et al.-2019):

- Detectar y prevenir conductas adictivas.
- Llevar una alimentación saludable y desarrollar una actividad física adecuada.
- Capacidad y predisposición de las personas para controlar los factores que intervienen en la salud personal y social.
- Prevención de riesgos en nuestro entorno y contención de accidentes.

- Conocer, valorar y contribuir a la creación de un ambiente saludable.

En el siguiente esquema se muestran los factores que influyen en la alfabetización en salud.

Figura 1. Factores que intervienen en la Alfabetización en Salud

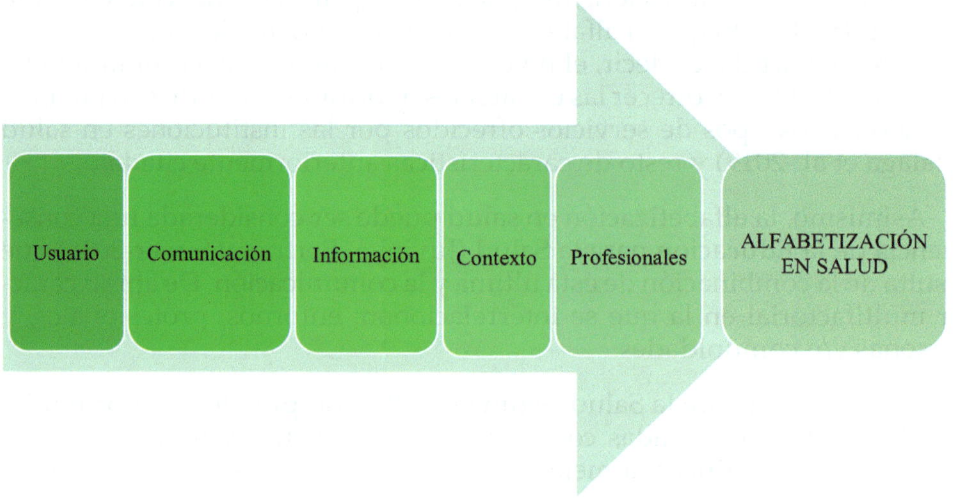

Fuente: elaboración propia.

Otras estrategias o herramientas para la alfabetización para la salud son:

1. Mejorar las habilidades de comunicación del clínico (Málaga et al.-2019).

- Desarrollar habilidades de comunicación como: escucha activa, compartir toma de decisiones con los pacientes, dar la bienvenida a las pacientes para que se sientan cómodos, ... (Málaga et al.-2019).
- Como profesionales de la salud, partir de la premisa de que los pacientes no están alfabetizados en salud (Konfino et al.-2009). Esto ayudará a partir de lo más básico e ir ascendiendo en grado de complejidad de la información en base al feedback que se vaya recibiendo por parte del paciente y/o acompañantes.
- Utilizar un lenguaje simple y no médico (Málaga et al.-2019).

- Favorecer la comunicación empatizando con los pacientes (Konfino et al.-2009).

- Acompañar a la comunicación verbal con comunicación de otro tipo como, por ejemplo, dibujos (Konfino et al.-2009). Este tipo de comunicación complementaria debe de contener un número limitado de mensajes, que se puedan leer con facilidad, y también supondría un gran beneficio para el paciente que el clínico lo lea con él (Málaga et al.-2019).

- Repetir conceptos clave (Konfino et al.-2009).

- Solicitar al paciente que explique lo que ha entendido de la consulta médica (Konfino et al.-2009). Por ejemplo, con el uso del «Teach-back», método en el que se pide al paciente que explique un determinado aspecto de la consulta en base a una pregunta planteada por el profesional (Málaga et al.-2019).

2. Usar herramientas de e-Salud (Málaga et al.- 2019).

- Fomentar la salud móvil. Se conoce como mHealth o mSalud al «uso de dispositivos electrónicos portátiles con aplicaciones de software para promocionar servicios de salud y administrar la información del paciente». Sería útil por ejemplo para: recordar la toma de medicamentos, interactuar con otras personas con la misma patología, envío de mensaje de texto para recordatorio de citas, la telemedicina, ...

3. Promover el autocuidado del paciente (Málaga et al.-2019).

- Eliminar la relación de poder entre profesionales y pacientes, sobre todo en los que tienen un bajo nivel educativo. Una forma de superar dicha relación es mediante el empoderamiento de las comunidades, puede llevarse a cabo incluyendo su opinión sobre aspectos de su salud. Otra manera, es que los organismos internacionales y las políticas públicas tengan en cuenta la necesidad del empoderamiento (Flecha, Ruiz y Vrecer-2013). O, dicho de otro modo, haciendo que los ciudadanos adquieran competencias (Falcón y Luna-2012).

- Aumentar el autocuidado del paciente mediante herramientas como «Ask me». Son tres preguntas que deben responder los pacientes al finalizar la consulta: «¿cuál es el problema principal que tengo?», «¿qué debo hacer para manejarlo?» y «¿por qué es importante esto para mí?» (Málaga et al.-2019).

- Proveer planes de acción para que puedan identificar problemas relacionados con patologías crónicas, y que el paciente adquiera capacidades que le permitan solucionarlos o saber cómo pedir ayuda (Málaga et al.-2019).

- Realizar llamadas y talleres de capacitación para promover la salud (Málaga et al.-2019).

4. Desarrollar sistemas de apoyo y entornos de cuidado (Málaga et al.-2019).

- Actuar sobre los determinantes de salud. Por ejemplo, cambiando la distribución de los recursos sociales y haciendo que sea más equitativa, o menos jerarquizada, entre miembros de una misma sociedad o entre diferentes partes del planeta. También facilitando una representación en el desarrollo de decisiones políticas. U ofreciéndoles recursos o medios para que la participación local se realice de forma ascendente, por lo que las iniciativas o propuestas de la comunidad llegarían a ser una realidad (Flecha, Ruiz y Vrecer-2013).

- Optimizar los procesos para que aumente la capacidad de los pacientes en el seguimiento de sus tratamientos (Málaga et al.-2019).

- El personal administrativo puede servir de apoyo para contribuir en la mejora de los resultados de salud ya que son con los primeros que interactúan (Málaga et al.-2019).

- Creando un sistema de salud en el que se priorice su accesibilidad mediante requerimientos mínimos en alfabetización en salud y mejorando la calidad de la información y de la comunicación (Falcón y Luna-2012).

- Los centros de atención primaria deben poder conectar con los pacientes haciendo uso de los recursos comunitarios disponibles (Málaga et al.-2019).

El uso de todas estas estrategias repercute positivamente en la salud y en la toma de decisiones del estado de salud en la comunidad.

Las consecuencias de no usar estas estrategias constituyen una huella significativa en la salud individual y colectiva, ya que contribuyen (Flacón y Luna-2012):

1. Al mal estado de salud de los grupos vulnerables.
2. A la falta de autogestión correcta de la enfermedad.
3. A la dificultad en la comprensión de la información.
4. Al uso reducido de recursos preventivos en materia de salud.
5. Al incremento de las hospitalizaciones con su consiguiente aumento de costes sanitarios.
6. A la mayor tasa de mortalidad.

Por el contrario, si conseguimos una alfabetización en salud, los pacientes se verán beneficiados en términos de salud, ya que se sentirán responsables en la consecución de su tratamiento médico, aumentará su calidad de salud y tendrán una sensación de empoderamiento mayor (Málaga et al.-2019). Además de otros beneficios que se muestran en la siguiente figura:

Figura 2. Consecuencias de la Alfabetización en Salud

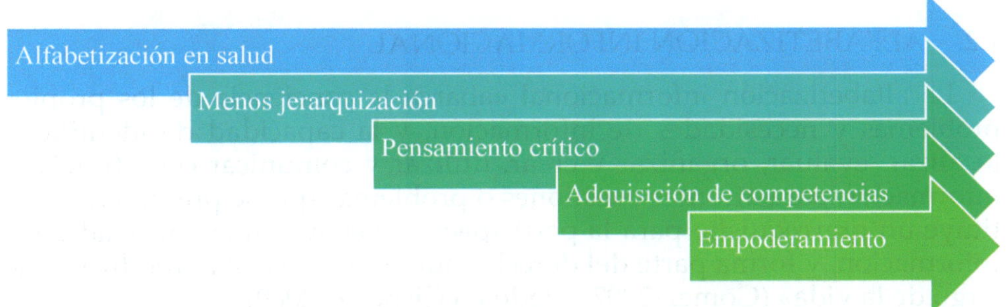

Fuente: elaboración propia.

Es decir, la alfabetización en salud es un proceso multifactorial. Esto es, la mejora de la alfabetización depende de: «el ámbito educativo y sanitario, la industria farmacéutica, y de la alimentación, los medios de comunicación científicos y divulgativos, la representación de los colectivos de profesionales sanitarios, pacientes, y usuarios y, por supuesto, de aquellos con responsabilidades políticas» (Falcón y Luna-2012). Este carácter multifactorial exige un tratamiento desde múltiples ángulos que tengan en cuenta, en la medida de lo posible, a todos los factores. Igualmente, tiene dos perspectivas: la clínica y la de salud pública. La primera hace referencia a las competencias de cada individuo, y la segunda es más global, tiene en cuenta al entorno familiar, laboral y comunitario (Juvinyá, Bertran y Suñer-2018).

Para su desarrollo la alfabetización en salud se puede desglosar principalmente en tres tipos de alfabetización: digital, informacional y de medicamentos.

1.1. ALFABETIZACIÓN DIGITAL

La alfabetización digital o electrónica se define como «la capacidad de buscar, encontrar, comprender y evaluar información de salud de fuentes electrónicas y aplicar este conocimiento para abordar o resolver problemas de salud» (Málaga et al.-2019).

El uso de las TIC es un recurso muy útil para poder difundir conocimiento e intercambiar información. Sin embargo, hay un porcentaje de la población que no tiene acceso a soportes físicos o *gadgets* para usar estas fuentes de información. Bajo esta realidad, los centros de salud podrían ser facilitadores de la alfabetización digital con actividades formativas (Flecha, Ruiz y Vrecer-2013).

1.2. ALFABETIZACIÓN INFORMACIONAL

La alfabetización informacional «abarca la conciencia de los propios problemas y necesidades de información, y la capacidad de identificar, localizar, evaluar, organizar y crear, utilizar y comunicar con eficacia la información para afrontar cuestiones o problemas que se presenten; constituye un prerrequisito para la participación efectiva en la Sociedad de la Información, y forma parte del derecho humano básico al aprendizaje a lo largo de la vida» (Gómez-2007, citado en Cisneros-2009).

Se está refiriendo a la alfabetización de los profesionales ya que son un componente activo en el proceso de aprendizaje para la alfabetización en salud. Los expertos también tienen la responsabilidad de adquirir información por medio de habilidades adquiridas que les faciliten la integración del nuevo conocimiento para ser empleado en su práctica diaria.

En el día a día de los profesionales de la salud, la carga informacional que existe en las revistas de investigación, artículos científicos, Internet, etc. es muy superior al tiempo real que les pueden dedicar para leerlos. En consecuencia, esto puede llegar a suponer una intoxicación por el exceso de información; a este fenómeno se le conoce como «intoxicación» (García-2006, citado en Cisneros-2009) o «angustia de la información» (Becerra-2002, citado en Cisneros-2009).

Según Cisneros (2009) para evitar este fenómeno, los sanitarios requieren de una serie de competencias, entendidas como: habilidades, actitudes y aptitudes, que les faciliten el acceso, buen uso y comunicación eficaz de la información, sea impresa o por medio de las Tecnologías de la Información y de la Comunicación (TIC). Tan importante es la adquisición de nuevo conocimiento con el objetivo de poder emplearlo para la mejora de la salud de la comunidad, como saber transmitirla a los pacientes sin relación de poder.

A modo de ejemplo, las listas de verificación o las guías de comunicación pueden ser recursos materiales que faciliten la alfabetización de los profesionales (Ratzan-2015-2016).

1.3. ALFABETIZACIÓN EN MEDICAMENTOS

La alfabetización en medicamentos es «la habilidad de las personas para acceder, de forma segura y apropiada, entender y actuar sobre la información básica de la medicación» (Plaza-2016).

Pero en la alfabetización en medicamentos, los profesionales sanitarios tienen un papel muy importante, ya que los pacientes prefieren en este proceso la colaboración de los clínicos. Es decir, que les ofrezcan la información detallada de manera verbal o escrita el propio profesional, a mayores de la prescripción. Esto implica que los profesionales tengan herramientas diversas para poder explicar conceptos clave sobre los medicamentos. Este hecho entra en controversia con el tiempo y, en ocasiones, con la actitud del profesional, que pueden ser o no facilitadores de este procedimiento.

Por lo tanto, una progresión ascendente en todos y cada uno de los tipos de alfabetización supondrá mejorar el estado de salud. Se estará alfabetizando en salud, y este proceso puede alcanzar niveles superiores según el nivel educativo.

2. RELACIÓN ENTRE EL NIVEL EDUCATIVO Y EL ESTADO DE SALUD

Hay estudios que demuestran la relación que existe entre las desigualdades sociales y las desigualdades de salud. La relación es estrecha al verse ambas influenciadas de manera recíproca.

Del mismo modo, la alfabetización en salud juega un papel muy importante en términos de salud (desigualdad de salud), pero también en cuanto a las relaciones de poder o relaciones jerarquizadas entre profesional-paciente (desigualdad social). De esta manera, el nivel educativo está vinculado al estado de salud, es decir, una alfabetización en salud y un nivel educativo bajos suponen una calidad de vida y un estado de salud en peores condiciones (Flecha, Ruiz y Vrecer-2013).

De modo que, un bajo nivel educativo repercute negativamente en el estado de salud y en el desempeño de actividades cotidianas, por lo tanto, la desigualdad educativa implica una desigualdad en salud y supone un factor de riesgo para padecer exclusión social (Flecha, Ruiz y Vrecer-2013). De ello resulta que la población con niveles bajos de estudios, son más propensos a padecer patologías y a tener una tasa de mortalidad mayor que las personas que tienen un nivel de estudios medio o alto. Esto es debido a que no son conscientes de su estado de salud y cuando se percatan de los síntomas, normalmente, éstos ya son la manifestación de una enfermedad en un estado más o menos avanzado y probablemente ya requerirán de la hospitalización. Además, de esto se deduce que estas personas suponen un mayor gasto al Sistema Nacional de Salud por el coste superior que conlleva una hospitalización frente a actuaciones de prevención de la salud o asistencia sanitaria primaria.

La alfabetización en salud puede ayudar a mejorar el estado de salud en los grupos de bajo nivel educativo, hasta tal punto que puede llegar a disminuir el índice de mortalidad en un 8% por cada año de educación (Flecha, Ruiz y Vrecer-2013).

A su vez, el nivel educativo puede determinar ciertas complicaciones a la hora de alcanzar diferentes niveles de alfabetización en salud. Es decir, el nivel educativo del paciente es indicador de la alfabetización en salud y debería verse reflejado en la historia clínica (Konfino et al.-2009) para poder tenerlo en cuenta y adecuar los medios oportunos según las necesidades de cada paciente. Es fundamental, desde el punto de vista del profesional sanitario, saber de qué punto parte a nivel cognitivo el paciente para poder personalizar la alfabetización en salud en cualquiera de sus tres tipos.

Figura 3. Principales factores que intervienen en el proceso de Alfabetización en Salud

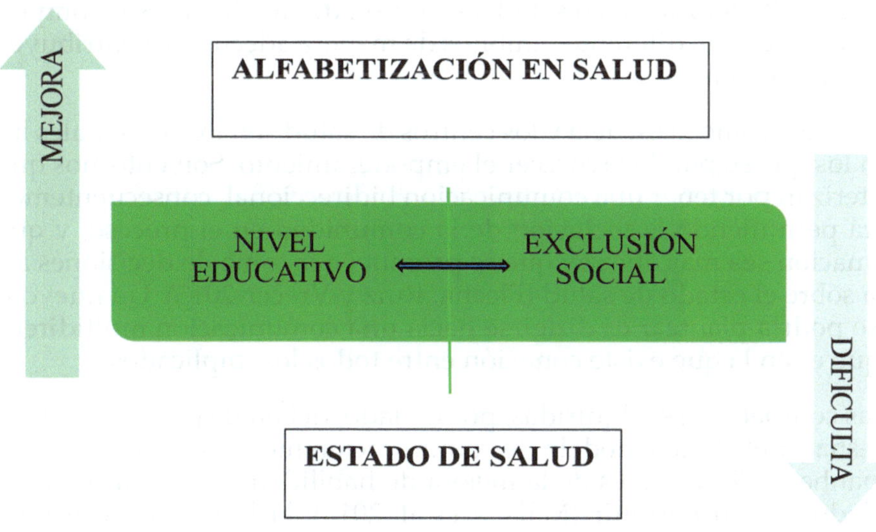

Fuente: elaboración propia.

En la figura anterior se presenta la relación entre alfabetización en salud y el nivel educativo y la exclusión social. Un nivel educativo alto mejora la alfabetización en salud y, consecuentemente, incrementa el estado de salud del individuo por medio del proceso de empoderamiento, que lleva implícito el alcance de alfabetización en salud. Por otro lado, la exclusión social que está directamente relacionada con el nivel educativo, dificulta o empobrece el estado de salud de la comunidad porque el procedimiento de alfabetización en salud se encuentra menguado por el bajo nivel educativo.

Así, el empoderamiento es un resultado de la alfabetización en salud. Su logro constituye alcanzar una serie de habilidades que faciliten la toma de decisión sobre el estado de salud.

3. EMPODERAMIENTO

La alfabetización en salud tiene como objetivo empoderar a las personas para que puedan tomar decisiones con el fin de mejorar su estado de salud, tanto individual como colectivamente.

El empoderamiento requiere de un aprendizaje profundo con la adquisición de habilidades o competencias que puedan ser usadas en diferentes contextos de salud-enfermedad. La aplicación de los conocimientos adquiridos en la alfabetización en salud, permite el desarrollo de esas competencias que, usadas en diferentes ámbitos de manera adecuada, contribuyen al bienestar personal.

Espacios como la escuela y los centros de salud son los principales lugares en los que se puede favorecer el empoderamiento. Son entornos que se caracterizan por tener una comunicación bidireccional, consecuentemente, se está permitiendo la inclusión de la comunidad en el proceso, y que la información sea más eficaz y que se promueva la toma de decisiones autónoma sobre el estado de salud (Flecha, Ruiz y Vrecer-2013). Un nuevo reto que se podría plantear es dirigirse hacia una comunicación multidireccional, que es en la que existe conexión entre todos los implicados.

Las competencias adquiridas, por un lado, deben de permitirle al usuario deshacer el clásico modelo de comunicación médico-paciente (Oliveira y Espanha-2017), a través de la mejora de habilidades comunicativas. Por otro lado, deben permitir (Málaga et al.-2019): la lectura de prospectos, entender artículos sobre salud de revistas o periódicos, hacer una búsqueda para encontrar un médico, ser capaz de inscribirse en un seguro de salud, saber localizar los cuidados de salud, compartir información personal y clínica con los profesionales, evitar riesgos con conductas perjudiciales para la salud.

Las competencias engloban tres dimensiones (Gavidia et al.-2019):

1. Saber, se refiere a contenidos conceptuales.

2. Saber hacer, en relación a contenidos procedimentales.

3. Saber ser, vinculado a contenidos actitudinales y/o conductuales.

A continuación, se relacionan algunas de las competencias que favorecen el empoderamiento con sus dimensiones:

Tabla 1. Relación competencias y dimensiones

COMPETENCIA	DIMENSIONES		
	SABER	SABER HACER	SABER SER
Entender un prospecto de un medicamento	Diferenciar y conocer las partes de las que consta un prospecto	Buscar la información que se necesita en el prospecto	Hacer una lectura crítica de la información del prospecto
Establecer una conversación fluida médico-paciente	Conocer los elementos de la comunicación	Diferenciar formas de comunicación verbal y no verbal	Desarrollar una conversación haciendo uso de los elementos más adecuados
Encontrar un profesional de la salud para una patología determinada	Tener conocimiento de los diferentes medios a través de los cuales se puede encontrar a un clínico	Reconocer unos síntomas y evaluar las opciones de búsqueda de un sanitario	Buscar un profesional para tratar la dolencia de la manera más eficiente posible
Interpretar la información de revistas o artículos científicos	Saber de la existencia de fuentes fiables para la búsqueda de información	Diferenciar artículos y/o revistas con carácter científico	Leer una información y ser capaz de extraer conclusiones
Asegurarse en un seguro de salud	Conocer los diferentes tipos de seguros	Evaluar las diferentes opciones	Elegir un seguro médico y presentar toda la documentación requerida

Fuente: elaboración propia.

4. GRUPOS VULNERABLES

La alfabetización en salud, como ya he comentado en el primer apartado, debe tener presentes los factores individuales de manera contextualizada en el entorno en el que vive el individuo.

La alfabetización en salud está condicionada por la clase social, edad, género, padecer una discapacidad, ser inmigrante o pertenecer a una minoría cultural (Flecha, Ruiz y Vrecer-2009). Estos elementos determinan unos grupos vulnerables para la alfabetización, que a menudo tienen el denominador común de un nivel educativo bajo.

Existen varios grupos vulnerables, alguno de ellos se muestra en la siguiente tabla:

Tabla 2. Relación grupos vulnerables y desigualdad en salud

GRUPO VULNERABLE	FACTORES DE RIESGO	DESIGUALDAD EN SALUD
Inmigrante	Discriminación Trabajos de alto riesgo Falta de apoyo social Trato desigual Diferencia cultural Diferencia lingüística	Trastorno estado de ánimo Trastornos de ansiedad Esquizofrenias Otros trastornos psicológicos
Minorías étnicas	Exclusión educativa Exclusión social	Menor esperanza de vida
Edad	Nivel educativo Exclusión educativa Fracaso educativo	Consumo de alcohol Consumo de drogas Tabaquismo Actividad física insuficiente
Mujeres	Origen étnico Clase social Ubicación geográfica	Depresión Trastornos psíquicos Enfermedades crónicas Mortalidad en el parto Embarazos indeseados Poca actividad física Menor esperanza de vida
Personas mayores	Exclusión social	Depresión Poca actividad física
Población polimedicada	Exclusión social	Ansiedad Depresión Menor esperanza de vida

Fuente: elaboración propia (adaptado de Flecha, Ruiz y Vrecer-2009, Málaga et al.-2019 y Sala, Guilabert y Carrillo-2020).

Los grupos vulnerables presentan dificultades para reconocer los síntomas de las enfermedades, no hacen uso de medidas de prevención para la salud por desconocimiento y tienen problemas para establecer una relación con el personal sanitario.

Por su parte, el sistema de salud también presenta una serie de impedimentos para adaptarse a ellos (Konfino et al.-2009). Puede ser debido a la falta de empatía causada por la ignorancia de conocimiento de las características de los grupos vulnerables. Por ejemplo, desconocimiento de rasgos culturales, características de un grupo de población en concreto (niños, adultos o ancianos), etc. que de ser conocidos facilitarán la comunicación.

Por otro lado, estas minorías se encuentran con la complicación generada por el hecho de hablar un idioma extranjero y las barreras que delimitan su propia cultura (Málaga et all. -2019). Para solventar estos obstáculos inherentes a pertenecer a un grupo vulnerable, se debe hacer uso de recursos que ayuden a superar estos inconvenientes que de por sí no guardan una relación directa con la enfermedad, si no que dificultan el proceso de alfabetización en salud y poder mejorar el estado de salud.

En consecuencia, la alfabetización en salud en estos grupos vulnerables debe sobrepasar tanto las dificultades propias de esta población como las inherentes al sistema sanitario. Algunos de los recursos para facilitar la alfabetización son: la comunicación, los espacios de alfabetización, el diálogo igualitario, el equipo profesional y los instrumentos de medición, que se describirán en los siguientes apartados.

5. COMUNICACIÓN

En la actualidad, existe un gran flujo de información que es recibida por diferentes medios. La comunicación en salud suele realizarse por medio de (Oliveira y Espanha-2017):

- Relación establecida en el acto asistencial entre médico-paciente.
- Sistemas formales de salud.
- Tecnologías de información y comunicación (TIC).

Todas estas formas de comunicación y acceso a la información tienen la capacidad de poder condicionar la toma de decisiones en cuanto al estado de salud de los usuarios. Pero todas estas fuentes de información son efectivas cuando en su difusión tienen en cuenta el nivel de alfabetización de las personas objetivo. Por el contrario, tendrán la capacidad de limitar el empoderamiento y la autonomía consciente en la toma de decisiones, en el caso de la información comunicada no sea comprendida correctamente (Flecha, Ruiz y Vrecer-2013) por el público. Es decir, que exista un distanciamiento entre cómo se comunica y las capacidades para poder entenderla de los usuarios. En este caso, esta comunicación será ineficaz pero además puede llegar a agravar el estado de salud, porque se puede traducir en una toma de decisiones inadecuada que genere riesgos para la salud debido a la incorrecta comprensión de la información.

En cuanto a las diferentes formas de la comunicación anteriormente nombradas, la relación entre profesional sanitario-paciente quedará abordada más adelante en el apartado del diálogo igualitario, y el de los sistemas formales de salud depende de las políticas públicas y del modelo sanitario, por lo que no se tratará en este trabajo.

En lo referente a las tecnologías de la información y la comunicación, es de especial mención que «los medios de comunicación influyen en las actitudes de la "audiencia", sus creencias y comportamientos» (Kivits-2004, citado en Oliveira y Espanha-2017). Los mass media tienen un gran peso en la construcción de la realidad del público.

La alfabetización en salud debe englobar tanto al usuario de manera individual, como de manera global, es decir, como ciudadano que establece interacciones sociales y de salud con su entorno (contextualización). Estas interacciones, en el ámbito de la comunicación, alude a la posibilidad del uso de la *agenda setting* de la que dispone la alfabetización en salud (Oliveira y Espanha-2017). Una manera de transmitir conocimientos de salud a un gran número de la población en un corto periodo de tiempo y en un mismo momento, es vía emisión de programas en los que se ha seleccionado un tema adecuado y de una duración determinada, ajustados a las características y necesidades de la audiencia.

La comunicación mediática es una herramienta de referencia para la alfabetización en salud debido a su gran alcance y a su capacidad de influencia sobre la población. Tiene diez oportunidades para educar en salud (Ratzan-2020):

> 1) aumentar el conocimiento, la concienciación y el comportamiento del público objetivo en relación con la salud; 2) influir en las percepciones, creencias y actitudes que pueden afectar a las normas sociales saludables; 3) promover la alfabetización, la autoeficacia y la competencia del sistema sanitario; 4) demostrar, ilustrar y difundir habilidades y comportamientos saludables; 5) educar y reforzar conocimientos, actitudes y/o compor-

tamientos saludables; 6) mostrar los beneficios (económicos, sociales, sanitarios, etc.) del cambio social y de comportamiento; 7) defender, crear apoyo y mover a la acción en relación con la prudencia sanitaria y la política pública; 8) aumentar la demanda y/o el apoyo adecuado de la promoción de la salud y de los servicios sanitarios; 9) mejorar la comprensión de los riesgos y beneficios, también refutando mitos y confusiones; y 10) fortalecer intervenciones educativas, profesionales y gubernamentales eficaces.

De este modo, los medios de comunicación deben desarrollarse desde un enfoque pluridisciplinar en términos de salud y alfabetización (Ratzan-2020). Es un reto global informar a los usuarios a través de una comunicación eficiente. El uso de las TIC es un recurso del que los usuarios utilizan para alfabetizarse en salud de manera particular empleando sus móviles y ordenadores. Pero también pueden servirse de ellas los espacios y lugares que los pacientes utilizan para desarrollar diferentes actividades de su vida cotidiana de manera colectiva. Hay que aprovechar espacios para mejorar la alfabetización en salud.

6. ESPACIOS DE ALFABETIZACIÓN

El proceso de alfabetización en salud además de viabilizarse con el uso de una serie de estrategias o herramientas, precisa también de un lugar físico para su realización. Los espacios más comunes son los centros de salud, ya mencionados anteriormente, a los que se deberían añadir sitios de uso comunitario como todo tipo de construcciones que así lo permitan independientemente de su actividad profesional.

Un nuevo reto sería alfabetizar en parques, gimnasios, supermercados, salas de espera y todos aquellos entornos que favorezcan este proceso. El cambio social (Saura et al.-2016) experimentado en las últimas décadas ha cambiado tanto el estado de salud como la manera de alfabetización en salud, requiriendo de nuevas y modernas estrategias y recursos.

La arquitectura en sí misma es un elemento que favorece la educación, según Saura et al. (2016) «la arquitectura y el urbanismo tienen que dejar de ser un puro instrumento técnico y financiero (...), y pasar a ser un instrumento de educación y de transmisión cultural».

El estado de salud es un fenómeno que se manifiesta en un contexto determinado, así pues, tiene una dimensión global, además de la individual. Para la alfabetización en salud, el hecho de introducir la arquitectura en el procedimiento educativo, hace que estas construcciones o edificaciones la transformen por completo. Ya que añadiría «el espacio físico y social como dimensiones necesarias en las culturas contemporáneas» (Saura et al.-2016) en el procedimiento de la alfabetización.

Desde esta percepción integradora, se hace inevitable que el entorno «no es separable del organismo. El organismo necesita del medio, es influido por él y al mismo tiempo puede modificarlo, no sin consecuencias» (Romañá-2016). La alfabetización en salud por medio de la arquitectura es especialmente destacable en relación a los grupos vulnerables y a las minorías culturales, ya que podrían adquirir habilidades en su entorno, en esos lugares en los que ellos se encuentran cómodos.

Otros espacios de su uso habituales para ellos como centros de salud, hospitales, escuela, centros cívicos, etc. son también lugares de grandes posibilidades para generar experiencias de alfabetización. «La memoria de relación» (Romañá-2016) hace referencia a que el cuerpo humano retiene en la memoria las experiencias del entorno o de lugares vividos. Si se generan experiencias a través de la arquitectura que sean capaces de despertar emociones en estos grupos, entonces, vivirán estos lugares. Es decir, que sean vivencias en su entorno habitual que respondan a sus necesidades, tanto físicas como psicológicas o sociales, siendo la propia edificación el recurso o facilitador de la información para la alfabetización en salud.

Las experiencias aportan un alcance más profundo a nivel psicológico que el resto de estrategias para la alfabetización en salud que solo se apoyan en la lectura, el diálogo o en el visionado de imágenes, vídeos, medios de comunicación, etc. Por ejemplo, en casos de demencia o deterioro cognitivo su memoria corporal, en la que todo el cuerpo ha sido partícipe del aprendizaje por medio del entorno, genera evocaciones (Romañá-2016). Las emociones facilitan el aprendizaje profundo y significativo.

Otros ejemplos de alfabetizar en salud por medio de los espacios serían:

Tabla 3. Ejemplos del uso de los espacios para la Alfabetización en Salud

ALFABETIZACIÓN EN SALUD: COMIDA SALUDABLE		
ESPACIO	**DESTINATARIO**	**EJEMPLO**
Sala de espera	Niños	Juego de construcción en el que las piezas son tipos de comida/productos que deben encontrar en la sala de espera. Solo podrán construir con aquellos que sean saludables, ya que las que no lo sean no encajarán. La construcción final tendrá forma de algún muñeco o dibujo que sea atractivo para ellos.
En el trayecto al centro de estudios	Adolescentes	Utilizar las diferentes fuentes que hay a la largo del camino al centro, como: árboles frutales, supermercados, tiendas de barrio, pescaderías, fruterías, etc. En cada una habrá información sobre un producto de temporada y cómo cocinarlo. La información se presenta en diversos formatos: código QR, infografía, cómic, ...
Centro de atención primaria	Inmigrantes	En las diferentes estancias (sala de espera, pasillos, recepción) habrá un alimento saludable que presentará un aspecto más o menos apto para el consumo según las condiciones ambientales del lugar (luz, temperatura, humedad). Se pretende enseñarles alimentos autóctonos y condiciones almacenamiento.

Fuente: elaboración propia.

7. DIÁLOGO IGUALITARIO

Otro elemento clave que asegura el proceso de alfabetización en salud es el diálogo igualitario. Es igualitario «cuando se basa en el respeto de las aportaciones de todas las personas valorándolas en función de los argumentos que aportan y no en función de la posición de poder que ocupa la persona» (Flecha, Ruiz y Vrecer-2013). Por lo tanto, se trata de un diálogo en la que ambos interlocutores tienen el mismo derecho de expresar sus razonamientos y de ser escuchados, independientemente de la posición o clase social a la que pertenecen.

De esta manera, se puede considerar que el diálogo igualitario es una herramienta que sirve para poner de manifiesto que toda la población puede aportar algo, en el sentido, de una aportación de valor para el sistema sanitario.

La validez de sus razonamientos puede traducirse en cambios que mejoren su estado de salud, ya que están expresando con autenticidad y efectividad sus problemas reales que requieren de una atención, en algunos casos, diferente a la que están recibiendo, y pasar a ser conocidos por el equipo profesional que deberá de determinar otro tipo de actuación para mejorar el estado de salud.

Y, a su vez, el hecho de darle voz a los pacientes: los empodera. Es decir, la necesidad de tener que transmitir un razonamiento con exactitud y real, implica el desarrollo de competencias y habilidades que se han comentado anteriormente. Se establece un ciclo en el que se retroalimentan: alfabetización en salud-diálogo igualitario-empoderamiento-estado de salud.

Figura 4. Ciclo retroalimentación

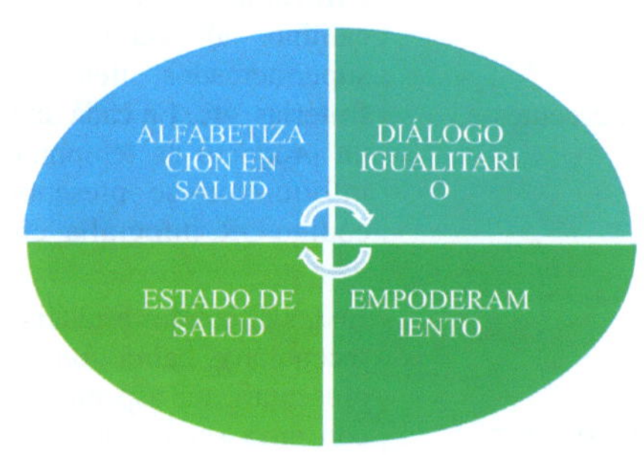

Fuente: elaboración propia.

Las estrategias a seguir para impulsar un diálogo igualitario son (Flecha, Ruiz y Vrecer-2013):

1. Incluir a profesionales de la salud que pertenezcan a minorías culturales.

La incorporación de las minorías culturales en el equipo profesional mejora la relación del sistema sanitario con ese mismo grupo. Los pacientes de esa minoría se ven reflejados en el profesional sanitario y esto produce una mejor y mayor predisposición para entender y hacerse entender.

Además, se mejora la asistencia sanitaria al tenerse en cuenta características específicas del grupo minoritario. Existe una empatía entre la asistencia, que está representada por los profesionales, y el paciente, al pertenecer ambos al mismo grupo minoritario.

En este punto, entra en juego que las políticas públicas faciliten el acceso a profesionales de diferentes culturas. Esto repercute positivamente en la calidad y la eficacia de los servicios de salud.

En el caso de no que no pueda ser así, existe la figura del mediador o mediadora cultural que posibilita un diálogo más eficiente. Pueden formar parte del servicio de salud o ejercer tanto en el centro de salud como en otros espacios de la comunidad.

La diversidad de profesionales de diferentes grupos minoritarios favorece un servicio de mayor calidad, mejora la confianza de los usuarios y reduce costes.

2. Incluir a la comunidad en las decisiones sobre salud.

La presencia de la comunidad en la toma de decisiones también mejora la calidad y efectividad del servicio. Para ello, se debe facilitar su inclusión y puede ser:

Disminuyendo la distancia entre profesionales y usuarios. Por medio de clínicos que se acerquen a la comunidad o por trabajadores sanitarios que hayan desarrollado capacidades que les permitan realizar ese acercamiento.

Creando mecanismos de participación. Los espacios de atención primaria y comunitaria pueden ser un lugar en los que dar voz a los usuarios, especialmente a los grupos vulnerables, para opinar sobre programas de prevención o formación que ellos consideren útiles en base a su estado de salud.

Otro de los lugares, son los entornos de debate. Como el *European Health Forum* que permite el acceso a todos los ciudadanos, profesionales de salud y políticos. La oportunidad de escuchar las opiniones de los diferentes grupos desde el primer momento de la toma de decisiones se traduce en el desarrollo de líneas de actuación más efectivas ya que responden a necesidades reales.

3. Incluir a la comunidad a través de la *e-health*.

La alfabetización en salud se puede beneficiar del uso de las TIC tanto para facilitar información online como para llegar por medios audiovisuales a usuarios que no saben ni leer ni escribir.

De todas formas, hay que tener en cuenta que los usuarios deben tener acceso a ellas o que se les debe de facilitar su uso. En este sentido, cobra especial importancia la alfabetización digital de la que ya se ha hablado anteriormente.

El acceso a la información es ventajoso tanto para profesionales como para pacientes. A los primeros, se les abre una posibilidad de ofrecer información a través de las tecnologías que en muchas ocasiones no es posible dar en la asistencia presencial. Asimismo, pueden responder a determinadas demandas que los propios pacientes piden hacer online, por ejemplo, la telemedicina. A los segundos, se les facilita el acceso a la información en el lugar y durante el tiempo que ellos requieran. Pueden disponer de todas las notificaciones cuantas veces necesiten.

Un aspecto destacable para que la *e-health* alcance a los grupos más vulnerables es que se desarrollen programas de alfabetización mediática. La comunicación por medio de los medios puede conseguir un impacto en dichos grupos. Estos programas deben centrarse en proveerlos de herramientas para acceder, seleccionar y procesar la información, así la toma de decisiones sobre su estado de salud será más consciente.

8. EQUIPO PROFESIONAL

Los profesionales sanitarios son parte activa en el proceso de alfabetización en salud. Desde el punto de vista de las minorías culturales, que están representados en los equipos profesionales mejora la eficiencia del servicio sanitario y facilitan el proceso de comunicación entre médico-paciente (Flecha, Ruiz y Vrecer-2013). Además, los usuarios se sienten identificados y se muestra más receptivo y flexible con el sistema sanitario.

Desde la perspectiva ético-profesional, los clínicos deben ser conscientes de las consecuencias si existe una baja alfabetización en salud en cuanto a (Konfino et al.-2009):

- La puesta en marcha de estrategias preventivas.
- Reconocimiento temprano de problemas graves de salud.
- El cuidado de los enfermos crónicos.

Una sobreestimación de los niveles de alfabetización en salud repercute negativamente en la atención sanitaria y en unos efectos indeseables la salud de los pacientes (Málaga et al.-2019). Si existe una diferencia a nivel cognitivo entre médico-paciente y se usa un lenguaje técnico, el acto asistencial estará lejos de poder ser eficiente sobre el estado de salud del usuario. Es primordial que este distanciamiento sea el menor posible para que los resultados en salud sean los esperados o incluso mejores, en el caso de que el paciente tenga una alfabetización en salud elevada.

El equipo de los profesionales debe hacer un esfuerzo por comunicarse de manera clara y poco técnica para que la información recibida sea clara y de calidad (Sala, Guilabert y Carrillo-2020). Tienen el compromiso de adquirir habilidades para que el proceso de comunicación sea adecuado a las capacidades de los usuarios, y repercuta positivamente sobre su estado de salud.

9. INSTRUMENTOS DE MEDICIÓN

La alfabetización en salud puede ser medida. Para ello se usan diferentes instrumentos, la elección de uno o de otro dependerá del tipo de análisis que se quiera llevar a cabo.

A continuación, se presenta una tabla en la que se muestran los más representativos y se realiza una breve descripción.

Tabla 4. Relación de cuestionarios

CUESTIONARIOS ALFABETIZACIÓN EN SALUD	DESCRIPCIÓN
HALS	Evalúa cinco dominios en relación a competencias de la salud.
Salud General de Goldberg GHQ-28	Determinar el nivel de salud percibida compuesto por 28 afirmaciones
European Health Literacy Survey HLS-EU-q16	Evaluación de la alfabetización en salud con 16 afirmaciones
TOFLA	Orientada al dominio de la lectura.
HLQ	Pone de manifiesto los conocimientos sobre salud y debilidades y fortalezas de las personas y comunidades.
REALM	Está enfocada a la capacidad lectora
CUESTIONARIO ALFABETIZACIÓN EN MEDICAMENTOS	**DESCRIPCIÓN**
MedLitRxSE	Se plantean 14 supuestos prácticos en los que se debe responder algo relacionado con el tratamiento

Fuente: elaboración propia (adaptado de Juvinyá, Bertran y Suñer-2018 y Sala, Guilabert y Carrillo-2020).

10. CONCLUSIÓN

La alfabetización en salud tiene como objetivo el empoderamiento de la comunidad, sobre todo de los grupos vulnerables, para mejorar el estado de salud de todos sus miembros (Falcón y Luna-2012). Se caracteriza por la adquisición de una serie de competencias que permitan al usuario ser capaz de tomar decisiones correctas en términos de salud. De esta manera, el paciente pasa a ocupar una posición central en este proceso.

Para ello, son necesarias múltiples herramientas que ofrezcan soluciones a los factores que dificultan que la alfabetización tenga lugar (Falcón y Luna-2012, Flecha, Ruiz y Vrecer-2013, Konfino et al.-200 y Málaga et al.-2019). El nivel de estudios y los grupos vulnerables son dos de esos elementos más determinantes. Están directamente relacionados con el éxito del procedimiento, un bajo nivel de estudios y pertenecer a un grupo vulnerable limita dicho proceso.

Para hacer viable que la alfabetización tenga lugar son numerosas las herramientas que se pueden usar, pero podríamos destacar:

- El diálogo igualitario. Por una parte, empodera al paciente porque lo ayuda a mejorar sus habilidades sociales y lingüísticas y, por otra parte, implica al profesional sanitario porque debe de emplear un lenguaje menos técnico y practicar la escucha activa. Y, en definitiva, elimina la relación de poder (Flecha, Ruiz y Vrecer-2013).
- Incluir la voz de los pacientes en la toma de decisiones. La participación hace que los usuarios se sientan parte del proceso y que se involucren en sus propias argumentaciones, se volverán más responsables sobre su estado de salud porque ellos mismos han sido partícipes en la elaboración de las líneas de actuación (Flecha, Ruiz y Vrecer-2013).
- Emplear espacios en los que discurre la vida de los grupos vulnerables como espacios de alfabetización en salud. Hacer uso de los lugares habituales de los pacientes y generando emociones a través de la propia arquitectura o espacio, se puede generar aprendizaje de problemas reales que sean de preocupación de la ciudadanía (Romañá-2016).

La alfabetización en salud depende del buen quehacer profesional y de las políticas públicas, y del paciente, estos tres factores son clave. Deben trabajar conjuntamente para que la alfabetización sea una realidad.

11. BIBLIOGRAFÍA

Cisneros Velázquez, S., Alfabetización informacional en salud. Biblos, revista de Bibliotecnología y Ciencias de la Información 2009; 34:1-9.

Falcón Romero, M. y Luna Ruiz-Cabello, A., Alfabetización en salud: concepto y dimensiones. Proyecto europeo de alfabetización en salud. Revista de Comunicación y Salud 2012; 2(2):1-2.

Flecha Fernández de Sanmamed, A., Ruiz Eugenio, L. y Vrecer, N., La alfabetización en salud y el empoderamiento de las comunidades. Diálogo igualitario entre los profesionales de la salud y la comunidad. Revista Electrónica de Geografía y Ciencias Sociales 2013; vol. XVII, 427 (5).

Gavidia Catalán, V., Garzón Fernández, A., Talavera Ortega, M., Sendra Mocholí, C. y Mayoral García-Berlanga, O., Alfabetización en salud a través de las competencias. Enseñanza de las Ciencias 2019; 37(2):107-126.

Juvinyá Canal, D., Bertran Noguer, C. y Suñer Soler, R., Alfabetización para la salud, más que información. Gaceta Sanitaria 2018; 32(1).

Konfino, J., Mejia, R., Majdalani, M. P. y Pérez-Stable, E. J., Alfabetización en salud en pacientes que asisten a un hospital universitario. Medicina 2009; 69(6): 631-634.

Málaga, G., Cuba Fuentes, M. S., Rojas Mezarina, L., Romero Albino, Z., Hamb, A. y Paz Soldán, V. A., Estrategias para promover la alfabetización en salud desde la atención primaria: una perspectiva que considera las realidades de los países de ingresos medios y bajos. An Fac Med. 2019; 80(3): 372-8.

Oliveira, A. y Espanha, R., Visibilidad de alfabetización en salud en los medios de comunicación en el caso portugués. Estudios sobre el mensaje periodístico 2017; 24(1):835-849.

Ortiz, D., El constructivismo como teoría y método de enseñanza. Sophia colección de Filosofía de la Educación 2015; 19(2).

Plaza Zamora, J., Alfabetización de medicamentos en farmacia comunitaria: preferencias, barreras y facilitadores de la información farmacoterapéutica. [tesis]. Digitum 2016.

Ratzan, S. C., El futuro de la comunicación para la salud. Innovar a través de la colaboración. MÈTODE Science Studies Journal 2015-2016; 88:46-53.

Romañá, T., Educación y arquitectura: un monográfico para un campo emergente. Bordón. Revista de Pedagogía 2016; 68(1):27-39.

Sala González, M., Guilabert Mora, M. y Carrillo Murcia, I., Alfabetización en salud y salud percibida. Revista de psicología de la salud 2020; 8(1): 44-62.

Saura Carulla, M., Muntañola Thornberg, J., Méndez Rodríguez, S. y Beltrán Borrás, J. De la educación del arquitecto a la arquitectura de la educación: un diálogo imprescindible. Bordón. Revista de Pedagogía 2016; 68(1):165-182.

Capítulo 7

Los determinantes de la salud mental: las claves sobre su gestión

Marina Barreda Gutiérrez
Departamento de Economía (Universidad de Cantabria)
Grupo de Investigación en Economía de la Salud (IDIVAL)

Marta Pascual Sáez
Departamento de Economía (Universidad de Cantabria)
Grupo de Investigación en Economía de la Salud (IDIVAL)

1. INTRODUCCIÓN

Las personas que padecen enfermedades mentales ven influenciadas sus vidas e incluso su día a día. Pueden generar desasosiego o sufrimiento, alterar el ritmo de vida de las personas, las relaciones familiares o incluso con otras personas que están relacionadas con su entorno, e incluso, pueden influir en la relación con su trabajo originando bajas laborales o inclusive renunciar definitivamente al trabajo.

Según algunos informes o planes estratégicos de salud mental, los principales problemas de salud mental que sufre la sociedad son: trastorno de ansiedad, trastorno depresivo, reacción de adaptación, trastornos del sueño, trastornos de personalidad, trastorno por somatización, anorexia nerviosa/bulimia, fobia, trastorno obsesivo compulsivo, psicosis, suicidio, trastornos relacionados con el abuso de alcohol y otras sustancias y problemas específicos en menores de 25 años.

En el año 2020, la Organización Mundial de la Salud (OMS) anunció el inicio y fin de un confinamiento a consecuencia de la pandemia mundial del Covid-19. A pesar de ello, la pandemia aún convive entre nosotros hoy en día. Desde entonces, son muchos los países que están luchando por poner fin a esta pandemia mundial. Esta misma fuente, aseguró que el confinamiento agravó los problemas de salud mental.

Por lo tanto, la pandemia mundial es uno de los motivos por los que es de gran interés analizar la salud mental en este presente estudio. Sin embargo, el interés por la salud mental no solo es causa del empoderamiento de la pandemia. Aspectos psicológicos fueron incluidos anteriormente en diversos premios nobeles de economía. Por lo tanto, la salud mental y en concreto, la economía del comportamiento, vienen siendo integrados y cogiendo fuerza a lo largo de los años para ser un motivo más de estudio.

El objetivo de este estudio es determinar qué factores influyen en la salud mental y contextualizar, las medidas o planes con las que los diferentes entes públicos solventan los problemas de una mala salud mental y/o buscan fomentar una buena salud mental. Por tanto, se quiere evaluar a nivel microeconómico que factores han influido en la salud mental de las personas en España con los últimos datos disponibles de la Encuesta Europea de Salud en España (EESE), con el fin de conocer qué necesidades sanitarias pueden generarse y aplicarse en los diferentes planes generales de salud mental. Por lo tanto, se puede decir que el objetivo de este estudio es responder a las siguientes preguntas:

1. ¿Cómo afectan una selección de determinantes a la salud mental de los individuos?

2. ¿Los entes públicos tienen en cuenta los determinantes seleccionados en sus planes estratégicos de salud mental?

Este estudio se estructurará de la siguiente manera. Tras esta introducción, se realiza una revisión literaria sobre diferentes análisis microeconómicos donde se indican algunos resultados sobre diversos determinantes que afectan a la salud mental. A continuación, se describirán los datos que se utilizarán en el análisis empírico. Después, se presenta la metodología seleccionada y los principales resultados. Seguidamente, se explican los puntos clave en la gestión de la salud mental en España y, finalmente, se realiza una breve discusión y se comenta las principales conclusiones e implicaciones políticas de este estudio.

2. REVISIÓN DE LA LITERATURA

Tanto psicólogos como economistas estudian los determinantes que afectan en tener una buena o mala salud mental. Algunos de los determinantes que se encuentran en diferentes estudios se mencionan a continuación.

Tras la pandemia, dentro de la atención y en concreto, la salud mental, los formatos de tratamiento digital se están desarrollando. Según Phillips et al.(2022) encuentran que en pleno confinamiento, si no recibieron una atención adecuada, puede haber afectado en sus recuperaciones o en una peor salud mental. Estudios como Abed Al Ahad et al.(2002), Lanza-León et al. (2021) o Bloemsma et al.(2022) señalan los espacios verdes, la contaminación del aire y la exposición al ruido del tráfico como principales determinantes con relación a la salud mental en los adolescentes. Concretamente, Bloemsma et al.(2022) evalúan las asociaciones de la exposición a largo plazo a los espacios verdes residenciales, la contaminación del aire ambiental y el ruido del tráfico con el bienestar mental entre los 11 y los 20 años. Los autores obtienen que una mayor exposición con respecto a la contaminación del aire está relacionada con mayores probabilidades de un bienestar mental deficiente. Con respecto al ruido del tráfico no se encontró evidencia sobre la relación con un mejor bienestar mental. Concluían que la exposición residencial a espacios verdes está relacionada con un mejor bienestar mental en los adolescentes. Por otro lado, estudios como el de Raynor et al.(2022) observan los impactos tras las medidas de confinamiento por la COVID-19 que pusieron a prueba la salud mental de las personas, especialmente entre los hogares económicamente vulnerables. Concretamente, la pérdida de empleo, las presiones del costo de vida y las condiciones cambiantes de la vivienda durante el período de cierre y la doble precariedad definida como la precariedad en la vivienda y el empleo en la salud mental. Encontraron que los residentes de hogares grupales caracterizados por precariedad preexistente eran vulnerables a los efectos negativos para la salud mental durante el encierro. El acceso a suficientes pagos gubernamentales y viviendas adecuadas amortiguó este efecto negativo. Además, Curtir et al.(2021) indicaban que los riesgos fueron mayores para las personas más desfavorecidas y también entre quienes vivían en vecindarios ingleses que ya estaban en desventaja económica al comienzo de la «gran recesión» y ubicados en distritos donde los ingresos promedio eran más severos. En línea con dichos factores, Zhou et al.(2022) encontraron que las pensiones están directamente relacionadas con la depresión. Especialmente verifican que el Nuevo Plan de Pensiones Rurales disminuye los síntomas depresivos de los ancianos en las zonas rurales de China, además de los costos médicos inducidos por los síntomas depresivos. En cambio, autores como Bone et al. (2022) demostraron que la participación en una amplia gama de actividades de ocio, todas las cuales podrían involucrar elementos artísticos o creativos, estaba relacionada con menores probabilidades de depresión. Otro factor determinante en la salud mental son las parejas. Pascual-Sáez et al.(2019) estudian y encuentran que entre los adultos mayores europeos existe interdependencia entre la salud mental de la pareja sobre el bienestar del individuo. Finalmente señalan que estos resultados forman un dato importante a la hora de explicar políticas públicas que tienen en cuenta el bienestar social, así como las políticas de salud mental. En cambio, Moreno Mencía et al.(2020) indican que el tipo de trabajo y los síntomas hacía una mala salud mental están relacionados. En su caso, encontraron que los autónomos tienen más posibilidad de tener una mala depresión que cualquier otro tipo de trabajador. Por otro lado, Zamarro et al. (2021) descubren que las mujeres han llevado una carga más pesada que los hombres en la provisión de cuidado infantil y el hogar durante la crisis de COVID-19, incluso mientras aún trabajaban. Otro determinante que se ha analizado es la discriminación. Estudios como el de Fan et al. (2022) encuentran que los adolescentes de minorías raciales y étnicas tenían más probabilidades de experimentar un episodio depresivo mayor, pero menos probabilidades de que utilizaran los servicios de salud mental en comparación con sus contrapartes blancas. Finalmente, existen asociaciones con el consumo de sustancias y salud mental, sin embargo, en literatura más antigua.

3. DATOS

Para llevar a cabo este estudio se utiliza la Encuesta Nacional de Salud Europea en España (EESE) que registra datos de forma periódica acerca de la salud, el estilo de vida, el acceso a los sistemas sanitarios entre otros. Su principal objetivo es alcanzar un alto grado de fiabilidad sobre las estimaciones acerca de la salud de los individuos a través de factores como el grado de acceso y utilización de los servicios de salud, factores socioeconómicos o demográficos por Comunidad Autónoma. A través de su ejecución periódica permite conocer la evolución de los indicadores u/o factores que se utilizan para realizar las estimaciones y poder facilitar la planificación de políticas sanitarias para lograr alcanzar un mayor bienestar. Su relación con la Encuesta Nacional de Salud (ENSE) es alterna. Este es el principal motivo por el que no se ha empleado la ENSE. Los datos más recientes los disponía la EESE. Por lo tanto, la oleada con la que se va a trabajar forma parte del año 2020.

Los datos escogidos para este estudio dentro de los microdatos disponibles de la EESE para el año 2020 provienen de la encuesta realizada a los adultos mayores de 15 años. La elección de las variables sigue las evidencias establecidas en investigaciones bibliográficas previas mencionadas en la revisión literaria y de la disposición de respuestas en base a la EESE. La variable principal o dependiente es la que captura tres preguntas diferentes relacionadas con la salud mental. Esta información se extrajo de las variables G25b_20 que refleja «Ha padecido en los últimos 12 meses: Depresión», G25b_21 que recoge «Ha padecido en los últimos 12 meses: Ansiedad crónica» y G25b_22 que indica «Ha padecido en los últimos 12 meses: Otras enfermedades mentales».

Mediante los resultados de esas 3 preguntas, se ha formado la variable dependiente «salud mental». Es una variable dicotómica que toma dos valores. Toma valor de 1 en caso de que los individuos hayan sufrido alguna de las tres preguntas y por tanto, tienen mala salud mental. Toma 0 en caso contrario, cuando los individuos no han sufrido ningún problema de las 3 preguntas y por tanto, tienen buena salud mental. Las variables explicativas seleccionadas son de diversos tipos: continuas dicotómicas y ordenadas. Para facilitar la comprensión de todas las variables, han sido renombradas. Las variables explicativas se recogen en la siguiente tabla:

Tabla 3.1. Definición de las variables y sus estadísticos principales

Variable	Nombre	Código	Media	Desviación típica
TSEXO	Género	1; Mujer; 0: Hombre	0,663	0,472
EDADa	Edad	Edad en años	50,010	23,380
T4bE	Estado civil	1: Soltero; 2: Casado; 3: Viudo; 4: Separado legalmente; 5: Divorciado	2,079	1,034
T4E	Convivencia en pareja	1: Convive; 0: No convive	0,949	0,220
T21G	Salud autopercibida	1: Mala; 0: Buena	0,843	0,364
TESTUD	Educación	1: Menor educación; 0: Mayor educación	0,861	0,346
G22	Enfermedades crónicas	1: Si tiene; 0: No tiene	0,146	0,353

Variable	Nombre	Código	Media	Desviación típica
F11	Tiempo Desempleado	1: menos de un año desempleado; 0: Más de un año desempleado	0,979	0,140
F16	Tipo Jornada	1: Tiempo completo; 2: Tiempo parcial	0,212	0,408

Fuente: elaboración propia.

4. METODOLOGÍA

La variable de interés a estudiar *«salud mental»* expresa si los individuos en los últimos 12 meses han sufrido algún problema de salud mental. La probabilidad de que la variable de interés tome valor 1 o valor 0 es *p* y *1-p* respectivamente. Por lo tanto, la probabilidad de tener problemas de salud mental (*p*) es una función de dos vectores: en primer lugar, un conjunto de variables independientes que afectan a la variable de interés *(x)* y, en segundo lugar, un vector que lo compone diferentes parámetros desconocidos (β) y que serán estimados posteriormente a través de métodos econométricos. En consecuencia, el modelo de elección discreta que se empleará en este estudio es el siguiente:

$$\text{Prob}(y=1)=F(x,\beta), \qquad (1)$$

$$\text{Prob}(y=0)=1- F(x,\beta), \qquad (2)$$

Cabe recordar que, dentro de estas dos posibilidades, solamente se puede observar una de las dos decisiones. Cuando esto sucede, aparecen las variables latentes que se representa de la siguiente forma:

$$y=1 \text{ si } y^* > 0, \qquad (3)$$

$$y=0 \text{ si } y^* \leq 0, \qquad (4)$$

dónde:

$$y^* = x'\beta + \varepsilon \qquad (5)$$

Por lo tanto, mediante la ecuación (5) se representa el modelo de elección discreta que se va a utilizar en este estudio para estimar los parámetros desconocidos β nombrados anteriormente. Gracias a estos parámetros se consigue estimar el efecto de las variables independientes con respecto a la variable dependiente que relaciona sufrir problemas de salud mental. De este modo, a través de la regresión logística, se estiman los parámetros β seleccionados en este estudio para conocer su efecto. Con relación a los modelos logísticos, la probabilidad condicionada permite que la probabilidad predicha del evento esté acotada entre 0 y 1, y se representa de la siguiente manera:

$$p = Prob\,(y = 1|X) = \frac{\exp\,(X'\beta)}{1 - \exp\,(X'\beta)} \qquad (6)$$

En esta clase de modelos, uno de los principales problemas es que no son lineales. Esto provoca que la interpretación de los coeficientes estimados no sea directa. Como solución a este problema, se calculan los Odds Ratio, que son la ratio de probabilidad de éxito y de fallo. Los Odds Ratios (OR) ajustados se utilizan para medir la magnitud de los efectos. Asimismo, se establecen Intervalos de Confianza (IC) del 95% para los que se considera estadísticamente significativos tres valores p: 1%, 5% y 10%. Concretamente, los OR informan de la relación entre las probabilidades medias de informar del factor de riesgo en el resultado. Si se obtiene un OR mayor que 1, implica un aumento de la variable del factor de riesgo cuando se mide el resultado (es decir, un mayor riesgo de sufrir mala salud mental). Por el contrario, si se obtiene un OR inferior a 1, muestra una disminución de la variable del factor de riesgo cuando se mide el resultado (es decir, una menor probabilidad de sufrir mala salud mental):

$$ln\left(\frac{p}{1 - p}\right) = X'\beta \qquad (7)$$

5. RESULTADOS

Esta Sección busca mostrar los resultados de la parte empírica de este estudio a partir de responder a los objetivos marcados en un principio. Los primeros resultados muestran que parte de la población estudiada presenta problemas de salud mental.

Figura 5.1. Población con problemas de salud mental encuestada en la EESE 2020

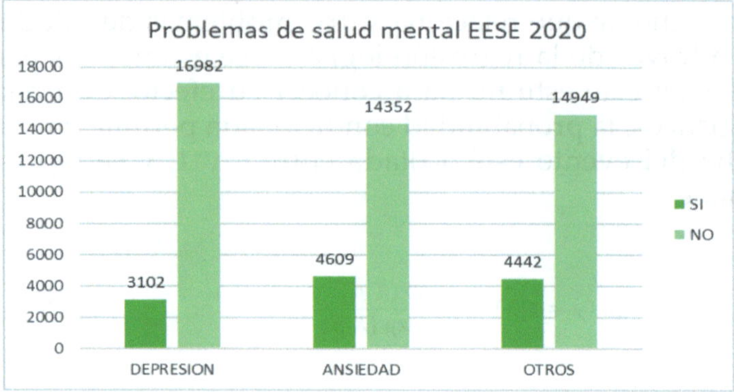

Problemas de salud mental EESE 2020

	DEPRESION	ANSIEDAD	OTROS
SI	3102	4609	4442
NO	16982	14352	14949

Fuente: elaboración propia a partir de la EESE 2020.

Dada la base de datos resultante de todos los encuestados derivada de la EESE 2020, se analiza la información obtenida de tres preguntas relacionadas con problemas de salud mental. En concreto, en la encuesta individual del adulto se sitúan estas tres preguntas: ¿Ha padecido en los últimos 12 meses: Depresión/Ansiedad crónica/Otros problemas de salud mental? Por lo tanto, la información obtenida revela que 12153 encuestados tuvieron problemas de salud mental en el año 2020. Si se observa el número total de encuestados (12153), se obtuvo que casi un 21% de la población encuestada sufrió problemas de salud mental. Asimismo, estos resultados pueden ser representados según el género.

Figura 5.2. Población con problemas de salud mental según género

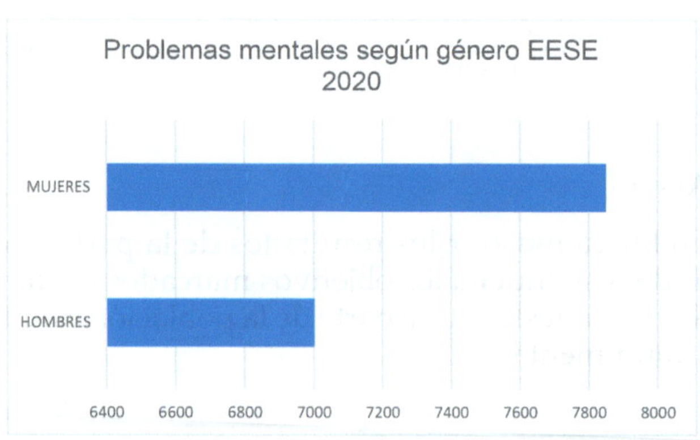

Fuente: elaboración propia a partir de la EESE 2020.

En concreto, como muestra la figura 5.2 no existe gran divergencia entre género. Un total de 7002 hombres sufrieron problemas de salud mental en los últimos doce meses según la EESE 2020. En cambio, la cifra resultó mayor para las mujeres. Un total de 7851 mujeres sufrieron problemas de salud mental en los últimos doce meses según la EESE 2020. La diferencia entre género no alcanza un 6%.

En cuanto al tipo de problema de salud mental, la información analizada revela que son bastante similares los resultados obtenidos donde sí existe una mala salud mental. Se analiza qué el mayor número de individuos con problemas de salud mental se encuentra en el grupo de «ansiedad crónica» con un total de casi un 8%. En segunda posición, se encuentra un total de 7,6% con «otros problemas de salud mental». Finalmente, el problema de salud mental que menos individuos sufren se trata de la «depresión» con un total de 5,3%. Los resultados indican que no existe grandes diferencias entre los problemas de salud mental analizados. Concretamente, entre «otros problemas de salud mental» y «ansiedad crónica» la diferencia es mínima.

A continuación, se muestran los resultados obtenidos al estimar el modelo de regresión logística. En concreto, se exponen los odds ratios (OR) y sus intervalos de confianza (IC). Cabe indicar que todo el análisis empírico se ha realizado con STATA. En concreto, se regresa el indicador de tener una mala salud mental en los últimos doce meses con respecto a diferentes variables. Si el OR toma un valor superior a 1, significa un aumento de la variable dependiente (peor salud mental en los últimos 12 meses), mientras que cuando toma un valor inferior a 1 significa una reducción (una buena salud mental en los últimos 12 meses).

Tabla 5.1. Estimaciones con Variable dependiente: salud mental

Variables	**OR**	**95% IC**
Edad	0,99***	[0,99-1,00]
Género	1,14	[0,96-1,36]
Educación	1,45***	[1,14-1,83]
Estado civil	1,20***	[1,11-1,30]
Salud autoevaluada	0,77*	[0,59-1,01]
Enfermedades crónicas	1,04	[0,79-1.36]

Variables	**OR**	**95% IC**
Convivencia en pareja	1,01	[0,67-1,45]
Tipo de jornada	0,95	[0,77-1,15]
Tiempo desempleado	0,58*	[0,33-1,00]
Constante	1,05	[0,49-2,26]

Nota: OR (Odds Ratios); IC (Intervalo de Confianza). ***, ** y * indican significación al nivel del 1%, 5% y 10%, respectivamente. Fuente: Elaboración propia.

Como muestra la Tabla 5.1, no todas las variables independientes son significativas. En concreto, únicamente son significativas el género, las enfermedades crónicas, la convivencia en pareja y el tipo de jornada. El indicador que influye en mayor medida en la probabilidad de tener una mala salud mental es el que señala una peor educación en los individuos con un OD de 1,45. La siguiente variable que mayor impacto presenta es el estado civil, con un OD de 1,20. A continuación, se encuentra la edad con un OD de 0,99, la salud autoevaluada con un OD de 0,77 y finalmente está el tiempo desempleado con un OD de 0,58.Es importante observar el valor del OD y ver si se encuentra por encima o por debajo del valor de uno. Asimismo, cabe destacar que el tamaño de la muestra dada la eliminación de preguntas sin responder, respuestas incoherentes o no sabe/no contesta se ve reducido a 2681.Si analizamos la interpretación de todas las variables significativas se obtiene lo siguiente. Con relación a la variable educación, se observa que los individuos con menor educación poseen mayor riesgo de sufrir peor salud mental [OD: 1,45; IC: 1,14-1,83]. Por otro lado, se observa que los individuos que consideran tener una mala salud autoevaluada, son menos probables que sufran una peor salud mental [OD: 0,77; IC: 0,59-1,01]. Con relación al estado civil, se observa que los solteros tienen más probabilidad de tener una peor salud mental [OD: 1,20; IC: 1,11-1,30]. Asimismo, si se observa la edad, se encuentra que, a mayor edad, mayor riesgo de tener una peor salud mental [OD: 0,99; IC: 0,99-1,00]. Finalmente, con relación al tiempo desempleado se obtiene que cuanto menor tiempo lleves desempleado, menos probable es que los individuos sufran peor salud mental [OD: 0,58; IC: 0,33-1,00]. Variables que se encontraban en la literatura como factores determinantes de la salud mental resultan no ser significativas. Este es el caso de las variables: género, enfermedades crónicas, convivencia en pareja y el tipo de jornada. En este análisis de resultados sería posible incluir otras variables disponibles en la encuesta y que son mencionadas en la revisión literaria, sin embargo, si se tienen en cuenta, el tamaño de la muestra disminuiría de manera exacerbada y no sería adecuado realizar las estimaciones.

6. LAS CLAVES DE LA GESTIÓN EN SALUD MENTAL

Dentro de la gestión de la salud mental es importante promover acciones que busquen instaurar soluciones o promover una mejor salud mental. Es por ello, que los gobiernos poseen diferentes herramientas que aplican para fomentarlo. Para que estas herramientas funcionen correctamente es importante que tengan claro los determinantes que realmente afectan a la salud mental. La importancia del análisis empírico para corroborar que determinantes son los que realmente influye deberían ser considerados a la hora de desarrollar una herramienta.

Un ejemplo de herramienta que puede ser clave, dentro de la gestión, se trata de las campañas publicitarias que realizan los gobiernos. En concreto, el gobierno de España realiza campañas anuales para promover una buena salud mental. A modo de ejemplo, para este año 2022, se encuentra activa la promoción de una línea telefónica que busca ayudar a personas con riesgos de conductas suicidas. Con ello, se busca prestar ayuda de profesionales, así como aportar recomendaciones para que acudan a los servicios sanitarios del Servicio de Salud Nacional (SNS). Asimismo, en el año 2021, se encontraba activa la campaña «*Hablemos de #SaludMental*». Tenía como objetivo sensibilizar a la población en general sobre los problemas de salud mental, y de esta forma, promover el respeto y la dignidad de los afectados. Para ello, se buscaba visibilizar y concienciar a la sociedad en general. De igual forma, otra manera que emplea el gobierno para gestionar y conseguir la protección con las víctimas de género y en consecuencia, gestionar la salud mental, se trata de la activación en este 2022 de una línea telefónica para la atención y protección de las víctimas de violencia de género.

Sin embargo, no solo se desarrollan estas acciones por parte del gobierno central, sino también, en comunidades concretas. Un ejemplo de ello se trata de nuestra propia provincia. En el año 2020, La Consejería de Sanidad de Cantabria, el Colegio Oficial de Farmacéuticos de la comunidad (COF Cantabria) y la Asociación Cántabra Pro Salud Mental (Ascasam) crearon una iniciativa para hacer frente a la estigmatización de las personas que padecen enfermedades mentales denominada «*Abre tus ojos*».

Si se analizan desde el punto de vista de los determinantes, se observa que, para la elaboración de dichas herramientas, se han tenido en cuenta factores como los pensamientos suicidas, la dignidad de las personas o la violencia de género. Para seleccionar estos determinantes, se ha supuesto que un empeoramiento de ellos conlleva a un mayor riesgo de sufrir problemas de salud mental.

Otra herramienta que posee el gobierno para gestionar la salud mental se trata de los planes de calidad del SNS, tanto nacionales como autonómicos.

En estos momentos se encuentra vigente La Estrategia de Salud Mental Nacional para el periodo 2022-2026. En concreto, esta última estrategia publicada se realiza teniendo en cuenta los efectos secundarios de la Covid-19 sobre la salud mental. Se presentan diez líneas estratégicas a seguir, donde se busca solventar los diferentes determinantes que influyen negativamente a la salud mental y donde se encuentran los diferentes determinantes seleccionados para este estudio.

7. DISCUSIÓN

Tanto en la revisión literaria como en los resultados obtenidos se encuentran diferentes determinantes para tener en cuenta de cara a favorecer una buena salud mental. Estos determinantes deben ser considerados para que realmente sean de utilidad las diferentes herramientas que emplean los gobiernos.

Es en la revisión literaria, donde muchos autores señalan la relevancia que pueden tener las políticas públicas para ayudar a alcanzar una buena salud mental. En el caso de Cheah et al. (2019) indican que mediante una intervención dirigida a reducir la participación en comportamientos de alto riesgo entre los adolescentes que tienen un bajo rendimiento académico y padres con menos educación puede arrojar resultados positivos con respecto a la salud mental. Asimismo, Irfan et al. (2021) concluyen que el gobierno que estudian debería monitorear más de cerca la salud mental de los estudiantes de las universidades y considera recomendable la acción de las universidades las cuales deberían abrir clínicas de apoyo de salud mental en línea para evitar los efectos adversos de la ansiedad. Finalmente, en estudios que observan factores socioeconómicos y en concreto, estudian el efecto de Nuevos Planes generados por el gobierno. Se obtiene que disminuye los síntomas depresivos, además de los costos médicos inducidos por los síntomas depresivos. Así lo declaran Zhou et al. (2022) donde acaban concluyendo que a través de políticas activas en relación con la salud mental estas pueden tener resultados positivos. Por lo tanto, existe consenso en la revisión literaria sobre la necesidad e importancia de diseñar políticas de salud pública, y en concreto, de salud mental, que apunten a reducir efectivamente las desigualdades en salud y que, además, se tengan en cuenta los determinantes correctos (Wandschneider et al. 2022). Asimismo, otros autores como Legas et al. (2022) destacan la importancia de promover la detección temprana.

Si se compara los resultados obtenidos con los que se han obtenido en estudioso anteriores, se observa que el género, los individuos que padecen enfermedades crónicas, la convivencia en pareja y variables relacionadas con el empleo, como el tipo de jornada, no son significativas. Esto indica, que, bajo estos resultados, las líneas estratégicas o campañas no deberían centrarse en esos determinantes. Sin embargo, estos resultados con respecto a otros resultados obtenidos por otros autores, genera controversia a la hora diseñar o discutir herramientas. Provoca diversidad de opiniones con lo que respecta a las herramientas empleadas por los gobiernos. Quizás, si muchos de los determinantes que no fueron incluidos en este estudio por problemas con el tamaño muestral, hubieran sido incluidos, existiría la posibilidad de que los resultados se asemejan a la revisión literaria. Además, se ha de tener en cuenta, que los resultados de este estudio se centran en unos individuos concretos, que son encuestados en la EESE y que cumplen con características concretas.

Si se compara los determinantes que sí resultaron significativos se concluye lo siguiente: los determinantes que fueron seleccionados para el estudio econométrico si se tuvieron en cuenta en la gestión de la salud mental a través de los planes.

Finalmente, como se mencionaba con anterioridad, es importante resaltar el papel de las herramientas sobre salud mental para la sociedad en su conjunto. Por ello, las estrategias o planes deberían ser actualizadas anualmente y adecuadas a la situación que envuelve al país. En el caso de Cantabria, no existe un plan actual de salud mental. El plan existente se trata del 2019, por lo que incluso no tiene en cuenta las consecuencias del Covid 19. Se aconseja al Gobierno de Cantabria, y en general a otras provincias y/o comunidades, que trabajen conjuntamente con el plan nacional de salud mental, para así, originar sinergias y estar adecuados a la situación que envuelva a la sociedad en su conjunto.

8. CONCLUSIONES

El objetivo de este estudio era doble. En primer lugar, identificar posibles determinantes para tener en cuenta para aplicar en estrategias o planes gubernamentales. Para ello se ha realizado un análisis microeconómico a través de la estimación de un modelo de donde se han obtenido cuales son los determinantes estadísticamente significativos además de cómo afectan a la salud mental. En segundo lugar, se ha examinado los planes y estrategias gubernamentales vigentes.

La literatura revela la importancia de un buen plan gubernamental para ayudar a solventar con mayor facilidad los problemas de salud mental. Prueba de ello, son muchos los estudios que realizan una evaluación de políticas públicas centradas en la salud mental. Los resultados estadísticos muestran que no todos los determinantes seleccionados son estadísticamente significativos. Además, si se compara con la revisión literaria, se observan diferencias. Adicionalmente, añade que líneas estrategias deben ver reducidas sus acciones en función de las variables que no son estadísticamente significativas según este análisis e indica que las variables que se obtuvieron como significativas, si se tienen en cuenta en los planes estratégicos.

Este estudio promueve la inclusión de la econometría a la hora de buscar realizar políticas públicas correctas. Gracias a la econometría, se puede observar los determinantes que verdaderamente afectan y de esta forma ser abordados con mayor precisión. Asimismo, los resultados obtenidos dan otro punto de vista sobre la literatura existente.

Adicionalmente, se ha de señalar que este estudio cuenta con varias limitaciones. En primer lugar, se debería haber incluido más variables para abarcar más tipos de determinantes. Sin embargo, el tamaño muestral se veía reducido considerablemente pasando a no ser una muestra representativa. Asimismo, los resultados presentados en este estudio son específicos de las comunidades autónomas españolas y en concreto de los individuos encuestados que cumplen características específicas, por lo tanto, no pueden generalizarse. Finalmente, la encuesta EESE no es una encuesta centrada en la salud mental. Por lo tanto, las variables que tratan la salud mental son limitadas y poco específicas.

En materia de recomendaciones de gestión sanitaria, se recomienda que los planes de salud mental, tanto nacionales como autonómicos, sean actualizados anualmente y con relación a la situación que envuelve al país.

Como futuras líneas de investigación, se podría seguir explorando el impacto de la salud mental en función de la evaluación de políticas públicas. En concreto, podría emplearse técnicas de evaluación de políticas públicas para observar el efecto de la salud mental antes y después de la pandemia o antes y después de un plan de salud mental. Asimismo, se podría realizar el mismo estudio para otros países de la Unión Europea y compararlo con los resultados obtenidos para España.

9. REFERENCIAS

Abed Al Ahad, M., Demšar, U., Sullivan, F. & Kulu, H. (2022). Air pollution and individuals' mental well-being in the adult population in United Kingdom: A spatial-temporal longitudinal study and the moderating effect of ethnicity. PloS one, 17(3), e0264394.

Bloemsma, L. D., Wijga, A. H., Klompmaker, J. O., Hoek, G., Janssen, N. A., Lebret, E., ... & Gehring, U. (2022). Green space, air pollution, traffic noise and mental wellbeing throughout adolescence: Findings from the PIAMA study. *Environment International, 163*, 107197.

Bone, J. K., Bu, F., Fluharty, M. E., Paul, E., Sonke, J. K. & Fancourt, D. (2022). Engagement in leisure activities and depression in older adults in the United States: Longitudinal evidence from the Health and Retirement Study. *Social Science & Medicine*, 114703.

Cheah, Y. K., Lim, H. K. & Kee, C. C. (2019). Personal and family factors associated with high-risk behaviours among adolescents in Malaysia. *Journal of pediatric nursing, 48*, 92-97.

CIS. 2021. *Centro de investigación sociológica. Nota informativa sobre el avance de resultados del «Encuesta sobre la salud mental de los/as españoles/as durante la pandemia de la COVID-19»* https://www.cis.es/cis/opencms/ES/9_Prensa/Noticias/2021/prensa0494NI.html

Curtis, S., Cunningham, N., Pearce, J., Congdon, P., Cherrie, M. & Atkinson, S. (2021). Trajectories in mental health and socio-spatial conditions in a time of economic recovery and austerity: A longitudinal study in England 2011-17. Social Science & Medicine, 270, 113654.

Fan, Q., DuPont-Reyes, M. J., Hossain, M. M., Chen, L. S., Lueck, J. & Ma, P. (2022). Racial and ethnic differences in major depressive episode, severe role impairment, and mental health service utilization in US adolescents. *Journal of Affective Disorders, 306*, 190-199.

García, F. M., Calvo Reyes, M. C. & Rodríguez Cobo, I. (2020). Salud mental en datos: prevalencia de los problemas de salud y consumo de psicofármacos y fármacos relacionados a partir de registros clínicos de atención primaria. *BDCAP-Series 2.*

INE. EESEadulto_2020. Instituto Nacional de Estadística. Encuesta Europea de Salud en España.

Irfan, M., Shahudin, F., Hooper, V. J., Akram, W. & Abdul Ghani, R. B. (2021). The psychological impact of coronavirus on university students and its socio-economic determinants in Malaysia. *INQUIRY: The Journal of Health Care Organization, Provision, and Financing, 58*, 00469580211056217.

Lanza-León, P., Pascual-Sáez, M. & Cantarero-Prieto, D. (2021). Alleviating mental health disorders through doses of green spaces: an updated review in times of the COVID-19 pandemic. International Journal of Environmental Health Research, 1-18.

Legas, G., Beyene, G. M., Asnakew, S., Belete, A., Shumet, S., Selomon Tibebu, N., ... & Munye, T. (2022). Magnitude and predictors of common mental disorders among residents in south Gondar Zone, Northwest Ethiopia: a community-based, cross-sectional study. *BMC psychiatry, 22*(1), 1-8.

Ministerio de Sanidad. 2021. *Hablemos de Salud Mental.* https://www.sanidad.gob.es/campannas/campanas21/HablemosDeSaludMental.htm

Ministerio de Sanidad. 2022. *024. Línea de atención a la conducta suicida.* https://www.sanidad.gob.es/linea024/home.htm

Moreno Mencia, P. & Cantarero Prieto, D. (2020). Job Status and Depressive Symptoms in Older Employees: An Empirical Analysis with SHARE (Survey of Health, Ageing and Retirement in Europe) Data. *European Journal of Mental Health, 15*(2), 168-177.

Pascual-Sáez, M., Cantarero-Prieto, D. & Blázquez-Fernández, C. (2019). Partner's depression and quality of life among older Europeans. *The European Journal of Health Economics, 20*(7), 1093-1101.

Phillips, E. A., Himmler, S. & Schreyögg, J. (2022). Preferences of psychotherapists for blended care in Germany: a discrete choice experiment. *BMC psychiatry, 22*(1), 1-12.

Plan de Salud Mental de Cantabria. 2015-2019. https://saludcantabria.es/uploads/pdf/consejeria/PlandeSaludMentalbaja.pdf

Raynor, K., Panza, L. & Bentley, R. (2022). Impact of COVID-19 shocks, precarity and mediating resources on the mental health of residents of share housing in Victoria, Australia: an analysis of data from a two-wave survey. *BMJ open, 12*(4), e058580.

Servicios Sociales Cantabria. 2022. *Servicio de teleasistencia móvil para víctimas de la violencia de género.* https://www.serviciossocialescantabria.org/

index.php?page=servicio-de-teleasistencia-movil-para-victimas-de-la-violencia-de-genero

STATA 16. *Statistical Analysis of Data.*

Suárez Alonso, A. G.; [et ál.]. (2022). Estrategia de Salud Mental del Sistema Nacional de salud 2022-2026.

Wandschneider, L., Miani, C. & Razum, O. (2022). Decomposing intersectional inequalities in subjective physical and mental health by sex, gendered practices and immigration status in a representative panel study from Germany. *BMC public health, 22*(1), 1-12.

Zamarro, G. & Prados, M. J. (2021). Gender differences in couples' division of childcare, work and mental health during COVID-19. *Review of Economics of the Household, 19*(1), 11-40.

Zhou, M., Sun, X. & Huang, L. (2022). Does Social Pension Expansion Relieve Depression and Decrease Medical Costs? Evidence From the Rural Elderly in China. *International journal of public health,* 21.

Capítulo 8

El marketing interno y propuesta de valor como consultoría y formación en el sector sanitario público y privado

PATRICIA GÓMEZ NEIRA
Optometrista

HÉCTOR SAN MARTÍN GUTIÉRREZ
Profesor Titular. Departamento de Administración y Dirección de Empresas. Universidad de Cantabria

1. INTRODUCCIÓN

El Marketing Interno o endomarketing es una estrategia de las que hacen uso las empresas con el fin de alcanzar la satisfacción laboral y el compromiso de los/as empleados/as, y de esta manera incrementar la productividad de la organización. Para ello se hace especial hincapié en crear un clima de trabajo favorable y en implicar al equipo en la organización (Ruizalba, 2013).

En primer lugar, la satisfacción laboral se distingue como un pilar básico dentro del entorno laboral. La posibilidad de que sea percibido de una manera negativa o positiva puede determinar el desempeño profesional, es decir, puede ser el motivo que justifique el tipo de relación con la empresa, el grado de compromiso y que, consecuentemente, afecte a su productividad (Peña et al., 2016). La satisfacción laboral, en su concepto más holístico, se sitúa en el plano principal. Como comentan Peña et al. (2016) «la principal fortaleza de una empresa exitosa es el capital humano» (cultura organizacional en la que se antepone a las personas frente a lo material).

En el ámbito sanitario y, en particular, en relación con la pandemia, el personal sanitario ha sido un colectivo muy perjudicado. Las necesidades de los/as trabajadores/as han cambiado, sus valores son otros y siguen actualmente otra estructura. De esta manera, queda expuesto la necesidad de un cambio de estrategias desde RRHH. La gestión de personal tiene que enfocarse desde la necesidad de dar respuesta a las necesidades reales de los profesionales y orientarse hacia el mercado interno, atendiendo a las cadenas de abastecimiento, se guiará la gestión con las estrategias del Marketing Interno (Jiménez y Gamboa, 2016) que sigue un recorrido de actuación paralelo a la realidad y a las necesidades de los profesionales.

De acuerdo con Dosil et al. (2021), la pandemia de la Covid-19 ha definido estresores laborales como: largas jornadas laborales, sobrecarga de trabajo, instrucciones y medidas de seguridad estrictas, continua concentración y vigilancia, insuficientes equipos de protección, disminución del contacto social y falta de formación específica. Son generadores de estrés físico y mental, lo cual puede desencadenar ansiedad y depresión, conductas insanas, miedos, trastornos emocionales y estrés postraumático (García-Iglesias et al., 2020).

En segundo lugar, el compromiso organizacional está fuertemente vinculado con la productividad. El compromiso también conocido como *engagement,* supone que el equipo se siente parte de la empresa. En este sentido, la organización debe de tener muy presente la importancia de tener unos/as trabajadores/as comprometidos/as, ya que supondrá un lazo de unión con la productividad deseada (Payares et al., 2017). El compromiso organizacional es fuente de buen clima laboral y de incremento productividad. Según Payares et al. (2017) «si la empresa no comprende, lo relevante que es tener un equipo feliz y comprometido es probable que la organización no alcance la productividad proyectada». De esta manera, se plasma la relación entre los factores de clima laboral («equipo feliz» o felicidad en el trabajo), de productividad y de compromiso organizacional.

Y en último lugar, una empresa sostenible se preocupa «por su impacto social, ambiental y económico» (García, Barros-Arriete y Valle-Ospino, 2018) de su actividad. Desde el punto de vista del Marketing Interno, la sostenibilidad de una empresa entendida como el desarrollo de acciones o formas de trabajar responsables hacen viable alcanzar los objetivos organizacionales, siempre y cuando se conjuguen con el compromiso organizacional y se atienda a la satisfacción laboral. En líneas generales, el endomarketing está relacionado con la sostenibilidad corporativa «específicamente en la dimensión social» (García, Barros-Arriete y Valle-Ospino, 2018). Pero, para alcanzarla de manera sostenible, su actividad debe de enmarcarse en un contexto con un impacto social y medioambiental positivo.

En lo que concierne al mercado productivo del ámbito sanitario, los servicios sanitarios construyen una gran actividad económica en la que el gasto de bienes y de servicios deben estar dirigidos a prevenir, tratar o mejorar el nivel de salud de todos y cada uno de los ciudadanos. Es por este motivo por el que se hace imprescindible un estudio interno que mejore la eficiencia de dicho sistema. En la actualidad se necesita tener unos servicios sanitarios con un valor añadido. El valor añadido que reclaman los pacientes es la calidad de la atención y no calidad técnica con la que han sido atendidos. Los problemas de calidad están derivados de «un exceso de trabajo o por dificultades estructurales» (Mira et al., 2000) y no por ausencia de conocimientos técnicos de los profesionales. De modo que, aspectos como la organización de las tareas, la humanización del sector, la congruencia entre número de personal y carga de trabajo, etc. son a los que hay que atender y solventar. Las estrategias del Marketing Interno pueden y deben dar respuesta a estos aspectos y alcanzar ese valor añadido demandado por los usuarios y diferenciador de las empresas. Existe una carencia real de resolver las necesidades de los profesionales sanitarios como «organización de las consultas, su accesibilidad, disponibilidad, apariencia física, etc., así como ser capaz de promover el trabajo en equipo y la creatividad y motivar a los integrantes» (Mira et al., 2000).

Las soluciones a estas necesidades pasan por entender a los profesionales como clientes internos que consumen recursos materiales y personales corporativos, para ofrecer el mejor servicio al cliente externo (pacientes y usuarios), gracias al compromiso organizacional, a la satisfacción laboral en una empresa que apuesta por la sostenibilidad a través de estrategias del Marketing Interno. En líneas generales se trata de proporcionar todo lo necesario para que el cliente interno se sienta seguro, oriente su labor profesional hacia los objetivos organizacionales haciendo uso de su talento y todo gracias a la disposición de recursos que responden a sus necesidades. Bajo el punto de vista del endomarketing, la comunicación y un buen clima laboral, son dos estrategias que solventarían la contradicción entre la cultura organizacional y la realidad (Jiménez y Gamboa, 2016). Se estará garantizando la seguridad y se evitarán los rumores.

1.1. JUSTIFICACIÓN

El Marketing Interno aparece por primera vez en la literatura en el año 1976, momento en el que Berry lo propone como la solución para mejorar la calidad del servicio. Se plantea desde la perspectiva de que la existencia de calidad dentro del servicio, se traduce en calidad en el propio servicio prestado o en el producto (Mendoza, Hernández y Tabernero, 2011). El endomarketing busca dar respuesta a ese desequilibrio interno que se visualiza en: insatisfacción laboral, deshumanización del servicio, falta de tiempo para la atención médico-paciente, trato rápido de atención al paciente, y escasa y mala comunicación entre profesionales.

Actualmente, las quejas y reclamaciones de los pacientes son debidas a la deshumanización de los servicios, al trato entre profesional-paciente. Lo cual dista de la cantidad de los recursos disponibles, tampoco se discrepa de la tecnología utilizada, si no de la parte humana del uso de esa tecnología (Llano, 1999). Lo que se reclama en la sociedad actual es que se atienda de una manera personalizada, que se consideren sus gustos y deseos (Sánchez, 2004). Esto es debido a que el paciente pasa a ser un sujeto activo, situado en el centro del proceso, y deja de ser pasivo; a causa de ello, se ve dotado de autonomía y de empoderamiento que le otorga la capacidad del poder exigir cómo quiere que se le trate. Indudablemente, entra en consideración el término de cliente para referirse al paciente. De este modo, se hace manifiesto la urgencia de cambiar la calidad de los servicios prestados para satisfacer al cliente externo (paciente). Dicha mejora de la calidad o alcanzar el valor añadido pasa por satisfacer las necesidades del cliente interno (profesionales), una vez se atiendan, la repercusión hacia el servicio prestado será beneficioso.

1.2. OPORTUNIDAD DE IMPLEMENTAR UN PLAN DE MARKETING INTERNO

El endomarketing repercute directamente en la motivación, eficiencia y desempeño de los/as empleados/as debido, principalmente, a la mejora en la comunicación interna y a las relaciones interpersonales. Además, ha pasado a ser una de las estrategias usada por las empresas para permanecer en el mercado (Barht y de Negri, 2021), gracias a su repercusión en el aumento de la productividad. Dicha productividad deriva de la satisfacción laboral y del valor añadido generado por la mejora de la calidad del servicio.

En cuanto a la motivación, es fundamental que en la cultura organizacional el cliente interno ocupe un lugar principal para poder implementar un plan de marketing interno. Por ello, son factores que tienen un papel importante para la motivación (Ruiz, 2013): comunicación interna, interés por la dirección, entrenamiento, y conciliación entre trabajo y familia. Estos factores combinan tanto valores de la empresa como de los/as empleados/as, dicho de otra manera, es decisivo que haya congruencia entre ambos tipos de valores para que exista compromiso y que, por lo tanto, el equipo esté motivado.

Según Ruiz (2013):

> «la introducción del marketing interno en una empresa debía, a su juicio, reposar sobre dos principios: 1) es importante satisfacer las necesidades de los empleados antes de que una empresa pueda satisfacer las necesidades de sus clientes; 2) las reglas que se aplican al mercado externo de la empresa son, por analogía, también aplicables al mercado interno».

Para motivar al cliente interno primero debemos satisfacer sus necesidades y para ello se pueden emplear las mismas reglas que se usan en el cliente externo. La motivación está íntimamente relacionada con el compromiso afectivo de los/as empleados/as. Este compromiso se ve altamente fomentado cuando se atiende a las necesidades de los/as trabajadores/as. Las empresas que se orientan hacia el mercado interno deben abastecer al cliente interno en todos los departamentos. Las cadenas de aprovisionamiento se definen como «cualquier persona dentro de una organización que es provista de productos y servicios por otros departamentos organizacionales o por personas trabajando en éstos» (Bruhn, 2003, citado en Mendoza, Hernández y Tabernero, 2011). De este modo, cobra especial importancia también la comunicación interna entre departamentos, ya que todo el quehacer profesional repercute en el producto final servido, todos son responsables del servicio que ofrecen. Todo mensaje dentro de la organización debe de ser claro, específico y que tenga sentido para todos. Asimismo, la motivación se refleja en que todo talento y habilidades personales se ponen al servicio del desempeño. Esto es debido a que el equipo se siente valorado y apoyado. El Marketing Interno «contribuye a la efectividad de la gestión de talento humano» (Jiménez y Gamboa, 2016). Implementando un plan de endomarketing se consigue que el talento sea una filosofía de trabajo al servicio de misión, visión y valores organizacionales. El desarrollo del potencial humano se relaciona con «la mejoría de las tareas diarias, con nuevos métodos de trabajo, con un mayor conocimiento de los clientes externos y de sus necesidades, con valores, prácticas y políticas de la organización o con la mejora de la calidad de la vida de los empleados» (Fuentes, 2009).

En lo que se refiere a la eficiencia organizativa, los objetivos de la empresa constituyen un elemento sustancial. Para alcanzar dichos objetivos es necesario establecer un plan de actuación eficiente que, con los mínimos recursos, alcance los mejores o mayores resultados. A este respeto, «los valores, las creencias, imagen e identidad» (Lozano, 2016) juegan un papel decisivo ya que pueden generar resultados positivos o negativos en relación al plan de actuación y, por consiguiente, a la eficiencia del desempeño profesional. Si el equipo no se siente identificado o desconoce los objetivos organizacionales, actuará en base a sus creencias, por ejemplo. La eficiencia hace notable los procesos de aprendizaje, entendidos como «actividades basadas en necesidades evidentes en el puesto de trabajo y buscan proporcionar conocimientos, habilidades, técnicas y herramientas para el óptimo desempeño» (Lozano, 2016). De modo que, se deduce que las estrategias del Marketing Interno están personalizadas al puesto de trabajo atendiendo a las necesidades y características personales y ofreciendo las técnicas y conocimientos más adecuados para el desarrollo eficiente de la práctica profesional. De esta manera, se le otorga también de continuidad y sostenibilidad empresarial, y se deja al margen praxis desactualizadas y obsoletas. Desde el endomarketing se apuesta por «prácticas basadas en el desempeño, el compromiso, la responsabilidad y el comportamiento organizacional» (Lozano, 2016) con procesos de aprendizaje adecuados a la práctica profesional.

En este sentido y en lo relevante al desempeño, cabe destacar que el comportamiento es consecuencia de la satisfacción laboral y del compromiso organizativo (Ruiz, 2013). El Marketing Interno y las nuevas tendencias de trabajo se pretende valorar al equipo como seres humanos (Mendoza, Hernández y Tabernero, 2011) para que el ejercicio profesional se realice de manera eficiente bajo unas condiciones de buen ambiente laboral y en las que se han tenido en cuenta las necesidades de cada uno/a.

1.3. OBJETIVOS

El objetivo principal de este trabajo es conocer la aplicabilidad del marketing interno en el sector sanitario. Los objetivos específicos son:

1. Aportar una revisión bibliográfica del marketing interno.
2. Realizar un análisis de los factores del entorno que suponen una oportunidad para un cambio en la cultura organizacional.
3. Analizar las características en el mercado sanitario que justifiquen la existencia de un negocio especializado en marketing interno.
4. Desarrollar una propuesta de valor en términos de consultaría y formación sobre marketing interno en el ámbito sanitario.

2. METODOLOGÍA

Para la consecución de los objetivos específicos se ha realizado primero una revisión bibliográfica y, posteriormente, una investigación descriptiva. En particular, se ha comenzado por una investigación documental sobre el Marketing Interno consultando publicaciones en Google Académico, ResearchGate y Scielo. Se han seleccionado estas fuentes debido a su carácter científico e investigador, de tal manera que permiten la búsqueda online y gratuita sobre el tema objeto de estudio. Estas publicaciones abordan el Marketing Interno desde el punto de vista teórico, definiendo sus orígenes y sus principales características. Posteriormente, se ha precisado la búsqueda de empresas en las que se han aplicado un plan de endomarketing y donde se han valorado beneficios y dificultades. Y, para terminar, se ha investigado sobre el Marketing Interno en el sector sanitario. Así, esta investigación documental permite dar respuesta a los objetivos 1, 2 y 3 del presente trabajo. Por otro lado, se ha desarrollado una investigación cuantitativa / descriptiva a través de encuestas con objeto de evaluar los aspectos que influyen en la satisfacción laboral de los profesionales en el sector sanitario público y privado. Los datos recabados a través de las encuestas a profesionales del sector sanitario han permitido reforzar la información enfocada en los objetivos 2 y 3 del trabajo, así como dar respuesta al objetivo 4.

3. MARKETING INTERNO

El marketing interno lo definió Berry en el año 1976 como:

> «el esfuerzo que hace una empresa por comprender las necesidades de sus empleados y aumentar su satisfacción laboral. De esta forma se facilita que

los clientes puedan recibir un mejor servicio, pues estos empleados satisfechos estarán mejor predispuestos para prestar el servicio de manera más excelente» (Ruiz, 2013).

El Marketing Interno hace especial mención a la satisfacción de los/as empleados/as a través de un compromiso, es decir, se plantea de tal manera que el equipo tiene una relación con la organización con una naturaleza afectivo-moral, lo cual que se traduce en una implicación que repercute favorablemente en la consecución de los objetivos de la organización. Es un tipo de vínculo que se genera al implementar estrategias de Marketing Interno en empresas que se orientan hacia el cliente interno. De modo que la cultura organizacional debe enfocarse hacia esta orientación y que, por lo tanto, la implicación de los puestos directivos y gerentes es fundamental. Desde recursos humanos se requiere de una gestión de personas orientada al cliente interno, cuya misión es la satisfacción del cliente externo (Fuentes, 2009). Esta nueva orientación de las empresas supone un cambio de paradigma que está emergente, se refiere a una Orientación al Mercado Interno. Dicha Orientación al Mercado Interno tiene como objetivo conseguir una empresa más competitiva en cuanto a aumento de la cuota de mercado y beneficios obtenidos. Esto se alcanza por medio del compromiso de los empleados y la mejora de la satisfacción laboral. Según Grönos (1990) el Marketing Interno es el predecesor de la Orientación al Mercado Interno, sin embargo, para Gummesson (1991) y Morgan (1991) la orientación al mercado interno está formado por el marketing interno (Ruizalba, Navarro y Jiménez, 2013).

En el ámbito del endomarketing, las empresas utilizan cuatro herramientas para alcanzar sus objetivos, conocidas como las 4Cs´, que son (Barht y de Negri, 2021): compañía, coste, coordinadores y comunicación. El Marketing Interno propone una serie de actividades o instrumentos con los que poder trabajar sobre las 4Cs´y lograr los objetivos organizacionales. La elección de unas o de otras depende de la realidad de la empresa, es decir, depende de las necesidades específicas del cliente interno y se ocuparán siempre aspectos sobre información, comunicación interna y divulgación de la cultura organizacional. En el siguiente cuadro se muestran algunos de los instrumentos:

Tabla 1. Actividades para alcanzar el objetivo organizacional

Según Brum (2005)	
INSTRUMENTO	**OBJETIVO**
Manual técnico	Mostrar de una manera educativa: servicio, productos y futuros lanzamientos
Carteles informativos	Ofrecer información actualizada al cliente interno de tal forma que le saque provecho
Reuniones rápidas	Realizar reuniones para informar rápidamente
Videos informativos y motivadores	Divulgar la misión de la empresa y patrocinar entrenamientos para el cliente interno
Conferencias internas	Presentar las novedades al cliente interno
Según Grönroos (2003)	
INSTRUMENTO	**OBJETIVO**
Entrenamiento	Mejorar el conocimiento del equipo y desarrollo de actitudes
Gestión de RRHH	Proporcionar a los/as empleados/as recompensas, de tal forma que perciban que su buen quehacer es reconocido por la empresa
Desarrollo de sistemas y soporte tecnológico	Emplear recursos tecnológicos para dar apoyo a los procesos internos
Investigación y segmentación de mercado	Utilizar la segmentación para conocer los perfiles más adecuados para integrarlos en la empresa

Fuente: adaptado de Barht y de Negri (2021).

El amplio margen de actuación se ve reflejado en las diferentes áreas sobre las que se debe de proceder, y son: gestión del conocimiento, recursos humanos, publicidad y mercadeo. La realización de actividades en estas cuatro áreas, estarán enfocadas a aumentar el sentimiento de pertenencia, compromiso y productividad, dicho de otro modo, se persigue estimular un sistema de valores que repercutan en el servicio ofrecido a favor de la empresa (García, Barros-Arrieta y Valle-Ospino, 2018).

De ello resulta que el Marketing Interno satisface las necesidades del cliente interno y pueden compensarse en dos dimensiones que según Dabholkar y Abston son (García, Barros-Arrieta y Valle-Ospino, 2018): de tipo financiero (incentivos monetarios, recompensas económicas y descuentos en compras) y de tipo no financiero (reconocimientos individuales y colectivos, motivación, empoderamiento que ofrezca autonomía para realizar las funciones y participación en la toma de decisiones). Esta visión estratégica de orientación al cliente interno y la necesidad de poner en marcha prácticas de gestión eficientes y eficaces, pone de manifiesto el requisito de un trabajo conjunto entre RRHH y marketing. El enfoque de gestión se basaría en tres fundamentos: comunicación interna, prácticas de recursos humanos y orientación al mercado. Es, por lo tanto, «una gestión estratégica de recursos humanos sobre una perspectiva de marketing» (Fuentes, 2009), pero siempre orientada al cliente, sea interno o externo.

De donde se sigue que las acciones del endomarketing se establecen en la ejecución de proyectos (Barht y de Negri, 2021): proyecto básico de difusión cultural (para empezar la estrategia de Marketing Interno focalizándose en el clima laboral y las relaciones interpersonales), proyectos de desarrollo cultural (para reconocer el valor de las personas de la organización), proyectos de seguridad cultural (para contribuir al desarrollo de los proyectos básicos), proyectos suplementarios a RRHH (para contribuir a mejorar el compromiso interno) y proyectos avanzados (motivar a la realización de diferentes proyectos, brindando una recompensa).

Igualmente, para entender mejor el Marketing Interno se puede visualizar desde la perspectiva de la empresa y desde la de los/as empleados/as. Desde la perspectiva de la empresa, se pretenden acciones que promuevan su marca y sus valores, mantener su mercado y alcanzar sus objetivos y metas (Lozano, 2016). Para ello, deben entender a su equipo como un cliente interno que compra su propio trabajo (Mendoza, Hernández y Tabernero, 2011) y del que se obtienen unos productos. En este sentido, según Mendoza, Hernández y Tabernero (2011) el Marketing Interno tiene la oportunidad de generar un sistema de comunicación interno que permita detectar la satisfacción de sus empleados en cuanto a sus condiciones de trabajo y actividades que desarrollan. Además de incluir la Responsabilidad Social Corporativa para aumentar la competitividad y mejorar su valor añadido con la ayuda de la realización de actividades sostenibles y éticas. Obtienen los siguientes beneficios (Jiménez y Gamboa, 2016): ventas y utilidades, reducción de costos, baja rotación del personal, bajo nivel de conflicto, productividad, gente proactiva y lealtad. La organización debe de hacer un estudio de la segmentación del mercado para conocer las necesidades, sus características y sus deseos para poder satisfacerlas con seguridad (Fuentes, 2009).

Y desde la perspectiva de los/as empleados/as, es importante que se sientan tratados justamente en el trato recibido y en las recompensas obtenidas por su trabajo realizado (Ruizalba, 2013). En consecuencia, necesitan tener la certeza de los sistemas de recompensa y evitar la ambigüedad de rol por medio de información y formación suficiente para desempeñar su trabajo (Mendoza, Hernández y Tabernero, 2011). La satisfacción laboral está íntimamente relacionada con la libertad de actuación en cuanto al servicio o producto que se ofrece. Los beneficios que obtiene el equipo son (Jiménez y Gamboa, 2016): buen ambiente de trabajo, identificación con la empresa, salud mental, remuneración justa, sentido de lo que se hace, seguridad y satisfacción en el trabajo.

En otras palabras, el éxito del endomarketing radica en que los directivos conciban a los/as empleados/as en clientes internos, y que ellos/as se vean como tales clientes. De esta manera, se generan cadenas de aprovisionamiento dirigidas hacia la calidad del producto y/o servicio. Sin embargo, la carencia de visión a corto plazo y la falta de una ejecución formal puede llegar a impedir el correcto funcionamiento de dichas cadenas. Además, otro factor importante es la personalidad del empleado (Mendoza, Hernández y Tabernero, 2011) ya que una vez determinada se puede enfocar de diferentes maneras para que repercuta positivamente en el servicio. En relación a esto, la segmentación del mercado desde la perspectiva de la empresa es otro aspecto importante.

La aplicación del marketing en el ámbito sanitario bien dada por la necesidad de diseñar la actividad asistencial de tal forma que incorpore el punto de vista del profesional y del paciente, orientando el proceso asistencial hacia la satisfacción del paciente. Por lo tanto, el objetivo del marketing sanitario es «definir cuál es el mejor método para proporcionales unos cuidados que resulten satisfactorios para los pacientes» (Mira, Lorenzo y Aranaz, 2000). Se concibe el marketing como el conjunto de intercambios y de comunicación a favor de unos procesos sanitarios que estabilicen la oferta y la demanda a través de un servicio personalizado y de calidad, la cual tiene las siguientes dimensiones (Payares et al., 2017): confianza (interés y nivel de atención individualizada que se ofrece a los clientes), fiabilidad (habilidad para realizar el servicio de manera fiable y cuidadosa), responsabilidad (habilidad para inspirar credibilidad y confianza), capacidad de respuesta (predisposición para atender rápidamente a los clientes) y tangibilidad (comunicación, equipos, personal e instalaciones físicas).

4. OPORTUNIDADES DEL ENTORNO QUE EVIDENCIAN LA NECESIDAD DE CAMBIO DE ENFOQUE DE LA CULTURA ORGANIZATIVA

En la sociedad actual hay factores que afectan al ejercicio profesional. En la siguiente tabla se muestran los más representativos y la oportunidad de desarrollo como estrategias en el Marketing Interno.

Tabla 2. Relación factores y oportunidades para el Marketing Interno

Factores		Oportunidad
F. derivados del ejercicio profesional	Clima laboral	Comunicación interna
	Los rumores	Comunicación vertical y horizontal
	Exigencias laborales	Segmentación del mercado
	Potencial humano	Talento orientado al mercado interno
F. legales	Principio de autonomía	Formación del personal e implicación toma de decisiones
	Gestión del personal	Cambios estratégicos
	Sostenibilidad	Necesidades del cliente interno
F. personales	Valores	Gestión del comportamiento
	Desmotivación	Capital humano
	Falta de identificación corporativa	Compartir información
	Insatisfacción laboral	Cliente interno satisfecho
F. socioculturales	Vida cotidiana	Imitar procesos de comunicación

Fuente: elaboración propia a partir de Ruizalba, 2013.

Los factores citados son, por un lado, unas debilidades para las empresas y, por otro, unas oportunidades para la implementación del endomarketing. A continuación, se describirán alguno de ellos teniendo en cuenta esta doble perspectiva.

El *clima laboral* es particular en cada empresa, por lo que existe tantas tipologías de climas labores como empresas. Es un aspecto que se compone de dos grandes elementos: política de empresa y empleados/as. El ambiente profesional parte de la política de empresa, de todas esas normas y valores que la caracterizan, y que definen su manera de proceder con el servicio o producto ofrecido. Especifican las características internas que la diferencian del resto y que, a su vez, determinará las actitudes y comportamientos (Ruizalba, Navarro y Jiménez, 2013). Es decir, marca unas bases sobre las que se empieza a construir, pero en el día a día quedará definido por las personas que desempeñan ese servicio/producto y por los medios existentes para poder alcanzar tal fin. El vínculo es estrecho entre clima laboral y éxito de la empresa: «O ambiente interno é um tema presente e fundamental para as empresas que buscam o êxito no mercado actual» (Barht y de Negri, 2021). Hay estrategias del Marketing Interno que se focalizan en el ambiente como, por ejemplo, la comunicación interna. Es la manera interna de involucrar al equipo y dirigirlo hacia el mercado. El compromiso afectivo genera una respuesta emocional hacia «una evolución favorable del entorno laboral» (Ruizalba, Navarro y Jiménez, 2013). Por lo tanto, si RRHH orienta sus acciones estratégicamente desde el Marketing Interno al desarrollo personal, el compromiso se verá altamente favorecido y, por consiguiente, el clima laboral también.

En relación con el factor de exigencias laborales y con la importancia del desarrollo o *potencial humano* propiamente dicho, las consecuencias que se derivan del desaprovechamiento del mismo son: impedimento para mejoras organizacionales, empeoramiento en la calidad de los servicios prestados y/o del producto, y deterioro de la imagen de la empresa (Ayala y Jaimes, 2020). Dicho de otro modo, si se identifica el talento de los/as trabajadores/as, se puede orientarles hacia los objetivos de la empresa. De tal manera, que, en primer lugar, repercutan positivamente en la calidad del servicio prestado y, en segundo lugar, en la imagen corporativa. Además, es un valor añadido en el desarrollo de mejoras internas.

La Ley 41/2002, de 14 de noviembre, básica reguladora de la autonomía del paciente y de derechos y obligaciones en materia de información y documentación clínica («BOE», núm.274, 2002), implica situar al paciente en el centro del proceso y dejar al margen el modelo sanitario paternalista que se venía realizando desde hace años. El *principio de autonomía* del paciente justifica (Mira et al., 2000): la personalización del trato al paciente, el incremento de prestaciones y la opción a escoger. La práctica clínica pasa de enfocarse solo en los conocimientos teórico-prácticos a tener muy en cuenta la opinión y las necesidades personales de los pacientes. En este cambio de paradigma, el endomarketing resalta la necesidad de invertir en la formación de los profesionales. Así, las formaciones de carácter científico y de habilidades sociales mejoran el proceso de comunicación externo, lo que implica un mayor conocimiento de las necesidades y expectativas personales de los pacientes. Por otro lado, la implicación de los profesionales en la toma de decisiones de la empresa, lo involucran y esto repercute positivamente en la satisfacción de las necesidades de los pacientes a un coste asumible.

Las nuevas experiencias que se están viviendo en el ámbito sanitario, hace necesario la aplicación de nuevas herramientas que mejoren la gestión clínica ofrecida por las herramientas tradicionales. La *gestión de personal* desde recursos humanos se ha venido regulando por una normativa que ha ido cambiando. Actualmente, en el sector sanitario la gestión de RRHH se fundamenta en una legislación que responde a una parte a los cambios sociales de hoy en día, pero no los atiende en su totalidad. Como ya se ha comentado previamente, es necesario que la gestión desde RRHH se realice con una orientación estratégica de Marketing Interno.

La Responsabilidad Social Corporativa de las empresas ha pasado a ser una herramienta para poder diferenciarse de los competidores en el mercado. Se define como «la forma de actuación adoptada por las empresas para dirigir su actividad de manera sostenible y ética, disminuyendo el impacto negativo que las empresas tienen sobre sus grupos de interés (clientes, empleados, ...), el medio ambiente y la sociedad en general» (ACNUR, 2019). La gerencia debe tener en cuenta estos aspectos para orientarse hacia la *sostenibilidad* y comprometer al cliente interno para obtener mayor rendimiento y mejorar su reputación corporativa (García, Barros-Arrieta, Valle-Ospino, 2018). La dimensión social de la Responsabilidad Social Corporativa responde a la sostenibilidad en referencia al personal. Desde este punto de vista y al igual que el endomarketing, las actividades de la organización han de responder a las necesidades del cliente interno para fomentar su bienestar y desarrollo, siendo esto fundamental para incrementar la productividad de un modo sostenible en el tiempo. A mayores, dicha sostenibilidad se puede arraigar más haciendo que sea otro de los valores de la empresa, de modo que atraiga a determinados talentos humanos y que se sientan reconocidos.

Los *valores* personales funcionan a la vez como objetivos y como guía del comportamiento humano. De este modo, justifican las actuaciones individuales, por lo tanto, si hay un punto de encuentro entre los valores personales y los organizacionales, son un motor que «generarán un curso de acción (...) que será lo que llevará a la toma de decisiones y al comportamiento correspondiente» (Ruizalba, 2013). Desde la perspectiva del marketing interno, los valores son los que sustentan las motivaciones y pueden ser utilizados conjuntamente para alcanzar los objetivos organizacionales.

La *insatisfacción laboral* afecta negativamente al desempeño laboral y a la productividad y es causa de enfermedades psicológicas. Dicho esto, se puede aumentar la satisfacción laboral con actividades del Marketing Interno: comunicación interna, incentivos, formación y coordinación interfuncional (Ruizalba, Navarro y Jiménez, 2013). Un cliente interno satisfecho se «siente informado, escuchado y valorado y se reafirma en su compromiso normativo, afectivo y de continuidad» (Ayala y Jaimes, 2020).

La vida personal y profesional de las personas no deberían de ser dos mundos paralelos que discurren sin nexos de unión. La *vida cotidiana* debe de ser observada para entender cómo se comunican las personas y extrapolar esa idea de comunicación a la empresa (Prats, 2013). Como se comentó en apartados anteriores, la comunicación es una de las estrategias del Marketing Interno que hace viable ese nexo de unión entre la vida personal y profesional. De alguna manera, se siente que dentro de la empresa se comunica de la misma forma efectiva que se hace fuera. La rapidez y la variedad de tipos de comunicación interpersonal permite que todos los públicos tengan acceso a la información (Barht y de Negri, 2021) y es la sociedad la que determina cómo se hace, por lo que las empresas deberían imitar estos procesos.

En definitiva, en este apartado se han destacado los factores que afectan al ejercicio profesional, al clima laboral y a la productividad de las empresas de acuerdo con la revisión bibliográfica realizada. En consecuencia, estos factores representan una verdadera oportunidad para implementar estrategias de Marketing Interno en las organizaciones, las cuales conducirán a una mejora de la satisfacción laboral y a una mayor eficacia en el logro de los objetivos empresariales.

5. ANÁLISIS DE AQUELLAS CARACTERÍSTICAS DEL SECTOR SANITARIO QUE REPRESENTAN UNA OPORTUNIDAD PARA DESARROLLAR UN NEGOCIO DE MARKETING SANITARIO

En el ámbito sanitario existen aspectos pueden llegar a determinar y a modificar el ambiente de trabajo, una buena gestión de estos factores puede ser usada como una fortaleza y un elemento diferenciador de las empresas en el mercado, aportando valor añadido a sus públicos objetivo.

En líneas generales, tanto para el sector público como para el privado, la calidad asistencial se orienta a generar un valor diferencial ya que es un elemento fundamental en la cultura organizacional (Payares et al., 2017). Es incuestionable que «solo se puede ofrecer un excelente servicio cuando se está preparado para suministrarlo» (Payares et al., 2017) y, posteriormente, es cuando se realiza la evaluación de la calidad (con indicadores de calidad o auditorías). Para alcanzar un excelente servicio se necesita de: un ambiente estimulante, transmisión de conocimiento, infraestructuras actualizadas y gestión de RRHH en la que se priorice primero a la persona y después al profesional.

En consecuencia, la gestión de la *calidad asistencial* además de su componente legal debe atender a estos cuatro puntos si, conjuntamente con la excelencia, se quiere gestionar el talento y el reconocimiento de las personas en un ambiente saludable y sostenible. Es decir, el cuidado de las personas y del espacio es muy importante. En concreto, «una organización es sostenible cuando (...) mejora cualitativamente los espacios del interior para un mejor desarrollo de las actividades» (García et al., 2018). En cuanto a los *procesos asistenciales*, la planificación de protocolos ha estado siempre presente al amparo de la legalidad y por la necesidad de tener servicios sanitarios eficientes y eficaces. En la actualidad, la corriente de situar al paciente en el centro del proceso hace necesario que las empresas satisfagan las necesidades de los pacientes para alcanzar el valor añadido que las diferencia (Mira et al., 2000). Este hecho supone educar a todo el personal para saber encontrar momentos de la verdad sobre los que poder actuar y generar valor. Por otro lado, es necesario saber indagar sobre las necesidades de los pacientes en el proceso asistencial. Además, durante la asistencia sanitaria, ofrecer *información comprensible* para todos los usuarios es una tarea compleja. En este sentido, se puede tomar partido desde la propia alfabetización en salud. En muchas ocasiones, trabajar con sentido común (Mira et al., 2000) suele ser una buena solución.

A su vez, acciones como el *trato* y conocer los *nombres del personal*, se reflejan en una asistencia sanitaria más confortable para el paciente, pero también para el profesional (Mira et al., 2000). En la actualidad, se ha tomado consciencia de la falta de sensibilidad en el sector sanitario, ya que se ha ido perdiendo como consecuencia del propio devenir de la asistencia sanitaria.

En lo que se refiere a las *instalaciones*, éstas cumplen un papel destacable en la mejora del desarrollo de las funciones del equipo y permite que la empresa sea sostenible (García et al., 2018). Se debe de atender a las instalaciones de uso del personal y a las de uso de pacientes. La realización de *actividades innovadoras y espontáneas*, adecuadas al espacio, al equipo profesional y a la misión de la empresa, es sinónimo de éxito. Se rompe con la rutina y asegura el buen funcionamiento de la empresa (Peña et al., 2016). Además, todas las personas suelen tener un *talento* (Prats, 2013). Descubrirlo y saber aplicarlo para alcanzar los objetivos organizacionales es sinónimo de logro para la empresa, y de satisfacción para los/as trabajadores/as, lo cual se traduce en mayor productividad. Pero, a menudo, las funciones no suelen estar delimitadas y especificadas. La *descripción del trabajo* de manera clara y concisa es fundamental para el buen funcionamiento. Frecuentemente, se ponen en juego el realizar tareas que no corresponden con tu puesto de trabajo, lo cual genera insatisfacción laboral, malestar, estrés y baja productividad.

Por otra parte, las *gratificaciones* deben ser claras y para todos, con transparencia en cuanto a la política de gestión y evitar diferenciaciones, más allá del propio rango. Ante esta situación una buena comunicación interna, con un correcto canal de comunicación en el que todos/as puedan tomar partido y presentar sus sugerencias, supone una manera de atender a las necesidades de los/as trabajadores/as. Según Fuentes (2009), «las insatisfacciones relacionadas a problemas financieros con transmitidas inmediatamente a los clientes».

En concreto, en el sector público la *comunicación* entre diferentes departamentos está afectada por la gestión administrativa y el elevado volumen de pacientes atendidos a diario. En este sector, la gestión de actitudes tiene espacial importancia, debido a que pueden verse modificadas por la seguridad que conlleva tener una plaza. En cambio, en el sector privado la organización horaria es un elemento que genera conflictos. Se pretende abarcar un amplio abanico horario con el personal justo y ofrecer un servicio de calidad; como ya se comentó anteriormente, para ofrecer un servicio excelente hay que estar preparados. Por lo tanto, la gestión del horario en el que se tenga en cuenta a los/as trabajadores/as y se les priorice en algún momento es un factor diferenciador y generador de valor añadido de la organización.

En resumen, estas características específicas del sector sanitario recogidas en la literatura favorecen el desarrollo de un negocio enfocado en el Marketing Interno. En los siguientes apartados, se profundizará en los aspectos reales detectados en las encuestas realizadas en el ámbito sanitario; se trata de particularidades que afectan al clima laboral, comunicación interna, instalaciones, etc.

6. DIAGNÓSTICO Y PROPUESTA DE VALOR EN TÉRMINOS DE MARKETING INTERNO EN EL SECTOR SANITARIO

El Marketing Interno es una herramienta que puede ser aplicada en el ámbito sanitario para mejorar la satisfacción laboral y el compromiso. Sin embargo, hay varios problemas que se manifiestan a la hora de implementar este tipo de cambios: falta de tiempo de por directivos y/o RRHH y desconocimiento de estrategias.

A esto, hay que añadir también la desinformación entre los/as trabajadores/as en cuanto a los factores o variables que afectan decisivamente a su satisfacción laboral. En estas circunstancias, se plantea una propuesta de consultoría y formación en el sector sanitario para mejorar el clima laboral en las organizaciones y, por consiguiente, la satisfacción y el compromiso de su personal y la productividad de la propia entidad. La propuesta se realizará considerando no solo la revisión bibliográfica, sino también los resultados de las encuestas realizadas a profesionales. Estas necesidades son las que, según el Marketing Interno, deben de ser atendidas ya que la satisfacción del cliente interno se refleja en la calidad del producto o servicio ofrecido.

6.1. DIAGNÓSTICO DE SITUACIÓN A PARTIR DE LAS ENCUESTAS REALIZADAS A PROFESIONALES SANITARIOS

En este sub-apartado se llevará a cabo un diagnóstico de los factores que repercuten en la satisfacción laboral de los profesionales sanitarios encuestados, los cuales trabajan en sanidad pública y privada.

6.1.1. Análisis de los factores del entorno que evidencian la necesidad de un cambio de enfoque en la gestión RRHH

Cabe reseñar que la mayoría de los profesionales tanto del sector público (84%) como del sector privado (92%) están bastante o totalmente de acuerdo con que su talento resulta útil para alcanzar los objetivos de la organización. Desde el punto de vista del equipo profesional, el 67% de los sanitarios públicos encuestados están bastante o en total acuerdo con que sus valores condicionan la forma de comportase en el trabajo. Por su parte, este porcentaje asciende hasta el 91% en el caso de los profesionales de la privada. Sin embargo, un 34% en sanidad pública considera que sus valores están poco o nada influenciados por el lugar en el que viven y 42% en el caso de sanidad privada. Por otro lado, el 100% de los profesionales privados consideran que la personalidad de los empleados/as se debería de tener en cuenta ya que puede condicionar el servicio, frente al 75% de los profesionales públicos.

6.1.2. Análisis de los elementos diferenciadores en el ámbito sanitario

En cuanto a los procesos asistenciales, se hace necesaria formación e implicación de los profesionales para que puedan detectar esos momentos que son importantes aportar valor a la empresa y satisfacer las necesidades de los pacientes. En las encuestas, el 42% de los encuestados en la sanidad pública están de acuerdo con que saben identificar los momentos importantes para el paciente durante la asistencia. Y en la sanidad privada, el 58% está bastante de acuerdo en saber identificar esos momentos de la verdad. Sin embargo, el 50% de los encuestados en la pública afirma que su organización no cuida esos momentos, aunque el 33% considera estar bastante de acuerdo en que dichos momentos añaden valor al servicio prestado. Por su parte, el 36% del privado está bastante de acuerdo en que su empresa cuida esos momentos, y el 75% se manifiesta en estar en total acuerdo en que añaden valor.

A mayores, son necesarias habilidades comunicativas y sociales para el trato con los pacientes. En este sentido, la mitad de los encuestados en la pública considera estar bastante de acuerdo en saber comunicarse con los pacientes ajustándose a su nivel de conocimientos, frente al 33% en la privada. Sin embargo, el 50% de este último sector está en total de acuerdo contra el 33% de los encuestados del ámbito público, el 17% restante considera estar de acuerdo. Siendo en la privada un 8% y otro 8% lo desconocen. En lo referente a la manera de ofrecer información comprensible que corresponda con la capacidad de comprensión de los/as usuarios/as, los resultados de las encuestas muestran que en ambos sectores el 33% están bastante de acuerdo en que a los pacientes se les ofrece información en soportes similares a los que utilizan en su vida cotidiana, pero es destacable que un 25% en el sector privado están en total desacuerdo y un 42% en el público están algo de acuerdo.

En relación a las instalaciones y su acondicionamiento para responder a las necesidades de los pacientes, el 58% del sector público considera que no son las adecuadas en contraposición al 17% del sector privado.

6.1.3. Análisis de los factores que afectan a la satisfacción laboral

A continuación, se presentan los factores concretos que según los/as encuestados/as afectan a la satisfacción laboral desde diferentes dimensiones: desempeño laboral, precursores de estrés, clima laboral, funcionamiento de la organización, productividad y conocimiento de las funciones.

Desempeño laboral. Los tres factores que más afectan a propio quehacer profesional son: espacio de trabajo (50%), horario (33%) y formación (20%).

Los espacios de trabajo, aun cumpliendo con la normativa de prevención de riesgos laborales, pueden no estar adaptados a las necesidades del día a día que tienen los profesionales sanitarios. En este sentido, se han diferenciado las necesidades laborales y las necesidades personales. En sanidad pública existe bastante diversidad en cuanto al acondicionamiento para poder ejercer la profesión: 42% está en desacuerdo, 50% está de acuerdo y un 8% está muy de acuerdo. Sin embargo, hay mayor concordancia con las necesidades personales: 91% está de acuerdo o bastante de acuerdo y un 8% está en desacuerdo. En sanidad privada hay una mayor unanimidad en lo que se refiere a la relación instalaciones-desempeño laboral: un 65% está muy de acuerdo o bastante de acuerdo. La relación instalaciones-necesidades personales son: 83% muy de acuerdo o de acuerdo y 17% algo de acuerdo. Por lo que, en el sector público las instalaciones atienden de una manera más deficiente tanto a las necesidades para poder ejercer en el día a día, como a las necesidades personales. En cuanto al horario, se diferencia mayor satisfacción en el ámbito público que en el privado. Ámbito público: el 58% está de acuerdo en que su horario se ajusta a sus necesidades personales y un 42% está en desacuerdo. Además, el 58% está bastante de acuerdo con su horario para ejercer sus funciones y un 25% está de acuerdo. Ámbito privado: el 58% considera que su horario no contempla sus necesidades personales. Apenas el 17% está totalmente de acuerdo. Por otro lado, la mayoría cree tener un horario adaptado a sus funciones: 83% está de acuerdo. Es decir, que en el sector privado tienen un horario que les permite desarrollar su profesión, pero tienen dificultades para compatibilizarlo con su vida personal. Sin embargo, en el sector público están más conformes con su horario en los dos sentidos. Asimismo, la formación ocupa el tercer lugar (20%) como factor que influye en el desempeño laboral. La inversión en formación que haga la empresa se verá reflejada en su desempeño, es un elemento a tener muy en cuenta si las empresas quieren diferenciarse en el mercado, aumentar su productividad y ofrecer un buen servicio.

Estrés laboral. Sobrecarga laboral: el exceso de trabajo influye en la satisfacción de empleados/as y pacientes y, consecuentemente, en la calidad del servicio. Según el 66% de los profesionales públicos su satisfacción influye en la calidad del servicio, ascendiendo al 83% en el sector privado. Y tan solo el 25% de los sanitarios públicos consideran que no tiene mucha relación la satisfacción de los pacientes con la calidad del servicio prestado por la empresa, descendiendo al 8% en la privada. Falta de organización: la organización está considerada como muy importante en cuanto a su repercusión en el clima laboral, con un 75% en el sector público y un 58% en el privado. Además, el clima de trabajo se mejora si hay comunicación entre los diferentes departamentos (67% y 75% totalmente de acuerdo en sanidad pública y privada respectivamente). En general, la comunicación interna mejora la satisfacción laboral: 92% totalmente de acuerdo (público) y 83% (privado). Malas relaciones con los compañeros/as: un buen ambiente interno está considerado de manera unánime como elemento que mejora la actitud en el trabajo, 100% tanto en sanidad pública como privada.

Clima laboral. El principal aspecto que mejora el clima laboral es el trato recibido por parte de la empresa según el 25% de los encuestados. Si los/as profesionales sienten que se les valora y se les apoya, su motivación será mucho mayor, así lo consideran el 100% de los/as trabajadores/as de la sanidad pública y privada. El segundo aspecto, es la buena comunicación interna según el 25% del total de los encuestados. En ambos sectores están en total de acuerdo en que la satisfacción laboral mejora con una buena comunicación interna: 83% en sanidad privada y 92% en sanidad pública. El tercer aspecto es la delimitación de funciones (20%). Así lo manifiesta el 92% en el sector público y privado estando bastante de acuerdo o en total acuerdo. Otro 20% expresan que también es importante para mejorar el clima laboral, dar respuesta a las necesidades del personal. En la sanidad pública el 83% de los encuestados están totalmente de acuerdo con que sus necesidades deben ser atendidas y, consecuentemente, se conseguiría más compromiso organizacional. En la sanidad privada este porcentaje asciende al 92%.

Funcionamiento organizacional. En este apartado es relevante destacar que los principales factores que afectan negativamente al buen funcionamiento en una empresa sanitaria, están al margen del propio desempeño profesional. Sin embargo, están muy asociados a las relaciones interpersonales, organización y comunicación. Estos factores son: mala gestión del personal (29%), desorganización de agendas (20%), ausencia de delimitación de funciones (12%), comunicación interna (8%), falta de liderazgo (8%) y la no consideración de las necesidades del personal (8%). Aun así, el buen funcionamiento depende en su mayoría de la profesionalidad / vocación (50%) y del buen ambiente laboral (29%). En segundo plano, están los factores relacionados con recursos: equipamiento (8%) y cartera de pacientes (4%). Y, por último, los referentes a organización, necesidades y reconocimientos, teniendo un 4% cada uno de ellos.

Bienestar laboral. El bienestar laboral en el ámbito sanitario tiene un aspecto en común tanto para el sector privado como público, se trata del buen ambiente de trabajo. El 92% de los encuestados del sector privado consideran que guardan mucha relación, pasando al 100% en el sector público. Existe una diferenciación en los siguientes aspectos que tienen mucha relación con el bienestar laboral según el sector en el que se trabaje. Para los/as profesionales privados está muy relacionado con la satisfacción (83%), pero los del público consideran también con el 100% la salud mental. La salud mental ocupa el tercer puesto de aspectos relacionados con el bienestar en el sector privado, dándole mucha relevancia en el 83%; este puesto en el sector público se sitúa el sentido a lo que haces, también con un 83% con mucha relación. Aspectos como el sentido a lo que haces y la seguridad, son muy importantes en la sanidad privada en un 67% y 50% respectivamente, pasando a ser el 4.º y 5.º puesto. Estos puestos, en la sanidad pública, los ocupan la seguridad y la satisfacción con unos porcentajes del 83% y 75% como muy relacionados con el bienestar laboral. Los dos aspectos que se consideran menos importantes en ambos sectores son la remuneración y la identificación con la empresa. Aunque en la privada la remuneración tiene mucho vínculo en el 50% y en el público 42%; la identificación con la empresa un 25% en el primer caso y un 8% en el segundo. Por lo tanto, el bienestar laboral tiene mucha correlación con el buen ambiente de trabajo. Y dependiendo de si se trata de la sanidad privada o pública, se resalta la satisfacción o la salud mental, y la salud mental o el sentido a lo que haces, respectivamente. Sin embargo, los aspectos que menos relación tienen con el bienestar laboral son la seguridad, remuneración e identificación con la empresa, en la sanidad privada; y la satisfacción, la remuneración y la identificación con la empresa en la sanidad pública.

Productividad. En sanidad, la productividad se interpreta desde una perspectiva diferente dependiendo de si nos situamos en el sector público o privado. En el primer caso, se destaca con mucha relación a la productividad, la satisfacción (75%), el buen ambiente de trabajo (75%), sentido a lo que haces (58%), remuneración (58%), salud mental (50%), identificación con la empresa (50%) y seguridad (42%). En el segundo caso, se le manifiesta mucha relación a la productividad con el buen ambiente de trabajo (83%), salud mental (67%), seguridad (58%), remuneración (42%), sentido a lo que haces (42%), satisfacción (50%) e identificación con la empresa (17%). Es decir, en la sanidad privada se le aporta mucha importancia a la satisfacción para mejorar la productividad, y en la sanidad pública al buen ambiente de trabajo.

Conocimiento de las propias funciones. En la sanidad privada, el conocimiento de las funciones proporciona mucha satisfacción laboral (33%); seguido a tenerle sentido a lo que haces (25%), al igual que la seguridad, la remuneración, la salud mental, la identificación con la empresa y el buen ambiente de trabajo. Igualmente, tienen bastante repercusión la remuneración percibida (42%) y la identificación con la empresa (42%) con el conocimiento de las funciones. En lo que se refiere a la sanidad pública, el primer aspecto que tiene mucha relación con el conocimiento de las funciones es el buen ambiente de trabajo (58%). La seguridad, la salud mental y la satisfacción tienen mucha relación para el 50%. El sentido a lo que haces es muy importante para el 33%, y la identificación con la empresa y la remuneración cuentan con un 25%.

Conocimiento de las funciones del equipo. Por lo que respeta al conocimiento de las funciones del equipo, posee mucha relación con la satisfacción en ambos sectores: 33% en el privado y 50% en el público. Aunque para los profesionales privados, el buen ambiente de trabajo y tener sentido a lo que haces es también muy importante (33%), para los trabajadores/as públicos es más importante la seguridad y la salud mental (42%). Tanto en el ámbito público como en el privado, aspectos como la identificación con la empresa (17% privado y 25% público) y la remuneración (17% privado y público) son los que menos se vinculan con el conocimiento de las funciones del equipo.

6.2. PROPUESTA DE CONSULTORÍA Y FORMACIÓN SOBRE MARKETING INTERNO EN EL ÁMBITO SANITARIO

En este apartado se plantea una propuesta de valor como empresa consultora y de formación para el sector público y privado. Se propone como solución a los problemas que existen en ambos sectores y que no pueden ser resueltos desde la perspectiva de RRHH si no se complementa con una visión de marketing. En este sentido se debe hacer uso de estrategias de Marketing Interno que resuelvan las principales necesidades de los clientes internos.

En la siguiente tabla se establece una relación entre las principales necesidades o problemas que han sido identificados en la revisión bibliográfica y en las encuestas a profesionales y la solución desde la perspectiva del Marketing Interno aplicado al ámbito sanitario.

Tabla 3. Necesidades a las que se les puede aplicar Marketing Interno

PRINCIPALES NECESIDADES	MARKETING INTERNO
1. Espacio de trabajo	Cadenas de aprovisionamiento (Bruhn, 2003, citado en Mendoza, Hernández y Tabernero, 2011)
2. Horario	Segmentación de mercado (Grönroos, 2003 y Fuentes, 2009)
3. Formación	Procesos de aprendizaje (Lozano, 2016) Manual técnico (Brum, 2005)
4. Comunicación interna	Comunicación vertical y horizontal (Ruizalba, 2013) Comunicación como en la vida cotidiana (Prats, 2013)
5. Gestión de equipo	Cliente interno (Fuentes, 2009) Gestión de RRHH (Grönroos, 2003)
6. Sobrecarga laboral	Desarrollo de sistemas y soporte tecnológico (Grönroos, 2003)
7. Falta de organización	Plan de actuación (Lozano, 2016)
8. Malas relaciones con los compañeros/as	Principio de mediación (García, 1998, citado en Lozano, 2016)
9. Falta de reconocimiento	Remuneración financiera y no financiera (García, Barros-Arrieta y Valle-Ospino, 2018)
10. Mal clima laboral	Entrenamiento (Grönroos, 2003)
11. Delimitar funciones	Remuneración no financiera (García, Barros-Arrieta y Valle-Ospino, 2018)
12. Respuesta a las necesidades del personal	Segmentación de mercado (Grönroos, 2003 y Fuentes, 2009)
13. Insatisfacción	Cliente interno (Ruizalba, 2013)
14. Salud mental	Valores (Lozano, 2016)
15. Sentido a lo que haces	Valores (Lozano, 2016)
16. Remuneración	Remuneración financiera (García, Barros-Arrieta y Valle-Ospino, 2018)
17. Seguridad	Certeza con sistemas de recompensa (Mendoza, Hernández y Tabernero, 2011)
18. Identificación con la empresa	Compartir información (Ruizalba, 20013)
19. Profesionalidad y/o vocación	Conferencias internas, carteles informativos (Brum, 2005)
20. Calidad del servicio	Conferencias internas y videos informativos y motivadores (Brum, 2005) Métodos de cuidados satisfactorios a los/as pacientes (Mira, Lorenzo y Aranaz, 2000) 5 dimensiones (Payares et al., 2017)
21. Personalidad de los/as empleados/as	Segmentación del mercado (Grönroos, 2003 y Fuentes, 2009) Entrenamiento (Grönroos, 2003)
22. Talento desaprovechado	Segmentación del mercado (Grönroos, 2003 y Fuentes, 2009) Desarrollo del potencial humano (Fuentes, 2009)
23. Desmotivación	Remuneración no financiera (García, Barros-Arrieta y Valle-Ospino, 2018)
24. Momentos de la verdad	Satisfacer cliente externo (Mira et al., 2000)

Fuente: elaboración propia.

Se expone seguidamente un conjunto de medidas específicas para confeccionar una propuesta de valor en términos de consultoría y formación sobre Marketing Interno en organizaciones, tanto públicas como privadas, del sector sanitario:

Espacio de trabajo. Como consultoría: hay que abastecer a los/as profesionales de todo lo material que necesiten, teniendo en cuenta la posibilidad de redistribución del espacio y reorganización del material y/o equipos. Para saber lo que necesitan, pueden hacerse encuestas cada trimestre o disponer de un espacio donde el equipo pueda anotar sus peticiones en el momento que lo necesiten. Puede presentarse de manera virtual (intranet) o físico (tablón de anuncios), en este caso es importante situarlo en un lugar accesible a todo el equipo. Asimismo, hay que considerar mejoras en cuanto acondicionamiento térmico (medidas personales o ambientales), acústico (barreras individuales o generales, como pantallas) y lumínico (luz natural versus artificial). Como formación: hay que enseñar al equipo a mantener la organización y el orden del espacio. Se pueden presentar fotografías de cómo tiene que estar el material y etiquetar por zonas todo lo necesario.

Horario. Como consultaría: se debe de hacer un estudio donde cada uno pueda plasmar sus preferencias. Sería importante hacerla en el momento de incorporación a la empresa y hacer revisiones cada año, quedando abierta la libre posibilidad de cambios personales. A la hora de implementar los horarios, hay que tener en cuenta el departamento al que se pertenece y las funciones particulares de cada trabajador/a dentro de la organización. Como formación: hacer público el horario de cada uno y las peticiones cumplidas para ser transparentes en las decisiones tomadas.

Comunicación interna. Como consultoría: hay que hacer un estudio de porqué falla la comunicación y analizar los medios que prefiere el equipo por los cuales se les puede hacer llegar la información. Se deberá establecer nuevas vías de comunicación. Algunas opciones son: paneles informativos, tablones, pantallas, intranet, notas en papel, etc. Se hace necesario destacar que en ocasiones la comunicación también falla por el estado anímico de las personas. En este sentido, es importante tener un mecanismo interno conocido por todos por el que cada uno pueda manifestar su predisposición en un día puntual para atender a nuevas comunicaciones (por ejemplo, con alguna identificación por colores). Como formación: han de explicarse los nuevos métodos de comunicación y las características de las diferentes vías de comunicación privadas y/o públicas según sea necesario.

Sobrecarga laboral. Como consultoría: ofrecer pausas activas (ejercicios de estiramientos, *mindfulness*); música ambiental; espacios para relajarse con pufs, control de la iluminación; contacto con la naturaleza (jardines verticales y horizontales, huerto); comedores con zona de exterior o con buena iluminación natural. Como formación: cursos sobre alimentación, entrenador personal, gestión de emociones o sobre inquietudes personales que se planteen.

Falta de organización. Como consultoría: es necesario establecer protocolos de trabajo y que sean conocidos por todos/as gracias a la buena comunicación interna establecida. Hay que plantear la posibilidad de que sean modificados por el propio equipo. La frecuencia dependerá del protocolo del que se trate, pudiendo hacerse una revisión diaria, semanal, mensual, etc.

Delimitar funciones. Como consultoría: deben de estar reflejadas las funciones según el puesto y todas deberán ser conocidas por todos/as. Se puede ofrecer también recompensa no financiera: dar autonomía para la realización de las funciones.

Sentido a lo que haces. Como consultoría y formación. A través de la comunicación interna, hay que dar a conocer los valores de la empresa y los de los/as empleados/as. Los protocolos de actuación se elaboran de manera conjunta directivos-equipo y se orienta el trabajo del día al día hacia el mismo objetivo de manera cómoda y productiva.

Personalidad de los/as empleados/as. Como consultoría: por medio de test de personalidad, encuesta a otros compañeros/as, por petición propia o bajo observación se delimitar mejor las funciones que puede o quiere desempeñar cada miembro del equipo. Se puede hacer en el momento de incorporarse a la empresa o a lo largo de la vida laboral, debido a los cambios que se sufren tras estar expuesto/a durante un periodo de tiempo al mismo puesto de trabajo.

Talento desaprovechado. Como consultoría: la realización de actividades diferentes e innovadoras dentro de la organización favorece el conocimiento de los talentos de las personas. Además, el buen clima laboral también fomenta que salgan a la luz. Voluntariamente esos talentos pueden comentarse en entrevistas personales. Como formación: cursos y charlas orientadas a los talentos detectados (fotografía, informática, entrenador personal, yoga, pintura...).

Como se puede observar, todas estas necesidades se interrelacionan entre sí, por lo que la modificación y mejora de una implica también atender otras, y todas se retroalimentan entre ellas. Es por ello que la implementación de estrategias de Marketing Sanitario se hace desde una perspectiva holística.

7. CONCLUSIONES

En el ámbito sanitario existe una serie de factores que influyen en los/as profesionales, tanto a nivel laboral como personal. Desde recursos humanos se debe tomar una posición complementaria junto con Marketing Interno para establecer estrategias personalizadas que respondan a estos factores, potenciando los puntos fuertes y resolviendo las carencias. El hecho de entender en el ámbito sanitario que el personal es el cliente interno, los pacientes el cliente externo y los servicios de salud la oferta de valor, permite implementar una serie de estrategias que mejoran la satisfacción laboral y el compromiso organizacional del personal, lo cual repercute en el aumento de la productividad de la empresa. Así, las principales estrategias que se plantean en este trabajo desde el punto de vista de Marketing Interno responden a las principales necesidades identificadas en la revisión bibliográfica y las encuestas a profesionales: mal clima laboral, espacio de trabajo, relaciones interpersonales e insatisfacción laboral. En particular, en este trabajo fin de Máster se propone un cambio de paradigma en cuanto a la gestión de la cultura organizacional, que ha de centrarse en el cliente interno atendiendo a sus necesidades reales y personalizadas. Así, se confecciona una propuesta de valor en términos de consultoría y formación sobre marketing interno en el sector sanitario que pueda contribuir a solucionar las necesidades halladas entre los profesionales de la sanidad pública y privada.

8. LIMITACIONES

El presente trabajo tiene las siguientes limitaciones: escasa participación por parte de directivos, RRHH, gerentes...; limitada bibliografía sobre la aplicación del Marketing Interno en el ámbito sanitario; y falta de información sobre el coste de implementación de las estrategias del Marketing Interno en sanidad.

9. BIBLIOGRAFÍA

ACNUR. Responsabilidad Social Corporativa (RSC): qué es y sus ventajas. [sitio web]. 2019. Responsabilidad Social Corporativa (RSC): qué es y sus ventajas - ACNUR (eacnur.org).

Ayala Loyola, C., Jaimes Gutiérrez, I. F., El rol de la comunicación interna y su incidencia en el compromiso laboral. Tesis. 2020. Cecilia_Trabajo_Bachiller_2020.pdf

Barht, M. y de Negri, A., Endomarketing: o desafío de fidelizar o cliente interno. Revista Temática. 2021. Recuperado de CENTRO UNIVERSITRIO FEEVALE (researchgate.net).

Dosil Santamaría, M., Ozamiz-Etxebarria, N., Reboredo Rodríguez, I., Jaureguizar Albondiga-Mayor, J. y Picaza Gorrotxategi, M., Impacto psicológico de la Covid-19 en una muestra de profesionales sanitarios españoles. Revista de Psiquiatría y Salud Mental. 2021; 14(2):106-112. https://doi.org/10.1016/j.rpsm.2020.05.004

Fuentes Jiménez, P. A., Operativa del marketing interno: propuesta de modelo de endomarketing. Perspectivas. 2009. 23;189-231.

García Cali, E., Barros-Arrieta, D., Valle-Ospino, A., Endomarketing desde el paradigma de la sostenibilidad organizacional: una revisión de la literatura. Desarrollo gerencial. 2018. 10(2);65-82. DOI: https://doi.org/10.17081/dege.10.2.3219

García-Iglesias, J. J., Gómez-Salgado, J., Martín-Pereira, J., Fagundo-Rivera, J., Ayuso-Murillo, D., Martínez-Riera, J. R. y Ruiz-Frutos, C., Impacto del SARS-COV-2 (COVID-19) en la salud mental de los profesionales sanitarios: una revisión sistemática. Revista de Salud Pública. 2020; 94.

Jiménez Rodríguez, L. A., Gamboa Suárez, R., El Endomarketing: aplicado al talento clave interno en el sector salud. Revista Mundo FESC. 2016; 12:8-19.

Ley 41/2002, de 14 de noviembre, básica reguladora de la autonomía del paciente y de derechos y obligaciones en materia de información y documentación clínica. «BOE», núm.274, de 15 de noviembre 2002. https://www.boe.es/buscar/doc.php?id=BOE-A-2002-22188

Llano Señarís, J., Gestión Sanitaria. Innovaciones y desafíos. Ed. Masson. 1999.

Lozano Ramírez, M. C., El Marketing Interno como proceso de aprendizaje organizacional. Revista Internacional Administración & Finanzas. 2016; 9(2):87-97.

Mira, J. J., Buil, J. A., Lorenzo, S., Vitaller, J., Aranaz, J., Marketing sanitario y calidad asistencial: reflexiones para el diseño de los servicios quirúrgicos. Elsevier. Revista Cirugía Española. 2000; 67(2):180-183.

Mendoza Moheno, J., Hernández Calaza, M. A., Tabernero Urbieta, C., Retos y oportunidades de la investigación en marketing interno. Revista de Ciencias Sociales. 2011; XVII(1):110-125.

Payares Jiménez, K., Berdugo Romero, A., Caridad, M. y Navarro Manotas, E., Endomarketing y calidad de servicio interno en las pequeñas y medianas empresas del sector salud. Revista Espacios. 2017;38(57):32-42.

Peña Cárdenas, M. C., Díaz Díaz, M. G., Chávez Macías, A. G. y Sánchez Esparza, C. E., El compromiso organizacional como parte del comportamiento de los trabajadores de las pequeñas empresas. Revista Internacional Administración y Finanzas. 2016; 9(5):95-105.

Prats, A., La importancia de la comunicación en el marketing interno. Centro de Estudios en Diseño y Comunicación. 2013. 45;241-249.

Ruizalba Robledo, J. L., El compromiso organizacional: un valor personal y empresarial en el marketing interno. Revista de Estudios Empresariales. Segunda época. 2013; 1:67-86.

Ruizalba Robledo, J. L., Navarro Lucena, F. y Jiménez Arenas, S., Gamificación como estrategia de marketing interno. Intangible Capital. 2013; 9(4): 1113-1144. http://dx.doi.org/10.3926/ic.455

Sánchez Bayle, M., Nuevas formas de gestión. Fundación Alternativas. 2004.

Capítulo 9

Evaluación económica de dos tácticas terapéuticas en un proceso asistencial de pacientes con cáncer de mama y afectación axilar

JAIME JIMENO FRAILE
Hospital Universitario Marqués de Valdecilla. Universidad de Cantabria

1. INTRODUCCIÓN

El cáncer de mama es un problema de salud relevante representando el tipo de tumor maligno más frecuente en la población femenina en Europa. En España la Incidencia actual y previsión de incidencia de mujeres afectadas por cáncer de mama es de 33.307 nuevos casos de cáncer de mama en el año 2019 (Observatorio del Cáncer AECC). Entre el 2012 y el 2019 ha habido un incremento del 7,5%. Su incidencia está aumentando un 2-3% anual. En un 20-30% de las pacientes se diagnostica la enfermedad con afectación de los ganglios axilares (Murata et al., 2021). Esta afectación axilar tiene múltiples implicaciones, tanto diagnósticas como pronósticas como terapéuticas. En cuanto al tratamiento de la enfermedad axilar, se basa en la resección de los ganglios axilares, linfadenectomía axilar (LA), asociada a tratamientos con fármacos y radioterapia locorregional.

En la última década, se ha producido un cambio de paradigma en la cirugía de la axila en las pacientes con cáncer de mama: la posibilidad de obviar la linfadenectomía en un grupo concreto de pacientes con afectación axilar inicial. El ensayo ACOSOG Z0011 (American College of Surgeons Oncology Group Z0011) (Giuliano et al., 2011, 2017) ha confirmado que es seguro obviar la linfadenectomía en pacientes con baja carga tumoral axilar que se someten, como tratamiento inicial, a cirugía conservadora y biopsia de ganglio centinela asociada a radioterapia externa. Obviar la linfadenectomía aporta beneficios a las pacientes, sobre todo en relación a la disminución de la morbilidad asociada a la técnica quirúrgica, en especial el linfedema. En el estudio multicéntrico AMAROS (Donker et al., 2014), sobre una cohorte de pacientes con afectación axilar a las que se realizó linfadenectomía axilar, vs. Biopsia de ganglio centinela asociada a radioterapia, las pacientes con linfadenectomía presentaron mayor porcentaje de linfedema en la evolución postoperatoria (28% vs 15% $p < 0,001$). En un estudio reciente de McDuff y cols.(McDuff et al., 2019) en el que se incluyen 2171 pacientes con cirugía axilar por cáncer de mama, se cuantifica el riesgo de linfedema según la técnica quirúrgica y el tiempo transcurrido desde el tratamiento. Los resultados del estudio estiman la aparición de linfedema en pacientes con linfadenectomía y radioterapia locorregional en un 19,0% (95% CI: 15.3-23.6%) y 31,2% (95% CI: 26.0-37.2%) a 2 y 5 años vista del tratamiento. En las pacientes a los que se realiza biopsia de ganglio centinela y radioterapia locorregional estima el riesgo de linfedema en el 4,3% (95% CI: 1.8-10.0%) y 12,2% (95% CI: 6.5-22.3%) a 2 y 5 años.

Cada día es más necesaria una medición de los **resultados** de la cirugía del cáncer de mama desde la perspectiva del coste asistencial en su impacto en la calidad de vida de las pacientes.

2. HIPÓTESIS DEL ESTUDIO

La realización de biopsia selectiva de ganglio centinela axilar asociado a radioterapia de la axila, en pacientes con afectación axilar por cáncer de mama, aporta menor morbilidad postoperatoria, menor coste asistencial y una mayor de la calidad de vida de las pacientes en comparación a la realización de linfadenedectomía axilar quirúrgica asociada a radioterapia.

3. OBJETIVOS DEL ESTUDIO

3.1. OBJETIVOS PRINCIPALES

- Valorar el impacto en la calidad de vida de ambas técnicas quirúrgicas.
- Valorar la incidencia de linfedema tras la linfadenectomía axilar vs. Ganglio centinela, ambas asociadas a radioterapia.
- Valorar el impacto económico de ambas técnicas quirúrgicas.

3.2. OBJETIVOS SECUNDARIOS

- Estimar la calidad de vida global de las pacientes.
- Valorar las complicaciones postoperatorias tras la cirugía axilar.
- Estudiar las complicaciones relacionadas con la radioterapia.
- Cuantificar la aparición del linfedema en el seguimiento postoperatorio.
- Cuantificar el gasto del proceso asistencial relacionado con el tratamiento quirúrgico.
- Cuantificar el gasto del proceso asistencial relacionado con el tratamiento radioterápico.
- Cuantificar el gasto del proceso asistencial relacionado con el seguimiento postoperatorio de estas pacientes.

4. METODOLOGÍA

4.1. ESTUDIO Y POBLACIÓN

Se ha realizado un estudio observacional retrospectivo de las pacientes operadas por **carcinoma infiltrante de mama** en nuestra unidad entre los años 2018 y 2019 para analizar la evolución postoperatoria y los eventos relacionados con la asistencia de las pacientes. Además, se ha realizado un corte transversal para valorar la aparición de linfedema y el estudio de calidad de vida. Los criterios de selección fueron:

4.2 CRITERIOS DE INCLUSIÓN

- Pacientes con confirmación histológica de afectación ganglionar tras la cirugía (biopsia de ganglio centinela o en la pieza quirúrgica de linfadenectomía axilar).
- Pacientes con confirmación citológica o histológica en el estudio clínico-radiológico inicial de afectación axilar.

4.3. CRITERIOS DE EXCLUSIÓN

- Pacientes con carcinoma ductal in situ sin componente infiltrante.
- Pacientes con carcinoma infiltrante en las que no se haya realizado cirugía axilar (cirugía paliativa, edad avanzada).
- Pacientes con cirugía axilar sin confirmación citológica o histológica de afectación ganglionar.
- Pacientes con enfermedad sistémica en el momento del diagnóstico (M1).
- Pacientes con enfermedad mamaria secundaria a metástasis de tumor extramamario.
- Pacientes con antecedentes de radioterapia axilar previa.
- Pacientes con antecedentes de cirugía axilar previa.
- Pacientes con linfedema del brazo ipsilateral previo al tratamiento quirúrgico axilar.
- Pacientes que no den su consentimiento para participar en el estudio.

4.4. CÁLCULO DEL TAMAÑO MUESTRAL

Desde el punto de vista económico sabemos que uno de los efectos adversos relacionados con el tratamiento quirúrgico de la enfermedad axilar del cáncer de mama es el desarrollo de linfedema (Shih et al., 2009), por lo que se ha seleccionado como variable para el cálculo del tamaño muestral del estudio. Teniendo en cuenta el riesgo de linfedema de pacientes con cirugía axilar por cáncer de mama del trabajo de McDuff y cols. (McDuff et al., 2019) a los 2 años del tratamiento axilar y aceptando un riesgo alfa de 0,05 y un riesgo beta de 0,2 en un contraste bilateral, se precisan **70 pacientes** en el grupo de linfadenectomía (grupo 1) y **70 pacientes** en el grupo de ganglio centinela (grupo 2) para detectar como estadísticamente significativa la diferencia entre dos proporciones, que para el grupo 1 se espera sea de 0,19 y el grupo 2 de 0,043. Se ha estimado una tasa de pérdidas de seguimiento del 10%. Se ha utilizado la aproximación del ARCOSENO.

4.5. PRINCIPALES VARIABLES DEL ESTUDIO

Además de variables clínicas, variables de los tratamientos quirúrgicos y radioterápicos y del seguimiento de las pacientes.

Calidad de vida. Para estudiar el impacto en la calidad de vida de ambas técnicas quirúrgicas se administraron 2 cuestionarios: **EORTC QLQ-BR23 y el ULL-27.** El cuestionario de calidad de vida **EORTC QLQ-BR23** es un cuestionario específico de pacientes con cáncer de mama diseñado por el grupo EORTC Quality of life group (European Organization for Research and Treatment of Cancer). El QLQ-BR23 genera resultados de dos dominios: el dominio funcional está compuesto por 4 escalas funcionales que incluyen: la imagen corporal, funcionalidad y disfrute de la sexualidad y perspectivas de futuro y el dominio sintomático incorpora 4 escalas relacionadas con los síntomas del tratamiento farmacológico sistémico, síntomas del brazo ipsilateral de la operación, síntomas de la mama tratada y aspectos relacionados con la pérdida de pelo. La versión que hemos utilizado para el estudio es la versión traducida, adaptada y validada para la población española (Arraras et al., 2001) tras solicitar permiso al grupo EORTC. El cuestionario **Upper Limb Lymphedema questionnaire (ULL-27)** se ha desarrollado para la valoración de la calidad de vida de pacientes con linfedema de miembro superior tras el tratamiento de pacientes con cáncer de mama, situándose este cuestionario como una de las herramientas con mejores características psicométricas (Pusic et al., 2013). Fue desarrollado por Launoies (Launois et al., 2001) y consta de 27 ítems puntuados del 1 al 5, correspondientes a tres dimensiones: física (15 preguntas), psicológica (7 preguntas) y social (5 preguntas). Para cada dimensión, la puntuación va de 0 a 100 (el 0 corresponde a la mejor calidad de vida posible y el 100 a la peor). El ULL-27 ha sido empleado en diversos estudios clínicos de pacientes con linfedema tras cáncer de mama y ha sido recientemente validado y adaptado a la población española (Alonso Álvarez, 2016). Ambos cuestionarios fueron auto-administrados a las pacientes en la visita presencial en la que se realizaron las mediciones de ambos brazos. Para ello se confeccionó un documento impreso que incluía ambos cuestionarios de calidad de vida y la encuesta sociodemográfica de las pacientes.

Linfedema. A todas las pacientes se valoró la existencia de linfedema de forma prospectiva en un corte transversal incluyendo la medición del perímetro del brazo y valorando la diferencia con el brazo contralateral. Se definió la existencia de linfedema cuando haya una diferencia > 2cm en alguna de las mediciones o ≥ 5% de diferencia entre ambos miembros en cuanto a la suma de las circunferencias (Cuello-Villaverde et al., 2010).

4.6. COSTES DIRECTOS RELACIONADOS CON LA ATENCIÓN SANITARIA

Costes relacionados con el tratamiento quirúrgico. Para calcular los costes del tratamiento quirúrgico hemos utilizado la **clasificación GRD.** El coste de cada GRD se ha fijado de acuerdo con la Orden de precios públicos de los Servicios Sanitarios prestados por el Servicio Cántabro de Salud actualmente vigente (Orden SAN/35/2017, de 15 de diciembre). En esta Orden se incluyen los GRD-APR, como una herramienta de clasificación de la casuística hospitalaria más refinada que los GRD clásicos, ya que gradúan cada GRD en cuatro grados de severidad según la gravedad de la enfermedad y el riesgo de mortalidad del paciente y su impacto en el costo del servicio. En cuanto a la técnica quirúrgica, no existe ningún GRD que atienda a la técnica que se ha realizado en la cirugía axilar. No hemos incluido en el coste las técnicas de reconstrucción mamaria inmediata o diferida que se han realizado en algunas pacientes con mastectomía, con la intención de homogeneizar la serie de pacientes, ya que el objetivo del estudio es el impacto económico de la cirugía axilar.

Los GRD que se han utilizado para calcular el coste de la cirugía se expone en la Tabla 1:

Tabla 1. Descripción de los GRD del estudio del coste del tratamiento quirúrgico según la Orden de precios públicos de los Servicios Sanitarios prestados por el Servicio Cántabro de Salud*

Tipo de Cirugía en la mama	Tipo de Cirugía en la axila	Tipo de régimen	GRD - APR	GRD descripción	Severidad	Peso	Coste
cirugía conservadora	GC + linfadenectomía	ingreso	363	Procedimientos sobre la mama excepto mastectomía	2	1,59	7927

Tipo de Cirugía en la mama	Tipo de Cirugía en la axila	Tipo de régimen	GRD - APR	GRD descripción	Severidad	Peso	Coste
cirugía conservadora	Ganglio centinela	ambulatoria	363	Procedimientos sobre la mama excepto mastectomía	1	0,92	1572
cirugía conservadora	Ganglio centinela	ingreso	363	Procedimientos sobre la mama excepto mastectomía	1	0,92	4605
cirugía conservadora	linfadenectomía	ingreso	363	Procedimientos sobre la mama excepto mastectomía	1	0,92	4605
mastectomía	Ganglio centinela	ingreso	362	Procedimientos de mastectomía	1	1,03	5164
mastectomía	linfadenectomía	ingreso	362	Procedimientos de mastectomía	1	1,03	5164
mastectomía	GC + linfadenectomía	ingreso	362	Procedimientos de mastectomía	2	1,38	6903

Notas: GC + linfadenectomía: Ganglio centinela + linfadenectomía axilar. *Orden SAN/35/2017, de 15 de diciembre.

Costes relacionados con el tratamiento radioterápico. El coste del tratamiento radioterápico está bien especificado en la Orden de precios públicos de los Servicios Sanitarios prestados por el Servicio Cántabro de Salud (Orden SAN/35/2017, de 15 de diciembre). En el estudio hemos utilizado el coste relativo al número de sesiones, ya que se trata de un cálculo más representativo del tratamiento que ha realizado cada paciente. En la Tabla

2 se recoge el desglose del coste en relación con el número de sesiones según la Orden de Precios del Servicio Cántabro de Salud.

Tabla 2. Coste del tratamiento radioterápico, según la Orden de Precios Públicos SAN/35/2017, de 15 de diciembre

Régimen de Radioterapia	Número de sesiones	Coste
Tratamiento de corta duración	5 sesiones	2320
Tratamiento de intermedia duración	15 sesiones	3340
Tratamiento de larga duración	30 sesiones	5136
Tratamiento extendido	> 30 sesiones	6420
	Braquiterapia	3600

Costes relacionados con el seguimiento en consultas externas del hospital. Hemos calculado el coste de las consultas relacionadas con la asistencia de las pacientes en cada uno de los dos procedimientos objetivo del estudio. Para ello, se ha consultado, a través de la estación clínica Altamira, de las visitas realizadas en cada paciente. Se han incluido las visitas relacionadas con el proceso asistencial. Se encargan del seguimiento de las pacientes con cáncer de mama en el HUVM, tras finalizar los tratamientos, tres servicios: consulta externa de unidad de mama, el servicio de radioterapia y el servicio de oncología. Los tres servicios tienen asociada una consulta de enfermería que se encarga de realizar técnicas de enfermería incluyendo curas o valoración y seguimiento de efectos adversos relacionados con los tratamientos (radiodermitis, alopecia, etc.) y consulta e información sobre su proceso asistencial. Por otro lado, hemos incluido el coste de las consultas relacionadas con las complicaciones relacionadas con el tratamiento quirúrgico y radioterapéutico. Una de las más importantes es el linfedema, que habitualmente requiere valoración y tratamiento en el Servicio de Rehabilitación. Además, de la valoración y seguimiento por parte del médico rehabilitador, muchas veces las pacientes requieren tratamiento de fisioterapia, por lo que se ha recogido el número de sesiones de fisioterapia que se realiza habitualmente en el hospital. El coste de la asistencia en las consultas especializadas se ha calculado siguiendo la Orden de precios públicos de los Servicios Sanitarios prestados por el Servicio Cántabro de Salud (Orden SAN/35/2017, de 15 de diciembre) que incluyen las siguientes tarifas.

Tabla 3. Tarifas de la asistencia especializada ambulatoria (Orden SAN/35/2017, de 15 de diciembre)

Consulta ambulatoria HUVM	Tipo de consulta	Coste/unidad
Médica	Primera consulta	165
	Sucesiva presencial	105
	Sucesiva no presencial	50
Enfermería	Consulta	30
Fisioterapia	Drenaje linfático	26
	Cinesiterapia	19

Coste asistencial en Atención Primaria. Además del coste asistencial, desde la perspectiva del hospital, hemos cuantificado el número de consultas totales que han tenido las pacientes en sus respectivos centros de Atención Primaria. Para ello, hemos consulta la estación Clínica **APCantabria** que gestiona la asistencia de las pacientes por procesos. Hemos cuantificado en número de visitas médicas y de enfermería incluidas en el proceso «cáncer de mama». Las tarifas recogidas en la Orden SAN/35/2017, de 15 de diciembre para las consultas de Atención primaria incluyen: visita médica 54 euros y visita enfermería 24 euros.

Coste de medicamentos o material de rehabilitación. Se han excluido del estudio de costes el tratamiento con quimioterápicos y tratamientos antiestrogénicos. La administración de estos tratamientos depende de las características del tumor y de evolución clínica de la enfermedad, exclusivamente, y no están relacionados con el tratamiento quirúrgico o radioterapéutico de la enfermedad axilar, que es el objetivo del estudio.

4.7. ESTUDIO ESTADÍSTICO

Estudio estadístico. Para el procesamiento de los datos se ha empleado el paquete estadístico IBM SPSS v.22 (Chicago, Il. USA). Para analizar la asociación entre variables cualitativas se han utilizaron las pruebas Mc Nemar para datos apareados y Chi-cuadrado. Para las variables cuantitativas se han usado los tests T de Student y Wilcoxon para variables independientes. Para el análisis multivariante se ha empleado la ecuación de regresión logística binaria por el método adelante Wald.

4.8. ASPECTOS ÉTICOS DEL ESTUDIO

El estudio ha sido valorado por el Comité de ética de la investigación con medicamentos de Cantabria (CEIm de Cantabria) dando un dictamen favorable para la realización del estudio. Siguiendo las normas de buena praxis en estudios clínicos, se ha informado personalmente a cada una de las pacientes de los detalles del estudio y se ha solicitado su consentimiento explícito por escrito, firmando dicho documento. Todos los datos de carácter personal se han considerado confidenciales y se han tratado de acuerdo a lo dispuesto en la Ley Orgánica de protección de datos de 10 de noviembre de 2017 y en el Reglamento Europeo de protección de datos de 25 de mayo de 2018. Además, el procesamiento de los datos personales se ha llevado a cabo según el Reglamento (UE) 2016/679 del Parlamento Europeo y del Consejo de 27 de abril de 2016 relativo a la protección de las personas físicas en lo que respecta al tratamiento de datos personales y a la libre circulación de estos datos, y su regulación en España a través de la Ley Orgánica 3/2018, de 5 de diciembre de protección de datos personales y garantía de los derechos digitales.

5. RESULTADOS

5.1. POBLACIÓN DEL ESTUDIO

En el brazo prospectivo del estudio se han reclutado 108 pacientes a los que se han realizado las mediciones de la circometría y los cuestionarios de calidad de vida. De los 108 pacientes a 59,3% se les realizó linfadenectomía axilar y a 40,7% se realizó biopsia de ganglio centinela. En el brazo retrospectivo del estudio se han incluido a 135 pacientes, con una distribución de cirugía axilar similar.

5.2. DATOS SOCIODEMOGRÁFICOS DE LA POBLACIÓN DE ESTUDIO

En la Tabla 4 se exponen los datos sociodemográficos de la población del estudio.

Tabla 4. Datos sociodemográficos de la población del estudio

Edad media (años)	62	(36-90)
Sexo	Mujeres 97,6%	Hombres 2,4
Estado civil	Soltera	15,4
	Casada	57,7

Edad media (años)	62	(36-90)
	Divorciada	11,5
	Viuda	15,4

5.3. CALIDAD DE VIDA

La calidad de vida de las pacientes fue similar en ambos grupos (Tabla 5). Cabe reseñar que la calidad de vida se ha cuantificado tras más de 2 años de haber finalizado los tratamientos quirúrgicos, radioterápicos y quimioterápicos, lo que sugiere que la calidad de vida que se está midiendo va a sufrir pocos cambios debidos los tratamientos.

Tabla 5. Resultados de la calidad de vida en los cuestionarios QLQ-BR23 y ULL-27

QLQ-BR23		Linfadenectomía	Ganglio centinela	p
Escalas síntomas	Efectos QT	5,91±3,2	5,28 ± 3,2	0,925
	Pérdida pelo	51,6±34	45,6±25	0,333
	brazo	14,4±11	14,6±7	0,873
	mama	12,1±10	9,99±4	0,196
Escalas funcionales	Imagen corporal	88,6±7	89,8±5	0,347
	Perspect. futuro	67,6±24	69,2±17	0,711
	Sexualidad	72,1±22	78,5±15	0,109
ULL-27				
	Función física	25,1±24	18,9±23	0,194
	psicológica	34,3±17	29,3±18	0,161
	Social	13,7±18	14,5±30	0,829

5.4. RESULTADOS RELACIONADOS CON LA CIRUGÍA Y LA RADIOTERAPIA

En las tablas 6 y 7 se reflejan los resultados de los tratamientos quirúrgicos y radioterápicos.

Tabla 6. Variables relacionadas con la cirugía

		Linfadenectomía	Ganglio centinela	p
Mastectomía (%)		**75,4**	**24,6**	**0,007**
Días ingreso total		**2,87±2,1**	**1,92±0,7**	**0,003**
Días ingr. postoperatorio		1,71±3,8	1,15±0,67	0,321
Complicaciones (%)		25	13	0,060
Clavien-Dindo (%)	I	11,5	3,6	
	II	7,3	5,5	
	IIIA	1	0	
	IIIB	3,1	0	
Reoperación (%)		**9,4**	**10,9**	**0,483**
Consulta Urgencias (%)		7,3%	5,5%	0,473

Tabla 7. Variables relacionadas con el tratamiento radioterápico

	Linfadenectomía	Ganglio centinela	p
Dosis total irradiación (Grays)	39,7±3,3	40,4 ± 2,5	0,266
N.º de sesiones	**15,7±3,6**	**17,3±3,3**	**0,017**
Niveles I/II (%)	89,4	91,1	0,510
Niveles III/IV (%)	**97,6**	**88,9**	**0,048**
Toxicidad aguda (%)	82,9%	88,6%	0,281
Toxicidad crónica (%)	20,7	29,5	0,187

5.5. LINFEDEMA

La incidencia global de linfedema de la serie fue del 22,4%, en consonancia con otras series previas publicadas. En cuanto a la distribución por grupos, fue más frecuente en el grupo de linfadenectomía (30,4% vs 8,9%; p = 0,004), como era de esperar. Previo a nuestro estudio habían sido diagnosticadas de linfedema el 15,8% de las pacientes (linfedema sintomático).

5.6. ESTUDIO ECONÓMICO

Coste del tratamiento quirúrgico y radioterápico. El coste del tratamiento quirúrgico y radioterápico se expone en la Tabla 8.

Tabla 8. Coste del tratamiento quirúrgico y radioterápico

	Linfadenectomía	Ganglio centinela	p
Coste medio Cirugía	5702 ± 1224	4547 ± 877	< 0,001
Coste medio cirugía conservad	5523 ± 1502	4293 ± 932	< 0,001
Coste medio radioterapia	3968,14 ± 937	4541,36 ± 893	0,001
Coste medio RT cirugía conserv	4472,98 ± 955	4789 ± 777	0,126

Coste del seguimiento de las pacientes y coste asistencial

Se ha realizado un estudio pormenorizado del gasto en consultas, ya que representa casi un tercio del gasto asistencial relacionado con el proceso de cáncer de mama en estas pacientes, aunque sólo se muestran los resultados resumidos por el formato de la publicación (Tabla 9).

En cuanto al coste global de la asistencia de las pacientes, la realización de biopsia de ganglio centinela en vez de linfadenectomía axilar disminuye el coste de la asistencia de las pacientes 1624 euros (Tabla 10).

Tabla 9. Desglose del coste relacionado con la asistencia ambulatoria

		Linfadenectomía	Ganglio centinela	p
Total consultas HUMV		**3660,98 ± 1258**	**3001,64 ± 898**	**0,002**
Coste Radiología		208,98 ± 192	199,18 ± 164	0,811
Seguimiento HUMV	Total	**3902,51 ± 1298**	**3302,37 ± 938**	**0,019**
Atención primaria	Total	977,37 ± 913	825,42 ± 483	0,319

Tabla 10. Resumen de los costes directos

	Linfadenectomía	Ganglio centinela	p
Coste total HUMV	13643 ± 1855	12468 ± 1333	0,001
Coste atención primaria	977,37 ± 913	825,42 ± 483	0,319

	Linfadenectomía	Ganglio centinela	p
Coste presoterapia (manga)	49,65 ± 132	28,71 ± 123	0,370
Coste Sistema Sanitario	**14951 ± 2131**	**13327 ± 1601**	**< 0,001**

6. DISCUSIÓN

Nuestro estudio ha hecho un acercamiento en diferentes ámbitos a la cirugía de la axila en pacientes con cáncer de mama. Uno de los objetivos de estudio era analizar el coste-utilidad de las dos técnicas quirúrgicas. Desde el punto de vista de los resultados, nuestro estudio no está diseñado ni tiene el seguimiento adecuado para valorar el impacto en supervivencia global y libre de enfermedad. La mortalidad relacionada con la enfermedad y la supervivencia libre de enfermedad requiere un seguimiento mínimo de 5 años y recomendable de 10 años para su incidencia, ya que esta neoplasia puede recidivar a largo plazo. Otro de los resultados que hemos valorado es el impacto en la calidad de vida de las pacientes de la cirugía. En la última década se ha producido un descenso claro en la mortalidad de las mujeres diagnosticadas de cáncer de mama(Howlander et al, 2017). Esta mejora en la supervivencia ha sido posible gracias a la implantación de los programas de cribado, la aparición de nuevas clasificaciones tumorales y el desarrollo de nuevas modalidades terapéuticas, como la terapia neoadyuvante (NA), que incluye la quimioterapia (QTNA), la hormonoterapia (HTNA), como los nuevos tratamientos biológicos. Esta larga supervivencia de las pacientes con cáncer de mama cada vez está menos influenciada por la intensidad de la cirugía. De hecho, de forma progresiva se ha ido disminuyendo la agresividad de los tratamientos quirúrgicos, ajustándose de una forma eficiente al beneficio que aporta a la paciente, aunque actualmente el único tratamiento curativo del cáncer de mama incluye la resección completa del tumor de la mama. En esta dinámica cada vez tiene más importancia disminuir las secuelas de la cirugía en las pacientes con larga supervivencia. En este sentido, una medición cada vez más relevante en la valoración de **resultados** de la cirugía del cáncer de mama es estudiar su impacto en la calidad de vida de las pacientes.

6.1. IMPACTO DE LA CIRUGÍA EN LA CALIDAD DE VIDA Y LINFEDEMA

Uno de los hallazgos relevantes de nuestro estudio es ambas técnicas no produjeron un impacto diferente en la calidad de vida de las pacientes. Las dos herramientas que hemos utilizado para la valoración de la calidad de vida están validadas y adaptadas para la población del estudio, lo que garantiza la precisión en las mediciones que hemos realizado. A pesar de que no evidenciamos diferencias significativas en ambos grupos de pacientes, se intuye un tendencia a una menor puntuación, sobre todo en las dimensiones físicas, en las pacientes con linfadenectomía.

En cuanto a la incidencia global de linfedema en nuestro estudio fue del 22%, muy similar a otros trabajos. En un estudio reciente de McDuff y cols. (McDuff et al., 2019) en el que se incluyen 2171 pacientes con cirugía axilar por cáncer de mama, se cuantifica el riesgo de linfedema según la técnica quirúrgica y el tiempo transcurrido desde el tratamiento. Los resultados del estudio estiman la aparición de linfedema en pacientes con linfadenectomía y radioterapia locorregional en un 19,0% (95% CI: 15.3-23.6%) y 31,2% (95% CI: 26.0-37.2%) a 2 y 5 años vista del tratamiento. En las pacientes a los que se realiza biopsia de ganglio centinela y radioterapia locorregional estima el riesgo de linfedema en el 4,3% (95% CI: 1.8-10.0%) y 12,2% (95% CI: 6.5-22.3%) a 2 y 5 años. Nuestro estudio tiene un seguimiento medio de las pacientes de más de 3 años, teniendo en cuenta que el pico de máxima incidencia se sitúa en torno a los 2 años, creemos que hemos incluido un follow-up suficiente para diagnosticar la mayoría de las pacientes que van a desarrollar linfedema. De hecho, en el momento del estudio, el porcentaje de pacientes ya diagnosticadas de linfedema era en torno al 15% (linfedema sintomático). Tras realizar la circometría hemos observado un incremento de pacientes con linfedema subclínico hasta el 22%. En las pacientes que se realizó linfadenectomía en nuestra serie se observó linfedema en 30% de ellas, claramente superior respecto a las pacientes con ganglio centinela que desarrollaron linfedema el 8,9% de ellas. Estos resultados son similares a los observados en el trabajo de McDuff.

Es llamativo que a pesar de que el 30% de las pacientes con linfadenectomía desarrollen linfedema no se observa un claro impacto de la cirugía en la calidad de vida. Nuestras observaciones son similares a uno de los estudio pivotales sobre la cirugía limitada de la axila en pacientes con cáncer de mama. En el estudio multicéntrico AMAROS (Donker et al., 2014), sobre una cohorte de pacientes con afectación axilar a las que se realizó linfadenectomía axilar, vs. Radioterapia, las pacientes con linfadenectomía presentaron mayor porcentaje de linfedema en la evolución postoperatoria (28% vs 15% $p < 0,001$). En este estudio tampoco observaron diferencias significativas en la calidad de vida entre ambas técnicas. Probablemente el tratamiento multidisciplinar del cáncer de mama que incluye tratamiento farmacológico, radioterapéutico y diferentes campos quirúrgicos amortigua el efecto de uno de ellos sobre el resto.

6.2. VALORACIÓN DEL IMPACTO ECONÓMICO

Uno de los objetivos de estudio era analizar el coste-utilidad de las dos técnicas quirúrgicas. El resultado que hemos contemplado para valorar la utilidad de cada técnica quirúrgica ha sido en términos de calidad de vida. Dado que la calidad de vida es similar en ambos grupos de pacientes, con linfadenectomía y con ganglio centinela, hemos realizado el estudio descriptivo del coste.

Una de las grandes dificultades que nos hemos encontrado al realizar el estudio es la estimación del coste económico de la cirugía. Dada imposibilidad de tener acceso a la contabilidad analítica del servicio sanitario hemos indagado en las diferentes posibilidades de conocer el coste de cada procedimiento quirúrgico. Una de las herramientas más difundidas es la clasificación del sistema GRD. Los GRD son un sistema de clasificación de pacientes por sistema de ajustes de riesgos con base en el isoconsumo de recursos. Sirven para conocer la casuística de un hospital, el case mix hospitalario y generalmente se caracterizan por su utilidad en la gestión y financiación de hospitales. El sistema GRD se desarrolló en la década de los años sesenta en la Universidad de Yale para facilitar una mejora de la calidad de la asistencia sanitaria. En España se generalizó su implantación en 1997 a través de un proyecto del Ministerio de Sanidad y Consumo para establecer los pesos medios de los GRD (Rivero Cuadrado, 1999). El sistema de clasificación GRD utiliza información que facilita el Conjunto Mínimo Básico de Datos (CMBD) de la historia clínica de cada paciente. El CMBD incluye datos demográficos y clínicos que permiten clasificar episodios de hospitalización y formar grupos de pacientes similares, tanto en términos clínicos como de consumo de recursos sanitarios. La agrupación de los GRD está diseñada para esperar que los casos que pertenecen a una misma categoría tengan costes y duraciones de estancia hospitalaria similares. La homogeneidad de recursos de los GDR significa que es útil computar el coste medio del tratamiento de los pacientes que pertenecen a un determinado GRD.

Nuestro estudio plantea conocer el impacto económico de dos técnicas quirúrgicas diferentes aplicadas a una misma situación clínica: el manejo quirúrgico de la enfermedad axilar en pacientes con cáncer de mama, basado en la realización de linfadenectomía axilar vs. Biopsia selectiva de ganglio centinela, ambas asociadas a radioterapia. Valorando el coste de ambas cirugías utilizando la clasificación GRD hemos observado que esta clasificación no discrimina el impacto económico de ambas cirugías. Los 2 GRD que hacen referencia a la cirugía de la mama son el **GRD 363** que incluye procedimientos quirúrgicos sobre la mama excepto la mastectomía y el **GRD 362** que engloba los procedimientos de mastectomía. Ninguno de los dos GRD diferencia la realización de linfadenectomía axilar o de ganglio centinela. De hecho, en la descripción del GRD se menciona «lifadenectomía axilar/ganglio centinela». Uno de los aspectos que sí recogen ambos GRDs es la realización de la cirugía en régimen ambulatorio o con ingreso hospitalario. El coste difiere ostensiblemente; GRD 362 ingreso/ambulatorio: 5164/1763 euros; GRD 363 ingreso/ambulatorio: 4605/1572 euros. Este coste está fijado por la Orden de precios públicos de los Servicios Sanitarios prestados por el Servicio Cántabro de Salud actualmente vigente (Orden SAN/35/2017, de 15 de diciembre) actualmente vigente.

Otros estudios en nuestro medio se han enfrentado al mismo dilema. El estudio de Arrospedi, sobre los costes asistenciales del cáncer de mama en el País Vasco (Arrospide Elgarresta et al., 2015) calcula el coste de la cirugía mediante el sistema de contabilidad analítica del conjunto de hospitales del Sistema Vasco de Salud y los pesos GRD correspondientes. En el trabajo sólo se valoran tres diferentes escenarios quirúrgicos: tumorectomía, tumorectomía + linfadenectomía axilar y mastectomía + linfadenectomía axilar. A pesar de que el estudio se ha desarrollado cronológicamente en un escenario en que la utilización de la biopsia del ganglio centinela se realiza en el 80% de las pacientes, tampoco parece que haya resuelto este dilema y sigue la filosofía del GRD en su estudio económico. El estudio muy reciente de Noguero sobre el coste asociado al diagnóstico y al tratamiento del cáncer de mama precoz(Noguero Meseguer et al., 2021), desarrollado en el contexto del Servicio Madrileño de Salud, valora el coste de la cirugía del cáncer de mama. Noguero utiliza también el sistema GRD para estimar el coste de la cirugía y diferencia en el coste si la cirugía se ha realizado con ingreso o en régimen ambulatorio. En la tabla de resultados económicos donde muestra el coste relacionado con la cirugía, diferencia entre la tumorectomía asociada a ganglio centinela y la realizada con linfadenectomía, pero no justifica si el coste de cada uno de los procedimientos es diferente.

En nuestro estudio, hemos podido confirmar que la estancia hospitalaria es mayor en las pacientes que se realiza linfadenectomía. Uno de los sesgos que puede ocurrir es que en el grupo de linfadenectomía se incluye una mayor proporción de mastectomías. Tras seleccionar sólo pacientes con tratamiento conservador de la mama la estancia hospitalaria y postoperatoria sigue siendo significativamente mayor: estancia hospitalaria linfadenectomía vs. GC (2,5 vs 1,7 días; p = 0,04); estancia postoperatoria (1,7 vs. 0,9 días; p = 0,041). Por otro lado, en este grupo de pacientes seleccionados por cirugía conservadora hemos observado una tendencia mayor a tener complicaciones (linfadenectomía vs. GC: 17% vs. 10,3%; p = 0,280) aunque no significativa. También se refleja en nuestro estudio que el coste asistencial de las pacientes con linfadenectomía es mayor. Además, nuestro estudio pone en evidencia que las pacientes con linfadenectomía tienen mayor riesgo de linfedema, que, aunque no se desarrolla en ámbito del ingreso hospitalario, que recoge el GRD, aumenta el coste asistencial. Creemos que, con estos datos objetivos y la experiencia clínica que sugiere mayor «severidad» de la linfadenectomía, es adecuada la asignación de la diferente severidad en el sistema GRD-APR para mejorar la precisión de la estimación del coste relacionado con la cirugía.

A través de nuestro estudio, es claro que globalmente las pacientes con linfadenectomía axilar tienen un mayor coste sanitario de cara al financiador público donde reciben su asistencia. La mayoría de las pacientes con cirugía conservadora y ganglio centinela de la muestra de pacientes que hemos estudiado se han operado con ingreso hospitalario. Se trata de una serie histórica que coincide con la introducción de la cirugía ambulatoria en el cáncer de mama en nuestro centro. Las pacientes con cáncer de mama a las que se realiza cirugía conservadora de la mama y biopsia de ganglio centinela, son actualmente candidatas a la realización de esta cirugía en régimen de cirugía sin ingreso (Carriero et al., 2019), lo que probablemente disminuiría todavía más los costes. Esta observación ha sido valorada también en trabajos previos. De hecho, el estudio de Noguero (Noguero Meseguer et al., 2021) estima que la cirugía en régimen ambulatorio de este grupo de pacientes supuso un ahorro de 2.085 euros por paciente. Todo ello sugiere que la realización de la biopsia de ganglio centinela disminuye coste asistencial y que realizar esta cirugía, en las pacientes candidatas, puede disminuir claramente los costes directos del tratamiento de las pacientes con cáncer de mama y afectación axilar.

7. CONCLUSIONES

A través de nuestros resultados, observamos que la realización de linfadenectomía axilar no produce un impacto significativo en la calidad de vida de las pacientes con cáncer de mama y afectación axilar, a pesar de que las pacientes a las que se realizó linfadenectomía axilar desarrollaron más frecuentemente linfedema. Desde el punto de vista del impacto económico, la realización de linfadenectomía axilar asocia un aumento del coste asistencial en las pacientes con cáncer de mama y afectación axilar y por ende, la realización de biopsia de ganglio centinela genera un ahorro el coste asistencial en las pacientes con cáncer de mama y afectación axilar sin probablemente afectar al pronóstico de la enfermedad.

8. BIBLIOGRAFÍA

Alonso Álvarez, B. (2016). *Cuestionario de calidad de vida ULL-27: un instrumento específico para pacientes con linfedema de miembro superior tras cáncer de mama. Adaptación transcultural y validación de su versión española Cuestionario de calidad de vida ULL-27: un instrumento espe* [Universidad Complutense de Madrid]. https://doi.org/38892

Arraras, J. I., Tejedor, M., Illaramendi, J. J., Vera, R., Pruja, E., Marcos, M., Arias, F. & Valerdi, J. J. (2001). El cuestionario de calidad de vida para cáncer de mama de la EORTC, QLQ-BR23: Estudio psicométrico con una muestra española. [The EORTC Breast Cancer Quality of Life Questionnaire (QLQ-BR23): A psychometric study with Spanish patients]. *Psicología Conductual Revista Internacional de Psicología Clínica de La Salud, 9*(1), 81-97. https://pesquisa.bvsalud.org/portal/resource/pt/ibc-13480

Arrospide Elgarresta, A., Soto-Gordoa, M., Acaiturri, T., López-Vivanco, G., Abecia, L. C. & Mar, J. (2015). Coste del tratamiento del cáncer de mama por estadio clínico en el País Vasco. *Revista Española de Salud Pública, 89*(1), 93-97. https://doi.org/10.4321/S1135-57272015000100010

Carriero, C., Tani, F., Mattioli, G., Renda, I., Biglia, N., Nori, J., Vanzi, E., Bianchi, S. & Susini, T. (2019). Day Surgery Management of Early Breast Cancer: Feasibility and Psychological Outcomes. *Anticancer Research, 39*(6), 3141-3146. https://doi.org/10.21873/ANTICANRES.13451

Cuello-Villaverde, E., Forner-Cordero, I. & Forner-Cordero, A. (2010). Lymphedema: Measurement methods and diagnostic criteria. *Rehabilitacion, 44*(SUPPL. 1), 21-28. https://doi.org/10.1016/J.RH.2010.05.009

Donker, M., van Tienhoven, G., Straver, M. E., Meijnen, P., van de Velde, C. J. H., Mansel, R. E., Cataliotti, L., Westenberg, A. H., Klinkenbijl, J. H. G., Orzalesi, L., Bouma, W. H., van der Mijle, H. C. J., Nieuwenhuijzen, G. A. P., Veltkamp, S. C., Slaets, L., Duez, N. J., de Graaf, P. W., van Dalen, T., Marinelli, A., ... Rutgers, E. J. T. (2014). Radiotherapy or surgery of the axilla after a positive sentinel node in breast cancer (EORTC 10981-22023 AMAROS): A randomised, multicentre, open-label, phase 3 non-inferiority trial. *The Lancet Oncology, 15*(12), 1303-1310. https://doi.org/10.1016/S1470-2045(14)70460-7

Giuliano, A. E., Ballman, K. V., McCall, L., Beitsch, P. D., Brennan, M. B., Kelemen, P. R., Ollila, D. W., Hansen, N. M., Whitworth, P. W., Blumencranz, P. W., Leitch, A. M., Saha, S., Hunt, K. K. & Morrow, M. (2017). Effect of axillary dissection vs no axillary dissection on 10-year overall survival among women with invasive breast cancer and sentinel node metastasis: The ACOSOG Z0011 (Alliance) randomized clinical trial. *JAMA - Journal of the American Medical Association, 318*(10), 918-926. https://doi.org/10.1001/jama.2017.11470

Giuliano, A. E., Hunt, K. K., Ballman, K. V., Beitsch, P. D., Whitworth, P. W., Blumencranz, P. W., Leitch, A. M., Saha, S., McCall, L. M. & Morrow, M. (2011). Axillary dissection vs no axillary dissection in women with invasive breast cancer and sentinel node metastasis: A randomized clinical trial. *JAMA - Journal of the American Medical Association, 305*(6), 569-575. https://doi.org/10.1001/jama.2011.90

Howlander, N., Noone, A., Krapcho, M., Miller, D., Brest, A., Yu, M., Ruhl, J., Tatalovich, Z., Mariotto, A., Lewis, D., et al. (2017). Cancer Statistics Review, 1975-2015 - SEER Statistics. *SEER Cancer Statistics Review*, 1975_2008. https://seer.cancer.gov/archive/csr/1975_2015/#contents

Launois, R., Mègnigbêto, A., Le Lay, K. & Alliot, F. (2001). CN5: A SPECIFIC QUALITY OF LIFE SCALE IN UPPER LIMB LYMPHOEDEMA: THE ULL-27 QUESTIONNAIRE. *Value in Health, 4*(6), 407-408. https://doi.org/10.1016/s1098-3015(11)71503-0

McDuff, S. G. R., Mina, A. I., Brunelle, C. L., Salama, L., Warren, L. E. G., Abouegylah, M., Swaroop, M., Skolny, M. N., Asdourian, M., Gillespie, T., Daniell, K., Sayegh, H. E., Naoum, G. E., Zheng, H. & Taghian, A. G. (2019). Timing of Lymphedema After Treatment for Breast Cancer: When Are Patients Most At Risk? *International Journal of Radiation Oncology Biology Physics, 103*(1), 62-70. https://doi.org/10.1016/j.ijrobp.2018.08.036

Murata, T., Watase, C., Shiino, S., Jimbo, K., Iwamoto, E., Yoshida, M., Takayama, S. & Suto, A. (2021). Development and Validation of a Preoperative Scoring System to Distinguish Between Nonadvanced and Advanced Axillary Lymph Node Metastasis in Patients With Early-stage Breast Cancer. *Clinical Breast Cancer, 21*(4), e302-e311. https://doi.org/10.1016/j.clbc.2020.11.008

Noguero Meseguer, M. R., Cuesta Cuesta, A. B., de Matías Martínez, M., Martín Ríos, M. D., Barba Martín, R., Fernández Huertas, R., Abreu Griego, E. D. & Reyes Palomino, K. P. (2021). Costs associated with the diagnosis and surgical procedure of early breast cancer. *Revista de Senologia y Patologia Mamaria, 34*(4), 193-199. https://doi.org/10.1016/j.senol.2021.03.004

Pusic, A. L., Cemal, Y., Albornoz, C., Klassen, A., Cano, S., Sulimanoff, I., Hernandez, M., Massey, M., Cordeiro, P., Morrow, M. & Mehrara, B.

(2013). Quality of life among breast cancer patients with lymphedema: a systematic review of patient-reported outcome instruments and outcomes. *Journal of Cancer Survivorship : Research and Practice*, *7*(1), 83. https://doi.org/10.1007/S11764-012-0247-5

Rivero Cuadrado, A. (1999). *Análisis y desarrollo de los GDR en el Sistema Nacional de Salud* [Agustín Rivero Cuadrado (ed.)]. Ministerio de Sanidad y Consumo. https://www.sanidad.gob.es/estadEstudios/estadisticas/docs/analisis.pdf

Shih, Y. C. T., Xu, Y., Cormier, J. N., Giordano, S., Ridner, S. H., Buchholz, T. A., Perkins, G. H., & Elting, L. S. (2009). Incidence, treatment costs, and complications of lymphedema after breast cancer among women of working age: A 2-year follow-up study. *Journal of Clinical Oncology*, *27*(12), 2007-2014. https://doi.org/10.1200/JCO.2008.18.3517

Capítulo 10

Terapias celulares avanzadas en Cantabria: desarrollo, estado actual y proyecto de ampliación del laboratorio de producción de la fundación Marqués de Valdecilla

OSCAR M. PELLO

Unidad de procesamiento de progenitores hematopoyéticos y terapia celular. Banco de Sangre y Tejidos de Cantabria. Fundación Marqués de Valdecilla

1. INTRODUCCIÓN

1.1. QUÉ SON LAS TERAPIAS AVANZADAS

Probablemente uno de los conceptos más innovadores que definen las terapias avanzadas es que son medicamentos vivos (ATMPs, del inglés *Advanced Therapy Medicinal Products*).

Tal y como están descritos en la directiva 2001/83/EC y el artículo 17 de la regulación 1394/2007/EC, «las ATMPS son medicinas para uso humano basadas en genes, tejidos y células» [Directive 2001/83/EC and Regulation (EC) N° 726/2004].

Un segundo concepto que es importante destacar de las ATMPs es que su desarrollo ha permitido abordar ciertas patologías clínicas que hasta el momento no disponían de un tratamiento eficaz o de un método para su prevención o de la metodología específica y necesaria para su detección y diagnosis.

En España en particular disponemos ya de algunas terapias celulares basadas en ATMPs como las células mesenquimales, las células CAR-T o los CTLs anti-virales.

Los CTLs anti-virales (CTLs del inglés *Cytotoxyc T Lymphocytes*), son los linfocitos CD8(T citotóxicos propios de una persona, que tienen la capacidad intrínseca de eliminar, entre otras, a células que están infectadas con virus. En pacientes cuyo tratamiento requiere una inmunosupresión o inmunodepresión, los virus son agentes oportunistas, capaces de reactivarse o infectar el organismo indefenso siendo aún una de las principales complicaciones post-trasplante y causa de alta morbimortalidad. Actualmente es posible recurrir a un donante sano que tenga CTLs específicos para ese virus, aislarlos y transferírselos al paciente. Esto se conoce como inmunoterapia celular adoptiva y se usa tanto con finalidad profiláctica para evitar la infección/reactivación o como terapia que disminuya la severidad de los síntomas si esta ya ha ocurrido (Arroyo JL, 2020).

Figura 1. Representación esquemática de la producción y uso de los CTLs anti-virus

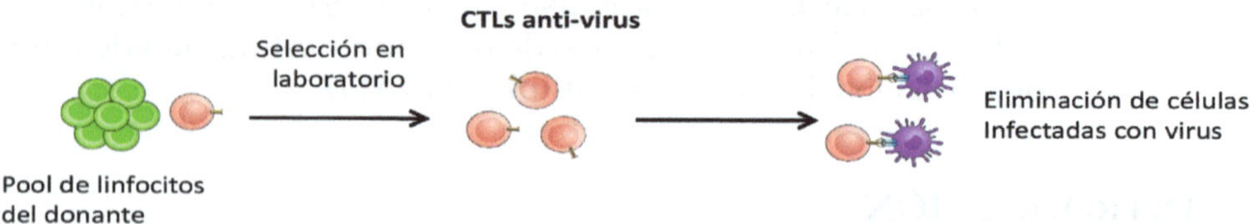

En las **células CAR-T** (CAR del inglés *Chimeric Antigen Receptor*) la capacidad innata que tienen los linfocitos para defender al organismo, se incrementa genéticamente al introducirles un gen para la expresión

de un receptor que detecta más eficazmente a las células tumorales. Estos receptores quiméricos, están diseñados en el laboratorio para tener partes de distintos receptores que se encuentran de manera natural en las células: la parte que va a quedar por el exterior y que va a reconocer al antígeno (la señal en la célula tumoral) proviene del receptor de los linfocitos B y la parte dentro de la célula y que se encarga de transmitir la señal de ataque proviene del propio receptor de las células T. La aprobación en 2018 por parte de la FDA (*USA Food and Drug Administration*) primero y posteriormente la EMA (*European Medicine Agency*) de tisagenlecleucel (Kymriah de Novartis) y axicabtagene ciloleucel (Yescarta de Kite) para el tratamiento de pacientes con la leucemia linfoblástica aguda (LLA) y el linfoma difuso de células B grandes (LBDGC) ha revolucionado el campo de la inmunoterapia celular y del tratamiento de los pacientes que ya no tenían otra alternativa terapéutica (Sterner RC, 2021; The EBMT/EHA CAR-T Cell Handbook 2022).

Figura 2. Representación esquemática de la producción y uso de las células CAR-T

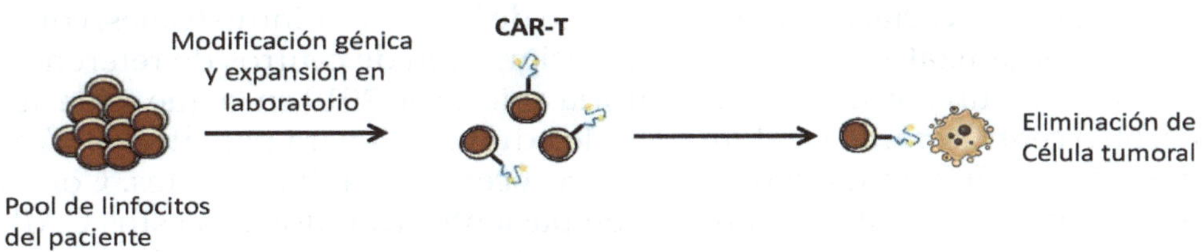

Las células mesenquimales (MSCs del inglés *Mesenchymal Stem Cells*) se obtienen en el laboratorio tras la disgregación de un tejido rico en este tipo celular (médula ósea, cordón umbilical, el tejido adiposo o la pulpa dental), cultivándolo en un medio rico en factores de crecimiento y manteniéndolas en condiciones de indiferenciación. Como tal se pueden suministrar al paciente, por ejemplo, en el caso de que se quieran aprovechar sus propiedades anti-inflamatorias para tratar la enfermedad del injerto-contra-huésped tras un trasplante (tanto de un órgano sólido como en el caso de los trasplantes de progenitores hematopoyético). En otras ocasiones es posible cultivar estas células en medios de cultivo que contienen los factores específicos necesarios para inducir su diferenciación hacia otros tipos celulares como adipocitos (grasa), condrocitos (cartílago), osteoblastos (hueso) y hasta células neuronales (Sotiropoulou AP, 2006; Costa LA, 2021).

Figura 3. Representación esquemática de la producción y uso de las MSCs

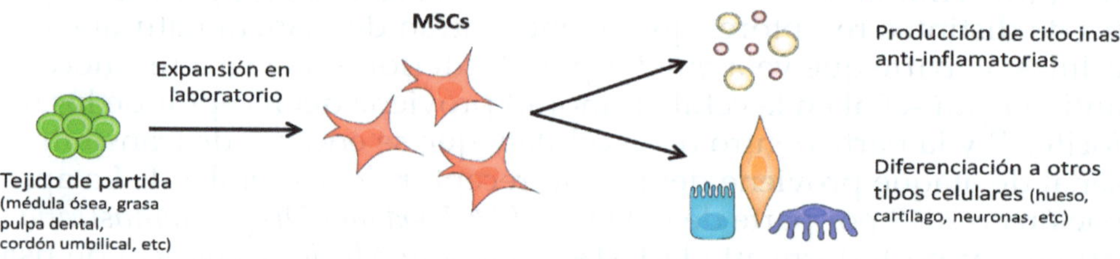

En España, en noviembre de 2018 se aprobó el **Plan de Abordaje de las Terapias Avanzadas en el Sistema Nacional de Salud: Medicamentos CAR** (https://www.sanidad.gob.es/profesionales/farmacia/pdf/Plan_Abordaje_Terapias_Avanzadas_SNS_15112018.pdf), que tiene como objetivo organizar de forma planificada, equitativa, segura y eficiente la utilización de los medicamentos CAR, y en la actualidad de los CAR-T, en el SNS así como impulsar la investigación pública y la fabricación propia y pública de estos medicamentos en el ámbito académico del SNS, en unas condiciones que garanticen los estándares de calidad, seguridad y eficacia. En cuanto al acceso de los CAR-T industriales, como modelo organizativo se propuso la designación de centros de referencia (CSUR), con una primera convocatoria abierta en 2019 en la que se designaron 8 centros para el tratamiento de adultos y 3 para pediátricos. Tras dos años en funcionamiento se trataron cerca de 400 pacientes. Con la intención de aumentar el número de pacientes tratados con estos CAR-T, así como para empezar a tratar pacientes con mieloma múltiple y con linfoma de células del manto, en 2022 se llevó a cabo una nueva convocatoria de selección para designar nuevos centros de referencia, entre los cuales se designó al Hospital Universitario Marqués de Valdecilla (HUMV) (https://www.geth.es/pacientes/cart-cells).

Las normas de correcta fabricación (NCFs) también conocidas como GMP (del inglés *Good Manufacturing Practices*) pretenden asegurar que los productos se fabriquen de forma uniforme y controlada, de acuerdo con unos estándares de calidad, definidos en base a análisis de riesgos, con el principal objeto de disminuir cualquier riesgo para los pacientes. Las NCFs se aplican a la fabricación de medicamentos, cosméticos, productos médicos, alimentos modificados y drogas en sus formas de venta al público, y deben ser acatadas tanto por grandes compañías (por ejemplo, farmacéuticas) como por centros hospitalarios en el contexto de los ensayos clínicos. Estos estándares están definidos en el volumen 4 de Eudralex según la directiva 91/356/EC, corregida por las directivas 91/412/EC y 2003/94/EC, conteniendo las indicaciones para la correcta interpretación de los principios y guías de las GMPs para productos medicinales de uso humano y veterinario. En particular, en el capítulo IV de este volumen 4 se encuentran las directrices en GMP específicas para ATMPs (Directrices sobre Normas de Correcta Fabricación, AEMPs, 2017).

En España, además del uso de CAR-T comerciales, existen diversas salas de fabricación acreditadas en NCFs por la AEMPs para la producción de ATMPs tales cómo células mesenquimales, principalmente dentro de la Red de Terapia Celular TerCel https://www.red-tercel.com/ (9), CTLs anti-virales cómo el ensayo clínico *Prophylaxis of Citomegalovirus infection in haploidentical progenitors hematopoietic transplantation with adoptive cell immunotherapy* (ClinicalTrials.gov Identifier: NCT04056533) desarrollado por el Servicio de Hematología del HUMV y el Banco de Sangre y Tejidos de Cantabria, e incluso células CAR-T cómo el ARI0001 del Hospital Clinic de Barcelona, para pacientes afectados por leucemia linfoblástica aguda de células B (LLA) (Castella M, 2020).

1.2. CREACIÓN DE LA UNIDAD DE TERAPIAS AVANZADAS DE CANTABRIA

Los trasplantes de progenitores hematopoyéticos (TPH), lo que se conoce como trasplante de médula, se realizan desde hace más de cinco décadas. Tras un TPH se pueden dar varias complicaciones que comprometen tanto el éxito del trasplante como la vida del paciente: infecciones y reactivaciones de virus, enfermedad de injerto-contra-huésped (cuando las células del donante atacan al paciente) o el fallo del tratamiento y la consecuente progresión de la enfermedad. El campo de las terapias celulares avanzadas tiene por tanto un referente en el área de las patologías hematológicas, los primeros pacientes hematológicos tratados con CTLs anti-virus datan de los 90s. Debido a sus propiedades anti-inflamatorias, las células mesenquimales se utilizan rutinariamente desde hace más de una década en pacientes trasplantados para tratar la enfermedad de injerto-contra-huésped. Las primeras terapias CAR-T comerciales **se usan ya en** todo el mundo para el tratamiento de linfomas en recaída o refractarios a otras terapias convencionales (Chow VA, 2018; The EBMT 2019).

El programa de TPH de Cantabria existe desde hace más de 20 años como una colaboración entre el servicio de hematología del HUMV que se lleva la parte clínico-asistencial y el Banco de Sangre y Tejidos (BSTC) de la Fundación Marqués de Valdecilla (FMV) que se encarga del procesamiento, almacenaje y distribución de los productos celulares. En el contexto de esta colaboración, en 2015 se propone a la gerencia del HUMV y de FMV una primera propuesta de creación de una unidad de terapia celular avanzada (UTC) y la instalación de una sala blanca de producción. Esta propuesta se eleva a la Consejería de Sanidad y concluye con la creación de una sala blanca en las instalaciones del BSTC en 2017. A partir de este año se centran los esfuerzos en desarrollar una unidad de terapia celular que se concreta en la memoria de 2018 que se presenta al patronato de la Fundación Marqués de Valdecilla. El plan de actividades para los siguientes tres años incluía entre otros la definición de las líneas de trabajo, la incorporación de nuevo personal, la formación específica de hematólogos en terapia CAR-T y la adquisición de equipamiento de última tecnología para la manufactura de productos de terapia celular.

Figura 4. Cronograma de los primeros pasos de la creación de la UTC

		2018 (trimestre)				*2019 (trimestre)*				*2020 (trimestre)*			
		1	*2*	*3*	*4*	*1*	*2*	*3*	*4*	*1*	*2*	*3*	*4*
1	*Presentación proyecto a Patronato FMV*	■											
2	*Incorporación Director Científico*		■										
3	*Responsable Producción y TEL*			■									
4	*Diseño e instalación Sala Blanca*			■									
5	*Adquisición del equipamiento*			■	■								
6	*Inicio líneas de aplicación y de investigación*					■	■	■	■	■	■	■	■
7	*Incorporación del Responsable de Calidad*					■							
8	*Contratación consultora calidad*					■							
9	*Incorporación hematólogos*						■	■					
10	*Programa de difusión*											■	■

El proyecto se ha ido desarrollando en los últimos años según el cronograma propuesto, y entre otros logros, es importante destacar que el Servicio de Hematología del HUMV y el BSTC de la FMV ha conseguido la acreditación de calidad JACIE (06/2019) para la colecta, procesamiento, almacenaje, distribución y uso de PHs tanto en trasplante autólogo como alogénico, siendo el único programa completo acreditado en el norte de España. Además, en el campo de los CTLs anti-virales, se ha obtenido financiación dentro del programa competitivo «Proyectos de Investigación Clínica Independiente» del ISCIII (12/2020). Se ha obtención la acreditación NCF de las instalaciones del BSTC por parte de la AEMPs para la fabricación de CTLs anti-CMV (11/2021). También la AEMPs ha dado una evaluación positiva al dossier del ATMP en investigación (CTLs anti-CMV 12/2021) y en paralelo se ha aprobado el desarrollo del ensayo clínico «Profilaxis de la infección por citomegalovirus en el trasplante haploidéntico de progenitores hematopoyéticos con inmunoterapia celular adoptiva» por parte de la AEMPs (12/2021). En el campo de las CAR-T se han conseguido las acreditaciones de las dos empresas farmacéuticas que comercializan terapias CAR, Novartis y Kite-Gilead, y la designación en junio de 2022 por parte del Ministerio de Sanidad cómo centro autorizado para el tratamiento con terapia CAR-T del SNS.

2. DESARROLLO DE LA MEMORIA JUSTIFICATIVA DE LA EXPANSIÓN DE LA UNIDAD DE TERAPIA CELULAR AVANZADA DE LA FUNDACIÓN MARQUÉS DE VALDECILLA PARA LA PRODUCCIÓN DE CÉLULAS MESENQUIMALES

La Fundación Marqués de Valdecilla (FMV) pretende continuar su expansión en el campo de las terapias avanzadas para poder proveer a los servicios sanitarios que lo requieran de las técnicas y productos más avanzados para el beneficio de los pacientes. Aunque actualmente la FMV está involucrada tanto en la producción como la recepción y distribución de ciertas terapias celulares (CTLs anti-virales y CAR-T) se trabaja en la posibilidad de incorporar a corto y medio plazo otras terapias avanzadas.

Uno de los objetivos de la inicial unidad de terapias celulares avanzadas era la producción de células mesenquimales (MSCs) que, en el contexto del TPH pudieran utilizarse en el tratamiento de la enfermedad injerto-contra-huésped. El objetivo actual es abarcar un mayor rango de patologías que puedan ser tratadas con MSCs. En este proyecto nos hemos propuesto analizar, inicialmente, cuál sería la potencial demanda de MSCs en todo el HUMV y cuáles serían los pasos necesarios para desarrollar una unidad que pudiera proporcionar MSCs off-the-shelf en nuestro entorno sanitario.

2.1. INTERÉS DE LA PRODUCCIÓN DE CÉLULAS MESENQUIMALES EN ESPAÑA Y EN CANTABRIA

Con el fin de definir el interés farmacoeconómico de la ampliación de la unidad de terapia celular a la producción de MSCs hemos considerado dos aspectos: a) cuales son las patologías que se tratan con MSCs en España y b) cuál es la potencial demanda entre los distintos servicios del HUMV, con especial atención a aquellas que tengan una alta incidencia en la población.

En primer lugar, hemos comenzado por revisar los ensayos clínicos (ECs) realizados en España con MSCs recogidos en el sitio web https://

clinicaltrials.gov/. Desde 2010 identificamos 85 ECs realizados íntegramente en España o ECs internacionales en los que participa algún grupo español. Es interesante destacar que en los ECs más antiguos las MSCs simplemente se expandían e infundían en el paciente, principalmente por sus características anti-inflamatorias. Los ECs más recientes ya incluyen MSCs diferenciadas a otros tejidos, modificadas (por ejemplo, fucosiladas), transducidas con nuevos genes o formando parte de otros dispositivos médicos (ATMPs mixtas). Las principales fuentes de obtención utilizadas para la manufactura de las MSCs son la médula ósea y el tejido adiposo y su origen/uso es tanto alogénico como autólogo. Los estudios agrupados por patologías en los 85 ECs identificados se recogen en la siguiente tabla.

Tabla 1. Recopilación de las principales patologías en las cuales se han estudiado la eficacia de las MSCs en España

CAMPO/AMBITO	N.º de ECs	EJEMPLOS
Enfermedad de injerto-contra-huésped	5	Trasplante hematopoyético
Sistema Locomotor (huesos, cartílagos, tendones)	32	Daños en columna vertebral, artrosis, artritis, pérdida de hueso, osteoporosis, fracturas
Aparato circulatorio	12	Isquemias (diabetes), infartos, fallo cardiaco, cardiomiopatías
Neurodegenerativas	6	Esclerosis múltiple
Enfermedades respiratorias	9	Síndrome de dificultad respiratoria y neumonía (Covid), displasia broncopulmonar, fibrosis pulmonar
Enfermedades autoinmunes, desequilibrios del sistema inmune y cáncer	7	Lupus, Epidermólisis bullosa distrófica recesiva, HIV, adyuvantes en cáncer (Melanoma uveal)
Regeneración de tejidos	11	Fallo hepático, fisuras post-operatorio, xerostomía debida a la radioterapia, regeneración de córneas, fístulas (anales, perianales, recto-vaginales)
Enfermedad Inflamatoria Intestinal	3	Enfermedad de Crohn y Colitis Ulcerosa

Este primer análisis ya nos identifica potenciales servicios que podrían estar interesados en disponer de MSCs para sus pacientes ya que todas estas patologías son tratadas por las distintas unidades clínicas del HUMV.

El uso clínico de las MSCs se puede realizar participando en un EC o bien cómo «medicamento compasivo» (8). Hasta la fecha el uso de MSCs compasivo por los distintos servicios del HUMV ha sido bastante limitado, adquiriendo MSCs a otras comunidades, 5 veces en el periodo 2014-2021. Lo que sí hemos podido confirmar es que hay servicios del HUMV que han estado interesados en participar en ECs dirigidos desde otras comunidades autónomas y que en ocasiones han rechazado la participación por no disponer de una unidad de producción y/o de almacenaje de las MSCs que les diese el soporte necesario. Para determinar el potencial interés por parte de los distintos servicios del HUMV se organizaron reuniones conjuntas dónde representantes de la UTC nos reunimos con los servicios de Dermatología, Cirugía plástica, Cirugía Maxilofacial, Cirugía Cardiovascular, Neurocirugía, Trauma-Ortopedia, Cirugía General, Digestivo y Reumatología. En general podemos resumir estas reuniones cómo muy positivas, con un gran interés de los distintos servicios en disponer de MSCs para tratar a sus pacientes.

2.2. PLANIFICACIÓN PARA LA INTRODUCCIÓN DE UNA NUEVA ATMP EN LA UTC

La planificación de la incorporación de un nuevo ATMP (en nuestro caso MSCs) está resumido en la siguiente tabla, adaptada de un modelo PMBOK para el desarrollo de proyectos, en el cual hemos definido 3 áreas de entrada: Integración y Alcance, Recursos y Mercado, para los cuales hemos tratado de identificar todos los posibles puntos de inicio y para cada uno de ellos hemos definido un plan de ejecución o cronograma.

Figura 5. Diagrama planificación para la incorporación de la producción de MSCs.

		Cronograma			
Área	**Inicio**	**1° Semestre 2022**	**2° Semestre 2022**	**1° Semestre 2023**	**2° Semestre 2023**
INTEGRACIÓN Y ALCANCE	Identificar nombre formal del producto				
	Identificar los pacientes que se tratarán				
	Identificar clientes				
	Identificar participantes claves para el proyecto				
	Identificar origen del material de partida				
	Definir material de partida y tipo de donante				
	Definir los criterios de aprobación de donante				
	Confirmar los consentimientos necesarios				
	Dosis del material de partida				
	Confirmar autorizaciones necesarias del centro extractor				
	Definir el sistema de transporte del material de partida hasta la unidad de procesamiento				
	Dosis de MSCs necesaria para uso clínico				
	Realizar análisis de riesgos para el producto				
	Confirmar documentación necesaria para la liberación del producto				
	Identificar lugar de infusión del producto				
	Definir caducidad del producto				
	Definir el sistema de transporte del producto terminado hasta el lugar de infusión				
	Confirmar estado de las acreditaciones necesarias				

		Cronograma			
Área	**Inicio**	**1º Semestre 2022**	**2º Semestre 2022**	**1º Semestre 2023**	**2º Semestre 2023**
RECURSOS	Identificar las figuras claves de personal según NCF		■	■	
	Identificar los conocimientos y validaciones requeridos por el personal		■	■	
	Definir validaciones, documentación y procedimientos normalizados de trabajo		■	■	
	Identificar la infraestructura necesaria		■	■	
	Identificar el equipamiento requerido		■	■	
	Identificar los reactivos necesarios		■	■	
MERCADO	Cálculo del coste de producción		■	■	
	Monitorización de la efectividad del producto				■
	Calidad del producto				■
	Defectos, retiradas y reclamaciones				■
	Cálculo del precio de mercado			■	■
	Estimación de retornos			■	■

2.3. DESARROLLO DEL ÁREA DE «INTEGRACIÓN Y ALCANCE»

De las reuniones mantenidas con los distintos servicios del HUMV se decide que tiene gran interés la propuesta del servicio de trauma-ortopedia para el tratamiento de patología degenerativa de rodilla y cadera (gonartrosis y coxartrosis). En primer lugar, este tipo de patología tiene una altísima incidencia en la población, es lo que comúnmente conocemos cómo prótesis de rodilla o cadera (Blanco FJ, 2021). El tratamiento consiste en inyectar MSCs en el área dañada, que debido a sus propiedades regenerativa retrasarían en el tiempo la necesidad del implante. Un segundo aspecto beneficioso en este proyecto es que se trata de un EC que ya estaba aprobado por la AEMPs y llevado a cabo dentro de la red de terapia celular TerCel (NCT01183728) con producción de MSCs en condiciones GMP en el IBGM-Valladolid, lo que facilitaba enormemente la incorporación de la producción de MSCs en la UTC, ya que en vez de tener que escribir un EC y su correspondiente IMPD, la AEMPs nos exige que seamos capaces de reproducir exactamente lo que ya se hace en el EC ya aprobado. A modo de resumen, la planificación que hemos realizado abarca a la producción de células mesenquimales (MSCs – **nombre formal**), para el tratamiento de gonartrosis y coxartrosis, con el servicio de traumatología del HUMV (**clientes**). Entre los **participantes** del proyecto, además del servicio de trauma-ortopedia (que llevará a cabo la **obtención material de partida** y el **tratamiento** de los pacientes) y la UTC (fabricación de las MSCs), es necesario considerar la unidad de ECs del HUMV-IDIVAL para el registro y seguimiento de los pacientes tratados y al servicio de microbiología del HUMV que realizará tanto los análisis serológicos de los donantes cómo los análisis microbiológicos de los productos manufacturados. Cómo **material de partida** se utilizará una muestra de 20 mililitros de médula ósea autóloga del paciente, extraída de la cresta ilíaca (**dosis necesaria del material de partida**). La técnica de obtención de este material está ampliamente estandarizada y se considera mínimamente invasiva, con muy bajo índice de complicaciones y se realiza exactamente según el protocolo descrito en el EC al que pretendemos adherirnos. Los donantes son los propios pacientes que cumplan tener entre 18-75 años, pueden ser hombres o mujeres, con osteoartritis grados II, III y IV, con capacidad de entender el estudio (**criterios de aceptación de donantes** Real Decreto-ley 9/2014, de 4 de julio normas de calidad y seguridad para la donación, la obtención, la evaluación, el procesamiento, la preservación, el almacenamiento y la distribución de células y tejidos humanos) y que además firmen el **consentimiento informado** (CI en desarrollo según Ley 41/2002 de 14 noviembre, Reglamento General de Protección de Datos 679/2016 de 14 de abril y Ley Orgánica de Protección de Datos Personales y garantía de los derechos digitales 3/2018 de 5 de diciembre). Este material de partida será transportado hasta las instalaciones de la UTC usando los **contenedores isotérmicos rígidos** de Sardsted, ampliamente validados para este uso, con monitorización continua de temperatura. El transporte debe realizarse a una temperatura ideal de entre 4º C y 10º C, y en cualquier caso los contenedores deben ser capaces de mantener la temperatura entre 2º C y 22º C durante al menos 12 horas.

Tras el cultivo y expansión de las MSC en la UTC, las células se criopreservarán en alícuotas individuales de 20 x 10^6 células, ya que la indicación de **dosis de uso clínico** es de inyección de 20 x 10^6 MSCs directamente a través del hueso en la zona dañada. Cuando se reciba la solicitud de necesidad de la alícuotas que cumplen todos los requisitos de calidad pre-establecidos, estas se enviarán desde la UTC acompañada de la **documentación necesaria para su liberación** según requisitos NCF, es decir, el correspondiente certificado de liberación, el certificado de análisis, el prospecto con instrucciones de uso (donde se indica la fecha de caducidad de ese lote) y el albarán asociado a la hoja de envío. El **envío del producto terminado** se realizará en un cryoshipper validado que mantiene la temperatura interior a -196ºC, con monitorización continua de la temperatura.

2.4. DESARROLLO DEL ÁREA DE «RECURSOS»

La UTC ya ha tenido una inspección de la AEMPs y tiene establecido el sistema de calidad NCF, además de contar con la acreditación de calidad JACIE para el procesamiento de progenitores hematopoyéticos (PHs):

- La UTC tiene definido el organigrama y el personal clave requerido:
  - Un responsable técnico o persona Cualificada (QP del inglés Qualified Person), con experiencia de al menos 2 años en NCFs y doctorado o equivalente (es evaluado y autorizado por la AEMPs). Es responsable de los procesos de elaboración y control, y coordina el conjunto de departamentos o áreas que intervienen en los mismos, proporcionando la orientación necesaria a todo el personal para asegurar la aplicación de las NCF y garantizar la calidad final de los medicamentos. La principal responsabilidad es verificar, certificar y autorizar el uso de que cada lote producido en la UTC haya sido fabricado y controlado de conformidad con los requisitos de autorización del ensayo clínico (EC e IMPD) y a la legislación vigente.
  - Responsable de Control de Calidad: Es quien ejecuta y controla todas las operaciones de análisis y procesos de control de calidad de materias primas, materiales de acondicionamiento y envase, producto terminado y todos aquellos materiales que compongan el medicamento final. Así mismo, es la persona responsable de garantizar que los locales y los equipos donde se llevan a cabo las operaciones de control de calidad son apropiados y se mantienen bajo unas condiciones adecuadas y que el personal que trabaja bajo su responsabilidad está adecuadamente formado.
  - Responsable de Producción: Es responsable de todas las operaciones de fabricación de los medicamentos que se producen y fabrican en la UTC. Su misión principal es la de coordinar, supervisar y en su caso, realizar todas las operaciones que intervienen en la producción garantizando el correcto cumplimiento de las NCFs.

  Además de las figuras claves, la UTC cuenta con 2 técnicos que se encargan de todo el procesamiento de PHs y que, además, en el contexto de las NCFs pertenecen a departamentos distintos, uno a producción y otro a control de calidad, ya que es importante la segregación entre departamentos de manera que se asegure siempre la participación de al menos 2 personas distintas (una de cada departamento) en todas las tareas que se realizan en la UTC. De esta manera se minimiza el «arrastrar» errores si una misma persona participara en dos puntos distintos en la escalera de manufactura del fármaco, a la vez que se facilita la detección de errores al haber siempre un «segundo revisor/validador» del paso anterior.

- La UTC tiene definida toda documentación requerida, que está codificada de la siguiente manera: DD-TC-nn v.x.x, siendo «DD» la identificación del documento (primeras siglas), «TC» indica que es de la unidad de terapia celular y «nn» número secuencial de documento partiendo de 01. A continuación v.x.x es el número correlativo de la edición del documento y su versión.
    - DM-TC-nn: Documentos maestros.
    - PV-TC-nn + IV-TC-nn: Protocolos e informes de validación.
    - PR-TC-nn: Protocolos normalizados de trabajo.
    - FL-TC-nn: Formularios asociados a los protocolos normalizados de trabajo.
    - SP-TC-nn: Especificaciones de materiales y productos.
    - FT-TC-nn: Fichas técnicas de equipos.

En cuanto a instalaciones, considerando que además de la nueva producción de MSCs y el equipamiento que se necesita, ya se venía realizando una amplia actividad en el procesamiento de PHs y en la producción de CTLs anti-CMV, la actual sala blanca de la UTC será insuficiente. Se planea disponer de una sala grado C flanqueada por dos salas grado D tal cómo se muestra en el siguiente plano.

Figura 6. Plano de las salas blancas para la producción de MSCs y otros ATMPs

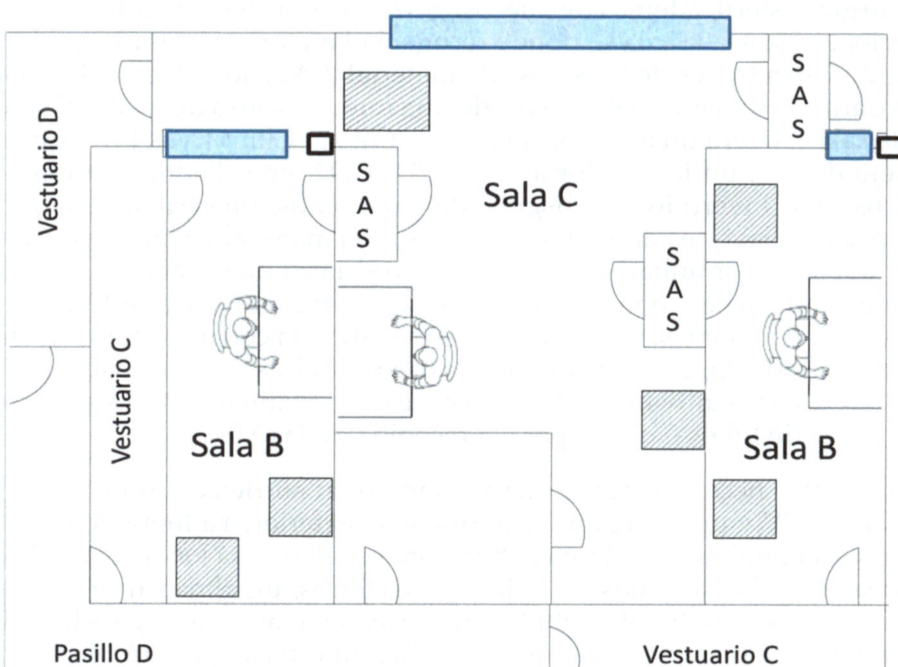

Además de disponer de temperatura y humedad controlada, este tipo de salas cuentan con filtros HEPA, tasas específicas de renovación de aire y presiones diferenciales para controlar la entrada tanto de partículas no viables (polvo) cómo viables (microorganismos) en su interior y es necesaria una monitorización continua de sus condiciones ambientales para asegurar que mantienen su grado de esterilidad. Será necesario diseñar protocolos de validación para las limpiezas que se realizarán en las instalaciones, de manera que se asegure el mantenimiento de los grados C y B de las salas y el grado A de las cabinas de trabajo. Cómo mínimo se incluirá una limpieza de material, suelo y superficies de trabajo de la sala cada vez que se usa, además de una limpieza semanal «ordinaria» de todos los equipos, mesetas y suelos de las salas y una limpieza mensual «radical» de equipos, mesetas, suelos, paredes y techos.

El flujo de personal, equipos y materiales siempre es de grado menor a grado mayor de esterilidad, siguiendo los requerimientos de vestimenta de personal y limpieza de los materiales específicos según el grado de esterilidad de la sala (más complejos cuanto más estéril es la habitación de trabajo). Para la producción de MSCs, el personal accederá en primer lugar al vestuario grado D, dónde deberá dejar la ropa de calle y ponerse un pijama quirúrgico estéril, además de zuecos, gorro, mascarilla y guantes. A continuación, irá hacia la sala C, dónde recogerá el material necesario que se ha introducido a través de la esclusa de material (SAS), lo volverá a limpiar y lo pasará a la sala grado B a través de una nueva esclusa de material (SAS). En la sala C habrá un aislador (grado A) junto al CliniMACs Prodigy, una nevera de 4ºC, un incubador a 37ºC y 5% CO2, un sellador de tubos, un microscopio invertido, un disgregador de tejidos, una balanza, y varias mesas de trabajo y estanterías o armarios para material ya limpio, de acero inoxidable. A continuación, irá hacia el vestuario de la sala B correspondiente donde deberá ponerse un buzo estéril con gorro, calzas estériles y un nuevo par de guantes. Cada sala B estará equipada con una cabina de flujo laminar (grado A), una centrífuga para tubos y bolsas y un incubador a 37ºC y 5% CO2 para cultivar las MSCs en el sistema manual de Cellstack y una centrífuga de tubos o bolsas para la recogida de las MSCs.

Las salas necesitan tener una ventana o en su defecto un sistema de cámaras CCV y un intercomunicador con el exterior. Ya fuera de las salas estériles, la unidad tendrá una habitación que albergará los sistemas de climatización y los sistemas de flujo de aire/filtros, un almacén según NCF (con áreas para material recibido, en cuarentena, aprobado y rechazado), un archivo de documentación según NCF, un espacio para técnicos / sala de reunión, despachos para los responsables y un laboratorio con los equipos necesarios para realizar todos los controles de calidad requeridos para las ATMP, que incluirá una cabina de flujo laminar, una nevera de 4ºC, un congelador de -80ºC, un incubador a 22.5ºC y otro a 32.5ºC para la incubación de las placas de muestreo ambiental, un contador de células, un baño de descongelación y un citómetro de flujo. En este laboratorio se ubicará también el criocongelador de temperatura en rampa necesario para la congelación de PHs y aquellos otros equipos necesarios en la unidad (por ejemplo, condensadores de aire para las placas de muestreo ambiental). Es necesario que todos los equipos de temperatura controlada (neveras, congeladores e incubadores) tengan sondas para la monitorización continua de la temperatura en su interior. Así mismo, las salas grado B y las cabinas grado A necesitan un sistema de monitorización continua de partículas, que suelen ya estar incorporados en las propias salas y cabinas. Temperaturas, humedad, presiones diferenciales y contadores de partículas deben estar conectados 24h y monitorizados a través de un programa informático específico.

Para definir el coste de las instalaciones, en primer lugar, hemos hecho una revisión de pliegos de prescripciones técnicas de licitaciones para la construcción de salas blancas y/o unidades de terapia celular (cada una con sus características particulares, incluyendo equipamiento). Así mismo, hemos realizado una consulta inicial al grupo Albian (https://albian.es) con quien recientemente hemos realizado una obra en la actual sala blanca de nuestra unidad, que nos ha redactado un posible presupuesto aproximado de 432.000 €.

Para identificar los reactivos y materiales que necesitaremos, hemos revisado en la literatura los protocolos de producción de MSCs a partir de médula. Generalmente, desde el aspirado de médula se realizar lo que se llama «cultivo inicial o pase 0 (P0)». Este cultivo se mantiene hasta que las células están en confluencia o un máximo de 21 días. Generalmente requiere uno o dos cambios de medio (retirar el medio de cultivo ya exhausto y reemplazarlo por medio nuevo fresco). Al final de este periodo, las MSCs se despegan y se criopreservan en alícuotas. Estas alícuotas se pueden usar ya directamente en pacientes o bien re-sembrarlas para producir más MSCs (pase 1 o P1).

2.5. DESARROLLO DEL ÁREA DE «MERCADO»

En primer lugar, hemos realizado una estimación del coste de producción de un lote de MSCs a partir de médula de un donante autólogo. Hemos conseguido de distintos proveedores el coste unitario de los **materiales y reactivos necesarios** y hemos estimado la cantidad necesaria para un cultivo P0 (cómo hemos indicado, hasta confluencia o un máximo de 21 días), así como la recogida y criopreservación en alícuotas para suministrar al paciente:

Tabla 2. Cantidades necesarias y coste por unidad y total de principales materiales y reactivos para el cultivo de MSCs

Medios / reactivos / materiales para cultivo	Volumen total	N.º unidades	Coste unitario	Coste total
Ficoll paque PREMIUM. Ejemplo: Ref. 17144092	100mL	1	37,1 €	37,1 €
Tampón fosfato salino (PBS). Ejemplo: GIBCO Ref. 10010-015.	5000mL	10	3,61 €	36,1 €
Medio DMEM. Ejemplo: GIBCO Ref. 31966047	10000mL	20	21,2 €	424 €
Human Platelet Lysate. Ejemplo STEMCELL Ref. 06960	100mL	4	144 €	576 €

Medios / reactivos / materiales para cultivo	Volumen total	N.º unidades	Coste unitario	Coste total
Cellstack 1-Chamber. Ejemplo: CORNING Ref. 734-1038	N/A	2	39,3 €	78,6 €
Cellstack 5-Chamber. Ejemplo: CORNING Ref. 734-1197	N/A	4	175,1 €	700,5 €
TrypLE-Select. GIBCO Ref. A312563029	2000mL	4	48,62 €	194,6 €
DMSO. Ejemplo: MILAN INST. Ref. O178AJ02	100mL	2	47,50 €	95 €
Cryobags. Ejemplo: Miltenyi Ref. 200-074-402	N/A	6	24,3 €	145,8 €

A estos 2287 € (sin IVA ni coste de transportes), hay que añadirles el coste de **otros materiales** que ya tenemos de rutina en el laboratorio cómo es el salino fisiológico, la albúmina humana, jeringuillas, filtros, tubos, pipetas y puntas de pipetas etc., por un valor aproximado de 1.300 € y el **gasto en personal**, teniendo en cuenta lo establecido por la FMV: 21,70 €/h técnico de laboratorio (x12h = 260,4 €) y 28,19 €/h técnico superior (6h x3 responsables de producción, calidad y el director técnico = 507,42 €), por lo que la producción de un lote de MSCs para un determinado paciente tendría un coste aproximado de 4.354,82 € (sin considerar los gastos en vestimenta de personal, la limpieza de las salas blancas, el control ambiental de las instalaciones o el funcionamiento y mantenimiento de los equipos utilizados).

Para cada lote producido de MSCs, la AEMPs requiere una serie de controles necesarios para su liberación, son los denominados **controles de calidad del producto**, que incluyen el análisis por citometría de flujo de los **marcadores de membrana específicos** para MSCs (el 95% de las células tienen que ser positivas para CD105, CD73 y CD90, adicionalmente, estas células no deben expresar (menos del 2% positivas) CD45, CD34, CD14 o CD11b, CD79a o CD19 y HLA de clase II), la **esterilidad** (según Ph. Eur 2.6.27), niveles de **endotoxinas** (según Ph. Eur 2.6.14) y la presencia de **micoplasma** (según Ph. Eur 2.6.7). El precio de un cóctel de anticuerpos específicos para MSCs es de 2.925 € (50Test Ref. BD 562245) del cual se usarán 3 test por lote, por lo tanto 175,5 €. El precio por cada análisis es de 126,57 € para esterilidad y 97,72 € para endotoxinas. Además, sabemos que la misma empresa también puede determinar la presencia de micoplasma por PCR, con un precio de 148,16 €.

Así mismo, la AEMPs requiere estudios sobre la efectividad del producto, que actualmente son de dos tipos: **Arrays CGH** y ensayos de **potencialidad**. El coste total de estos ensayos es de aproximadamente 200 €.

Teniendo en cuenta todo lo presentado, la producción y controles de calidad de un lote de MSCs para un determinado paciente tendría un coste aproximado de unos 5.300 €.

2.5.1. Cálculo del precio de mercado y estimación de retornos

Partimos por lo tanto de un coste aproximado de un lote de MSCs (a demanda para cada paciente, fabricación y uso inmediato) de 5.300 €. Para definir una tarifa de venta de las MSCs que se producirán, hemos revisado los precios de venta en otras instituciones, públicas en sus páginas web: 100 x10^6 MSCs derivadas de médula ósea tienen un precio de mercado de entre 7.000 € y 10.000 €.

En nuestro caso, consideramos la producción de MSCs, para el servicio de trauma-ortopedia del HUMV, en base al encargo medio-propio entre el Servicio Cantabro de Salud y la FMDV.

Cómo ya hemos señalado, la patología que hemos seleccionado tiene una alta incidencia en la población, y por tanto una potencial gran demanda. En base a una estimación de 20 pacientes tratados al año (datos del servicio de trauma-ortopedia), podemos establecer anualmente una previsión de retornos, que consistiría en la diferencia entre el coste de producción del lote y la tarifa de venta, calculado para el número de pacientes.

Figura 7. Estimación de retornos en la producción de un lote de MSCs

Coste de producción de 1 lote de MSCs	Tarifa	Nº de pacientes estimados / año	Retornos esperados /año
5.300 €	7.245*€	20**	38.900 €

*Es importante destacar que estas tarifas se aplican en base al encargo medio-propio y que las tarifas para centros externos a Cantabria tienen un 15% de incremento (100 x 10^6 MSCs derivadas de médula ósea tienen un precio de 8.050 €).

**El n.° de pacientes también podría variar, esperablemente a una cantidad mayor, ya que cómo hemos indicado anteriormente, una vez autorizados a producir MSCs, estas las podríamos suministrar según el concepto de «uso compasivo» para otras patologías tratadas en el HUMV o en centros de otras comunidades. Además, en caso de tener que manufacturar MSCs para uso alogénico, estas también tendrían un incremento en el precio de mercado, tal cómo se indica en la figura 7.

3. CONCLUSIONES

1. Las terapias avanzadas, paradigma de la medicina personalizada, han revolucionado el abordaje terapéutico de pacientes con enfermedades que hasta ahora carecían de otros tratamientos eficaces.

2. La producción de medicamentos biológicos está estrictamente regulada, requiriendo una gran especialización del personal implicado y el cumplimiento riguroso de estándares de calidad basados en análisis de riesgos a todos los niveles del proceso: instalaciones, equipos, materiales, etc.

3. El campo de las terapias avanzadas están en continua evolución, y es altamente competitivo.

4. En consonancia con los sistemas de salud más modernos y vanguardistas, Cantabria ha apostado el desarrollo de un Plan Regional de Terapias Avanzadas, en el que se integra la Unidad de Producción de Terapia Celular de la FMV, que junto con HUMV e IDIVAL ya han desarrollado las primeras líneas de actividad.

5. El desarrollo de las terapias avanzadas es complejo y su fabricación personalizada está asociada a costes elevados; por ello es imprescindible una evaluación previa, objetiva y racional de la pertinencia y sostenibilidad de cada nueva línea de actividad ATMPs.

6. Este proyecto establece las bases técnicas y económicas para el desarrollo de una unidad de producción de MSCs.

7. La experiencia adquirida, las instalaciones, las bases técnicas y la cualificación del personal actual, son aval de la viabilidad técnica y económica para el desarrollo de la misma.

8. La producción de nuevas ATMPs, como son las células mesenquimales, pueden contribuir a mejorar la oferta asistencial del Sistema Cántabro de Salud, ofreciendo nuevas oportunidades terapéuticas para múltiples

enfermedades, que mejorarán radicalmente la calidad de vida de muchos pacientes.

4. BIBLIOGRAFÍA

Arroyo, J. L., Pello, O. M., Adoptive immunotherapy with antiviral T cells: Methods and results. Rev Clin Esp (Barc). 2020 Apr;220(3):197-202. doi: 10.1016/j.rce.2019.04.002

Autorizaciones de uso de medicamentos de terapia avanzada concedidas por la Agencia Española de Medicamentos y Productos Sanitarios al amparo del Real Decreto 477/2014, de 13 de junio, por el que se regula la autorización de medicamentos de terapia avanzada de fabricación no industrial. https://www.aemps.gob.es/medicamentos-de-uso-humano/terapias-avanzadas/autorizaciones-de-uso-de-medicamentos-de-terapia-avanzada/

Blanco, F. J., Silva-Díaz, M., Quevedo Vila, V., et al. Prevalence of symptomatic osteoarthritis in Spain: EPISER2016 study. Reumatol Clin (Engl Ed). 2021 Oct;17(8):461-470. doi: 10.1016/j.reumae.2020.01.005.

Castella, M., Caballero-Baños, M., Ortiz-Maldonado, V., et al. Point-Of-Care CAR T-Cell Production (ARI-0001) Using a Closed Semi-automatic Bioreactor: Experience From an Academic Phase I Clinical Trial. Front Immunol. 2020 Mar 20;11:482. doi: 10.3389/fimmu.2020.00482.

Chow, V. A., Shadman, M., Gopal, A. K., Translating anti-CD19 CAR T-cell therapy into clinical practice for relapsed/refractory diffuse large B-cell lymphoma. Blood. 2018 Aug 23;132(8):777-781. doi: 10.1182/blood-2018-04-839217.

Costa, L. A., Eiro, N., Fraile, M., et al. Functional heterogeneity of mesenchymal stem cells from natural niches to culture conditions: implications for further clinical uses. Cell Mol Life Sci. 2021 Jan;78(2):447-467. doi: 10.1007/s00018-020-03600-0.

Directrices sobre normas de correcta fabricación específicas para Medicamentos de Terapia Avanzada. Ministerio de Sanidad, Consumo y Bienestar Social. Agencia española de medicamentos y productos sanitarios. https://www.aemps.gob.es/industria/inspeccionNCF/guiaNCF/docs/normas-correcta-fabricacion/nueva-guia-NCF-ATMPs.pdf

Eudralex Volume 4 of «The rules governing medicinal products in the European Union» contains guidance for the interpretation of the principles and guidelines of good manufacturing practices for medicinal products for human and veterinary use laid down in Commission Directives 91/356/EEC, as amended by Directive 2003/94/EC, and 91/412/EEC respectively.

Guía de los Fundamentos para la Dirección de Proyectos (Guía PMBOK®). 7th edition. Project Management Institute; 2021.

Libro Blanco de la Terapia Celular en España. 2019. TerCell. Proyecto «RD16/0011/0001», Plan Estatal de I+D+I 2013-2015, financiado por el Instituto de Salud Carlos III y cofinanciado por la Unión Europea (FEDER) «Una manera de hacer Europa».

Regulation (EC) Nº 1394/2007 of the European Parliament and of the Council of 13 November 2007 on advanced therapy medicinal products and amending Directive 2001/83/EC and Regulation (EC) Nº 726/2004 of the European Parliament and of the Council of 31 March 2004 laying down Community procedures for the authorization and supervision of medicinal products for human and veterinary use and establishing a European Medicines Agency. Part IV - GMP requirements for Advanced Therapy Medicinal Products.

Sterner, R. C., Sterner, R. M., CAR-T cell therapy: current limitations and potential strategies. Blood Cancer J. 2021 Apr 6;11(4):69. doi: 10.1038/s41408-021-00459-7.

Sotiropoulou, A. P., Pérez, S. A., Salagianni, M., et al. Characterization of the optimal culture conditions for clinical scale production of human mesenchymal stem cells. Stem Cells. 2006 Feb;24(2):462-71. doi: 10.1634/stemcells.2004-0331.

The EBMT Handbook: Hematopoietic Stem Cell Transplantation. 7th edition. Cham (CH): Springer; 2019.

The EBMT/EHA CAR-T Cell Handbook 2022. https://doi.org/10.1007/978-3-030-94353-0

Capítulo 11

Uso seguro de benzodiacepinas: gestión mediante cuadro de mando

MARÍA ORO FERNÁNDEZ
Área de Calidad y Seguridad del paciente, Servicio Cántabro de Salud

PATRICIA CORRO MADRAZO
Área de Calidad y Seguridad del paciente, Servicio Cántabro de Salud

JOSÉ LUIS TEJA BARBERO
Área de Calidad y Seguridad del paciente, Servicio Cántabro de Salud

1. INTRODUCCIÓN

1.1. ASPECTOS CLAVE SOBRE LA FARMACOLOGÍA DE LAS BENZODIACEPINAS

Las benzodiacepinas son un grupo de fármacos, incluidos en los grupos farmacológicos hipnótico sedantes y ansiolíticos. Son uno de los medicamentos más prescritos en la mayoría de los países desarrollados. «Lagnaoui R, Depont F, Fourier A et al. - 2004» y «Hollingworth SA, Siskind DJ-2010». Su aparición, en torno a 1960, supuso un gran avance, ya que su eficacia y mejor perfil de seguridad, en comparación con alternativas disponibles en ese momento, los barbitúricos, resultaron clave para su rápida expansión. «Vicente Sánchez MP, Macías Saint-Gerons D, de la Fuente Honrubia C et al. - 2013».

El mecanismo de acción de las benzodiacepinas se basa en potenciar la acción inhibitoria del neurotransmisor ácido gamma-aminobutírico (GABA). Se unen a receptores del complejo GABA-A, con lo que directa o indirectamente afectan a la mayor parte de las funciones cerebrales no selectivamente. Este efecto inhibidor es el responsable de los característicos efectos de sedación, amnesia y déficit de coordinación motora.

Sus indicaciones principales son el tratamiento de los trastornos de ansiedad y del insomnio, aunque también son utilizados como anticonvulsivantes, relajantes musculares o como coadyuvantes en la desintoxicación alcohólica. No tienen indicación como antidepresivos.

Hay un gran número de benzodiacepinas disponibles, todas tienen propiedades similares, aunque su potencia varía mucho. Las características diferenciales de las benzodiacepinas que ayudan a la toma de decisiones clínicas son las siguientes: vida media, potencia, tipo de metabolismo hepático y dosis equivalente con diazepam. «Montes Gómez E, Plasencia Núñez M; López Navarro AT et al. - 2017»

Las benzodiazepinas deben utilizarse a la dosis mínima que sea eficaz, en monoterapia y sólo en tratamientos cortos de trastornos agudos. La duración del tratamiento, indicada en ficha técnica, es de 2 a 4 semanas en el insomnio y de 8 a 12 semanas en la ansiedad, incluyendo en ambos casos la retirada gradual. Si la duración del tratamiento es mayor, será necesaria la monitorización estrecha del paciente.

1.2. CUANDO LOS RIESGOS SUPERAN A LOS BENEFICIOS

Las benzodiacepinas, dentro de su margen terapéutico, en tratamientos finitos y a corto plazo, resultan eficaces, seguras y con una acción rápida. Sin embargo, existe gran controversia respecto a su eficacia y también a su seguridad (sedación, confusión, pérdida de memoria, incremento del riesgo de caídas, etc.), particularmente en pacientes que tienen antecedentes de trastornos adictivos y también para las personas mayores. Además, en tratamientos prolongados pueden aparecer problemas de tolerancia, dependencia, abuso y síndrome de abstinencia. «Lligoña Garreta A, Álvarez Mazariegos JA, Guardia Serecigni J, et al. - 2019». Su consumo crónico se ha relacionado con aumento del riesgo de accidentes de tráfico, incremento de caídas, fracturas de cadera y deterioro de la memoria. «O'Brien CP - 2005» y «Herings RM, Stricker BH, De Boer A et al. - 1995».

Entre los efectos adversos más frecuentes de las benzodiacepinas se encuentran: sedación excesiva, somnolencia, incoordinación motora, disfunción sexual, caídas, fracturas, deterioro cognitivo e, incluso, aumento de mortalidad. «Hurtado F, Domínguez O - 2017» y «Tiihonen J, Mittendorfer-Rutz E, Torniainen M et al - 2015» «Guardia Serecigni, J., Flórez Menéndez, G. - 2018».

Las benzodiacepinas, sobre todo en consumo prolongado, tienen efecto de rebote, es decir, en el tratamiento de los trastornos de ansiedad o del insomnio, cuando finaliza su efecto farmacológico, la persona percibe la reaparición de los síntomas, pero con mayor intensidad que antes de la toma. Debido a la tolerancia, la persona necesita dosis progresivamente crecientes para conseguir los mismos efectos que al inicio del tratamiento, ya que su eficacia disminuye progresivamente a las pocas semanas. A más largo plazo y relacionados con la tolerancia o la retirada de tratamiento, la persona puede empezar a presentar síntomas de abstinencia, es decir, la aparición de nuevos síntomas (vegetativos, musculares, sensoriales, motivacionales y otros), que son difíciles de relacionar con la retirada de benzodiacepinas. La abstinencia de benzodiacepinas es un grave trastorno que puede cursar con crisis convulsivas y que viene a consolidar el ciclo de la adicción a las benzodiacepinas. «Guardia Serecigni - 2017» y «Guardia Serecigni - 2018».

1.3. ASPECTOS LEGALES

Los riesgos derivados del uso indebido y del tráfico ilícito de las sustancias estupefacientes y psicotrópicas, la importancia de garantizar la disponibilidad de las mismas, así como su uso racional para fines médicos y científicos, hace necesaria una especial actuación de las autoridades reguladoras en la intervención, control y vigilancia de las mismas en todos los campos, desde la producción al consumo.

El Convenio sobre Sustancias Psicotrópicas de 1971, actualmente en vigor en 183 Estados, fiscaliza unas 130 sustancias, clasificadas en 4 listas anexas, de mayor a menor peligrosidad. Para garantizar la aplicación en el ámbito nacional de las oportunas medidas de fiscalización requeridas para estas sustancias, se dictó el Real Decreto 2829/1977, de 6 de octubre, por el que se regulan las sustancias y preparados medicinales psicotrópicos, así como la fiscalización e inspección de su fabricación, distribución, prescripción y dispensación. Además, la Orden de 14 de enero de 1981, junto al Real Decreto, establecen en el ámbito nacional las normas a las que estarán sujetas las personas o entidades en relación con las sustancias psicotrópicas. Como hemos dicho, este Real Decreto es donde se establecen las regulaciones que aplican especialmente a las condiciones de fabricación, distribución, prescripción y dispensación; y no a su uso en la práctica clínica.

En España, acerca del empleo de las benzodiacepinas y fármacos similares contamos con la Circular 3/2000 de la Agencia Española del Medicamento que, en la práctica determina el contenido de los prospectos de estos fármacos y, por tanto, las indicaciones, contraindicaciones, efectos secundarios, etc.

1.4. AUMENTO DE LA DEMANDA DE ATENCIÓN EN SALUD MENTAL Y EN EL CONSUMO DE PSICOFÁRMACOS

En los últimos años, el consumo de ansiolíticos e hipnóticos, especialmente los del grupo terapéutico de las benzodiacepinas, se ha ido incrementando y se ha visto reflejado en los datos de consumo y en las diferentes encuestas realizadas al respecto. «Delegación del Gobierno para el Plan Nacional sobre Drogas - 2019/2020. *Informe 2019/2020 Alcohol, tabaco y drogas ilegales en España. EDADES*» y «Delegación del Gobierno para el Plan Nacional sobre Drogas - 2021. Informe 2021 Encuesta sobre uso de drogas en enseñanzas secundarias en España ESTUDES».

El informe de la Agencia Española de medicamentos y productos sanitarios, publicado en junio de 2019, recoge la evolución de la utilización de medicamentos ansiolíticos e hipnóticos durante el periodo 2010-2018, concluyendo que fue uno de los grupos farmacológicos más prescritos, no solo en España si no en la mayoría de los países desarrollados. Aunque el consumo se había ido incrementando de manera sostenida desde los años 90, sitúan a España por encima de la media europea. «Ministerio de Sanidad,

Servicios Sociales e Igualdad. Agencia Española del medicamento y Productos sanitarios (AEMPS) —2010-2018— Informe de Utilización de medicamentos ansiolíticos e hipnóticos en España durante el periodo».

Diversos factores favorecen la prescripción y contribuyen a la continuidad del tratamiento. Por un lado, está el paciente y su resistencia al abandono y, por otro lado, en el ámbito asistencial, podemos destacar la escasez de tiempo en la consulta, la inmediatez en la búsqueda de soluciones y las dificultades para manejar la retirada son las principales causas que lo justifican. Además, la capacidad intrínseca de las benzodiacepinas para producir dependencia hace que, en muchos casos, el consumo se cronifique, en contra de lo que aconsejan las guías de práctica clínica o las recomendaciones de prescripción racional.

1.5. INICIATIVAS INTERNACIONALES Y NACIONALES PARA FOMENTAR EL USO SEGURO DE LOS MEDICAMENTOS

La importancia de los errores de medicación ha sido objeto de interés de diferentes organizaciones y agencias internacionales, que han destacado la necesidad de instaurar prácticas seguras efectivas para reducirlos. «World Health Organization (WHO((2007) *World Alliance for Patient Safety. Patient Safety Solutions*», «Aspden P, Wolcott JA, Lyle Bootman J et al. editors-2007» y «European Medicines Agency (EMA(-2013-*Medication-errors workshop. Workshop report*». La Organización Mundial de la Salud (OMS) puso en marcha en marzo de 2017 el tercer reto mundial por la seguridad del paciente «Medicación sin daño», una iniciativa mundial para reducir en un 50%, en 5 años, los daños graves y evitables asociados a los medicamentos.

A nivel nacional, disponemos de la Estrategia Nacional de Seguridad del Paciente del Sistema Nacional de Salud 2015-2020, la cual pretende ser un elemento de referencia para la mejora de la seguridad del paciente en todos los niveles y ámbitos asistenciales del SNS, teniendo en cuenta las evidencias disponibles de las recomendaciones efectuadas, la factibilidad de su implementación, la equidad y la sostenibilidad del sistema. Además, el Instituto para el Uso seguro de los Medicamentos (ISMP) define «medicamentos de alto riesgo» como aquellos que cuando no se utilizan correctamente presentan una mayor probabilidad de causar daños graves o incluso mortales a los pacientes. Estos medicamentos son objetivo prioritario de muchas de las estrategias de mejora de la seguridad del paciente y se recomienda que los profesionales sanitarios los conozcan y que se establezcan prácticas para mejorar su seguridad en todos los procesos de su utilización. Las benzodiacepinas están recogidas en el listado de «Medicamentos de alto riesgo para pacientes crónicos». Este listado es el resultado del Proyecto MARC, financiado por el Ministerio de Sanidad, Servicios Sociales e Igualdad.

Las benzodiazepinas son alternativas de tratamiento en muchas situaciones y están disponibles en nuestro arsenal terapéutico, por lo que consideramos necesario promover un uso correcto y seguro de este tipo de fármacos.

1.6. GESTIÓN MEDIANTE CUADRO DE MANDO

De forma general, la gestión por procesos puede definirse como una forma de enfocar el trabajo con la que se persigue la mejora continua de las actividades de una organización mediante la identificación, selección, descripción, documentación y el perfeccionamiento continuo de los procesos. En Sanidad, la gestión por procesos es una forma de organizar el trabajo asistencial dirigiéndolo hacia la consecución de objetivos. Actualmente, se considera uno de los instrumentos básicos para mejorar la calidad asistencial.

En el ámbito de una gestión basada en la evidencia, la explotación y seguimiento de los datos es esencial para una adecuada toma de decisiones. Qlik Sense®, herramienta utilizada para este estudio, es una herramienta analítica interactiva, propuesta por la Dirección General de Transformación Digital de la Comunidad Autónoma para el desarrollo de cuadros de mando. La herramienta permite combinar todos los datos necesarios y lograr que sean sencillos de buscar, Qlik Sense® permite disponer de manera actualizada y a tiempo real de toda la información necesaria.

Con este estudio pretendemos, por un lado, recopilar información de los diferentes organismos oficiales, que permita, por un lado, analizar el consumo de benzodiacepinas y, por otro lado, diseñar un cuadro de mando para evaluar el consumo de estos fármacos en la comunidad de Cantabria y explorar áreas específicas para la promoción del uso seguro de estos medicamentos.

2. HIPÓTESIS

En los últimos años, los problemas de salud mental y, por consiguiente, el consumo de ansiolíticos e hipnóticos, especialmente los del grupo terapéutico de las benzodiacepinas, se ha ido incrementando. Asumimos que, en Cantabria, igual que en otras regiones de España, el consumo de estos fármacos se ha incrementado durante los últimos años. Este hecho, condiciona la seguridad de nuestros pacientes y creemos que es conveniente liderar estrategias o actividades dirigidas al uso seguro de estos medicamentos.

3. OBJETIVOS

El objetivo general de este estudio es recopilar información validada que permita, por un lado, analizar el consumo de benzodiacepinas a nivel nacional y, por otro lado, diseñar un cuadro de mando para evaluar el consumo de estos fármacos en la comunidad de Cantabria y explorar áreas específicas para la promoción del uso seguro de estos medicamentos.

Como objetivos específicos:

1. Describir la evolución del consumo de medicamentos potencialmente adictivos, en este caso de benzodiacepinas, descrito por las fuentes de información oficiales a nivel internacional, nacional y regional.
2. Diseñar un cuadro de mando que permita la monitorización de los datos de consumo en Cantabria.
3. Analizar los datos de consumo regional mostrados por el cuadro de mando:
    - Analizar la prevalencia de consumo de benzodiacepinas en la comunidad autónoma de Cantabria.
    - Analizar las características sociodemográficas de los consumidores.
    - Analizar la evolución temporal del consumo desde el año 2018 al año 2021.
    - Identificar áreas específicas para garantizar el uso seguro de estos fármacos.

4. MATERIAL Y MÉTODOS

La metodología empleada en el estudio se abordó en tres fases:

Fase 1: Búsqueda de información y revisión de la literatura (objetivo 1).

Fase 2: Diseño y desarrollo del cuadro de mando (objetivo 2).

Fase 3: Estudio observacional descriptivo de los datos disponibles (objetivo 3).

En la primera fase, de búsqueda de información y revisión de la literatura, hemos centrado la investigación en los diferentes sistemas de información internacionales y nacionales, como son el informe de 2020 de la Junta Internacional de Fiscalización de Estupefacientes, el Observatorio para el Uso Seguro del Medicamentos de la AEMPS y la memoria de «Consumo de medicamentos en recetas médicas dispensadas en oficinas de farmacia con cargo al Sistema Nacional de Salud según clasificación Anatómica-Terapéutica-Química (ATC)» del Ministerio de Sanidad. También, a nivel nacional, se analizaron las encuestas ESTUDES y EDADES publicadas por el Plan Nacional sobre Drogas. A nivel regional, se revisó el «Atlas de Asistencia Sanitaria» desarrollado por la Consejería de Sanidad del Gobierno de Cantabria. Además, se revisó bibliografía relacionada con el uso seguro de los medicamentos y la Estrategia de Seguridad del Paciente del Sistema Nacional de Salud: 2015-2020.

La Junta Internacional de Fiscalización de Estupefacientes es el organismo de supervisión independiente y cuasi judicial para la implementación de las convenciones internacionales de fiscalización de drogas de las Naciones Unidas. Fue establecido en 1968 de conformidad con la Convención Única sobre Estupefacientes de 1961. La junta publica un informe anual en el que se proporciona un estudio completo de la situación del control de drogas y sustancias psicoactivas en varias partes del mundo.

A nivel nacional, se consultó la información sobre «Consumo de medicamentos en recetas médicas dispensadas en oficinas de farmacia con cargo al Sistema Nacional de Salud según clasificación Anatómica-Terapéutica-Química (ATC)». La descripción de consumo se basa en indicadores de número de envases dispensados por oficina de farmacia, en DHD y en PVP:

- DHD: parámetro que proporciona una estimación de cuántas personas de cada 1.000 están recibiendo al día una Dosis Diaria Definida (DDD). La DDD se define como la dosis media diaria de mantenimiento de un medicamento cuando se utiliza para su principal indicación, por una vía de administración determinada en adultos. Las DDD de los principios activos las establece la OMS y están publicadas en la web de WHO Collaborating Centre for Drugs Statistics Methodology.

- PVP: Precio de venta al público. Valor monetario expresado en euros.

La descripción de datos se realiza a través de tablas de Microsoft Excel(con datos agrupados de consumo.

Por otro lado, también a nivel nacional, se analizaron los datos publicados del Observatorio del Uso de Medicamentos que es una iniciativa de la Agencia Española de Medicamentos y Productos Sanitarios, en colaboración con la Dirección General de Cartera Básica de Servicios del Sistema Nacional de Salud y Farmacia. Nace con el propósito de poner a disposición de los profesionales sanitarios, la comunidad científica, y de los ciudadanos en general, los datos del uso de medicamentos en España con cargo al Sistema Nacional de Salud (SNS) en el ámbito extrahospitalario. En el informe «Utilización de medicamentos ansiolíticos e hipnóticos en España» se describe el consumo, en DHD, de los fármacos incluidos en los grupos terapéuticos N05B (grupo farmacológico de ansiolíticos) y N05C (grupo farmacológico de hipnótico sedantes) desde el año 2010 al año 2021 completos. La exposición de datos se realiza a través de una herramienta interactiva, utilizando gráficos visuales que permiten de una forma rápida consultar los datos requeridos.

Además, hemos analizado las encuestas publicadas por el Plan Nacional sobre Drogas, concretamente las encuestas ESTUDES (estudiantes de enseñanzas secundarias) y EDADES (población general). El Programa de Encuestas sobre alcohol y otras drogas en España está dirigido por la Delegación del Gobierno para el Plan Nacional sobre Drogas (DGPNSD) y cuenta con la colaboración de las comunidades autónomas. Este programa, que se realiza cada dos años, comenzó en 1995 y en la actualidad, están disponibles los resultados de diversas encuestas, lo que permite observar la evolución de las prevalencias de consumo de alcohol, tabaco, hipnosedantes, opiáceos y drogas psicoactivas de comercio ilegal.

En Cantabria se publicó en 2021 el nuevo Atlas de Asistencia Sanitaria, considerado como el primer mapa de resultados en salud de la población cántabra con datos de promoción de la salud y cribados, cronicidad y prestación farmacéutica, presentados tanto por género como por nivel socioeconómico y zona básica de salud. Relacionado con el uso de benzodiacepinas, encontramos tres indicadores descriptivos poblacionales:

1. Porcentaje de población mayor de 18 años con prescripción de hipnótico/sedantes.

2. Porcentaje de población mayor de 18 años con prescripción de ansiolíticos.

3. Porcentaje de población mayor de 18 años con prescripción de ansiolíticos N05BA durante más de 12 semanas.

Dentro de la revisión de la literatura, también hemos analizado la «Estrategia de Seguridad del Paciente del Sistema Nacional de Salud: 2015-2020» con el objetivo de dar respuesta a la identificación de áreas de mejora para garantizar el uso seguro de estos fármacos.

Al margen de la «Estrategia de Seguridad del paciente del Sistema Nacional de Salud», el Instituto para el Uso Seguro de los Medicamentos también define una serie de recomendaciones sobre el uso seguro de los medicamentos de alto riesgo para pacientes crónicos, entre los que se encuentran las benzodiacepinas. Este listado y recomendaciones están desarrolladas por el ISMP-España, basándose en el Proyecto MARC, financiado por el Ministerio de Sanidad.

En la segunda fase del estudio, nos centramos en el diseño y desarrollo de un cuadro de mando que nos permita consultar los datos de una forma sencilla, visual, rápida y eficiente. Para ello hemos utilizado *Qlik Sense*® herramienta empleada para la monitorización de este estudio, que es una herramienta analítica interactiva, facilitada por la Dirección General de Transformación Digital de la Comunidad Autónoma. El objetivo del cuadro de mando es poder evaluar la situación actual de la comunidad de Cantabria en cuanto al consumo de benzodiacepinas y poder monitorizarlo ya que se están desarrollando proyectos dirigidos al uso seguro de estos medicamentos.

En esta segunda fase, el equipo multidisciplinar del área de Calidad y Seguridad del Paciente de la Subdirección de Asistencia Sanitaria, seleccionaron los medicamentos a incluir en el estudio y diseñaron los indicadores de evaluación y monitorización de consumo de benzodiacepinas en la Comunidad Autónoma basándose en la bibliografía consultada. Los fármacos incluidos en el estudio se muestran en la Tabla 1.

Tabla 1. Benzodiazepinas: grupo hipnótico sedantes (N05C) y ansiolíticos derivados de benzodiazepinas (N05BA)

N05BA01	DIAZEPAM
N05BA05	CLORAZEPATO DIPOTÁSICO
N05BA06	LORAZEPAM
N05BA08	BROMAZEPAM
N05BA09	CLOBAZAM
N05BA10	KETAZOLAM

N05BA12	ALPRAZOLAM
N05BA14	PINAZEPAM
N05BA51	DIAZEPAM EN ASOCIACIÓN
N05CD01	FLURAZEPAM
N05CD05	TRIAZOLAM
N05CD06	LORMETAZEPAM
N05CD08	MIDAZOLAM
N05CD09	BROTIZOLAM
N05CD10	QUAZEPAM
N05CD11	LOPRAZOLAM
N05CF01	ZOPICLONA
N05CF02	ZOLPIDEM
N05CH01	MELATONINA
N05CM02	CLOMETIAZOL
N05CM93	GLUTAMATO MAGNÉSICO BROMHIDRATO
Consultado nomenclátor de Cantabria en noviembre 2021	

Se han utilizado como unidades de medida de consumo la población consumidora de, por lo menos, un envase, número de envases dispensados en las oficinas de farmacia, PVP y DHD.

Los indicadores definidos, desde el año 2018, serían los siguientes:

- Consumo TOTAL de N05BA-N05C expresado en n.º de envases facturados al SNS, en PVP y en DHD.
- Consumo por principio activo expresado en n.º envases facturados al SNS, en PVP y en DHD.
- Consumo TOTAL de N05BA-N05C expresado en n.º de envases facturados al SNS, en PVP y en DHD por rangos de edad y sexo.
- Consumo TOTAL de N05BA-N05C expresado en n.º de envases facturados al SNS, en PVP y en DHD por zona básica de salud.

- Consumo por principio activo expresado en n.º envases facturados al SNS, en PVP y en DHD por zona básica de salud.

Para el diseño de la interfaz del cuadro de mando se contó con el Servicio de Informática del Servicio Cántabro de Salud, tras autorización de la Dirección General de Transformación Digital y Relaciones con los Usuarios. Se recogieron los datos desde el año 2018 hasta la actualidad, de forma que se puedan consultar los datos de años previos y de manera actualizada en todo momento (siempre existirá un decalaje de unos meses finalizado el año). Para ello, se hace uso de tecnologías modernas de explotación de datos, permitiendo que los consumos de benzodiacepinas se puedan visualizar en una serie de gráficos interactivos y que el consultor, pueda manejar fácilmente para obtener la información que desea conocer.

En la tercera fase se realiza el estudio observacional descriptivo que permitió aportar los resultados del proyecto. En el estudio se han evaluado los datos de consumo de benzodiacepinas de los años completos 2018, 2019, 2020 y 2021, disponibles en el cuadro de mando Qlik Sense®. Estos datos se han descrito con frecuencias absolutas y porcentajes. Se parte de la población de Cantabria adscrita a Tarjeta Sanitaria adscrita al Servicio Cántabro de Salud, la cifra en 2021 asciende a 567.770 personas. Se evalúa al grupo poblacional con dispensaciones de benzodiacepinas desde las oficinas de farmacia, asumimos que la dispensación del medicamento es el consumo del mismo. Se recogieron las siguientes variables: sexo, edad, zona básica de salud, área de salud, grupo terapéutico prescrito, principio activo, DDD de cada fármaco, envases dispensados por las oficinas de farmacia y PVP facturado con cargo al SNS. Todos los datos recogidos fueron seudonimizados, cumpliendo con la Ley Orgánica 3/2018, de 5 de diciembre, de Protección de Datos Personales y garantía de los derechos digitales. Las fuentes de información utilizadas fueron: el nomenclátor de Cantabria, la base de datos de Tarjeta Sanitaria del Servicio Cántabro de Salud y la base de datos de receta electrónica de la comunidad. Para este estudio se ha realizado inicialmente un análisis descriptivo de los datos, calculando frecuencias absolutas y porcentajes. En un futuro se llevarán a cabo los test estadísticos pertinentes para establecer, si las hubiera, diferencias estadísticamente significativas entre diferentes grupos poblacionales.

5. RESULTADOS

5.1. DESCRIBIR LA EVOLUCIÓN DEL CONSUMO DE MEDICAMENTOS POTENCIALMENTE ADICTIVOS (BENZODIACEPINAS)

El informe de 2020 de la Junta Internacional de Fiscalización de Estupefacientes detalla que España es el país del mundo con mayor consumo de al menos una benzodiacepina en el mercado lícito y expresado en DHD en el año 2019. Detrás de España se encontraban Serbia, Uruguay, Israel, Estados Unidos y Hungría, en orden descendente. Las benzodiazepinas que más se consumieron en 2019 fueron: alprazolam, lorazepam, diazepam, clonazepam, bromazepam, lormetazepam y estazolam, este último no comercializado en España. En el informe se recogían datos de sólo 85 países (de 195), que comunicaron cifras de consumo de, al menos, una benzodiazepina.

A nivel nacional, las dos revisiones de datos agrupados y oficiales utilizadas son el informe de consumo de medicamentos en recetas médicas dispensadas en oficinas de farmacia con cargo al Sistema Nacional de Salud según clasificación ATC y el informe «Utilización de medicamentos ansiolíticos e hipnóticos en España» del Observatorio del Uso seguro de Medicamentos de la AEMPS.

El informe de consumo de medicamentos en recetas médicas dispensadas en oficinas de farmacia con cargo al Sistema Nacional de Salud según clasificación ATC muestra los datos de utilización y consumo de medicamentos en España que han sido prescritos por los médicos del Sistema Nacional de Salud, que han sido dispensados en las oficinas de farmacia y se han financiado con cargo al sistema sanitario público de nuestro país. Los datos se describen en formato tabla Microsoft Excel(de descarga. En el informe publicado de 2021, identifica al grupo terapéutico N05BA (ansiolíticos derivados de las benzodiacepinas) como el tercer grupo terapéutico con mayor consumo a nivel nacional expresado en número de envases dispensados por oficinas de farmacia. En 2021 se dispensaron un total de 58.141.270 de envases de fármacos del grupo terapéutico N05BA, lo que supuso un 5,63% del total de envases dispensados de todos los medicamentos disponibles en el arsenal terapéutico del SNS. El grupo N05BA se sitúa por detrás de los inhibidores de la bomba de protones (70.488.650 envases dispensados en 2021, 6,8% del total de envases dispensados) y de los inhibidores de HMGCoA reductasa (62.542.060 envases dispensados en 2021, 6,05% del total de envases dispensados). El consumo de envases de N05BA en 2021 supuso un incremento del 3,14% respecto al consumo del año 2020 (56.370.660 envases).

El grupo terapéutico, también estudiado, N05CD, que incluye los «fármacos hipnótico sedantes derivados de las benzodiacepinas» (excluyendo al zolpidem y a la zopiclona), se localizó en el puesto número 21 del listado, consumiéndose un total de 12.681.860 envases en 2021. El consumo de envases de N05CD en 2021 supuso un incremento del 2,39% respecto al consumo del año 2020 (12.385.840 envases). En relación a los fármacos zolpidem y zopiclona, incluidos en el grupo terapéutico N05CF «fármacos hipnótico sedantes relacionados con las benzodiacepinas», se consumieron en 2021 un total de 4.979.850 envases, lo que supuso un incremento de un 2,7% en relación al consumo del año previo, cuando se dispensaron 4.845.540 de envases.

El consumo medido en PVP, expresado en euros, es al que se han facturado los medicamentos correspondientes a ese ATC. El grupo terapéutico N05BA, a pesar de ocupar el tercer puesto en consumo medido en n.º de envases dispensados, si analizamos el consumo en PVP facturado, ocuparía el puesto 37 en la lista del total de subgrupos terapéuticos. Este subgrupo terapéutico N05BA de fármacos ansiolíticos derivados de la benzodiacepina, supuso un consumo en PVP en el año 2021 de 105.515.520 euros, un 3,19% más que en el 2020. El subgrupo terapéutico N05CD y N05CF de fármacos hipnótico sedantes derivados y relacionados con las benzodiacepinas, supusieron un consumo en PVP en el año 2021 de 45.739.610 euros, el grupo N05CD un 4,6% más que en el 2020 y el grupo N05CF un 2,68% más que en el 2020.

Por otro lado, el Observatorio del Uso de Medicamentos de la AEMPS, en el informe «Utilización de medicamentos ansiolíticos e hipnóticos en España» publicado a finales de 2021 recoge la evolución del consumo, medido en DHD, de los medicamentos incluidos en los grupos terapéuticos N05B (ansiolíticos) y N05C (hipnóticos sedantes) durante el periodo 2010-2021. Utiliza la herramienta interactiva Microsoft Power BI(, a modo cuadro de mando. Así, de una forma, visual y rápida, se puede describir la evolución del consumo de estos fármacos en los últimos años. Para más información se puede consultar: https://www.aemps.gob.es/medicamentos-de-uso-humano/observatorio-de-uso-de-medicamentos/informes-ansioliticos-hipnoticos/

Durante los años 2010 a 2012, la tendencia de consumo se mantuvo estable en torno a las 82,64 DHD de media. Sin embargo, durante 2013 y 2014, se aprecia un claro incremento del consumo llegando a 87,078 DHD en el año 2014. Un aumento desde 2012 a 2014 en 5,06 DHD. A partir del año 2014, hasta 2019, la tendencia de consumo se ha mantenido estable en torno a unas 87,36 DHD de media en este periodo. A partir de 2019, se ve un claro incremento del consumo, en 6,11 DHD desde un consumo de 86,935 DHD en 2019, hasta un consumo de 93,046 DHD en 2021, la cifra más alta de consumo en los últimos 11 años. En la gráfica del consumo trimestral del año 2021 existe incremento constante en cada trimestre sin tendencia a la estabilización.

En relación a los principios activos mayormente consumidos (% de DHD) se observa que durante los años 2010-2012 se consumía: lorazepam, lormetazepam, alprazolam y zolpidem. Desde 2013 a 2017: lorazepam, lormetazepam, alprazolam y diazepam. Finalmente, del año 2018 al 2021: lormetazepam, lorazepam, alprazolam y diazepam.

Además de los datos de consumo cuantitativos, a nivel nacional se desarrollaron las encuestas ESTUDES y EDADES: La encuesta ESTUDES del 2021 se realizó en una muestra de 22.321 estudiantes de 531 centros educativos y con una franja de edad entre 14 a 18 años. La encuesta describe que la prevalencia de consumo de hipnosedantes, con o sin receta médica, entre los estudiantes de 14 a 18 años es del 19,6% cuando el periodo temporal se refiere a alguna ocasión en la vida. Evolutivamente se observa una tendencia ascendente en la prevalencia de consumo de hipnosedantes desde el inicio de la serie histórica, alcanzando en 2021 los valores más altos desde que se monitoriza este indicador. Por otra parte, la edad media en la que los estudiantes se inician en el consumo de este tipo de sustancias psicoactivas es de 14,1 años, dato similar al del resto de ediciones. Entre todas las sustancias psicoactivas, los hipnosedantes son las cuartas más consumidas detrás del alcohol, tabaco y cannabis, por este orden. Globalmente el consumo de estas sustancias, alguna vez en la vida, es superior entre el género femenino (24,1%) frente al masculino (15,3%), para esta franja de edad. Si revisamos los datos para la población adulta, a través de la encuesta EDADES, edición 2019/2020, realizada a 17.899 ciudadanos españoles entre 15 a 64 años, en cuanto a los hipnosedantes con o sin receta médica, la encuesta describe la prevalencia de consumo, alguna vez en la vida, en el 22,5%. Supone un aumento de 1,7 puntos porcentuales respecto al dato de 2017, siguiendo así con la tendencia creciente observada desde 2015. Estos datos de consumo sitúan a los fármacos hipnosedantes como la tercera sustancia psicoactiva más consumida por detrás del alcohol y del tabaco. Los hipnosedantes, con o sin receta médica, son las sustancias psicoactivas que comienzan a consumirse a una edad más avanzada, 34,4 años, siendo inferior la edad media de inicio en el consumo de hipnosedantes sin receta (30,6 años). La característica común es el predominio del consumo entre mujeres 15,5% frente al 9,3% en el caso de los varones, y con mayor prevalencia en la franja de edad 35 a 64 años. La encuesta EDADES incluye un indicador que permite medir la incidencia de consumo. Así, aproximadamente

640.000 personas iniciaron el consumo de hipnosedantes con o sin receta en los últimos 12 meses.

A nivel regional, el Atlas de Asistencia Sanitaria en Cantabria, publicado en 2021 muestra datos relacionado con el uso de benzodiacepinas. Para el diseño del Atlas también se han utilizado herramientas de consulta tipo cuadro de mando, que permiten de forma rápida analizar tendencias, como muestra la Imagen 1. Asociado al porcentaje de población mayor de 18 años con prescripción de hipnótico sedantes (N05C), el atlas informa que en 2019 el 8,2% de la población tenía prescrito al menos un fármaco y en 2020 se ha incrementado a un 8,4% de la población. En el Atlas también se puede observar que las zonas básicas de salud dónde más del 9,18% de población (quinto quintil) tiene prescritos estos fármacos son: Santoña (9,9%), Nansa (9,6%), Gama (9,5%), Sardinero (9,5%), Astillero (9,3%) y Centro (9,3%).

Figura 1. Atlas de Asistencia Sanitaria en Cantabria.

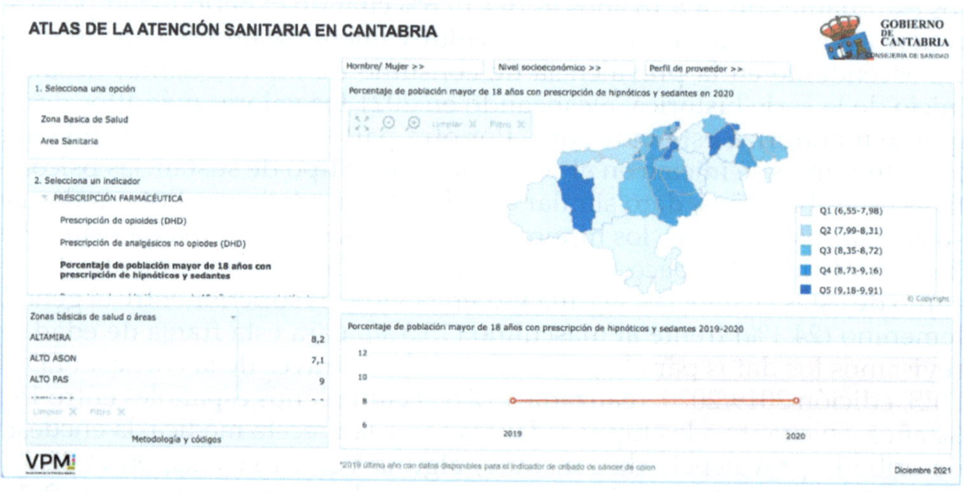

Además, si analizamos la tasa de población con prescripción de hipnóticos sedantes por género y nivel socioeconómico, se ve una clara tendencia a mayor tasa de población con prescripción de hipnóticos sedantes en mujeres y población con nivel socioeconómico bajo.

Por otro lado, el porcentaje de población mayor de 18 años que tiene prescritos fármacos ansiolíticos derivados de la benzodiacepina (N05BA) en 2019 es 16,8% y en 2020 un 17,3%. En el Atlas también se puede observar que las zonas básicas de salud dónde más del 18,67% de población (quinto quintil) tiene prescritos estos fármacos son: Nansa (21,5%), Alto Pas (19,8%), Torrelavega-Cartes (19,4%), Besaya (19,1%), Bajo Asón (19%), Torrelavega-Covadonga (19%), Santoña (18,7%) y Suances (18,7%).

Además, al analizar también la tasa de población con prescripción de ansiolíticos derivados de la benzodiacepina por género y nivel socioeconómico se ve una clara tendencia a mayor tasa de población con prescripción de hipnótico sedantes en mujeres y población con nivel socioeconómico bajo. En relación al nivel socioeconómico alto, la zona básica de salud de Nansa, es la única que se mantiene elevada con una tasa de población con prescripción de ansiolíticos mayor al 18,76%.

Si analizamos el porcentaje de población mayor de 18 años con prescripción de ansiolíticos derivados de la benzodiacepina (N05BA) durante más de 12 semanas nos encontramos que la tasa de población en 2019 es de 14,1% y de 14,4% en 2020. En el Atlas también se puede observar que las zonas básicas de salud dónde más del 15,68% de población tiene prescritos estos fármacos durante más de 12 semanas son: Nansa (19,1%), Alto Pas (16,6%), Torrelavega-Cartes (16,5%), Besaya (16,1%), Maruca (16%), Gama (15,8%), Torrelavega-Covadonga (15,7%), Liébana (15,7%) y La Barrera (15,5%). Si filtramos por género y perfil socioeconómico se mantiene la tendencia de mayor tasa de población con prescripción prolongada de estos fármacos, en mujeres y población con nivel socioeconómico bajo, destacando que la tasa de población con nivel socioeconómico elevado se mantiene elevada en las zonas de Nansa y Liébana.

5.2. DISEÑO DE UN CUADRO DE MANDO REGIONAL

El cuadro de mando para el uso seguro de benzodiacepinas se diseñó con idea de analizar la situación actual y la evolución del consumo en Cantabria. El cuadro de mando tiene 3 interfaces en función de la medida del consumo: número de envases dispensados por oficinas de farmacia, DHD y PVP. Las tres medidas de consumo se basan en fármacos dispensados, asumiendo que los medicamentos dispensados por las oficinas de farmacia se consumen por los pacientes. Cada interfaz muestra con gráficos el consumo global, por sexos (en% y en valor absoluto), por zona básica de salud, área sanitaria y por rangos de edad, como se puede ver en la Imagen 2. Las diferentes variables se pueden seleccionar y combinar para el análisis de datos concretos.

Figura 2. Cuadro de mando del consumo de benzodiacepinas en Cantabria. Área de Calidad y Seguridad del paciente

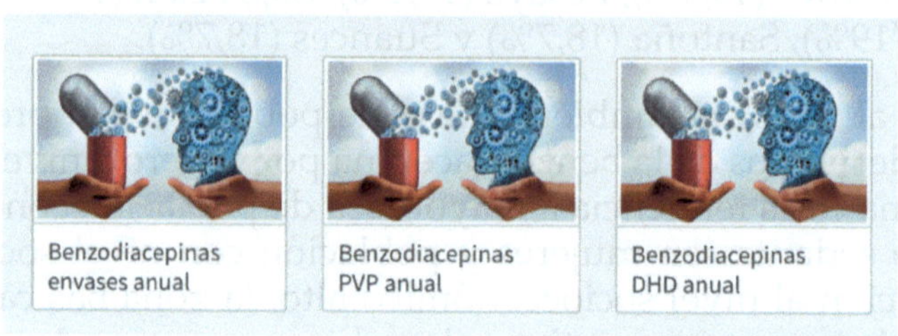

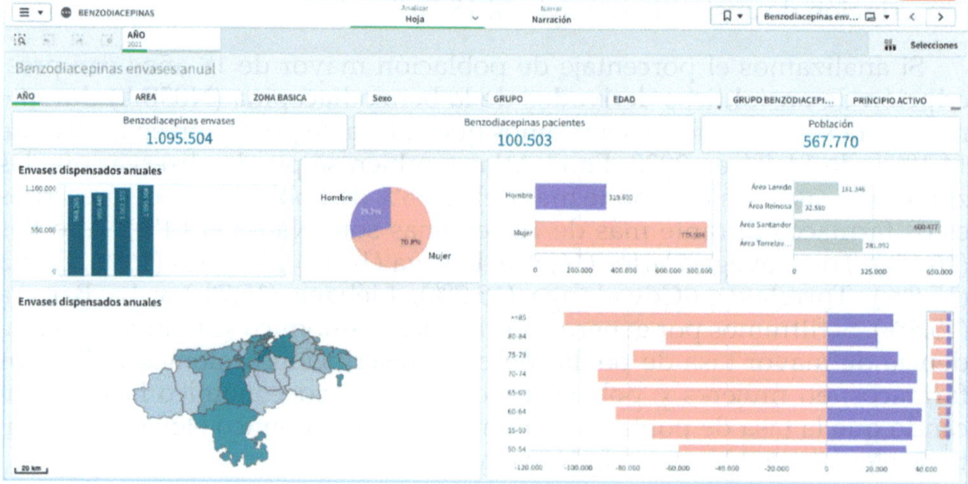

5.3. ANÁLISIS DE DATOS PARA EVALUAR EL CONSUMO DE BENZODIACEPINAS

La prevalencia del consumo de benzodiacepinas en el año 2021, medida en pacientes que han dispensado por lo menos 1 envase de benzodiacepinas en el año con respecto a toda la población cántabra que figura en Tarjeta Sanitaria, es de un 17,7%. En 2018 fue de un 15,2%, en 2019 de un 16,1% y en 2020 un 16,7%. A continuación, describimos la evolución de consumo desde el 2018 al 2021 teniendo en cuenta las tres medidas de consumo (número de envases, DHD y PVP):

- En el año 2018 se dispensaron un total de 968.265 envases. Esto suponía 45,9 DHD en el grupo de fármacos hipnótico sedantes y de 51,7 DHD en el grupo de fármacos ansiolíticos relacionados con la benzodiacepina. El gasto en PVP fue de 1.976.130 euros.

- En el año 2019 se dispensaron un total de 999.440 envases y supuso 46,8 DHD en el grupo de fármacos hipnótico sedantes y de 54,25 DHD en el grupo de fármacos ansiolíticos relacionados con la benzodiacepina. El gasto en PVP fue de 2.037.890 euros.
- En el año 2020 se dispensaron un total de 1.062.375 envases que suponían 49,4 DHD en el grupo de fármacos hipnótico sedantes y de 57,2 DHD en el grupo de fármacos ansiolíticos relacionados con la benzodiacepina. El gasto en PVP fue de 2.151.185 euros.
- Finalmente, en 2021 se dispensaron un total de 1.095.504 envases, esto suponía 50,6 DHD en el grupo de fármacos hipnótico sedantes y de 58,9 DHD en el grupo de fármacos ansiolíticos relacionados con la benzodiacepina. El gasto en PVP fue de 2.228.674 euros.

En el año 2021 el 70,8% de las benzodiacepinas dispensadas fueron consumidas por mujeres (775.904 envases dispensados). Cifra menor que los años previos: en 2018 supuso un 71,3%, y en 2019 y 2020 el 71,1%. La franja de edad que consume mayor número de DHD en el género femenino es la comprendida entre los 80 y 84 años y para el género masculino los mayores a 85 años. Sin embargo, si analizamos el consumo en número de envases, en el género femenino la franja de edad que más benzodiacepinas consume es la de edad mayor a 85 años y para el género masculino la comprendida entre los 60 y 64 años.

Teniendo en cuenta el consumo de benzodiacepinas por edad, podemos afirmar que el 35% de las personas que consumen estos fármacos son mayores de 70 años. Además, en 2021 las personas con edad mayor a 85 años son las que mayor número de envases consumieron (132.486 envases). Seguidas de las personas con edad comprendida entre 70-74 años, con un consumo de 128.605 envases. En cuanto al consumo en DHD totales, las personas con 85 años o más son las que más DHD consumen, seguidas de las personas con edad comprendida entre 80 a 84 años. Dentro del grupo terapéutico de ansiolíticos derivados de las benzodiacepinas (N05BA), en 2021 los pacientes que consumieron el mayor número de envases fueron los pacientes con edad comprendida entre 70 y 74 años (81.830 envases). Dentro del grupo terapéutico de hipnótico sedantes (N05C), en 2021 los pacientes que consumieron el mayor número de envases son los pacientes con edad igual o mayor a 85 años (59.024 envases). La prevalencia de consumo en pacientes menores de edad ha ido aumentando. En 2018 la prevalencia de consumo, medido en envases dispensados fue de 0,4% (369 pacientes en una población de 89.608); en 2019 la prevalencia fue de un 0,5% (475 pacientes en una población de 88.834), en 2020 la prevalencia fue de un 0,6% (558 pacientes en una población de 87.541) y en 2021 la prevalencia ascendió al 0,7% (629 pacientes en una población de 86.159). Estos pacientes consumieron en 2021 un total de 2.592 envases.

En el grupo de pacientes menores de edad, la distribución del consumo por género no tiene diferencias, a lo largo de los 4 años.

El área sanitaria con mayor número de envases dispensados y PVP facturado en 2021 fue el de Santander, con una dispensación de 600.447 envases (1.228.572 euros), seguida del Área de Torrelavega-Reinosa con una dispensación de 313.632 envases (632.203 euros) y del Área de Laredo con una dispensación de 181.346 envases (367.797 euros). Sin embargo, no hay tantas diferencias en el consumo de benzodiacepinas definido en DHD en las diferentes áreas de salud de la Comunidad Autónoma. El Área de Laredo es el que mayores DHD de benzodiacepinas consume, 112,51. En segundo lugar, el área de Torrelavega-Reinosa con 109,5 DHD y, por último, el Área de Santander, con 107,6 DHD.

5.4. GESTIÓN OPERATIVA A TRAVÉS DEL SISTEMA DE INFORMACIÓN: IDENTIFICACIÓN DE ÁREAS DE MEJORA PARA GARANTIZAR EL USO SEGURO DE ESTOS FÁRMACOS

El análisis de la situación actual sobre el consumo de benzodiacepinas en la comunidad, a través del cuadro de mando, ha llevado a los profesionales del Área de Calidad y Seguridad del Paciente a un proceso de toma de decisiones basándose en los resultados obtenidos. Teniendo en cuenta la Estrategia de Seguridad del Paciente en el Sistema Nacional de Salud y las recomendaciones del ISMP hacia el uso de los medicamentos de alto riesgo en pacientes crónicos, se desarrollaron medidas dirigidas hacia la promoción del uso seguro de las benzodiacepinas en la comunidad. Las áreas de mejora detectadas, tras el análisis de los datos, para desarrollar actividades específicas y poner el foco de atención son la población de edad avanzada, población de género femenino y los menores de edad.

El cuadro de mando fue diseñado, también, para el seguimiento de estas acciones dirigidas hacia el uso seguro de benzodiacepinas, y proporcionar a los profesionales información de la efectividad de las actuaciones clínicas a través de los indicadores de consumo para poder analizar el impacto conseguido.

6. DISCUSIÓN

A la vista de los datos recogidos sobre el uso de las benzodiacepinas en las diferentes fuentes consultadas internacionales, nacionales y regionales, podemos decir que los datos son heterogéneos con diferentes definiciones de consumo, además de utilizar distintos periodos temporales. No obstante, en todas las fuentes consultadas se ve una clara tendencia al aumento en el uso de fármacos hipnótico sedantes o ansiolíticos derivados o relacionados con las benzodiacepinas, independientemente de la unidad de consumo analizada.

En el informe de 2020, de la Junta Internacional de Fiscalización de Estupefacientes detallan que España es el país del mundo con mayor consumo, expresado en DHD, de al menos, una benzodiacepina en el mercado lícito en el año 2019.

Por otro lado, y a nivel nacional, las dos revisiones de datos agrupados y oficiales utilizadas son el informe de consumo de medicamentos en recetas médicas dispensadas en oficinas de farmacia con cargo al Sistema Nacional de Salud según clasificación ATC y el informe «Utilización de medicamentos ansiolíticos e hipnóticos en España» del Observatorio del Uso seguro de Medicamentos de la AEMPS. El primero de ellos, muestra mediante una tabla Microsoft Excel(el consumo de fármacos incluidos en los diferentes grupos terapéuticos medido en número de envases facturados al SNS, DHD y PVP. Se ha analizado el consumo en 2021 y la comparativa frente al 2020. En el informe publicado de 2021, se identifica al grupo terapéutico N05BA (ansiolíticos derivados de las benzodiacepinas) como el tercer grupo terapéutico de fármacos con mayor consumo a nivel nacional. De cada 20 envases dispensados de cualquier tipo de medicación, por oficina de farmacia, un envase es de ansiolíticos derivados de la benzodiacepina. Sin embargo, analizando el gasto farmacéutico, no implica tanto impacto, ya que estos fármacos se sitúan en el puesto 37 del listado de consumo. Por lo que se puede asumir que, la mayor parte de los costes producidos por el uso inadecuado de las benzodiacepinas, serán costes indirectos relacionados con sus efectos secundarios y reacciones adversas, y no costes directos por facturación de recetas al SNS. Analizando el consumo, medido en DHD o en PVP, existe incremento respecto al año 2020 en cada grupo terapéutico estudiado. El segundo informe analizado de datos agrupados y oficiales del «Observatorio para el uso seguro de los medicamentos» de la AEMPS muestra, utilizando herramientas interactivas de visualización de datos, información sobre la evolución del consumo, medido en DHD, desde el año 2010 al año 2021 completo. Situando al consumo de fármacos ansiolíticos derivados de la benzodiacepina y de hipnótico sedantes en la cifra más alta de los últimos 11 años.

En las encuestas analizadas, dependientes del Ministerio de Sanidad y publicadas por el Plan Nacional sobre Drogas, ESTUDES y EDADES, se evalúa la prevalencia de consumo en población pediátrica (14 a 18 años) y en población entre 15 y 64 años, respectivamente. La edad media de inicio de consumo de fármacos hipnosedantes en población pediátrica se mantiene estable en los últimos años, lo que sí se incrementa es la prevalencia de consumo. De forma similar, la prevalencia de consumo de hipnosedantes en población de 15 a 64 años se incrementa y el género femenino es el mayor consumidor de estos fármacos; lo mismo pasa con la edad de inicio de consumo que se mantiene estable.

A nivel regional, el Atlas de la Asistencia Sanitaria en Cantabria, evalúa el porcentaje de población con prescripción de ansiolíticos derivados de benzodiacepinas y de hipnótico sedantes de 2019 y de 2020, también a través de herramientas interactivas de visualización de datos. En este caso, se analizan prescripciones en receta electrónica y, la prescripción no lleva implícita la dispensación y/o consumo, por lo que en este caso no hablamos de consumo; pero sí de uso de benzodiacepinas, ya que, si están prescritas, es que están indicadas por un facultativo y es decisión, por un lado, del paciente de no retirarlas de la oficina de farmacia, o del profesional, por indicación de uso intermitente. También describe un incremento en el porcentaje de población con prescripción de benzodiacepinas del 2019 al 2020. Además, aporta datos sobre la prescripción estratificados en zonas básicas de salud de la comunidad autónoma, género y perfil socioeconómico. El mayor porcentaje de población que tiene prescritos estos fármacos es población de género femenino y de perfil socioeconómico bajo. Además, al analizar la tasa de población con prescripción prolongada se comprueba que ésta es menor que la tasa de población con prescripción puntual, sin embargo, también existe un incremento de población con prescripción prolongada respecto al año 2019.

Agrupando los diferentes indicadores de «consumo», así son: número de envases dispensados por oficina de farmacia, DHD, PVP, porcentaje de población; se diseña un cuadro de mando corporativo para analizar la situación de Cantabria en relación al consumo de benzodiacepinas con datos agrupados desde el 2018 hasta la actualidad. Para el diseño del cuadro de mando se contó con el Servicio de Informática del Servicio Cántabro de Salud, ya que se contempló como un pilar fundamental para el desarrollo del cuadro de mando. Consideramos que la utilización eficiente de los datos es imprescindible para la gestión por procesos. La posibilidad de la exportación de datos ha llevado al estudio específico de los factores que pueden repercutir en la seguridad de nuestros pacientes, ya sea en función de la edad, género, zona básica de salud y área sanitaria. En el ámbito de una gestión basada en la evidencia, la explotación y seguimiento de los datos es esencial para una adecuada toma de decisiones, así como para garantizar la calidad asistencial. Además, las herramientas interactivas de gestión del dato resultan clave para el desarrollo de proyectos de investigación no sólo por el gran volumen de datos generados si no por la posibilidad de extraerlos en tiempo real. Qlik Sense®, aplicativo utilizado para el análisis de este estudio, es una herramienta analítica interactiva, propuesta por la Dirección General de Transformación Digital de la Comunidad Autónoma. La herramienta permite combinar todos los datos necesarios y lograr que sean sencillos de buscar. Qlik Sense® permite disponer de manera actualizada y a tiempo real de toda la información necesaria.

En el cuadro de mando se analiza la prevalencia de consumo de benzodiacepinas, el consumo medido en número de envases dispensados por oficina de farmacia, DHD y PVP con datos agrupados anuales desde el año 2018 a la actualidad. Se puede consultar por datos agregados y estratificados por género, área sanitaria, zona básica de salud y por rangos de edad; pudiendo seleccionar cada una de las variables y evaluando el caso en particular. Los datos muestran un incremento de consumo, independientemente de la medida, desde el año 2018 a la actualidad. A la vista de los datos obtenidos en nuestro estudio se encuentra que el consumo de ansiolíticos e hipnóticos, medido en DHD, es más alto en comparación con la media nacional, descrita tanto en el informe de la AEMPS como por otros autores. «Gili, M., García Campayo, J., Roca, M. - 2014». Sin embargo, la prevalencia de consumo de estas sustancias es algo menor a la prevalencia de consumo de hipnosedantes que se describe en la encuesta nacional EDADES. Si es cierto que la población analizada en la encuesta EDADES tiene una edad comprendida entre los 15 y 64 años, y en nuestro cuadro de mando se incluye a la población total de Cantabria con Tarjeta Sanitaria. Además, nuestro cuadro de mando muestra que más de un tercio del consumo se asocia a la población mayor de 70 años.

Según nuestros datos, las mujeres son las mayores consumidoras de estos fármacos, igual que se describe en la literatura. Aunque la tasa de consumo en el género femenino está muy por encima de la del género masculino, se observa una tendencia de disminución de la tasa de consumo en población femenina en los últimos años. Además, en población femenina, la franja de edad que mayores DHD consume es la de 80 a 84 años. Esto puede ser debido a que, las tasas de prevalencia de trastornos de ansiedad son 1,5-2,5 veces más altas en las mujeres que en los hombres. Los resultados son concordantes con otros estudios que muestran cómo el consumo de estos fármacos no es igual en la población general, sino que hay grupos más vulnerables como son las mujeres, los ancianos y las personas con problemas crónicos de salud. «Tsimtsiou, Z., Ashworth, M. and Jones, R. – 2009».

Además, se ha encontrado una relación entre la edad y el consumo de benzodiacepinas, a mayor edad mayor consumo. El hecho de que las personas mayores de 70 años constituyen más de un tercio de la población consumidora puede ser un resultado destacable, dado los efectos secundarios de estos fármacos especialmente en población de edad avanzada. Algunos estudios encuentran riesgo de deterioro cognitivo en ancianos cuando se utilizan a largo plazo, además de estar implicados en un aumento de fracturas de cadera con las consecuencias de pérdida de capacidad funcional y pérdida de calidad de vida. Igualmente son fármacos que provocan dependencia física y psicológica. «Ortiz-Lobo A, Sobrado de Vicente-Tutor AM – 2013», «Vicens, C., Socias, I., Mateu, C., et al. – 2011», «Billioti de Gage, S., Moride, Y., Ducruet, T., et al. – 2014» y «Billioti de Gage, S., Bégaud, B., Bazin, F., Verdoux, H., et al. – 2012». Otro aspecto destacable, es que las benzodiacepinas del grupo de hipnótico sedantes se consumen en edades más avanzadas a las benzodiacepinas del grupo de los ansiolíticos.

Por otro lado, la subpoblación que merece también ser destacada es la población pediátrica, ya que es sabido que más de la mitad de los problemas de salud mental en la población general se inician en la infancia, y hay una continuidad entre éstos y los futuros problemas de salud mental en la edad adulta. Los datos analizados en nuestro cuadro de mando muestran que la prevalencia de consumo en esta población ha ido aumentando con los años. Los estudios revelan que un diagnóstico y un tratamiento precoz disminuyen las repercusiones emocionales en el menor y favorece el pronóstico. «Reinblatt SP, Riddle MA. – 2007». Las benzodiacepinas son alternativas farmacológicas cuando necesitamos controlar de forma rápida y sintomática la ansiedad y preferiblemente a partir de los 9 años. No existen estudios sobre efectividad, tolerancia, dosificación y seguridad de las benzodiacepinas en niños y niñas y no están aprobadas en estas edades. Además, se conoce su capacidad de crear tolerancia y dependencia por lo que no debe usarse en un periodo superior a 4 semanas.

En último caso, el análisis de consumo por área sanitaria y zona básica de salud permite dirigir las propuestas de uso seguro de medicamentos de forma más intensiva a unas zonas y para monitorizar el seguimiento en función de la implantación de las medidas programadas.

7. CONCLUSIONES

En los últimos años, los problemas de salud mental han ido incrementándose y, por consiguiente, el consumo de psicofármacos, especialmente los de los grupos terapéuticos relacionados con las benzodiacepinas. Esta tendencia se ha visto reflejada en los datos de consumo y en las diferentes encuestas realizadas al respecto, independientemente de la medida de consumo.

La Agencia Española de Medicamentos y Productos Sanitarios afirma que los fármacos incluidos en los grupos terapéuticos de ansiolíticos e hipnótico sedantes son los fármacos más prescritos, no sólo en España si no en la mayoría de los países desarrollados y sitúa a España por encima de la media europea. Además, la Junta Internacional de Fiscalización de Estupefacientes detalla que España es el país del mundo con mayor consumo de, al menos, una benzodiacepina en el mercado lícito en el año 2019.

Diversos factores favorecen la prescripción y contribuyen a la continuidad del tratamiento. Por un lado, está el paciente y su resistencia al abandono y, por otro lado, en el ámbito asistencial, podemos destacar la escasez de tiempo en la consulta, la inmediatez en la búsqueda de soluciones y las dificultades para manejar la retirada son las principales causas que lo justifican. Se suma a esto, la capacidad intrínseca de las benzodiazepinas para producir dependencia y tolerancia hace que, en muchos casos, el consumo se cronifique, en contra de lo que aconsejan las guías de práctica clínica o las recomendaciones de prescripción racional.

El uso de cuadros de mando permite de una forma sencilla, visual, rápida y eficiente describir la evolución del consumo de estos fármacos. Qlik Sense® permite combinar todos los datos necesarios y lograr que sean sencillos de buscar, además la herramienta permite disponer de manera actualizada y a tiempo real de toda la información necesaria. Los cuadros de mando ayudan a la toma de decisiones, sobre todo en la gestión por procesos ya que persigue la mejora continua de las actividades de una organización mediante la identificación, selección, descripción, documentación y el perfeccionamiento continuo de los procesos a través de los datos. En nuestro caso, el diseño y desarrollo del cuadro de mando, mediante la herramienta Qlik Sense®, ha permitido evaluar el consumo de benzodiacepinas en Cantabria y ha detectado áreas específicas en las que se tiene que trabajar el uso seguro de estos medicamentos.

Nuestro cuadro de mando describe un aumento de la prevalencia en el consumo de benzodiacepinas en la población de Cantabria en los últimos años y detecta, como áreas específicas para la promoción del uso seguro de medicamentos, la población de edad avanzada, población pediátrica y género femenino.

Las recomendaciones de la «Estrategia de Seguridad del Paciente del Sistema Nacional de Salud» y del Instituto para el Uso Seguro de Medicamentos indican que es necesario revisar cómo se está realizando la prescripción de benzodiacepinas para revertir las tendencias de las tasas de consumo en los últimos años. Conocer el perfil de población consumidora proporciona a los profesionales una herramienta de trabajo para poder realizar intervenciones específicas sobre los grupos más vulnerables.

8. BIBLIOGRAFÍA

Aspden, P., Wolcott, J. A., Lyle Bootman, J., et al. editors (2007) Preventing medication errors. Committee on Identifying and Preventing Medication Errors. Washington, DC. Institute of Medicine. National Academy Press.

Bartolomé Benito, E., Sánchez Perruca, L., Jiménez Carramiñana, J., et al. Cuadros de mando específicos de atención primaria como herramienta de gestión [Primary care specific scorecards as management tools]. J Healthc Qual Res. 2019 May-Jun;34(3):117-123. Spanish. doi: 10.1016/j.jhqr. 2019.02.002.

Billioti de Gage, S., Bégaud, B., Bazin, F., Verdoux, H., Dartigues, J. F., Pérès, K., et alt. Benzodiazepine use and risk of dementia: prospective population based study. BMJ. 2012; 345: e6231. doi: 10.1136/bmj.e6231.

Billioti de Gage, S., Moride, Y., Ducruet, T., Kurth, T., Verdoux, H., Tournier, M., Pariente, A., Bégaud, B., Benzodiazepine use and risk of Alzheimer's disease: case-control study. BMJ-British Medical Journal. 2014; 349:g5205.

Bisbe, J., Barrubés, J., El cuadro de mando integral como instrumento para la evaluación y el seguimiento de la estrategia en las organizaciones sanitarias. Rev Esp Cardiol. 2012;65:919-27.

Convenio sobre Sustancias Psicotrópicas, 21 de febrero, 1971. Boletín Oficial del Estado número 218, de 10 de septiembre de 1976, páginas 17684 a 17692.

Delegación del Gobierno para el Plan Nacional sobre Drogas (2020). Observatorio Español de las Drogas y las Adicciones. INFORME 2019/2020 Alcohol, tabaco y drogas ilegales en España 2020-EDADES (consultado: 05 mayo 2021). Disponible en: https://pnsd.sanidad.gob.es/profesionales/sistemasInformacion/sistemaInformacion/pdf/2019-20_Informe_EDADES.pdf

Delegación del Gobierno para el Plan Nacional sobre Drogas (2021). Informe 2021 Encuesta sobre uso de drogas en enseñanzas secundarias en España ESTUDES. (consultado: 05 mayo 2021). Disponible en: https://

pnsd.sanidad.gob.es/profesionales/sistemasInformacion/sistemaInformacion/pdf/ESTUDES_2021_Informe_de_Resultados.pdf

European Medicines Agency [EMA] (2013) Medication-errors workshop. Workshop report. [consultado 20 febrero 2021] Disponible en: http://www.ema.europa.eu/ema/index.jsp?curl=pages/news_and_events/events/2012/10/event_detail_000666.jsp&mid=WC0b01ac058004d5c3

Gili, M., García Campayo, J., Roca, M., Crisis económica y salud mental. Informe SESPAS 2014. GacSanit. 2014; 28(S1):104-108.

Guardia Serecigni, J., (2018). «Epidemia de sobredosis relacionada con la prescripción de analgésicos opioides en Estados Unidos». Adicciones, 30(2): 87-92.

Guardia Serecigni, J., «Ansiolíticos e Hipnóticos». En: Fernández, J. J., Pereiro, C., Guía de Adicciones para especialistas en formación, Barcelona: Socidrogalcohol, 2017 cap. 8: 241-280.

Guardia Serecigni, J., Flórez Menéndez, G., «Trastorno por uso de ansiolíticos e hipnóticos y otros trastornos mentales». Colección Comorbilidad Psiquiátrica en Adicciones, n.º 5. Barcelona: Socidrogalcohol, 2018.

Herings, R. M., Stricker, B. H., De Boer, A., Bakker, A., Sturmans, F., Benzodiazepines and the risk of falling leading to femur fractures. Dosage more important than elimination half-life. Arch Intern Med 1995; 155: 1801-1807.

Hollingworth, S. A., Siskind, D. J., Anxiolytic, hypnotic and sedative medication use in Australia. Pharmacoepidemiol Drug Saf. 2010;19(3): 280-8.

Hurtado, F., Domínguez, O., «Fármacos y disfunción sexual». Psicosom. psiquiatr. 2017; (1)1:27-59.

Lagnaoui, R., Depont, F., Fourrier, A., Abouelfath, A., Bégaud, B., Verdoux, H., et al. Patterns and correlates of benzodiazepine use in the French general population. Eur J Clin Pharmacol. 2004;60(7):523-9.

Lligoña Garreta, A., Álvarez Mazariegos, J. A., Guardia Serecigni, J., et al. (2019) Guía de consenso para el buen uso de benzodiacepinas. 2.ª edición. Socidrogalcohol.

Ministerio de Sanidad y Consumo (2005) Estudio nacional sobre los efectos adversos ligados a la hospitalización: ENEAS 2005 [consultado 20 febrero 2021] Disponible en: http://www.seguridaddelpaciente.es/resources/contenidos/castellano/2006/ENEAS.pdf

Ministerio de Sanidad y Consumo (2008). Estudio sobre la seguridad de los pacientes en atención primaria de salud: APEAS; 2008 [consultado 20 febrero 2021] Disponible en: http://www.seguridaddelpaciente.es/resources/contenidos/castellano/2008/APEAS.pdf

Ministerio de Sanidad y Consumo (2011). Eventos adversos en residencias y centros asistenciales sociosanitarios: EARCAS [consultado 20 febrero 2021] Disponible en: http://www.seguridaddelpaciente.es/resources/documentos/earcas.pdf

Ministerio de Sanidad, Servicios Sociales e Igualdad (2014). Proyecto MARC. Elaboración de una lista de medicamentos de alto riesgo para los pacientes crónicos. [consultado 20 febrero 2021] Disponible en: https://www.seguridaddelpaciente.es/resources/documentos/2014/Proyecto_MARC_2014.pdf

Ministerio de Sanidad, Servicios Sociales e Igualdad. Agencia Española del medicamento y Productos sanitarios (AEMPS). Informe de Utilización de medicamentos ansiolíticos e hipnóticos en España durante el periodo 2010-2018.

Ministerio de Sanidad, Servicios Sociales e Igualdad. Ministerio de Sanidad, Servicios Sociales e Igualdad. Agencia Española del medicamento y Productos sanitarios, AEMPS. Informe de utilización de medicamentos U/HAY/V1/17012014. Utilización de medicamentos ansiolíticos e hipnóticos en España durante el período 2000-2012.

Montes Gómez, E., Plasencia Núñez, M., López Navarro, A. T., et al. (2017). Deprescripción de benzodiacepinas e hipnóticos Z. En Boletín Canario de uso racional de medicamentos. Edita: Dirección General de Programas Asistenciales del Servicio Canario de Salud.

Montes Gómez, E., Plasencia Núñez, M., López Navarro, A. T., et al. (2017). De prescripción de benzodiacepinas e hipnóticos Z. En Boletín Canario de uso racional de medicamentos. Edita: Dirección General de Programas Asistenciales del Servicio Canario de Salud.

O'Brien, C. P., Benzodiazepine use, abuse and dependence. J Clin Psychiatry 2005; 66 (suppl 2): 28-33.

Orden de 14 de enero de 1981 por la que se desarrolla el Real Decreto 2829/1977, de 6 de octubre, que regula las sustancias y preparados medicinales psicotrópicos y se dictan las normas complementarias de fiscalización para la fabricación, comercio, elaboración y distribución de sustancias psicotrópicas. Boletín Oficial del Estado número 25, de 29 de enero de 1981, páginas 2060 a 2063.

Ortiz-Lobo, A., Sobrado de Vicente-Tutor, A. M., El malestar que producen los problemas de la vida. AMF 2013;9(7):366-372.

Real Decreto 2829/1977, 6 de octubre, por el que se regulan las sustancias y preparados medicinales psicotrópicos, así como la fiscalización e inspección de su fabricación, distribución, prescripción y dispensación. Boletín Oficial del Estado número 274.

Reinblatt, S. P., Riddle, M. A., The pharmacological management of childhood anxiety disorders: a review. Psychopharmacology. 2007; 191:67-86.

Tiihonen, J., Mittendorfer-Rutz, E., Torniainen, M., Alexanderson, K., Tanskanen, A., «Mortality and cumulative exposure to antipsychotics, antidepressants and benzodiazepines in patients with schizophrenia: an observational follow-up study». American Journal of Psychiatry, 2015; 173(6): 600-606. DOI: 10.1176/appi.ajp.2015.15050618.

Tsimtsiou, Z., Ashworth, M. and Jones, R., Variations in anxiolytic and hypnotic prescribing by GPs: a crosssectional analysis using data from the UK Quality and Outcomes Framework. Br J Gen Pract. 2009; 59 (563): 191-198.

Vicens, C., Socias, I., Mateu, C., Leiva, A., Bejarano, F., Sempere, E., et al. Comparative efficacy of two primary care interventions to assist withdrawal from long term benzodiazepine use: A protocol for a clustered, randomized clinical trial. BMC Family Practice. 2011; 12:23.

Vicente Sánchez, M. P., Macías Saint-Gerons, D., de la Fuente Honrubia, C., González Bermejo, D., Montero Corominas, D. y Catalá-López, F., Evolución del uso de medicamentos ansiolíticos e hipnóticos en España durante el periodo 2000-2011. RevEsp Salud Pública 2013; 87:247-255.

World Health Organization [WHO] (2007) World Alliance for Patient Safety. Patient Safety Solutions, 2007. [consultado 20 febrero 2021] Disponible en https://www.who.int/

Capítulo 12

Proyecto de estimación de los costes sanitarios directos de los pacientes pluripatológicos ingresados en la planta 9.ª de medicina interna del hospital universitario Marqués de Valdecilla

ELISA DEL VAL ORTEGA
Hospital Universitario Marqués de Valdecilla

MARÍA PAZ ZULUETA
Universidad de Cantabria-IDIVAL

1. INTRODUCCIÓN

1.1. LAS ENFERMEDADES CRÓNICAS Y SU PREVALENCIA

Las enfermedades crónicas, son un grupo de patologías que tienden a ser de larga duración y resultan de la combinación de factores genéticos, fisiológicos, ambientales y conductuales. Dentro de estas patologías se encuentran las enfermedades no transmisibles (ENT) como las enfermedades cardiovasculares, el cáncer, las enfermedades respiratorias crónicas y la diabetes mellitus, que son las que generan una mayor morbilidad y mortalidad global. Estas enfermedades tienen en común que poseen unos factores de riesgo prevenibles, como son factores de riesgo conductuales (consumo de tabaco y alcohol, inactividad física, dietas poco saludables) y factores de riesgo metabólicos (tensión arterial elevada, sobrepeso y obesidad, niveles elevados de glucosa en sangre y niveles elevados de lípidos en sangre), entre otros (*World Health Organization, 2013*).

El «*Global Burden of Diseases, Injuries, and Risk Factors Study*» (Estudio de carga mundial de enfermedades, lesiones y factores de riesgo) del año 2019 refleja que, desde 1990, se ha producido un cambio en el que se tiende a vivir más años, pero con mayor discapacidad (medidos por Años de Vida con Discapacidad —AVDs—) y padeciendo enfermedades no transmisibles y lesiones. En 2019, más de la mitad de la carga mundial de morbilidad en 11 países se deben a estas enfermedades no transmisibles y lesiones analizadas (*GBD, 2019*).

Asimismo, desde la Comisión europea, se pretende abordar el problema que suponen las enfermedades crónicas, centrándose en la prevención en todos los sectores y en el fortalecimiento de los sistemas de salud para mejorar la gestión de las personas que sufren patologías crónicas. Enfermedades no transmisibles como la diabetes, enfermedades cardiovasculares, enfermedades respiratorias crónicas, trastornos mentales y neurológicos o el cáncer son responsables de un 80% de la carga de morbilidad en los países de la Unión Europea y son causantes de las principales muertes prematuras evitables (*OECD/European Union, 2020*).

En España, las patologías crónicas, de larga duración y de progresión lenta, son las que representan el patrón epidemiológico predominante en nuestro país, y son las que causan una significativa disminución de la calidad de vida de las personas que las padecen, provocando una mortalidad prematura, así como efectos económicos, psicológicos y sociales importantes en las familias, comunidades y en la sociedad. Las personas con enfermedades de carácter crónico que presentan pluripatologías y comorbilidades tienen más dificultades en el acceso y circulación a través del sistema sanitario, y son los que generan una mayor demanda de atención asistencial en sus diferentes ámbitos y utilizan un mayor número de recursos sanitarios y sociales (*Ministerio de Sanidad, Servicios Sociales e Igualdad, 2012*).

Dentro de España, en nuestra Comunidad Autónoma, Cantabria, se han analizado las características sanitarias y socioeconómicas de la población usuaria del Sistema Cántabro de Salud con tarjeta individual sanitaria (TIS) en el año 2020, para representar los resultados obtenidos sobre actividades de promoción de la salud, atención sanitaria a la cronicidad y prescripción farmacéutica en el denominado Atlas de la Atención Sanitaria de Cantabria. Dentro de la atención sanitaria a la cronicidad, se ha analizado la población con enfermedades crónicas (en mayores de 18 años), la frecuentación a atención primaria por el paciente crónico, la población anciana mayor de 75 años con al menos cuatro patologías crónicas, la frecuentación a atención primaria por el paciente mayor de 75 años con al menos cuatro patologías crónicas, la polimedicación en la población mayor de 18 años, la polimedicación en la población con al menos cuatro patologías crónicas, la polimedicación en la población mayor de 75 años con al menos cuatro patologías crónicas y, también, se ha realizado un análisis de la población con patologías crónicas como la Enfermedad Pulmonar Obstructiva Crónica (EPOC), Diabetes Mellitus tipo 2, Hipertensión arterial (HTA), Enfermedad cardíaca (EC), Fibrilación auricular (FA), Accidente cerebrovascular (ACV), Insuficiencia cardiaca congestiva (ICC), Insuficiencia renal crónica y Demencia (*Ciencia de datos para la investigación en servicios y políticas sanitarias, 2021*).

Como resultados, incluyendo las 4 Áreas de Salud de Cantabria (I: Santander, II: Laredo y III-IV: Reinosa-Torrelavega) en este Atlas, podemos encontrar (*Ciencia de datos para la investigación en servicios y políticas sanitarias, 2021)*:

Tabla 1

Cantabria: perfil de proveedor 2020					
Indicador	Área sanitaria	Nº casos	Tasa	Media	Gráfico
Población con enfermedades crónicas	Santander	109815	41,5	42,2	41,3 — 43,3
	Laredo	32792	42,6	42,2	41,3 — 43,3
	Reinosa-Torrelavega	59064	43,3	42,2	41,3 — 43,3

Fuente: Atlas de la Atención Sanitaria en Cantabria. Elaboración propia

Tabla 2

Cantabria: perfil de proveedor 2020					
Indicador	Área sanitaria	Nº casos	Tasa	Media	Gráfico
Población anciana mayor de 75 años con al menos cuatro patologías crónicas	Santander	6970	20,3	20,4	20 … 21,1
	Laredo	2024	21,1	20,4	20 … 21,1
	Reinosa-Torrelavega	3783	20,1	20,4	20 … 21,1

Fuente: Atlas de la Atención Sanitaria en Cantabria. Elaboración propia

Tabla 3

Cantabria: perfil de proveedor 2020					
Indicador	Área sanitaria	Nº casos	Tasa	Media	Gráfico
Hipertensión (HT) en la población mayor de 18 años	Santander	63603	24,1	24,5	24 … 25,4
	Laredo	19239	25,4	24,5	24 … 25,4
	Reinosa-Torrelavega	34565	25,0	24,5	24 … 25,4

Fuente: Atlas de la Atención Sanitaria en Cantabria. Elaboración propia

Tabla 4

Cantabria: perfil de proveedor 2020					
Indicador	Área sanitaria	Nº casos	Tasa	Media	Gráfico
Diabetes tipo 2 en la población mayor de 18 años	Santander	17802	6,8	7,0	6,6 … 7,5
	Laredo	5308	7,0	7,0	6,6 … 7,5
	Reinosa-Torrelavega	10381	7,5	7,0	6,6 … 7,5

Fuente: Atlas de la Atención Sanitaria en Cantabria. Elaboración propia

Tabla 5

Cantabria: perfil de proveedor 2020					
Indicador	Área sanitaria	Nº casos	Tasa	Media	Gráfico
Insuficiencia renal crónica en la población mayor de 18 años	Santander	9187	3,5	3,8	3,4 4,5
	Laredo	2634	3,6	3,8	3,4 4,5
	Reinosa-Torrelavega	6376	4,5	3,8	3,4 4,5

Fuente: Atlas de la Atención Sanitaria en Cantabria. Elaboración propia

Tabla 6

Cantabria: perfil de proveedor 2020					
Indicador	Área sanitaria	Nº casos	Tasa	Media	Gráfico
Fibrilación auricular (FA) en la población mayor de 18 años	Santander	9326	3,6	3,7	3,4 4,2
	Laredo	3067	4,1	3,7	3,4 4,2
	Reinosa-Torrelavega	5276	3,7	3,7	3,4 4,2

Fuente: Atlas de la Atención Sanitaria en Cantabria. Elaboración propia

Tabla 7

Cantabria: perfil de proveedor 2020					
Indicador	Área sanitaria	Nº casos	Tasa	Media	Gráfico
Enfermedad cardiaca (EC) en la población mayor de 18 años	Santander	7833	3,0	3,0	2,8 3,1
	Laredo	2222	2,9	3,0	2,8 3,1
	Reinosa-Torrelavega	4248	3,0	3,0	2,8 3,1

Fuente: Atlas de la Atención Sanitaria en Cantabria. Elaboración propia

Tabla 8

Cantabria: perfil de proveedor 2020					
Indicador	Área sanitaria	Nº casos	Tasa	Media	Gráfico
Accidente cerebrovascular (ACV) en la población mayor de 18 años	Santander	6691	2,6	2,5	2,4 … 2,7
	Laredo	1950	2,6	2,5	2,4 … 2,7
	Reinosa-Torrelavega	3527	2,5	2,5	2,4 … 2,7

Fuente: Atlas de la Atención Sanitaria en Cantabria. Elaboración propia.

Tabla 9

Cantabria: perfil de proveedor 2020					
Indicador	Área sanitaria	Nº casos	Tasa	Media	Gráfico
Enfermedad Pulmonar Obstructiva Crónica (EPOC) en la población mayor de 18 años	Santander	4586	1,8	1,8	1,5 … 2,1
	Laredo	1598	2,1	1,8	1,5 … 2,1
	Reinosa-Torrelavega	2294	1,6	1,8	1,5 … 2,1

Fuente: Atlas de la Atención Sanitaria en Cantabria. Elaboración propia

Tabla 10

Cantabria: perfil de proveedor 2020					
Indicador	Área sanitaria	Nº casos	Tasa	Media	Gráfico
Insuficiencia cardíaca congestiva (ICC) en la población mayor de 18 años	Santander	2962	1,1	1,2	1 … 1,2
	Laredo	856	1,2	1,2	1 … 1,2
	Reinosa-Torrelavega	1697	1,2	1,2	1 … 1,2

Fuente: Atlas de la Atención Sanitaria en Cantabria. Elaboración propia.

Tabla 11

Cantabria: perfil de proveedor 2020					
Indicador	Área sanitaria	Nº casos	Tasa	Media	Gráfico
Demencia en la población anciana mayor de 75 años	Santander	2954	9,5	9,0	8,3 9,5
	Laredo	733	8,5	9,0	8,3 9,5
	Reinosa-Torrelavega	1459	8,4	9,0	8,3 9,5

Fuente: Atlas de la Atención Sanitaria en Cantabria. Elaboración propia.

1.2. FACTORES SOCIOECONÓMICOS QUE INFLUYEN EN LA CRONICIDAD

Las Enfermedades no transmisibles, según la Organización Mundial de la Salud (OMS), generan el mayor número de muertes prematuras (un 85% del total) en los países de ingresos bajos y medios, incluyendo algunos de los países más empobrecidos a nivel mundial. Pero, a su vez, factores socioeconómicos como el nivel de renta influyen negativamente en las enfermedades crónicas, ya que, incluso en algunas sociedades comparativamente ricas, es la población más empobrecida y vulnerable la que tiene más problemas en el acceso a los tratamientos de estas enfermedades y son los más expuestos a sus factores de riesgo (*World Health Organization, 2021*).

Asimismo, en los países de la Organización para la Cooperación y el Desarrollo Económicos (OCDE), también influye de manera importante las diferencias socioeconómicas, como las que muestran que el 43% de las personas con ingresos más bajos reportaron una enfermedad o problema de salud de larga duración en comparación con el 26% de las personas con ingresos más altos (*OECD, 2021*).

En España, se vio reflejado en el Informe de evaluación de la Estrategia de Cronicidad, que el 34% de la población padece al menos un problema crónico y, este porcentaje, aumenta hasta el 77,6% en personas de 65 años o más. Además de estar asociadas con la edad, se identificaron diferencias en función del nivel de renta, ya que, la prevalencia de enfermedades crónicas en personas con un nivel de renta mayor o igual a 100000€ es del 23,9%, frente a una prevalencia del 37,45% en la población con un nivel de renta muy baja (*Ministerio de Sanidad, Consumo y Bienestar Social, 2019*).

En Cantabria, también se ha analizado la población con patologías crónicas en comparación con su nivel socioeconómico. Estos datos se reflejan en el Atlas de la Atención Sanitaria en Cantabria, donde se compara la variabilidad de diferentes indicadores por Nivel Socioeconómico (NSE) y compara los resultados de los indicadores del año 2020, entre la población con nivel socioeconómico bajo (con una renta anual inferior a 18000€) y nivel socioeconómico alto (con una renta anual superior a 18000€). Así, podemos adquirir datos comparativos entre Áreas Sanitarias (Santander, Laredo y Reinosa-Torrelavega), indicadores de cronicidad y nivel socioeconómico, obteniendo resultados como [Tabla 12] (*Ciencia de datos para la investigación en servicios y políticas sanitarias, 2021*):

Tabla 12

Área Sanitaria de Cantabria	Porcentaje de población con nivel socioeconómico bajo, mayor de 18 años, con enfermedades crónicas	Porcentaje de población con nivel socioeconómico alto, mayor de 18 años, con enfermedades crónicas
Santander	43,1%	39,0%
Laredo	43,5%	41,0%
Reinosa-Torrelavega	44,4%	41,0%

Fuente: Atlas de la Atención Sanitaria en Cantabria. Elaboración propia.

1.3. EL COSTE SANITARIO DE LAS ENFERMEDADES CRÓNICAS

Las enfermedades crónicas generan mayores costes médicos y pérdidas de productividad (como, por ejemplo, bajas laborales). Los *«Centers for Disease Control and Prevention»* (Centros para el Control y la Prevención de Enfermedades), han desarrollado una *«Chronic Disease Cost Calculator»* (Calculadora de Costes para Enfermedades Crónicas —CDCC—) que estima los costes para enfermedades crónicas como la artritis, el asma, el cáncer, la insuficiencia cardíaca congestiva, la enfermedad coronaria, la hipertensión arterial, los accidentes cerebrovasculares, otras enfermedades cardíacas, la depresión y la diabetes mellitus. En Estados Unidos, se calcula que los costes médicos del asma son de unos 410 millones de dólares y la diabetes de 1,8 millones de dólares. En todos los estados y patologías crónicas, los costes médicos de las aseguradoras estadounidenses Medicaid y Medicare, representaron del 29%, en el caso de la depresión, al 57% en el caso de la insuficiencia cardiaca, de los costes médicos estatales generales (*Trogdon JG., 2015*).

Las enfermedades crónicas, además de ser las principales causas de muerte en los países miembros de la Organización para la Cooperación y el Desarrollo Económicos (OCDE), también se han asociado con una proporción de gasto en servicios de atención a largo plazo cada vez mayor, que supuso alrededor de un 15% del gasto en salud en 2019. Más de un tercio de las personas mayores de 16 años en los 26 países de la OCDE en 2019 notificaron que viven con una enfermedad o problema de salud de larga duración. A medida que las poblaciones envejecen, aumenta la prevalencia de enfermedades crónicas y también la multimorbilidad (*OECD, 2021*).

En el Proyecto de Estimación de pesos y costes de los procesos hospitalarios en el Sistema Nacional de Salud del año 2019, se clasifican las patologías por Grupos Relacionados por el Diagnóstico (GRD) y se unifican con la versión 35 de APR-GRD (*«All Patient Refined»*) para aportar los datos de costes por GRD actualizados con los de los años 2018 y 2019. En este proyecto, se obtuvieron resultados de variabilidad de costes medios de APR35-GRD del año 2018 que reflejan en los GRD de algunas enfermedades crónicas descritas como la Enfermedad Pulmonar Obstructiva Crónica, la Insuficiencia cardiaca, la Hipertensión, la Diabetes o la Enfermedad Crónica de Riñón, con los siguientes costes medios [Tabla 13] (*Ministerio de Sanidad, 2019*):

Tabla 13

GRD-APR35	Descripción	Coste medio
140	Enfermedad Pulmonar Obstructiva Crónica	3172€
194	Insuficiencia cardíaca	3299€
199	Hipertensión	2843€
420	Diabetes	2943€
470	Enfermedad Crónica de riñón	3108€

Fuente: Proyecto de Estimación de pesos y costes de los procesos hospitalarios en el Sistema Nacional de Salud, 2019. Elaboración propia.

A su vez, en Cantabria, se encuentran fijados los Precios Públicos de los servicios sanitarios en la Orden SAN/35/2017, de 15 de diciembre, por la que se fijan las cuantías de los Precios Públicos de los Servicios Sanitarios prestados por el Servicio Cántabro de Salud, donde las patologías se clasifican por GRD-APR (Grupos Relacionados por el Diagnóstico-Todos los Pacientes Refinados) para establecer el coste por hospitalización de cada una de ellas. Así, podemos obtener el coste por hospitalización de algunas enfermedades crónicas como [Tabla 14] (*Boletín Oficial de Cantabria, 2017*):

Tabla 14

GRD-APR	Descripción	Coste medio
140	Enfermedad Pulmonar Obstructiva Crónica	4606,75€
194	Insuficiencia cardiaca	5054,00€
199	Hipertensión	4364,50€
420	Diabetes	4842,25€
460	Insuficiencia renal	5433,75€

Fuente: Orden SAN/35/2017, de 15 de diciembre, por la que se fijan las cuantías de los Precios Públicos de los Servicios Sanitarios prestados por el Servicio Cántabro de Salud. Elaboración propia.

2. JUSTIFICACIÓN

El envejecimiento de la población, el incremento de los pacientes con patologías crónicas y la morbimortalidad que generan, así como el coste que representan para los Sistemas de Salud, hace evidenciar la importancia de realizar estudios sobre la prevalencia de estas patologías, para gestionar los sistemas de salud de forma eficiente y costo-efectiva. El impacto económico del gasto que generan pacientes con enfermedades crónicas en nuestro país es de un 80% y más de la mitad del gasto de Atención Hospitalaria se dedica a la población mayor de 65 años (*Sociedad Española de Directivos Sanitarios, 2015*).

Estimar la cantidad de pacientes con enfermedades crónicas podría servir para aproximar el gasto de las Comunidades Autónomas en atención sanitaria (tanto en atención primaria como en atención hospitalaria) derivados de la utilización de los servicios sanitarios o de los ingresos hospitalarios, permitiendo así mejorar la suficiencia financiera de cada Comunidad Autónoma (*Cantarero D., 2016*).

A pesar de que las enfermedades crónicas se producen con mayor frecuencia en determinadas situaciones socioeconómicas, como en las personas o sociedades con un nivel de renta bajo, el impacto económico que generan dichas enfermedades crónicas en la sociedad se debe abordar mediante estudios de costes. En el ámbito hospitalario, la perspectiva del estudio debe incluir los costes directos sanitarios, en los que se incluyen los costes relacionados con el manejo de las patologías a estudiar. Estos costes directos sanitarios incluyen: la medicación, las visitas sanitarias, las hospitalizaciones, las pruebas y el material de control o el transporte medicalizado. Dentro de un determinado Centro Hospitalario, se estudiarán los costes directos sanitarios relativos a la hospitalización, identificando el motivo de ingreso y la duración de la estancia (*Zozaya N., 2015*).

En Cantabria, el Hospital Universitario Marqués de Valdecilla (HUMV), es el centro de atención hospitalaria de referencia del Área de Salud I (Santander). Dentro de este hospital, encontramos el Servicio de Medicina Interna, que tiene como Cartera de Servicios, la atención a pacientes pluripatológicos, con cronicidad compleja, con enfermedades prevalentes en el entorno hospitalario (como la insuficiencia cardiaca, la Enfermedad pulmonar obstructiva crónica, etc.), personas de edad avanzada en situación de enfermedad aguda o crónica y pacientes en fase terminal o paliativa de su enfermedad, principalmente (*Hospital Universitario Marqués de Valdecilla, 2019*).

En la última memoria de la Actividad Asistencial del HUMV, que data del año 2020, con el inicio de la Pandemia por Sars-Cov-2 y sus repercusiones a nivel de atención hospitalaria, se ve reflejado que, a pesar de esto, el mayor porcentaje de la estancia en la hospitalización se produce en el Servicio de Medicina Interna, suponiendo un 18% del total de la hospitalización del año 2020. A su vez, de los Grupos Relacionados con el Diagnóstico (GRD-APRs) más frecuentes del año 2020 cabe destacar algunas patologías crónicas como son la insuficiencia cardiaca (en tercer lugar) con una estancia media de 6,72 días y la enfermedad pulmonar obstructiva crónica (en sexto lugar) con una estancia media de 6,33 días (*Hospital Universitario Marqués de Valdecilla, 2020*).

Por lo tanto, se hace evidente la necesidad de realizar estudios sobre la población con patologías crónicas y su coste sanitario directo en el ámbito de atención hospitalaria.

3. HIPÓTESIS Y OBJETIVOS

3.1. HIPÓTESIS

Los pacientes con enfermedades crónicas ingresados en la Planta novena (P09) del Hospital Universitario Marqués de Valdecilla (HUMV) suponen un elevado coste sanitario directo para el sistema sanitario debido a sus comorbilidades y a las complicaciones derivadas de estas patologías, así como generan un mayor tiempo de estancia hospitalaria.

3.2. OBJETIVO PRINCIPAL

Realizar una estimación del coste sanitario directo de los pacientes con dos o más patologías crónicas (pluripatológicos) ingresados en la Planta novena (P09) de Medicina Interna del Hospital Universitario Marqués de Valdecilla (HUMV) en un periodo de un año, comprendido entre octubre del año 2022 y octubre del año 2023.

3.3. OBJETIVOS ESPECÍFICOS

- Analizar la relación de los principales GRD al alta con las patologías crónicas de los pacientes incluidos en el estudio.
- Estimar el tiempo medio de ingreso de los pacientes incluidos en el estudio.
- Comparar los costes sanitarios directos de los pacientes pluripatológicos incluidos en el estudio con los costes medios por ingreso establecidos en la Orden SAN/35/2017, de 15 de diciembre, por la que se fijan las cuantías de los Precios Públicos de los Servicios Sanitarios prestados por el Servicio Cántabro de Salud.

4. MATERIAL Y MÉTODOS

4.1. DISEÑO DE ESTUDIO

Estudio observacional prospectivo, mediante la obtención de datos de la Historia clínica de los pacientes que cumplan con los criterios de inclusión, durante el periodo comprendido entre octubre del año 2022 y octubre del año 2023, en la P09 del HUMV. Se realizará el seguimiento de estos pacientes desde el ingreso hasta el alta hospitalaria, estimando su coste sanitario directo.

4.2. ÁMBITO DE ESTUDIO

Este proyecto se enmarca dentro del Hospital Universitario Marqués de Valdecilla (HUMV), centro de referencia del Área Sanitaria I de Santander, y más específicamente en la Planta novena (P09) del edificio 2 de noviembre, perteneciente al Servicio de Medicina Interna, que dispone de 42 camas en el periodo del 1 de octubre al 31 de mayo y de 31 camas en el periodo estival del 1 junio al 30 de septiembre, por el cierre de camas durante este periodo.

El estudio comenzará el 1 de septiembre de 2022, con un año de reclutamiento de los pacientes que se enmarquen dentro de los criterios de inclusión y finalizará el 30 de junio del año 2024.

4.3. POBLACIÓN DE ESTUDIO

Pacientes ingresados en la Planta novena (P09) del HUMV durante el periodo comprendido entre el 1 de octubre del año 2022 y el 1 de octubre del año 2023.

4.4. MUESTRA

Se efectuó el cálculo del tamaño muestral con el programa estadístico EPIDAT versión 3.1 en base a la población de estudio (total de ingresos en el año 2021 con cabecera de Medicina Interna) (N = 1324), mediante el cálculo de proporciones.

Tomando como nivel de confianza el 95% con una proporción esperada del 50% debido a la falta de datos oficiales acerca de dicha proporción, se eligió el máximo tamaño de la muestra y como error máximo de estimación del 3%. Se obtuvo un tamaño muestral de 591 para la consecución del objetivo principal, al que se sumó un 10% de posibles pérdidas por exitus obteniendo un tamaño muestral de 650 pacientes (referencia). Se estimó un año de periodo de reclutamiento hasta alcanzar el tamaño muestral (*Argimon, J. 2013*).

4.5. SELECCIÓN DE LA MUESTRA

Todos los pacientes ingresados en la Planta novena (P09) del HUMV que cumplan con los criterios de inclusión, durante el periodo comprendido entre el 1 de octubre del año 2022 y el 1 de octubre del año 2023 y que acepten participar en el estudio.

4.6. CRITERIOS DE SELECCIÓN

Criterios de inclusión:

- Ser pacientes ingresados en la P09 del HUMV durante el 1 de octubre del año 2022 y el 1 de octubre del año 2023.
- Ser pacientes tratados por el Servicio de Medicina Interna.
- Padecer dos o más patologías crónicas de las incluidas en el estudio, siendo las consideradas más prevalentes: Enfermedad Pulmonar Obstructiva Crónica (EPOC), Insuficiencia Cardiaca (IC), Hipertensión arterial (HTA), Diabetes Mellitus (DM), Enfermedad Renal Crónica (ERC).
- Firmar el consentimiento informado para participar en el estudio.

Criterios de exclusión:

- Ser pacientes con cambio de cabecera a otro servicio durante su ingreso.

- Ser pacientes trasladados a otro centro hospitalario durante su ingreso.
- Exitus durante su ingreso.

4.7. VARIABLES

Se revisarán las variables sociodemográficas registradas en la Historia Clínica de los pacientes incluidos en el estudio. Para considerar a un paciente pluripatológico, se revisarán los antecedentes médicos del informe de ingreso hospitalario y se realizará la valoración de enfermería de las 14 necesidades de Virginia Henderson para corroborar dichos antecedentes.

Variables sociodemográficas:

- Fecha de nacimiento (dd/mm/aaaa).
- Sexo: hombre o mujer (H/M).
- Número de Historia clínica.
- Fecha de ingreso (dd/mm/aa).
- Fecha del alta (dd/mm/aa).

Variables hospitalarias:

- Número y tipo de patologías crónicas que padece:
  - Enfermedad Pulmonar Obstructiva Crónica (EPOC).
  - Insuficiencia Cardiaca (IC).
  - Hipertensión arterial (HTA).
  - Diabetes Mellitus (DM).
  - Enfermedad Renal Crónica (ERC).
- Código de GRD al alta hospitalaria.
- Número de días de estancia hospitalaria.

4.8. FUENTES DE DATOS/MEDIDAS

Fuente de datos: Historia clínica del paciente, mediante el programa asistencial de Historia clínica electrónica «Altamira».

- Fecha de nacimiento: fecha que aparece en la cabecera de información del informe médico de ingreso hospitalario.
- Sexo: el que aparece en la cabecera de información del informe médico de ingreso hospitalario (hombre o mujer).
- Número de Historia clínica: número que aparece en la cabecera de información del informe médico de ingreso hospitalario.
- Fecha de ingreso: fecha que aparece en el informe médico de ingreso hospitalario.
- Fecha del alta: fecha que aparece en el informe médico de alta hospitalaria.
- Número de días de estancia hospitalaria: días desde la fecha del informe médico de ingreso hospitalario hasta la fecha del informe médico de alta, en días naturales.
- Código de GRD al alta hospitalaria: código del Grupo Relacionado por el Diagnóstico establecido según el diagnóstico que aparece en el informe médico del alta hospitalaria.

Fuente de datos: antecedentes médicos del informe de ingreso hospitalario y Valoración de las 14 necesidades de Virginia Henderson.

- Informe de ingreso hospitalario: patologías crónicas que aparezcan reflejadas en los antecedentes médicos del paciente, como:
    - Enfermedad Pulmonar Obstructiva Crónica (EPOC).
    - Insuficiencia Cardiaca (IC).
    - Hipertensión arterial (HTA).
    - Diabetes Mellitus (DM) tipo 1 o tipo 2.
    - Enfermedad Renal Crónica (ERC).
- Valoración de las 14 necesidades de Virginia Henderson: modelo de valoración de enfermería establecido en el HUMV, para detectar patologías crónicas que puedan no aparecer en los antecedentes médicos del paciente.

Medidas: Coste sanitario directo: multiplicación del número de días de la estancia de cada caso por el coste (en €) proceso-GRD del día de estancia según los datos obtenidos por la Dirección de Gestión y Servicios Generales del HUMV.

4.9. ANÁLISIS DE LOS DATOS

El análisis de los datos se realizará utilizando el software estadístico «*IBM SPSS Statistics*» versión 20 para Windows 10.

En el análisis descriptivo, para las variables discretas se estimarán proporciones con sus correspondientes intervalos de confianza al 95% (IC95%). Para las variables continuas (períodos de estancia y costes) se estimarán medias con su desviación estándar (DE). Se llevará a cabo un análisis de regresión univariante, considerando estancia y coste total como variables dependientes.

Se compararán las características diferenciales según género: días estancia, costes y características de los casos mediante T de Student en el caso de variables cuantitativas y prueba chi-cuadrado (χ^2) de Pearson en el caso de variables categóricas, considerando significativo un p valor menor o igual a 0,05.

Para cuantificar el impacto económico de estos ingresos según los principales GRD los cálculos se estimarán a partir del producto de la estancia de cada caso por el coste proceso-GRD del día de estancia.

4.10. CONSIDERACIONES ÉTICAS

El proyecto de estudio será enviado al Comité de Bioética de Cantabria para su aprobación con anterioridad a su realización. También se solicitará el permiso institucional para la realización del estudio a la Dirección de Enfermería y a la Enfermera Supervisora de la Planta novena de Medicina Interna del HUMV.

En cuanto a la confidencialidad de los datos, toda la información relativa a la identidad del paciente se considera confidencial. Los datos obtenidos durante el estudio se tratarán de acuerdo con la Ley de Protección de Datos (Ley Orgánica 3/2018, de 5 de diciembre, de Protección de Datos Personales y garantía de los derechos digitales) y su normativa vigente correspondiente. Cualquier investigador con acceso a los datos utilizados en el estudio deberá firmar un documento garantizando la confidencialidad.

Se prestará un consentimiento informado al paciente candidato a ser incluido en el estudio de forma libre, específica, informada e inequívoca por la que este aceptará, mediante una declaración firmada, el tratamiento de los datos personales que le conciernen [Anexo 1].

Como investigadora con acceso a los datos utilizados en el estudio, se firmará un documento garantizando la confidencialidad. Este documento se firmará por todo investigador o investigadora con acceso a los datos del estudio. Tanto la investigadora principal como los colaboradores no presentarán conflictos de interés.

4.11. LIMITACIONES

En estudios basados en información secundaria (registros electrónicos) una de las principales limitaciones podría ser la baja calidad de la información que podría dar lugar a un posible sesgo de clasificación. Para la minimización de este sesgo, se han escogido variables que se recogen de forma sistemática y homogénea y, además, se podrá completar la información con la valoración de enfermería de las 14 necesidades de Virginia Henderson.

Otro sesgo puede ser debido a la falta de interoperabilidad técnica y semántica, en cuanto a nombrar a los diagnósticos al alta con un código GRD concreto. Para intentar solucionarlo, se pondrá en común con el equipo los diagnósticos médicos al alta y se acordará el código GRD más adecuado.

Debido a las propias limitaciones del diseño observacional del estudio, no se podrán establecer criterios de causalidad entre las diferentes variables estudiadas (patologías crónicas, código GRD al alta hospitalaria). Las conclusiones del presente estudio irán encaminadas a describir el coste sanitario directo de los pacientes pluripatológicos ingresados por los códigos GRD concretos.

4.12. EQUIPO DE TRABAJO

El equipo investigador que formará parte del estudio, se compone por varios profesionales pertenecientes al servicio de Medicina Interna. Este equipo multidisciplinar lo conforman 15 personas; doce enfermeras colaboradoras de la unidad, para realizar una correcta recogida de datos y valoración de enfermería; dos Residentes (MIR) de Medicina Interna que colaborarán en el asesoramiento de la parte metodológica del proyecto; y la Investigadora Principal del proyecto que coordina al equipo.

De las doce enfermeras colaboradoras, tres enfermeras, incluyendo a la investigadora principal, realizarán la revisión bibliográfica y la redacción del protocolo de recogida de datos. Seis enfermeras se encargarán de captar a los pacientes a incluir, proporcionándoles la información y el consentimiento informado del estudio. Las otras cuatro enfermeras restantes, harán la revisión de las Historias clínicas electrónicas y los informes médicos de ingreso y de alta. La investigadora principal elaborará y depurará la base de datos y, junto con otras enfermeras colaboradoras, realizarán el análisis de los datos obtenidos y la interpretación de los resultados. A su vez se redactará el informe final, con el análisis comparativo de los resultados. Finalmente, se divulgarán los resultados obtenidos y su análisis dentro del Servicio de Medicina Interna y del HUMV.

4.13. ETAPAS DE DESARROLLO

Primera etapa: Metodología de recogida de datos (1 mes: septiembre de 2022)

- Durante el mes de septiembre de 2022 se reunirá al conjunto del equipo de trabajo para detallar los criterios de recogida de datos y el procedimiento de captación y consentimiento informado de los pacientes candidatos. (Equipo investigador).

Segunda etapa: Recogida de datos (1 año: octubre de 2022 – octubre de 2023)

- Durante un año se captarán a los pacientes pluripatológicos que ingresen en la P09 y se les informará y pedirá su consentimiento para participar en el estudio y, posteriormente, se recogerán los datos a través de la Historia Clínica electrónica y la valoración de enfermería. (Seis enfermeras).
- Se elaborará la base de datos en el programa SPSS 22.0 (*«Statistical Pacage for Social Sciences»*) necesaria para la introducción de los datos. (La investigadora principal y una enfermera colaboradora).
- Se introducirán los datos recogidos en la base de datos SPSS 22.0. (Cuatro enfermeras).

Tercera etapa: Análisis de los datos (2 meses: noviembre 2023 y diciembre 2023)

- Se realizará una depuración de la base de datos elaborada. (Investigadora principal).
- Se realizará el análisis estadístico de los datos obtenidos para posteriormente interpretar los resultados. (Investigadora principal y enfermeras colaboradoras).

Cuarta etapa: Evaluación de los resultados (2 meses: enero 2024 y febrero 2024)

- Se realizará una reunión con el equipo de trabajo al completo para poner en común los resultados del estudio y poder evaluarlos de forma conjunta, pudiendo plantear elementos de mejora u otras posibilidades de investigación futura. (Equipo investigador).
- En estos meses se elaborará un informe final del estudio, con los resultados obtenidos, discusión y conclusiones, para evaluar la consecución de los objetivos planteados. (Equipo investigador).

Quinta etapa: Divulgación del estudio (4 meses: marzo 2024 – junio 2024)

- Se realizará una reunión formativa con la Dirección de Enfermería del HUMV para la divulgación del estudio. (Equipo investigador).
- Se elaborará un manuscrito para la publicación del estudio en Revistas científicas de impacto. (Equipo investigador).

Cronograma: Anexo 2.

4.14. RECURSOS DISPONIBLES

Acceso a todos los servicios de la Biblioteca Marquesa de Pelayo del HUMV: fondos bibliográficos, préstamo interbibliotecario y gestores bibliográficos. Acceso a bases de datos bibliográficas.

Se dispone de medios informáticos propios, recientemente renovados, con sistema operativo Windows 10®, Office 365® y una licencia de la versión 22 del programa SPSS (*«Statistical Pacage for Social Sciences»*) para entorno Microsoft Windows en lenguaje castellano.

4.15. APLICABILIDAD Y UTILIDAD DE LOS RESULTADOS Y CAPACIDAD PARA SER PROTEGIDOS Y TRANSFERIDOS AL MERCADO

Relevancia del proyecto en cuanto al impacto clínico/asistencial:

La mencionada Orden SAN/35/2017, de 15 de diciembre, por la que se fijan las cuantías de los Precios Públicos de los Servicios Sanitarios prestados por el Servicio Cántabro de Salud, data del año 2017 y establece una media del gasto por proceso asistencial según los GRD al alta. Este estudio pretende comparar a los pacientes pluripatológicos con dicha Orden SAN/

35/2017, para constatar que estos pacientes, generan un gasto sanitario por encima de la media, por lo que podría servir como apoyo para promover una actualización de dicha Orden SAN.

Los datos recogidos sobre los pacientes incluidos en el estudio podrán generar una base de datos completa sobre el estado de salud de los pacientes pluripatológicos de la unidad, pudiendo establecerse nuevos criterios para el tratamiento de dichos pacientes por sus características sanitarias y de coste directo, para redirigir la atención asistencial hacia un modelo personalizado, centrado en el paciente con unas características específicas.

Este estudio es el primer paso para poder realizar posteriores estudios de investigación relacionados con la población con enfermedades crónicas. Se espera que sirva de orientación para el personal sanitario y de gestión de los servicios de Medicina Interna y otros servicios que atienden a población con pluripatología crónica, para enfocar la atención sanitaria hacia el beneficio del paciente, con medias eficientes y costo-efectivas.

Relevancia del proyecto en cuanto al impacto bibliométrico:

Se realizará un informe final del estudio y los resultados de la investigación serán divulgados en reuniones formativas con la Dirección de Enfermería del HUMV.

Se redactará un manuscrito para su publicación en revistas científicas de impacto como *«Scientific Reports» o «PeerJ»*.

5. REFERENCIAS BIBLIOGRÁFICAS

Argimon, J., Jiménez, J. (2013). Métodos de investigación clínica y epidemiológica (4a ed.). Elsevier.

Boletín Oficial de Cantabria (2017). Orden SAN/35/2017, de 15 de diciembre, por la que se fijan las cuantías de los Precios Públicos de los Servicios Sanitarios prestados por el Servicio Cántabro de Salud. Santander: Consejería de Sanidad. Obtenido de https://boc.cantabria.es/boces/verAnuncioAction.do?idAnuBlob=320839

Cantarero, D., Pascual, M. (2016). Financiación autonómica del gasto social: cronicidad y desigualdades. Mediterráneo económico(30), 383-339. Obtenido de https://www.publicacionescajamar.es/publicacionescajamar/public/pdf/publicaciones-periodicas/mediterraneo-economico/30/30-758.pdf

Ciencia de datos para la investigación en servicios y políticas sanitarias. (Diciembre de 2021). Atlas de la Atención Sanitaria en Cantabria. Obtenido de https://www.atlasvpm.org/atlasvpm/atlas_cantabria/atlas_cantabria_perfil_2020/atlas.html

Devaux, M., Lerouge, A., Giuffre, G., et al. (2020). How will the main risk factors contribute to the burden of non-communicable diseases under different scenarios by 2050? A modelling study. PloS one, 15(4). Obtenido de https://doi.org/10.1371/journal.pone.0231725

Fetter, R. B., Shin, Y., Freeman, J. L., et al. (1980). Case mix definition by diagnosis-related groups. Medical Care, 18(2), 1-53. Obtenido de http://www.jstor.org/stable/3764138

GBD 2019 Diseases and Injuries Collaborators. (17 de October de 2020). Global burden of 369 diseases and injuries in 204 countries and territories, 1990-2019: a systematic analysis for the Global Burden of Disease Study 2019. The Lancet, 396, pp. 1204-1222. Obtenido de https://www.thelancet.com/journals/lancet/article/PIIS0140-6736(20)30925-9/fulltext#%20

Hajat, C., Siegal, Y., Alder-Waxman, A. (2021). Clustering and Healthcare Costs With Multiple Chronic Conditions in a US Study. Frontiers in Public Health, 8. Obtenido de https://www.frontiersin.org/article/10.3389/fpubh.2020.607528

Hospital Universitario Marqués de Valdecilla. (2019). Cartera de Servicios. Servicio de Medicina Interna. Santander. Obtenido de http://www.humv.es/estatico/ua/medicina_interna/cartera_de_servicios_smi_2019_20190806.pdf

Hospital Universitario Marqués de Valdecilla. (2020). Actividad Asistencial. Santander. Obtenido de http://www.humv.es/estatico/docs2021/memoria_2020.pdf

Instituto Nacional de Estadística. (2020). Encuesta Europea de Salud en España. Madrid: Ministerio de Sanidad. Obtenido de https://www.sanidad.gob.es/estadEstudios/estadisticas/EncuestaEuropea/EncuestaEuropea2020/EESE2020_inf_evol_princip_result.pdf

Ministerio de Sanidad. (2019). Estimación de pesos y costes de los procesos hospitalarios en el Sistema Nacional de Salud: metodología y principales resultados. Proyecto 2019. Madrid. Obtenido de https://www.sanidad.gob.es/estadEstudios/estadisticas/docs/CMBD/INf_PROC_ESTIM_COST_HOSP_SNS_2019.pdf

Ministerio de Sanidad, Consumo y Bienestar Social. (2019). Estrategia para el Abordaje de la Cronicidad en el Sistema Nacional de Salud. Informe de evaluación y líneas prioritarias de actuación. Madrid. Obtenido de https://www.sanidad.gob.es/organizacion/sns/planCalidadSNS/pdf/Evaluacion_E._Cronicidad_Final.pdf

Ministerio de Sanidad, Servicios Sociales e Igualdad. (2012). Estrategia para el Abordaje de la Cronicidad en el Sistema Nacional de Salud. Madrid: Ministerio de Sanidad, Servicios Sociales e Igualdad. Obtenido de https://www.sanidad.gob.es/organizacion/sns/planCalidadSNS/pdf/ESTRATEGIA_ABORDAJE_CRONICIDAD.pdf

OECD. (2021). Health at a Glance 2021: OECD Indicators. Paris: OECD Publishing. Obtenido de https://doi.org/10.1787/ae3016b9-en

OECD/European Union. (2020). Health at a Glance: Europe 2020: State of Health in the EU Cycle. Paris: OECD Publishing. doi: https://doi.org/10.1787/82129230-en

Sociedad Española de Directivos Sanitarios (Sedisa). (2015). Soluciones para la gestión de la cronicidad. Madrid. Obtenido de http://envejecimiento.csic.es/documentos/documentos/InformeGestionCronicidadSEDISA.pdf

Trogdon, J. G., Murphy, L. B., Khavjou, O. A., et al. (2015). Costs of Chronic Diseases at the State Level: The Chronic Disease Cost Calculator. Prev Chronic Dis, 12. Obtenido de https://www.cdc.gov/pcd/issues/2015/15_0131.htm

World Health Organization. (2013). Global action plan for the prevention and control of noncommunicable diseases 2013-2020. Ginebra. Obtenido de https://apps.who.int/iris/handle/10665/94384

World Health Organization. (2021). Saving lives, spending less: the case for investing in noncommunicable diseases. Geneva. Obtenido de https://www.who.int/publications/i/item/9789240041059

Zozaya, N., Villoro, R., Hidalgo, A., et al. (2015). Guía Metodológica para estimar los costes asociados a la diabetes. Madrid: Instituto Max Weber. Obtenido de https://weber.org.es/publicacion/guia-metodologica-para-estimar-los-costes-asociados-a-la-diabetes/

6. ANEXOS

Anexo 1. Consentimiento informado y autorización del estudio. Elaboración propia

SOLICITUD DE CONSENTIMIENTO

PARA LA PARTICIPACIÓN EN EL ESTUDIO

"Estimación de los costes sanitarios directos de los pacientes pluripatológicos ingresados en la planta 9ª de Medicina Interna del Hospital Universitario Marqués de Valdecilla"

SERVICIO DE MEDICINA INTERNA, HOSPITAL UNIVERSITARIO MARQUÉS DE VALDECILLA

En el momento actual se está llevando a cabo en este Hospital un estudio de investigación con el que se pretende conocer los costes sanitarios directos de los pacientes con más de dos patologías crónicas (pluripatológicos). En él participan enfermeras del Servicio de Medicina Interna, que trabajan en equipo en beneficio de las personas que, como usted, padecen estos problemas.

- Queremos solicitar su autorización para utilizar de forma anónima (sin que se le pueda identificar por sus datos personales) la información de su historia clínica. Para garantizar el anonimato será identificado en este trabajo con un número distinto al de su historia clínica, que será el que se utilice en el trabajo.

Su PARTICIPACIÓN en el estudio es VOLUNTARIA. Tanto si desea participar como si prefiere no hacerlo, o si cambia de idea más adelante, su decisión no modificará en modo alguno el tratamiento previsto y no le pediremos explicaciones sobre ella. Sin embargo, si desea ayudar a mejorar el manejo clínico de otras personas que tengan su mismo problema en los próximos años, le rogamos que firme el documento de autorización.

AUTORIZACIÓN

PARA LA PARTICIPACIÓN EN EL ESTUDIO

"Estimación de los costes sanitarios directos de los pacientes pluripatológicos ingresados en la planta 9ª de Medicina Interna del Hospital Universitario Marqués de Valdecilla"

SERVICIO DE MEDICINA INTERNA, HOSPITAL UNIVERSITARIO MARQUÉS DE VALDECILLA

La enfermera/o ____ adscrita al Servicio de Medicina Interna ha solicitado mi autorización para participar en el estudio de investigación mencionado más arriba.

- He recibido información hablada y escrita sobre dicho estudio.
- He tenido ocasión de aclarar todas mis dudas sobre él.
- Soy consciente de que mi participación es VOLUNTARIA y de que puedo cambiar de opinión en cualquier momento, sin tener que dar explicaciones y sin que afecte a los cuidados sanitarios previstos.
- Se me ha indicado que en caso de duda puedo contactar con el investigador responsable del estudio en mi Hospital, para lo cual debo preguntar por la enfermera Elisa del Val en el Servicio de Medicina Interna.

En Santander, a ____ de __________________ de 20__

La enfermera solicitante: El participante:

Nombre o etiqueta del participante:

Anexo 2. Cronograma. Elaboración propia

	Septiembre 2022	De Octubre 2022 a Octubre 2023	Noviembre 2023	Diciembre 2023	Enero 2024	Febrero 2024	De Marzo 2024 a Junio 2024
Reunión del equipo investigador							
Metodología de recogida de datos							
Recogida de datos							
Elaboración de la base de datos							
Análisis de los datos							
Reunión del equipo investigador y Evaluación de los resultados							
Informe final del estudio							
Divulgación del estudio							

Capítulo 13

Diseñando alternativas al ingreso hospitalario convencional: propuesta de una unidad de tratamiento psiquiátrico domiciliario para pacientes con patología mental aguda

JAVIER VÁZQUEZ BOURGON
Servicio de Psiquiatría, Hospital Universitario Marqués de Valdecilla (HUMV)
Instituto de Investigación Sanitaria Valdecilla (IDIVAL)
Universidad de Cantabria (UC)
CIBERSAM

JOAQUÍN CAYÓN-DE LAS CUEVAS
Jefe del Servicio Jurídico de la Consejería de Salud. Gobierno de Cantabria. Director del Grupo de Investigación en Derecho Sanitario y Bioética. IDIVAL-Universidad de Cantabria
IDIVAL

1. INTRODUCCIÓN A LA EVIDENCIA CIENTÍFICA SOBRE LA HDP

1.1. LA DESINSTITUCIONALIZACIÓN PSIQUIÁTRICA Y SU REFLEJO EN LA PLANIFICACIÓN Y EN LA NORMATIVA SANITARIA

La transformación de la atención psiquiátrica iniciada con la «Reforma Psiquiátrica» en los 80, pivotaba sobre la idea de trasladar la atención psiquiátrica del ámbito hospitalario hacia la comunidad, para así eliminar el estigma y mejorar el funcionamiento y adaptación de los pacientes con problemas de salud mental. Este proceso transformador surgido de la demanda de los usuarios y sectores profesionales, y auspiciado por instituciones sanitarias internacionales como la Organización Mundial de la Salud (OMS), comenzó su recorrido normativo en España con el Informe de la Comisión Ministerial para la Reforma Psiquiátrica, de 1985, documento que sentó las bases en esta materia para la redacción de la Ley General de Sanidad. La LGS establece la equiparación de las personas con enfermedades mentales con el resto de enfermos, y la integración de la atención a la salud mental en el sistema sanitario general, para lo cual propone un modelo de asistencia a la salud mental comunitario, el cual incluya dispositivos intermedios como alternativa a la hospitalización (Barrios Flores, 2020).

Este cambio de paradigma en la atención a la salud mental sigue estando vigente. Así, la OMS identifica como uno de sus objetivos principales que los servicios de salud mental estén disponibles en la comunidad (World Health Organization Europe, 2015). Y propone que se construyan servicios de salud mental basados en la comunidad, incluyendo dispositivos intermedios como la atención domiciliaria (World Health Organization, 2021). A nivel nacional, el Ministerio de Sanidad, en su «Estrategia de Salud Mental del Sistema Nacional de Salud, 2022-2026» (Suárez Alonso & colaboradores, 2022), destaca la importancia de potenciar la atención a la salud mental en el ámbito comunitario, fomentando la autonomía y participación de paciente en la toma de decisiones, para lo cual recomienda el uso de la hospitalización domiciliaria.

1.2. EL DESARROLLO DE UNIDADES INTERMEDIAS COMO EJE VERTEBRADOR DE LA PSIQUIATRÍA COMUNITARIA

Sin embargo, este cambio de modelo ha sido incompleto, introduciéndose la atención ambulatoria con los Centros de Salud Mental (CSM), pero sin que se haya generalizado la incorporación de dispositivos intermedios. Este desarrollo incompleto parece haber sido debido a una escasa financiación de la sanidad comunitaria (Julia-Sanchis, Aguilera-Serrano, Megias-Lizancos, & Martinez-Riera, 2020).

La Guía de Calidad de los Servicios de Salud Mental de la *European Psychiatric Association* (Gaebel et al., 2020) recomienda incorporar la hospitalización domiciliaria en el tratamiento de pacientes con patología mental aguda. Estos dispositivos están recomendados también para el tratamiento de poblaciones más vulnerables o con patologías específicas, como es el caso de los pacientes jóvenes con un primer episodio de psicosis (Arango et al., 2017; NICE, 2014). Y se establece como buena práctica clínica en el tratamiento de pacientes con esquizofrenia, el que se les ofrezca atención en un dispositivo HDP como opción de primera línea en episodios agudos, si la gravedad del episodio excede las capacidades de atención comunitaria estándar.

El uso de estos dispositivos intermedios, como alternativa al ingreso hospitalario convencional, cumple dos funciones principales: 1) llevar la atención en salud mental hacia el ámbito comunitario, potenciando la autonomía y derechos y satisfacción del paciente; y 2) resolver la carencia de camas de hospitalización, como alternativa más coste efectiva. La disponibilidad de estas unidades intermedias genera beneficios para los sistemas de salud, con la reducción en las tasas y duración de la hospitalización (Salvador-Carulla et al., 1999). Actualmente, existe una amplia evidencia científica demostrando la viabilidad y eficacia de estos dispositivos intermedios en el tratamiento de pacientes con patología mental aguda y grave en la comunidad, como alternativa al ingreso hospitalario convencional (Vázquez-Bourgon et al., 2021; Vázquez-Bourgon, Salvador-Carulla, & Vázquez-Barquero, 2012).

Entre estos dispositivos intermedios destaca el modelo de hospitalización domiciliaria psiquiátrica (HDP), el cual se describió por primera vez en la psiquiatría anglosajona (Australia y Reino Unido) en la década de 1980 (McGarry, 2019), como una alternativa a la atención hospitalaria convencional, para atender en la comunidad a pacientes con patología mental grave y aguda. El modelo HDP integra la evaluación y el tratamiento, para proporcionar una respuesta clínica rápida y eficaz a estos pacientes. A nivel funcional además cumple dos funciones; prevenir un ingreso hospitalario y reducir la duración de los ingresos. Para cumplir estas funciones, estos dispositivos deben asegurar la accesibilidad y atención intensiva (Vázquez-Bourgon et al., 2012). Según una reciente revisión sistemática Cochrane la atención domiciliaria aguda es factible y eficaz para cerca del 55% de los pacientes que de otro modo deberían ingresar en una unidad hospitalización psiquiátrica convencional (Murphy, Irving, Adams, & Waqar, 2015). Permitiendo tratar a la persona en un ambiente menos restrictivo y respetando su autonomía (Noguero Alegre & Peregalli Politi, 2021).

1.3. EFICACIA DEL MODELO DE HOSPITALIZACIÓN DOMICILIARIA PSIQUIÁTRICA

1.3.1. Reducción de tasas de ingreso hospitalario por HDP

La introducción de atención en HDP se asocia a reducciones significativas en la tasa de hospitalización psiquiátrica, de hasta el 37,5% de ingresos mensuales en las unidades de agudos de psiquiatría (Vazquez-Bourgon et al., 2012). La implementación de una unidad de HDP en Belfast (Reino Unido) consiguió reducir el 27% los ingresos en la unidad de agudos de psiquiatría (McGarry, 2019), lográndose además durante siguiente década, una reducción del 40% en el número de camas de hospitalización psiquiátrica.

1.3.2. Reducción en la duración de ingreso hospitalario por HDP

La HDP ayuda al alta precoz desde el ingreso hospitalario convencional (Tulloch, Khondoker, Thornicroft & David, 2015), consiguiéndose reducciones de la estancia hospitalaria de 4 días, sin que se produzca un mayor riesgo de re-ingreso hospitalario. El uso de HDP podría suponer estancias totales más prolongadas (40,5 vs 26,2 días; $p < 0,001$), pero claramente acorta el tiempo de ingreso hospitalario (10,3 vs 26,2 días; $p < 0,001$) (Motteli, Schori, Schmidt, Seifritz & Jager, 2018) con resultados clínicos similares, o mejores a nivel de funcionamiento (Motteli et al., 2018).

1.3.3. Selección de pacientes para ser tratados en HDP

Se ha visto que la derivación a HDP es más frecuente en pacientes con una mayor motivación hacia el tratamiento y una mayor implicación familiar (van Asperen, Wierdsma, de Winter & Mulder, 2022), así como en los pacientes con pareja, con diagnóstico de psicosis o trastorno bipolar, o con antecedentes de tratamiento en HDP (Tulloch et al., 2015). Por el contrario, los motivos más frecuentes para no derivar a los pacientes a HDP incluyen el rechazo de los pacientes (28,4%), el alta rápida desde la unidad hospitalización aguda (22,2%) o un riesgo elevado de suicidio (16,4%) (Stulz et al., 2020), así como presentar un trastorno de personalidad, consumo de tóxicos, el sexo masculino, o presentar problemas sociales o de vivienda (Tulloch et al., 2015).

Otros estudios se han centrado en analizar las características de los pacientes que consiguen mejores resultados clínicos en HDP. Así, el sexo femenino, una edad mayor, y vivir acompañado son predictores de buena eficacia de HDP (Cotton et al., 2007; Glover, Arts & Babu, 2006). Por el contrario, los pacientes con antecedentes judiciales o de agresividad se benefician menos de HDP debido a su mayor riesgo de re-ingreso (Barakat et al., 2021).

1.4. SEGURIDAD DE LOS PACIENTES EN HDP

Existen datos contradictorios sobre la seguridad de HDP ante el riesgo de suicido; por un lado, un estudio previo reportó una tasa media de suicidio ligeramente superior en HDP (14,6/10.000 episodios) que en las unidades de ingreso hospitalario (8,8/10.000 ingresos) (Hunt et al., 2014). Mientras que otros estudios no encuentran un mayor riesgo de suicidio asociado a la HDP (León-Caballero et al., 2020; Stulz et al., 2020). La evaluación de riesgo debe ser clínica a través de entrevista y solo utilizar los cuestionarios como instrumentos de apoyo (NICE, 2011).

1.5. AUTONOMÍA Y SATISFACCIÓN DEL PACIENTE EN HDP

La Sociedad Española de Salud Pública y Administración Sanitaria señala la necesidad de una mayor inclusión de abordajes comunitarios en los que se realice una atención individualizada, humanizada y centrada en la persona y su familia, y en la que el paciente participe en la toma de decisiones (Julia-Sanchis et al., 2020). En este sentido, un porcentaje importante de pacientes con un episodio agudo de patología mental podría ser tratado en su domicilio, siendo este un modelo menos estigmatizante que hospitalización de agudos convencional. La HDP aporta una oportunidad para fomentar una atención clínica centrada en el paciente, en la que se potencie su autonomía y su participación en la toma de decisiones. Apoyando esta idea, se ha visto que la satisfacción de los pacientes y sus familiares con el modelo HDP es significativamente mayor que en el modelo de ingreso hospitalario convencional (Murphy et al., 2015).

1.6. COSTE-EFECTIVIDAD DE HDP

El modelo HDP se ha visto asociada a una reducción de costes en comparación con la atención recibida en ingreso hospitalario de manera global (Murphy et al., 2015), llegando a reducciones de coste de cerca de 6.000€ (Stulz et al., 2020). De manera similar, se ha propuesto que una de las intervenciones que aparecía en el modelo como coste-efectiva, era el uso de un modelo mixto de ingreso hospitalario y domiciliario (HDP) para el tratamiento de pacientes con un episodio psicótico agudo (Jin, Tappenden, MacCabe, Robinson & Byford, 2020).

1.7. EXPERIENCIAS DE IMPLEMENTACIÓN DE HDP EN EL SISTEMA PÚBLICO ESPAÑOL

Existen experiencias de implementación de este tipo de unidades en España (Consell Assessor de Salut Mental i Addiccions, 2020), habiéndose incluso reportado resultados positivos de la efectividad de la HDP. Así, a pesar de la mayor gravedad de los pacientes de HDP, estos ingresaron en el hospital 5 veces menos que los atendidos en los servicios de urgencias (Corcoles, Malagon, Martin, Bulbena, & Perez, 2015). La mayoría de pacientes eran derivados a HDP desde la unidad de ingresos agudos, seguida de los servicios de urgencias, y se les visito 7 días de media (Alba Pale et al., 2019), sin que se produjesen suicidios (León-Caballero et al., 2020).

1.8. CARACTERÍSTICAS ESTRUCTURALES Y FUNCIONALES DE LOS DISPOSITIVOS HDP

1.8.1. Composición de los equipos

Existen una características nucleares comunes a todos los dispositivos de HDP, y que definen al propio modelo: 1) accesibilidad 24 horas al día los 7 días de la semana (24/7); 2) equipos multi-profesionales y móviles; y 3) visitas diarias domiciliarias al menos una vez al día (Motteli et al., 2021; Murphy et al., 2015). La composición multidisciplinar está reflejada en la «Guía de Calidad de los Servicios de Salud Mental» de la *European Psychiatric Association* (Gaebel et al., 2020).

Una amplia disponibilidad (24/7) es esencial, de tal forma que estos equipos deberían estar disponibles las 24 horas del día, o al menos en horario extendido (de 8 a 20h) (Vázquez-Bourgon et al., 2012). Esto es imprescindible para poder dar una respuesta clínica eficaz y rápida a pacientes con patología mental aguda en la comunidad, y la disponibilidad depende en parte de la estructura y tamaño del equipo. El modelo de HDP generalizado en España se compone de equipos pequeños (1 psiquiatra y 1 enfermera) para atender a 5-6 pacientes (ratios 0,5) (Alba Pale et al., 2019; Consell Assessor de Salut Mental i Addiccions, 2020).

1.8.2. Criterios de inclusión y exclusión

Como criterios de inclusión suelen establecerse los siguientes: 1) presencia de patología mental grave y aguda; 2) aceptación de las condiciones del ingreso (toma de tratamiento e indicaciones terapéuticas) e idealmente que dispongan de un cuidador de referencia; y 3) residencia fija establecida, en el área de referencia, o situado a una distancia máxima de 30 minutos en coche (Alba Pale et al., 2019; Motteli et al., 2021).

Como criterios de exclusión suelen indicarse: 1) la presencia de alteraciones conductuales graves; 2) problema social o ausencia de soporte sociofamiliar adecuado; 3) ideación autolítica; 4) diagnóstico de deterioro cognitivo, dependencia o abuso de tóxicos, trastorno de personalidad o de trastorno de la conducta alimentaria.

1.8.3. Otras características relevantes

La experiencia previa y un mayor nivel de esfuerzo del equipo de profesionales, se asocia a una mejor evolución clínica de los pacientes en HDP. Por el contrario, una excesiva carga de trabajo (ratio más baja profesional-paciente, mayor frecuencia de contacto con los pacientes y más intervención familiar) se asocian a una peor evolución (Bauer et al., 2016). Además, la HDP es efectiva cuando es accesible y provee una respuesta rápida y visitas regulares a domicilio. Finalmente, se ha señalado la importancia de dar continuidad a los profesionales de los equipos de HDP, y formación continua en los estándares internacionales, a través de programas específicos de formación y de mejora (Lloyd-Evans et al., 2020).

1.8.4. Medición de resultados y outcomes

La medición de resultados es imprescindible para todo dispositivo de nueva creación en el sistema público de salud. Así la *European Psychiatric Association* (Gaebel et al., 2020) recomienda que se desarrollen e implementen indicadores de calidad para modelos de atención integrada en los servicios de salud mental. También debe incorporarse, siguiendo un modelo «centrado en el paciente», indicadores tipo PROM (*Patient reported outcome measures*) y PREM (*Patient reported experience measures*).

1.8.5. Inclusión de HDP en un sistema integrado y balanceado de cuidados

La inclusión de dispositivos intermedios en la red de salud mental debe seguir un modelo de tratamiento comunitario con enfoque integrador (Vazquez-Bourgon et al., 2012). Así, la atención a la patología mental aguda en la comunidad no es incompatible con la atención hospitalaria (Thornicroft & Tansella, 2002), habiéndose propuesto un modelo de asistencia balanceada (*balanced care model*) (Johnson et al., 2022; Maj, 2010; Thornicroft & Tansella, 2002), que facilite la incorporación de dispositivos intermedios en un modelo integrado, aditivo y secuencial de atención a la patología mental aguda, en un eje que va desde el tratamiento ambulatorio (CSM) a la atención más intensiva hospitalaria, pasando por los dispositivos intermedios, como la HDP. Este modelo potencia la continuidad de cuidados y la eficiencia del sistema (Johnson et al., 2022; Thornicroft & Tansella, 2004).

1.9. NORMATIVA VIGENTE Y REFORMAS NECESARIAS PARA LA IMPLANTACIÓN DE LA HDP

La Ley 7/2002, de 10 de diciembre, de Ordenación Sanitaria de Cantabria, en adelante LOSCAN, en su artículo 64, que la Administración Sanitaria de la Comunidad Autónoma de Cantabria desarrollará, entre otras actuaciones relacionadas con la asistencia sanitaria, la de la atención, promoción, protección y mejora de la salud mental, preferentemente en el ámbito de la comunidad, potenciando los recursos asistenciales a nivel ambulatorio, los sistemas de hospitalización parcial y la atención domiciliaria . Por su parte, la Ley de Cantabria 1/1996, de 14 de mayo, de Salud Mental de Cantabria (Ley 1/1996), indica en su artículo 7: «[...] la Asistencia a Domicilio y de Sustitución son estructuras intermedias que permitirán a los Equipos de Salud Mental el ejercicio de tratamientos más intensivos y continuados, obviando, con ello, el desarraigo y la desconexión con el medio familiar y social del enfermo, evitando a la vez, ingresos innecesarios en los centros de hospitalización». Y establece como prioritario, en la planificación de la asistencia en la salud mental, el desarrollo de estas estructuras como alternativas a la hospitalización convencional. De esta forma, podemos afirmar que la Ley de Cantabria 1/1996, de 14 de mayo, de Salud Mental de Cantabria, a la que se remite la LOSCAN, ofrece una plataforma de mínimos suficiente para regular las actuaciones en materia de salud mental en la Comunidad Autónoma de Cantabria. Por último, la Proposición de Ley General de Salud Mental (122/000158), de 17 de septiembre de 2021, en su artículo 34, dedicado al internamiento, establece que no procederá el internamiento u hospitalización en contra de la voluntad del o la paciente. Asimismo, los proveedores de salud mental deberán desarrollar servicios y equipos de intervención en crisis libres de coerción y con perspectiva comunitaria (Proposición de Ley General de Salud Mental, 2021).

1.10. JUSTIFICACIÓN DEL DESARROLLO DE LA UNIDAD HDP

La implantación de una unidad de hospitalización domiciliaria psiquiátrica (HDP) sería en beneficio de los pacientes y sus familias, dada la evidencia científica apoyando buenos niveles de satisfacción de los usuarios de este tipo de dispositivos. E iría en beneficio del principio de autonomía y participación en la toma de decisiones terapéuticas, al ampliar la oferta de alternativas al ingreso hospitalario convencional para un porcentaje importante de pacientes. La evidencia científica apoya además la viabilidad y efectividad de este tipo de dispositivos para el tratamiento de pacientes con patología mental aguda en la comunidad, como alternativa a la hospitalización convencional. Siendo además una opción que se ha descrito como más coste-efectiva. A nivel institucional, mejoraría la red de salud mental y ayudaría a completar el esquema de atención integral y balanceada entre cuidados hospitalarios y comunitarios.

2. DEFINICIÓN DEL MODELO DE ATENCIÓN A LA SALUD EN EL QUE SE INTEGRA LA HPP

2.1. ZONIFICACIÓN DE LA SALUD MENTAL EN CANTABRIA

Según el Decreto 27/2011 de 31 de marzo, el Mapa Sanitario Autonómico de Cantabria está compuesto por 3 Áreas de Salud funcionales: Área de Salud 1 Santander, Área de Salud 2 Laredo, y Área de Salud 3-4 Torrelavega-Reinosa. Según los datos del último padrón elaborador por el Instituto Cántabro de Estadística (ICANE) en el 2021, la población de Cantabria reside en su mayoría en la zona costera y alrededor de los grandes núcleos de población, Santander, Torrelavega y Laredo-Castro-Urdiales. Esto produce una distribución desigual de la población por áreas de salud, siendo el área de salud con más población la de Santander (Área Sanitaria 1), con 322.071 habitantes.

2.2. LA RED ATENCIÓN ESPECIALIZADA EN SALUD MENTAL DE ADULTOS DEL SERVICIO CÁNTABRO DE SALUD; BASES HACIA UN MODELO INTEGRAL Y BALANCEADO

La atención especializada a la salud mental en Cantabria se organiza en las 3 gerencias de atención especializada, que coinciden con las áreas de salud descritas, salvo la Gerencia de Especializada Sierrallana-Tres Mares que integra las áreas de salud 3 y 4 (Vázquez-Barquero, Gaite Pindado, Salvador Carulla, & Salinas Pérez, 2010). Cada una de estas gerencias tiene un hospital de referencia, con un Servicio de Psiquiatría. La Gerencia de Atención Especializada del Área de Salud 1 (Santander) tiene de referencia el Hospital Universitario Marqués de Valdecilla (HUMV), la Gerencia de Atención Especializada del AS 2 (Laredo) el Hospital de Laredo, y la Gerencia de Atención Especializada de las Áreas 3 y 4 el Hospital Sierrallana (situado en Torrelavega). Estos servicios difieren en su composición de tal forma que solo el Hospital Valdecilla dispone de unidad de ingreso breve, unidad de ingreso de media estancia y equipo de urgencias psiquiátricas 24/7. Estos 3 dispositivos son de referencia para toda la Comunidad Autónoma de Cantabria.

La descripción de la actividad asistencial de la red de salud mental especializada para población adulta puede dividirse, siguiendo el «modelo de atención balanceada», en unidades de ingreso hospitalario, dispositivos intermedios, y unidades de atención ambulatoria.

2.2.1. Hospitalización psiquiátrica aguda

El servicio de Psiquiatría del Hospital Universitario Marqués de Valdecilla cuenta con la única unidad de ingreso agudo de Psiquiatría de todo el SCS (28 camas), siendo de referencia para toda la Comunidad Autónoma de Cantabria (población de referencia 580.000 habitantes). El HUMV es un hospital de tercer nivel, con aproximadamente 800 camas de ingreso, encontrándose habitualmente con una ocupación cercana al 70% (Memoria Actividad HUMV 2020; http://www.humv.es/index.php?option=com_content&task=view&id=21&Itemid=45). El 10% de la estancia total de los ingresos en HUMV correspondió a ingresos de Psiquiatría. La media nacional de camas disponibles en unidades de ingreso psiquiátrico agudo es de 11 camas/100.000 habitantes, mientras que en Cantabria la tasa es de tan solo 4,8 camas/100.000 habitantes (Suárez Alonso & colaboradores, 2022).

Además, el Servicio de Psiquiatría del HUMV dispone de otras unidades de ingreso psiquiátrico agudo para pacientes o patologías específicas; la Unidad de Alta Resolución Hospitalaria (UARH) y la Unidad Penitenciaria (UP). La UARH del HUMV dispone de un protocolo de tratamiento psiquiátrico intensivo, multidisciplinar y de corta duración, desarrollado en colaboración con el Servicio de Psiquiatría, para la atención multidisciplinar e intensiva de pacientes con: 1) Tentativas de suicidio con grave componente somático; 2) Psicosis tóxicas; y 3) Cuadros psiquiátricos confusionales transitorios. La UP consiste en una unidad de ingreso en la que existe un programa de evaluación e intervención dirigido a personas con alteraciones psiquiátricas que se encuentran en situación de internamiento penitenciario. La actividad asistencial corre a cargo del equipo de psiquiatría de enlace en el HUMV.

Por último, el HUMV es el único servicio de psiquiatría que dispone de equipo de urgencias psiquiátricas 24/7 en la Comunidad.

2.2.2. Dispositivos intermedios

Solo los servicios de psiquiatría de Sierrallana y HUMV cuentan con hospital de día. Esta unidad aporta la evaluación y tratamiento multidisciplinar y personalizado en régimen de hospitalización aguda a tiempo parcial (atención de día) a los pacientes con patología psiquiátrica aguda y grave no susceptible de ser tratada a nivel ambulatorio, pero que no precisan hospitalización psiquiátrica aguda a tiempo completo. No se ha desarrollado en Cantabria otros dispositivos intermedios.

2.2.3. Atención psiquiátrica ambulatoria

Las Unidades de Salud Mental (USM) son los dispositivos básicos de atención especializada psiquiátrica y sus áreas de cobertura son las áreas básicas de atención de la Red de Salud Mental. En cuanto a sus áreas de cobertura las Unidades de Salud Mental atienden a la población de varias zonas básicas de salud incluso de diferentes Áreas Sanitarias. Así, la USM de Torrelavega presta atención a las AS de Torrelavega y Reinosa; la USM Laredo lo hace al AS de su mismo nombre; mientras que el AS Santander hay 4 USMs que se reparten las diferentes ZBS del área. La asistencia en las USM tiene como objetivo la evaluación y tratamiento ambulatorio en la comunidad de pacientes afectos de alteraciones psiquiátricas y/o psicológicas potenciando su permanencia en el entorno socio-familiar.

Además, existen en Cantabria varios programas especiales que cuentan con atención ambulatoria especializada para la evaluación y el tratamiento ambulatorio de enfermos con alteraciones psiquiátricas y/o psicológicas que plantean necesidades asistenciales muy específicas, no susceptibles de ser satisfechas de manera eficiente en las USMs.: Programa Intervención Temprana en Psicosis (ITPCan); Programa de prevención de conductas suicidas (CARS); Programa de intervención en síndrome de dependencia alcohólica grave; Programa de intervención en trastorno de la personalidad.

2.3. IDENTIFICACIÓN DE LOS USUARIOS Y PACIENTES

2.3.1. Pacientes y familias

La red HDP tiene como área sanitaria de referencia la Comunidad Autónoma de Cantabria, con una población de referencia de 588.000 habitantes. Sin embargo, debido a las distancias y las limitaciones de desplazamiento, se ha establecido una radio de acción menor siguiendo criterio de la Unidad de Hospitalización Domiciliaria del HUMV: proveer asistencia a las personas que residan en un radio de 10 kilómetros desde la base de cada equipo HDP. Siguiendo este criterio las zonas abarcadas por los radios de acción de los equipos HDP de Sierrallana y HUMV, son zonas de alta densidad poblacional, por ejemplo, el radio de acción del HUMV incluye, según el Servicio de cartografía del Gobierno de Cantabria, unas 256.676 personas, cerca del 80% de toda la población de referencia del Área de Salud 1. Sin embargo, el equipo HDP Laredo, tiene una mayor dispersión, encontrándose en su área de salud dos grandes poblaciones, Laredo y Castro Urdiales, a una distancia de 20 kilómetros. Esta mayor dispersión geográfica se verá parcialmente compensada por una menor población de referencia (100.000 habitantes).

2.3.2. Unidades implicadas en el proceso de derivación

Los usuarios podrán ser derivados desde diversos dispositivos, principalmente desde las urgencias de psiquiatría de los 3 hospitales como alternativa al ingreso hospitalario convencional, y desde la unidad de ingreso agudo hospitalario para reducir la estancia. También podrán derivar pacientes para su ingreso en HDP, de manera programada desde las USMs, desde el equipo de psiquiatría de enlace del HUMV y desde los programas especiales.

2.4. OBJETIVOS ASISTENCIALES Y DE GESTIÓN DE LA RED HDP

El objetivo general de la HDP es estabilizar a la persona de su descompensación aguda en su entorno habitual, evitando el ingreso hospitalario y reduciendo el estigma.

La HDP tiene además como objetivos específicos: 1) Sumar al modelo de «atención balanceada» y de atención psiquiátrica por intensidad de cuidados, garantizando la continuidad de la atención y promoviendo la hospitalización psiquiátrica abierta a la comunidad; 2) Potenciar los componentes de «normalización» del tratamiento psiquiátrico, estimulando la autonomía del paciente, facilitando la implicación de la familia en el proceso terapéutico, y promoviendo la integración e inserción del paciente en la comunidad; y 3) Contribuir a resolver el problema de la baja dotación de camas de agudos en la Comunidad Autónoma de Cantabria. Para esto la unidad se configura como una alternativa más eficiente al ingreso hospitalario para un porcentaje de pacientes. Supone la continuación asistencial del ingreso hospitalario, disminuyendo las estancias medias de los ingresos hospitalarios. Y permite una mayor autonomía y capacidad de participación de los pacientes en la toma de decisiones.

3. PROCESOS ASISTENCIALES

3.1. DERIVACIÓN A LA UNIDAD

3.1.1. Procedencia de los pacientes

La derivación a HDP puede hacerse desde 3 ámbitos: la urgencia psiquiátrica, la unidad hospitalización de agudos y los dispositivos ambulatorios.

1. Unidad de ingreso agudo de psiquiatría: pacientes con mejoría clínica suficiente para continuar tratamiento en el domicilio (alta precoz).
2. Urgencias psiquiátricas: pacientes que precisen ingreso hospitalario.
3. Unidades de Salud Mental: pacientes que requieran un tratamiento más intensivo.
4. Programas Especiales de Psiquiatría.
5. Hospitales de día.
6. Equipo de Psiquiatría de Enlace: desde cualquiera de las unidades de hospitalización de los Servicios Médico-Quirúrgicos del HUMV o de la UARH.

3.1.2. Procedimiento de derivación

El proceso de derivación deberá ser lo más ágil y menos burocrático posible. Las derivaciones desde la urgencia y las unidades de hospitalización se realizarán a través del contacto directo, personal o telefónico, con el equipo HDP. Las derivaciones desde dispositivos ambulatorios se harán a través del programa de interconsulta MAS.

3.1.3. Perfil de los pacientes

Son susceptibles de recibir tratamiento en la HPP:

1. Personas con patología psiquiátrica aguda y grave no susceptible de tratamiento ambulatorio, y en las que:
   a) Esté indicado un ingreso de corta estancia.
   b) Sin riesgo que contraindiquen su permanencia en su entorno social.

c) Sea clínicamente conveniente mantener la interacción social y familiar, y cuenten con suficiente apoyo familiar y/o social.

2. Personas que, habiendo ingresado en alguna de las unidades de internamiento psiquiátrico agudo, hayan alcanzado un nivel de recuperación clínica suficiente.

Criterios de inclusión

1. Adultos, mayores de 18 años.
2. Presencia de patología mental aguda, que precisa ingreso hospitalario.
3. Aceptación del plan terapéutico por parte del paciente y de un familiar de referencia.
4. Residencia fija establecida, en el área de acción (10km) del equipo HDP.

Criterios de exclusión

1. Presencia de alteraciones conductuales graves.
2. Problema social o ausencia de soporte socio-familiar adecuado.
3. Riesgo autolítico elevado.
4. Co-morbilidad somática que requiera ingreso hospitalario, deterioro cognitivo severo, dependencia o abuso de tóxicos, diagnóstico exclusivo TP o TCA.

Además, se considera que no son motivos de ingreso en HDP los siguientes:

1. Necesidades de cuidados generales, u otra forma de asistencia no sanitaria derivada de la falta de cobertura familiar y/o social.
2. Problemas de socialización y/o comunicación, sin patología psiquiátrica subyacente.
3. Problemas legales-judiciales, en los que la patología psiquiátrica aguda no es el elemento central de la intervención.
4. Problemas sociales, en los que la patología psiquiátrica aguda no es el elemento central de la intervención.

5. Patología psiquiátrica con necesidades de tratamiento, supervisión, rehabilitación, en régimen de media o larga estancia.

3.2. ADMISIÓN

El ingreso se realizará fundamentalmente desde 3 ámbitos: 1) Servicio de Urgencias o alguna de las unidades de ingreso hospitalario.; 2) USMs u otros dispositivos ambulatorios; y 3) Dispositivos intermedios (hospitales de día).

Se potenciará la accesibilidad y se asegurará un tiempo de respuesta óptimo; los ingresos serán, salvo excepciones, programados pero preferentes, con tiempos de respuesta que entre las 24/48 horas para ingresos desde la unidad de agudos de psiquiatría o urgencias, hasta las 72 horas aquellos desde unidades ambulatorias. No habrá lista de espera para admisión en la HDP. Si todas las plazas estuviesen ocupadas, se deberá optar por otra unidad de ingreso psiquiátrico. El protocolo de admisión, y comprobación de criterios de inclusión, diferirá según la unidad de procedencia del paciente. Cuando la derivación sea desde la unidad de agudos de psiquiatría la evaluación inicial para comprobar los criterios de inclusión se realizará en el hospital antes del alta. En el caso de derivaciones desde urgencias o dispositivos ambulatorios, la primera evaluación se realizará en el domicilio del paciente.

3.3. EVALUACIÓN Y DIAGNÓSTICO

La evaluación debe de ser multidimensional (bio-psico-social). Se realizará en el momento del ingreso y a lo largo del tratamiento de manera continuada (evaluaciones de seguimiento). A partir de estas evaluaciones se realizará la formulación diagnóstica. La evaluación al alta permitirá establecer comparaciones de resultados de efectividad.

Evaluación con escalas psicométricas

Las evaluaciones psiquiátricas al ingreso y al alta, irán apoyadas por escalas de evaluación psicopatológica y funcionamiento que aporten medidas cuantitativas de cambio clínico.

- *BPRS:* Para medir cambios en la severidad de la psicopatología.
- *Clinical Global Impresión (CGI)*: Mide severidad psicopatológica y mejoría.

- *HoNOS:* Mide afectación personal, física y social que se da asociada a la enfermedad mental.
- *Escala de satisfacción: cuestionario CSQ-8 y escala de sobrecarga familiar.*
- *Medidas PREM y PROM.*

3.4. PLAN TERAPÉUTICO

El plan terapéutico es el conjunto de intervenciones multiprofesionales que, coordinadas por el terapeuta responsable, se ejecutan y revisan para la consecución de objetivos específicos relacionados con las necesidades y expectativas del paciente. Se diseña, de manera individualizada, a partir de los déficits y necesidades detectadas en la evaluación realizada por el psiquiatra y la enfermera. E incluirá: 1) Áreas de intervención; 2) Objetivos; 3) Intervenciones concretas a realizar que configuran en el plan terapéutico y 4) Responsable de implementar cada intervención. El plan terapéutico inicial se irá revisando y modificando según la evolución clínica del paciente.

3.5. GARANTIZAR LA SEGURIDAD DE LOS PACIENTES

Al ser este uno de los procesos asistenciales más importantes de la HDP, ha de estar presente de manera trasversal a toda la intervención asistencial. Dentro del proceso sobre seguridad del paciente, existen tres áreas prioritarias de intervención: 1) Protocolo de prevención del no cumplimiento terapéutico; 2) Prevención del riesgo de suicidio; y 3) Prevención de conductas violentas.

3.5.1. Protocolo de prevención del no cumplimiento terapéutico

Se evaluará en cada sujeto. Y en aquellos casos con antecedentes o mayor riesgo de no adherencia se les propondrá diferentes estrategias de enfermería: Evaluación diaria de toma al mediodía a través de *Rainbow.*

3.5.2. Prevención de suicidio

La identificación del riesgo de suicidio y su prevención son elementos esenciales de la actividad asistencial en la HDP. Se realizará una evaluación continua del riesgo:

- Antecedentes personales y familiares de conductas o ideación suicida.

- Ideas de autoagresión manifestadas, o conductas auto-lesivas previas.
- Evaluaciones psicopatológicas específicas sobre riesgo de suicidio.

El paciente podrá ser derivado a urgencias o a la unidad de hospitalización de agudos.

3.5.3. Prevención de conductas violentas

El conocimiento de cada paciente nos permitirá anticiparnos y actuar para que la conducta físicamente peligrosa para sí mismo o para los demás no se presente. El personal de los equipos HDP deben conocer las fases iniciales del protocolo contención de la agresividad del SCS, consistentes en la evaluación del riesgo, y la intervención hacia la desescalada, la contención verbal y con psicofármacos. Niveles mayores de agitación o agresividad deberían ser enfrentados en el contexto domiciliario.

3.6. ALTA Y CONTINUACIÓN DE CUIDADOS

El alta ha de estar precedida por una evaluación final y por entrevistas preparatorias con el paciente y su familia, en las que se deberá trasmitir la información del plan terapéutico a seguir. En esta fase se debe salvaguardar la continuidad de cuidados, y realizar una derivación eficiente del paciente a su unidad ambulatoria.

Protocolo de alta

- El alta de la HDP debe ir acompañada de un informe clínico en el cual se especificarán el juicio diagnóstico, las actuaciones realizadas durante el ingreso, las recomendaciones terapéuticas, y las citas con el equipo de destino.
- Al alta, el paciente deberá tener una cita, idealmente en menos de 15 días.
- Al alta, el paciente debe disponer de la receta electrónica actualizada.

4. RECURSOS

4.1. ESTRUCTURAS FÍSICAS

Los equipos de HDP deberán disponer de un despacho común, que servirá de base física, ubicado en sus hospitales de referencia. Los despachos contarán con ordenadores y mesas de trabajo. Además, los equipos tendrán *tablets* para acceder a los programas informáticos de gestión clínica en los domicilios de los pacientes.

4.2. HORARIO DE ACTIVIDAD

La actividad asistencial de los equipos de HDP será de 8:00 a 15:00, de lunes a viernes. Se realizará una reunión de equipo todos los días de 8.15 a 8:45h, para comentar las nuevas derivaciones, y planificar la jornada. Se comentarán también los casos clínicos complicados que precisen tomar decisiones consensuadas. Las visitas de pacientes en domicilio se realizarán entre las 9:00h y las 13.30h. Entre 13.30h y 15h se retornará a las respectivas bases para completar los registros en las historias clínicas, y poner en común los aspectos más relevantes de cada caso.

Fuera del horario laboral, a partir de las 15:00, se realizará una asistencia híbrida consistente en las dos siguientes acciones:

1) *App de Programa de Monitorización Intensiva*: los pacientes y sus familiares recibirán, a media tarde de manera automática, una encuesta clínica breve asistida por inteligencia artificial, que valorará la situación de riesgo clínico, comunicando los resultados al equipo de guardia de psiquiatría del HUMV por si fuese preciso iniciar un segundo escalón de intervención (ej.: entrevista telefónica, 061).

2) *Atención por el equipo de urgencias de psiquiatría del HUMV*: también existirá la posibilidad de atención, telefónica o presencial en urgencias del HUMV 24/7.

Los sábados de 8:00h a 15:00h se establecerá una atención domiciliaria por enfermería de aquellos pacientes que se encuentren más inestables o que precisen alguna intervención o analítica urgente, teniendo de apoyo médico al equipo de urgencias de psiquiatría del HUMV.

4.3. RECURSOS HUMANOS Y FUNCIONES DE LOS PROFESIONALES

Siguiendo las recomendaciones internacionales y nacionales los equipos de HDP deben tener una composición multidisciplinar, estar formados por 2-3 profesionales para 4-6 plazas (pacientes) y por cada 100.000 habitantes (población general) (Consell Assessor de Salut Mental i Addiccions, 2020). Los equipos estarán formados por un FEA Psiquiatría, una Enfermera especialista en salud mental, un FEA Psicología clínica (a tiempo parcial: 1/5), una Trabajadora social (a tiempo parcial: 1/5), y Personal administrativo (a tiempo parcial: 1/5). La red de hospitalización domiciliaria psiquiátrica del SCS estará formada por 5 equipos, con un total de 13 profesionales (5 psiquiatras, 5 enfermeras, 1 psicólogo, 1 trabajadora social, y 1 administrativo), y dará servicio a 30 plazas de tratamiento domiciliario. La ratio será así de 0,4 profesionales-paciente, por debajo de los niveles de calidad propuestos internacionalmente (ratios de 0,9), pero asimilable a las propuestas a nivel nacional (Consell Assessor de Salut Mental i Addiccions, 2020). Los equipos de HDP en zonas con una mayor dispersión geográfica de su población de referencia (*i.e.*: HDP Laredo) deberán ajustar a la baja el número de pacientes atendidos simultáneamente debido al mayor tiempo destinado a los desplazamientos.

4.4. TELEPSIQUIATRÍA Y SISTEMAS INFORMÁTICOS

La utilización de las nuevas tecnologías informáticas en la actividad clínica y en el proceso de gestión de los dispositivos asistenciales se ha vuelto esencial para conseguir niveles altos de calidad.

4.4.1. Servicios informáticos de gestión clínica

Programa Altamira - historia clínica electrónica del SCS: Da acceso a la historia clínica electrónica de los pacientes y permite registrar los evolutivos clínicos y tratamientos.

Programa MAS de interconsulta: Para hacer derivaciones no urgentes a otros servicios.

Programa PEA - prescripción farmacológica hospitalaria: La prescripción farmacológica durante el episodio en HDP se realizará con el programa PEA.

Programa Receta electrónica para prescripción ambulatoria: En algunos casos podrá ser necesario el uso de la prescripción ambulatoria.

4.4.2. Servicios informáticos de telepsiquiatría. Modelo de asistencia híbrida

App de Programa de Monitorización Intensiva: Esta app realiza una monitorización on-line automática del bienestar clínico de los pacientes gracias a un algoritmo de decisión en función de las respuestas recibidas, lo cual permite identificar patrones de riesgo que son comunicados al equipo de urgencias de psiquiatría.

Programa Rainbow de teleconsulta: Se podrá incorporar parte de la atención clínica en formato de telepsiquiatría a través del programa de teleconsulta *Rainbow* del SCS.

5. ORGANIZACIÓN

Los aspectos organizativos son claves en la consecución de altos niveles de excelencia y eficiencia en la actividad asistencial, pero con mayor relevancia en unidades móviles y que han de interaccionar con varios dispositivos.

5.1. COORDINACIÓN INTERNA

Reunión clínica diaria: Reunión diaria (8:15 a 8:45h) en la que participa todo el equipo. En ella se revisan las nuevas derivaciones, con especial atención a los casos más complicado. Y se planifica la jornada.

Reunión de gestión trimestral: Para revisar procesos asistenciales, identificar fallos en el funcionamiento y proponer mejoras.

5.2. COORDINACIÓN EXTERNA Y ENLACE CON OTRAS UNIDADES ASISTENCIALES

Participación en la reunión clínica semanal de la unidad de agudos de psiquiatría: El psiquiatra coordinador de los equipos HDP del HUMV, participará en la reunión semanal clínica de la planta de agudos de psiquiatría, donde se propondrán derivaciones.

Reunión semestral con las USM y el equipo de urgencias de psiquiatría: Reuniones informativas y de re-evaluación de procesos de derivación y alta, con las USMs y el equipo de urgencias de psiquiatría del HUMV.

6. CUADRO DE MANDO Y SISTEMA DE CALIDAD

La actividad de la HDP y sus resultados deben quedar registrados para poder hacer un análisis de su utilidad e impacto sobre el sistema.

6.1. INDICADORES DE CALIDAD

6.1.1. Indicadores de actividad

- N.º de altas año.
- Estancia media: en días desde el ingreso al alta, general y por diagnóstico GRD.

- Índice de ocupación: deberá ser mayor del 70%

$$\acute{\text{I}}\ ocupacion = \frac{\text{Número de altas (año) } x \text{ estancia media (anual)}}{\text{Número de plazas } x \text{ 365 días}}$$

- Número de visitas por paciente: visitas a domicilio telemedicina.
- Ratio de visitas enfermería/psiquiatría.
- Gravedad clínica y social al ingreso: escalas BPRS, HoNOS y CGI basales.
- Distribución de ingresos por grupo diagnóstico CIE-11.
- Carga asistencial por GRDs.

Indicadores de accesibilidad

- Tiempo de respuesta: inferior a 24/48h en derivaciones desde urgencias o la unidad de hospitalización de agudos, y menor de 72h el resto.
- Unidad de procedencia.
- Aceptabilidad: % de derivaciones aceptadas por la unidad.

Indicadores de seguridad

- Número de asistencias en horario ampliado (15:00-8:00, o fines de semana).

Indicadores de continuidad de cuidados

- Unidad de destino a la que es derivado el paciente.
- Continuidad de cuidados: 100% altas con cita, a poder ser inferior a 15 días.

6.1.2. Indicadores de resultados

Efectividad

- Efectividad en sustitución de hospitalización [criterios: 1) > 50% del episodio en HDP, 2) duración del tratamiento total < 40 días, y 3) alta o finalización del tratamiento acordada con el paciente]: al menos el 80% de los pacientes.

- Mejoría clínica al alta: cambio en las escalas BPRS, HoNOS y CGI.
- Mejoría en funcionamiento: cambio en la escala GAF al alta.
- Alta acordada con el paciente: al menos del 80%.
- Reingresos por la misma causa antes de un mes: deberá ser menor del 10%.
- Disminución del número de hospitalizaciones agudas y estancia media.

Seguridad

- Incidente crítico: registrar todos los incidentes graves.
- Tipos de incidentes: fallecimiento (no suicidio); suicidio; tentativa autolítica; agitación psicomotora; autoagresividad física (no autolítica); heteroagresividad física (indicar hacia quien y consecuencias); efecto farmacológico grave (notificar a farmacovigilancia).
- Consecuencia del incidente: ¿precisó ingreso en hospitalización de agudos?

Satisfacción

- Satisfacción del paciente: cuestionario CSQ-8 de satisfacción al alta.
- Percepción de sobrecarga del cuidador.
- Número de reclamaciones: deberá ser menor del 2%.

6.2. GESTIÓN DE SUGERENCIAS Y RECLAMACIONES

A través del Servicio de Atención al Usuario del SCS se pueden tramitar sugerencias y/o reclamaciones, que serán respondidas por el Jefe de Servicio tras analizar la situación con el responsable clínico de la unidad.

6.3. AUTOEVALUACIÓN, MEMORIA DE ACTIVIDAD ASISTENCIAL Y PLANES DE MEJORA

Se realizará una memoria anual de actividad asistencial que recoja todos los datos procedentes de los indicadores arriba enumerados. También con carácter anual se realizará un análisis de situación, y se analizarán posibilidades de mejora de acuerdo con las líneas estratégicas de los respectivos Servicios y hospitales. El análisis y las conclusiones quedarán reflejados en

«Planes de Mejora», encaminados a mejorar la calidad y la seguridad de la asistencia clínica.

7. FORMACIÓN, DOCENCIA E INVESTIGACIÓN

7.1. DOCENCIA Y FORMACIÓN CONTINUADA

La red de HDP deberá promover la formación continuada de sus profesionales para que se mantengan actualizados en los conocimientos propios del ámbito del manejo terapéutico de la patología mental aguda y en concreto en el domicilio. Los equipos de HDP participarán en la formación especializada de la *Unidad* Docente Multiprofesional de Salud Mental del HUMV, ofreciendo rotaciones optativas al personal en formación especializada MIR, PIR y EIR, así como a MIR de Medicina de Familia y Comunitaria. Y en la docencia de los Grados de Medicina y Enfermería.

7.2. INVESTIGACIÓN

La HDP fomentará la participación de sus miembros en actividades de investigación como medio para potenciar la excelencia de su equipo y de su trabajo. Para ello posibilitará la dedicación parcial de sus miembros para la realización de trabajo de investigación. Además, se recogerán de manera sistemática datos sobre procesos y resultados, que permitan evaluar de manera rápida y directa resultados clínicos, de efectividad, de seguridad, de funcionamiento y de satisfacción de los pacientes y sus familias.

8. ANÁLISIS DE COSTES, PRESUPUESTO Y PLAN DE EJECUCIÓN

8.1. ESTIMACIÓN DE COSTE ANUAL POR CADA EQUIPO DE HDP

La estimación bruta del balance de costes de HDP frente al ahorro derivado de la evitación o reducción del ingreso hospitalario de pacientes en la unidad de agudos de psiquiatría del HUMV se calcula en base a la Orden SAN/35/2017, de 15 de diciembre, por la que se fijan las cuantías de los Precios Públicos de los Servicios Sanitarios prestados por el Servicio Cántabro de Salud. La orden SAN/35/2017 establece en el anexo II (epígrafe E) que el coste de la estancia diaria en hospitalización (por GRD) es de 475 € (Orden SAN/35/2017). Además, se ha corregido este precio en base al peso medio APR de los ingresos en la unidad de hospitalización de psiquiatría que figura en la última Memoria de Actividad Asistencial del HUMV (2020), la cual lo fija en 0,56. De tal forma que el coste de estancia en la hospitalización de psiquiatría (en base a este peso medio) es de 266 € por día. Y finalmente se aplica una corrección de ocupación parcial (70%) para corregir por una posible no ocupación completa de las unidades a lo largo del año.

El coste anual de cada equipo de HDP compuesto por una enfermera especializada en salud mental (44.000 €) y un psiquiatra (60.000 €), con gastos de desplazamiento (leasing automóvil 6.000 €; combustible 700 €) y teléfono móvil (300 €) es de 111.000 €/año. Pero cada grupo que atienda a 6 pacientes simultáneamente generaría un ahorro de costes de hospitalización de 582.540 €. El saldo definitivo por equipo sería de un ahorro de 296.778 € tras aplicar un factor de corrección de ocupación del 70% de las plazas de hospitalización domiciliaria.

8.2. PRESUPUESTO ANUAL DE PROPUESTA DE RED DE HDP DEL SCS

Se describe a continuación el presupuesto necesario para dotar al SCS de una red suficiente de atención domiciliaria para la patología mental. Esta red estaría formada por un equipo en el área de Laredo, otro en el de Sierrallana y 3 equipos en el de Santander. Además dispondría de un profesional de Psicología clínica (60.000 €), una trabajadora social (44.000 €) y un administrativo (35.000 €) compartidos para toda la red, de tal forma que el presupuesto total anual de la red de HDP para todo el SCS es de 659.000 €. Este diseño de equipos debería completarse, siguiendo las recomendaciones internacionales, con el perfil de Terapeutas ocupacionales y Educadores sociales, para facilitar la recuperación funcional y la autonomía en la comunidad de los pacientes en tratamiento en HDP.

9. CONCLUSIONES

Existe evidencia científica de que el modelo de hospitalización domiciliaria psiquiátrica es una alternativa eficaz, viable, y segura para el tratamiento en la comunidad de pacientes con patología mental aguda, en sustitución de la hospitalización convencional. La hospitalización domiciliaria psiquiátrica además ha demostrado mejores resultados en satisfacción de los pacientes que la hospitalización convencional. Y parece estar asociada a menores costes directos que esta última. Diversas instituciones sanitarias como la OMS, la WPA, o el Ministerio de Sanidad en su Estrategia de Salud Mental 2022-2026, recomiendan el desarrollo de la hospitalización domiciliaria psiquiátrica, con dos funciones principales, evitar el ingreso hospitalario, o acortar la duración del mismo si se ha producido. Existe normativa suficiente (LOSCAN —Ley 7/2002— y Ley de Salud Mental de Cantabria —Ley 1/1996—) para sustentar la puesta en marcha de una atención domiciliaria a la patología mental aguda en Cantabria.

Los servicios de salud mental de Cantabria muestran una serie de deficiencias en el abordaje de la patología mental aguda: 1) déficit de plazas de ingreso hospitalario (4,7/100.000 hab.) comparado con la media nacional (11/100.000 hab.); y 2) carencia de dispositivos intermedios (hospitalización domiciliaria, hospitales de día), necesarios para el desarrollo de un modelo de atención a la salud mental balanceada y que priorice la atención en la comunidad, como recomiendan las instituciones sanitarias y el Ministerio de Sanidad.

La creación de una red de hospitalización domiciliaria psiquiátrica, formada por 5 equipos, con un total de 13 profesionales, podría atender simultáneamente a 30 pacientes, dando cobertura a cerca del 90% de la población adulta de Cantabria. Esta red supliría las carencias arriba descritas en la atención a la salud mental del Servicio Cántabro de Salud, potenciando un modelo centrado en el paciente, favoreciendo así la autonomía de los pacientes y su participación en la toma de decisiones. Y mejorando por tanto la calidad y eficiencia en la atención a la salud mental en el sistema público de salud de Cantabria.

10. BIBLIOGRAFÍA

Alba Pale, L., León Caballero, J., Corcoles Martínez, D., González Fresnedo, A. M., Bellsola González, M., Martin Lopez, L. M., & Perez Sola, V. (2019). Psychiatric Home Hospitalization Unit of the Hospital del Mar. A crisis resolution and home treatment team in Barcelona. *Rev Psiquiatr Salud Ment (Engl Ed), 12*(4), 207-212. doi:10.1016/j.rpsm.2018.09.003

Arango, C., Bernardo, M., Bonet, P., Cabrera, A., Crespo-Facorro, B., Cuesta, M. J., . . . Melau, M. (2017). When the healthcare does not follow the evidence: The case of the lack of early intervention programs for psychosis in Spain. *Rev Psiquiatr Salud Ment, 10*(2), 78-86. doi:10.1016/j.rpsm.2017.01.001

Barakat, A., Blankers, M., Cornelis, J. E., van der Post, L., Lommerse, N. M., Beekman, A. T. F., & Dekker, J. J. M. (2021). Police Encounters, Agitation, Diagnosis, and Employment Predict Psychiatric Hospitalisation of Intensive Home Treatment Patients During a Psychiatric Crisis. *Front Psychiatry, 12*, 602912. doi:10.3389/fpsyt.2021.602912

Barrios Flores, L. F. (2020). [Law and mental health (goals achieved and pending challenges in Spain). SESPAS report 2020]. *Gac Sanit, 34 Suppl 1*, 76-80. doi:10.1016/j.gaceta.2020.04.011

Bauer, E., Kleine-Budde, K., Stegbauer, C., Kaufmann-Kolle, P., Goetz, K., Bestmann, B., . . . Bramesfeld, A. (2016). Structures and processes necessary for providing effective home treatment to severely mentally ill persons:

a naturalistic study. *BMC Psychiatry, 16,* 242. doi:10.1186/s12888-016-0945-z

Instrumento de Ratificación de la Convención sobre los derechos de las personas con discapacidad, hecho en Nueva York el 13 de diciembre de 2006. Boletín Oficial del Estado (BOE-A-2008-6963). Gobierno de España. Madrid, España. 2008. Disponible en: https://www.boe.es/eli/es/ai/2006/12/13/(1)

Consell Assessor de Salut Mental i Addiccions. (2020). *Propuesta de modelo asistencial de alternativas a la hospitalización convencional en Cataluña. Ed.: Direcció General de Planificació en Salut, Generalitat de Cataluyna, Barcelona.*

Corcoles, D., Malagon, A., Martin, L. M., Bulbena, A. & Pérez, V. (2015). Home treatment in preventing hospital admission for moderate and severe mentally ill people. *Psychiatry Res, 230*(2), 709-711. doi:10.1016/j.psychres.2015.08.039

Cotton, M. A., Johnson, S., Bindman, J., Sandor, A., White, I. R., Thornicroft, G., . . . Bebbington, P. (2007). An investigation of factors associated with psychiatric hospital admission despite the presence of crisis resolution teams. *BMC Psychiatry, 7,* 52. doi:1471-244X-7-52 [pii]

Gaebel, W., Kerst, A., Janssen, B., Becker, T., Musalek, M., Rossler, W., . . . Stricker, J. (2020). EPA guidance on the quality of mental health services: A systematic meta-review and update of recommendations focusing on care coordination. *Eur Psychiatry, 63*(1), e75. doi:10.1192/j.eurpsy.2020.75

Glover, G., Arts, G. & Babu, K. S. (2006). Crisis resolution/home treatment teams and psychiatric admission rates in England. *Br J Psychiatry, 189,* 441-445. doi:S0007125000232923 [pii]

Hunt, I. M., Rahman, M. S., While, D., Windfuhr, K., Shaw, J., Appleby, L. & Kapur, N. (2014). Safety of patients under the care of crisis resolution home treatment services in England: a retrospective analysis of suicide trends from 2003 to 2011. *Lancet Psychiatry, 1*(2), 135-141. doi:10.1016/S2215-0366(14)70250-0

Jin, H., Tappenden, P., MacCabe, J. H., Robinson, S. & Byford, S. (2020). Evaluation of the Cost-effectiveness of Services for Schizophrenia in the UK Across the Entire Care Pathway in a Single Whole-Disease Model. *JAMA Netw Open, 3*(5), e205888. doi:10.1001/jamanetworkopen.2020.5888

Johnson, S., Dalton-Locke, C., Baker, J., Hanlon, C., Salisbury, T. T., Fossey, M., . . . Lloyd-Evans, B. (2022). Acute psychiatric care: approaches to increasing the range of services and improving access and quality of care. *World Psychiatry, 21*(2), 220-236. doi:10.1002/wps.20962

Julia-Sanchis, R., Aguilera-Serrano, C., Megias-Lizancos, F. & Martínez-Riera, J. R. (2020). [Evolution and status of the community model of mental health care. SESPAS Report 2020]. *Gac Sanit, 34 Suppl 1,* 81-86. doi:10.1016/j.gaceta.2020.06.014

León-Caballero, J., Corcoles, D., Alba-Pale, L., Sabate-Gómez, A., Pérez, E., Monteagudo, E., . . . Pacchiarotti, I. (2020). Psychiatric hospitalization at home unit in Spain: clinical and functional outcomes after three years of experience. *Actas Esp Psiquiatr, 48*(3), 138-144. Retrieved from http://www.ncbi.nlm.nih.gov/pubmed/32905606

Ley 1/1996, de 14 de mayo, de Salud Mental de Cantabria. Boletín Oficial del Estado (BOE-A-1996-16125). Gobierno de España. Madrid, España. 1996.

Ley 7/2002, de 10 de diciembre, de Ordenación Sanitaria de Cantabria. Boletín Oficial del Estado (BOE-A-2003-323). Gobierno de España. Madrid, España. 2003.

Ley 8/2021, de 2 de junio, por la que se reforma la legislación civil y procesal para el apoyo a las personas con discapacidad en el ejercicio de su capacidad jurídica. (BOE-A-2021-9233). Gobierno de España. Madrid, España. 2008.

Lloyd-Evans, B., Osborn, D., Marston, L., Lamb, D., Ambler, G., Hunter, R., . . . Johnson, S. (2020). The CORE service improvement programme for mental health crisis resolution teams: results from a cluster-randomised trial. *Br J Psychiatry, 216*(6), 314-322. doi:10.1192/bjp.2019.21

Maj, M. (2010). Mistakes to avoid in the implementation of community mental health care. *World Psychiatry, 9*(2), 65-66. doi:10.1002/j.2051-5545.2010.tb00275.x

McGarry, P. (2019). Progress in home-based treatment. *Ir J Psychol Med, 36*(1), 3-5. doi:10.1017/ipm.2018.46

Motteli, S., Jager, M., Hepp, U., Wyder, L., Vetter, S., Seifritz, E. & Stulz, N. (2021). Home Treatment for Acute Mental Healthcare: Who Benefits Most? *Community Ment Health J, 57*(5), 828-835. doi:10.1007/s10597-020-00618-3

Motteli, S., Schori, D., Schmidt, H., Seifritz, E. & Jager, M. (2018). Utilization and Effectiveness of Home Treatment for People With Acute Severe Mental Illness: A Propensity-Score Matching Analysis of 19 Months of Observation. *Front Psychiatry, 9,* 495. doi:10.3389/fpsyt.2018.00495

Murphy, S. M., Irving, C. B., Adams, C. E. & Waqar, M. (2015). Crisis intervention for people with severe mental illnesses. *Cochrane Database Syst Rev*(12), CD001087. doi:10.1002/14651858.CD001087.pub5

NICE. (2011). *Self-harm in over 8s: long-term management. Clinical guideline [CG133]. Ed.: National Institute for Health and Care Excellence. Reino Unido, 2011. Disponible en: https://www.nice.org.uk/guidance/cg133/*

NICE. (2014). *Psychosis and schizophrenia in adults: prevention and management. Ed.: National Institute for Health and Care Excellence. Reino Unido, 2014. Disponible en: www.nice.org.uk/guidance/cg178*

Noguero Alegre, A. & Peregalli Politi, S. (2021). Alternativas a los internamientos en salud mental: hospitalización domiciliaria desde la perspectiva española y anglosajona. *Revista de Bioética y Derecho, 53,* 37-55. doi: https://doi.org/10.1344/rbd2021.53.34726

Orden SAN/35/2017, de 15 de diciembre, por la que se fijan las cuantías de los Precios Públicos de los Servicios Sanitarios prestados por el Servicio Cántabro de Salud. Boletín Oficial de Cantabria, 29 de diciembre de 2017, núm. 50, pp. 30411 a 30516.

Proposición de Ley General de Salud Mental (122/000158). Boletín Oficial de las Cortes Generales, 17 de septiembre de 2021 Núm. 185-1 pp. 1-20. Congreso de los Diputados, Madrid, España., (2021).

Salvador-Carulla, L., Haro, J. M., Cabases, J., Madoz, V., Sacristán, J. A. & Vázquez-Barquero, J. L. (1999). Service utilization and costs of first-onset schizophrenia in two widely differing health service areas in North-East Spain. PSICOST Group. *Acta Psychiatr Scand, 100*(5), 335-343. doi:10.1111/j. 1600-0447.1999.tb10876.x.

Stulz, N., Wyder, L., Maeck, L., Hilpert, M., Lerzer, H., Zander, E., . . . Hepp, U. (2020). Home treatment for acute mental healthcare: randomised controlled trial. *Br J Psychiatry, 216*(6), 323-330. doi:10.1192/bjp.2019.31.

Suárez Alonso, A. G. & colaboradores. (2022). *Estrategia de Salud Mental del Sistema Nacional de Salud, Período 2022-2026. Ed. Ministerio de Sanidad, Secretaría General Técnica, Centro de Publicaciones, Madrid. España. 2022. Depó-*

sito Legal: M-10885-2022. Disponible en: https://www.consaludmental.org/publicaciones/Estrategia-Salud-Mental-2022-2026.pdf

Thornicroft, G. & Tansella, M. (2002). Balancing community-basedand hospital-based mental health care. *World Psychiatry, 1*(2), 84-90. Retrieved from https://www.ncbi.nlm.nih.gov/pubmed/16946858

Thornicroft, G. & Tansella, M. (2004). Components of a modern mental health service: a pragmatic balance of community and hospital care: overview of systematic evidence. *Br J Psychiatry, 185*, 283-290. doi:10.1192/bjp.185.4.283.

Tulloch, A. D., Khondoker, M. R., Thornicroft, G. & David, A. S. (2015). Home treatment teams and facilitated discharge from psychiatric hospital. *Epidemiol Psychiatr Sci, 24*(5), 402-414. doi:10.1017/S2045796014000304

van Asperen, G. C. R., Wierdsma, A. I., de Winter, R. F. P. & Mulder, C. L. (2022). Referral for Intensive Home Treatment or Psychiatric Inpatient Care? A Retrospective, Observational Comparison of Patient and Process Characteristics. *Frontiers in Psychiatry, 13*, 875495. doi:875410.873389/fpsyt.872022.875495

Vázquez-Barquero, J. L., Gaite Pindado, L., Salvador Carulla, L. & Salinas Pérez, J. A. (2010). *Atlas de Salud Mental de Cantabria. Ed.: Dirección General de Ordenación, Inspección y Atención Sanitaria. Consejería de Sanidad. Gobierno de CantabriaI. Santander, España. ISBN: 978-84-693-6768-1*

Vázquez-Bourgon, J., Gómez Ruiz, E., Hoyuela Zaton, F., Salvador Carulla, L., Ayesa Arriola, R., Tordesillas Gutiérrez, D. & Crespo Facorro, B. (2021). Differences between psychiatric disorders in the clinical and functional effectiveness of an acute psychiatric day hospital, for acutely ill psychiatric patients. *Rev Psiquiatr Salud Ment (Engl Ed), 14*(1), 40-49. doi: 10.1016/j.rpsm.2019.04.001

Vázquez-Bourgon, J., Salvador-Carulla, L. & Vázquez-Barquero, J. L. (2012). Community alternatives to acute inpatient care for severe psychiatric patients. *Actas Esp Psiquiatr, 40*(6), 323-332. Retrieved from http://www.ncbi.nlm.nih.gov/pubmed/23165415

World Health Organization. (2021). Comprehensive mental health action plan 2013-2030. Geneva: World Health Organization; 2021. Licence: CC BY-NC-SA 3.0 IGO. ISBN 978-92-4-003102-9. Disponible en: https://www.who.int/publications/i/item/9789240031029

World Health Organization Europe. (2015). *The European Mental Health Action Plan 2013-2020.* Copenhague, Dinamarca. Disponible en: https://www.euro.who.int/__data/assets/pdf_file/0020/280604/WHO-Europe-Mental-Health-Acion-Plan-2013-2020.pdf

Capítulo 14

Análisis comparativo entre gasto sanitario y financiación autonómica

Jenny Leonor Víctores Barcia
Estudiante del Grado en Economía de la Universidad de Cantabria

Natividad Fernández
Profesora Titular. Universidad de Cantabria

1. INTRODUCCIÓN

Con una población de 47 326 687 (INE, de enero de 2021) y 505 955 km^2 de superficie, España se convierte en el tercer país más grande de Europa occidental, con régimen de monarquía parlamentaria desde 1978. La organización política y territorial del Estado español está formada por el estado central y 17 regiones altamente descentralizadas, denominadas Comunidades Autónomas (CC.AA.) y 2 ciudades autónomas como son Ceuta y Melilla, con sus respectivos gobiernos y parlamentos.

En cuanto al sistema sanitario español, este se caracteriza por tres subsistemas estatutarios donde coexisten: el Sistema Nacional de Salud (SNS);

Cajas de Inversión para funcionarios, Fuerzas Armadas y Poder Judicial (MUFACE, MUGEJU e ISFAS); y las Mutualidades enfocadas a la asistencia por Accidentes y Enfermedades Profesionales, conocidas como «Mutualidades Colaboradoras con la Seguridad Social».

El SNS está basado en los principios básicos de la constitución como es universalidad, gratuidad, equidad y principalmente financiada con impuestos. Está organizado en dos niveles: nacional y regional, reflejando la división administrativa del país. Las competencias sanitarias son llevadas a cabo por 17 Comunidades Autónomas (CC.AA.), siendo el estado nacional responsable, bajo el gobierno del Consejo Interterritorial del SNS, de determinadas áreas estratégicas, así como de la coordinación global del sistema sanitario, y el seguimiento nacional del desempeño del sistema de salud, ya que, las competencias en salud fueron transferidas totalmente al nivel regional a partir de finales de 2002 y desde entonces las 17 CCAA y el Instituto de Gestión Sanitaria (INGESA) organizan y gestionan los servicios sanitarios públicos con un amplio grado de autogobierno; esta descentralización resultó en la creación de 17 «Ministerios de Salud» regionales con jurisdicción principal sobre la organización y prestación de servicios de salud dentro de su territorio. El esquema de financiación de las CC.AA. promueve la autonomía regional tanto en el gasto como en la recaudación de ingresos, especialmente después de la revisión de 2009. Las competencias exclusivas del Estado en el ámbito sanitario son las siguientes: sanidad exterior; bases y coordinación general de la sanidad y legislación sobre productos farmacéuticos. El máximo órgano de coordinación del SNS es el Consejo Interterritorial del Sistema Nacional de Salud (CISNS) órgano permanente de coordinación, cooperación, comunicación e información de los servicios de salud, entre ellos y con la Administración del Estado, que tiene como finalidad promover la cohesión del Sistema Nacional de Salud a través de la garantía efectiva de los derechos de los ciudadanos en todo el territorio del Estado, integrado por los 17 ministros de salud regionales, presidido por el ministro nacional (Ministerio de Sanidad, 2022).

El ingreso público es la principal fuente de financiación de la sanidad en España (cubre alrededor del 70,7% del gasto sanitario total), dichos fondos se transfieren a cada comunidad autónoma y proceden mayoritariamente de los impuestos generales y las CCAA gestionan la mayor parte de los recursos sanitarios públicos (92,2% del gasto sanitario público y 64% del gasto sanitario total). Las comunidades autónomas deciden entonces la cantidad a destinar al gasto sanitario, que representa entre el 35% y el 40% de sus presupuestos globales. Para 2022, a nivel global, el gasto público en el sector sanitario asciende a 81600 millones de euros y representa el 9.3% PIB, de los cuales 81600 millones vienen de fondos públicos y 33800 millones del sector privado. Es decir, España gasta en sanidad alrededor de 1732 euros por persona (Ministerio de Sanidad, 2022).

Debido a la importancia que tienen el sistema de financiación autonómica, las dos reformas importantes en 2001 y 2009 y el incremento de los gastos en sanidad cada año, nace este ensayo con el objetivo de evaluar la evolución de los gastos e ingresos durante el periodo de estudio 2001-2019 utilizando gráficas comparativas de ingresos totales y gastos en sanidad con los ingresos y gastos relativos de las 15 comunidades que comparten el mismo sistema de financiación, y además, se trata de evaluar el impacto de las reformas de Ley de financiación 22/2009 en los ingresos y gastos, introduciendo una variable dummy en el modelo econométrico del estudio.

El documento está organizado en 5 secciones. Comenzamos con la sección 2 que contiene revisión de los aspectos teóricos relacionados con el sistema de financiación autonómica, y trabajos destacados sobre la relación de ingresos y gastos sanitarios; en la sección 3 se presenta la distribución de la muestra por comunidades y año, y los aspectos metodológicos, en la sección 4 se presentan los resultados y se hace una discusión en base a los resultados encontrados, finalmente, en la sección 5 concluimos resumiendo nuestros resultados, sus limitaciones y posibles futuras líneas de investigación.

2. ESTADO DE LA CUESTIÓN/REVISIÓN LITERARIA

2.1. SISTEMA DE FINANCIACIÓN

En España existen dos modelos de financiación de las CC.AA.: el régimen común y el régimen foral. En el régimen foral el sistema de financiación se caracteriza porque los Territorios Históricos del País Vasco y la Comunidad de Navarra tienen potestad para mantener, establecer y regular su régimen tributario. Ello implica que la exacción, gestión, liquidación, recaudación e inspección de la mayoría de los impuestos estatales (actualmente todos, excepto los derechos de importación y los gravámenes a la importación en los Impuestos Especiales y en el Impuesto sobre el Valor Añadido) corresponde a cada uno de los tres territorios del País Vasco y a la Comunidad Foral de Navarra. La recaudación de estos impuestos se realiza por dichos territorios y por su parte, la Comunidad Autónoma contribuye a la financiación de las cargas generales del Estado no asumidas, a través de una cantidad denominada «cupo» o «aportación».

Dicho cupo o aportación económica se fija cada cinco años y se actualiza anualmente mediante aplicación al importe fijado en el año base de un índice de actualización. Dicho índice es el incremento de la recaudación líquida obtenida por el Estado en tributos convenidos o concertados desde el año base hasta el año cálculo. (Ministerio de Hacienda y Función Pública).

Por otro lado, la financiación de las CC.AA. de régimen común se rige, actualmente, por la Ley por la que se regula el sistema de financiación de las Comunidades Autónomas de régimen común y Ciudades con Estatuto de Autonomía y se modifican determinadas normas tributarias.

En el sistema de financiación autonómica, cabe recordar que hasta el año 2001, los distintos modelos de financiación autonómica se publicaban como acuerdos del Consejo de la Política Fiscal y Financiera (CPFF) en el BOE.

La financiación de las CC.AA con régimen común comprendidas entre los años 2002-2008 se administran por la Ley 21/2001, de 27 de diciembre, en las que se regulan las medidas fiscales y administrativas del nuevo sistema de financiación de las CC.AA de régimen común y Ciudades con Estatuto de Autonomía. Esta Ley recoge el Acuerdo del Consejo de Política Fiscal y Financiera de 27 de julio de 2001, aprobado por unanimidad por todas las CC.AA, (Ministerio de Hacienda y función Pública). Es la primera vez que el contenido y funcionamiento del sistema de financiación se pone en categoría de Ley. El sistema de financiación integra la financiación de la totalidad de los servicios traspasados. La financiación de todas estas competencias se realiza a través de: los tributos cedidos, de la Transferencia del Fondo de Garantía de Servicios Públicos Fundamentales y del Fondo de Suficiencia Global. Además, para favorecer la convergencia financiera y económica entre CC.AA., la Ley crea los nuevos Fondos de Convergencia Autonómica.

Ley 22/2009

Con la entrada de la Ley22/2009 se modifican determinadas normas tributarias. Esta reforma introdujo el concepto de nivelación parcial de los recursos, de tal forma que en todas las CC.AA. puedan prestarse los mismos servicios públicos con idéntico esfuerzo fiscal El objeto de esta ley sigue siendo regular el sistema de financiación de las Comunidades Autónomas de régimen común, Ceuta y Melilla, incluyendo: la garantía de financiación de servicios públicos fundamentales, los fondos de convergencia autonómica, el establecimiento del régimen general de la cesión de tributos del Estado a las CC.AA., los órganos de coordinación de la gestión tributaria y la adaptación al sistema de financiación de la normativa de los tributos cedidos y demás disposiciones tributarias afectadas. Con esto se refuerzan los Principios de equidad, de suficiencia, de solidaridad, de autonomía y, sobre todo el de corresponsabilidad fiscal de las CCAAS, al igual que incrementa los porcentajes de cesión de tributos y las competencias normativas de las mismas.

Con respecto a los tributos cedidos, siguen siendo los establecidos por la Ley 21/2001, sin embargo, se produce una elevación del porcentaje de cesión en el IRPF del 33% al 50%; en el IVA se aumenta del 35% al 50%; y finalmente en los Impuestos Especiales sobre bebidas, hidrocarburos o tabaco, del 40% al 58%.

También realiza la delegación de competencias de la siguiente manera: Los órganos estatales llevarán a cabo la aplicación de los tributos, así como la revisión de los actos dictados, entre otros, en el IRPF, IVA o Impuestos especiales, mientras que la Comunidad Autónoma se hará cargo, por delegación del Estado de la aplicación de los tributos, así como de la revisión de los actos dictados en ejercicio de la misma, entre otros, en el Impuesto sobre Sucesiones y Donaciones (ISD) y el Impuesto sobre transmisiones patrimoniales y actos jurídicos documentados (ITPAJD)

2.2. RELACIÓN INGRESOS-GASTO SANITARIO EN DIVERSOS ESTUDIOS

En la actualidad, el gasto sanitario es objeto de estudio debido a su importancia en el desarrollo de la economía de las naciones, a continuación, se citan trabajos a favor y en contra según la relación de dependencia de los gastos e ingresos.

Desde los artículos fundamentales de Kleiman (1974) y Newhouse (1977), se ha hecho mucho hincapié en el papel que tienen los ingresos en la determinación del gasto en el sector sanitario. Todavía está abierto el debate sobre si la atención médica es un bien de lujo o de necesidad, es decir, si la elasticidad ingreso del gasto está por encima o por debajo de la unidad (Parkin et al., 1987; Gerdtham et al., 1992; Hitiris y Posnett, 1992; Hansen y King, 1996; Blomqvist y Carter, 1997; Di Matteo y Di Matteo, 1998; Freeman, 2003). La controversia sobre la naturaleza de la atención de la salud se ha visto exacerbada por las implicaciones políticas de los resultados empíricos. Si uno reconoce que el cuidado de la salud es una necesidad, a menudo apoyará la idea de una mayor participación pública en el cuidado de la salud. Por el contrario, los defensores de la atención médica como un lujo argumentarían que es una mercancía como cualquier otra y que es mejor dejarla únicamente en manos de las fuerzas del mercado (Culyer, 1988).

Análisis comparativos a nivel de países pertenecientes a la Organización para la Cooperación y el Desarrollo Económico, de ahora en adelante OCDE, han sido desarrollados para entender las causas de sus variaciones a lo largo del tiempo (Manning et al. 1988; Newhouse J. 1993; Gerdtham y Jönsson, 2000; Smith et al 2009; Acemoglu et al, 2013). De igual manera, también se han desarrollado estudios a nivel de regiones, estados o provincias dentro de un mismo país, Wang (2009) analizó el gasto sanitario de todos los estados que forman parte de Estados Unidos de América, encontrando que el ingreso tiene un efecto positivo y significativo en el gasto sanitario.

Algunos autores (Newhouse and the Insurance Experiment Group, 1993; Acemoglu et al, 2013) encuentran que un aumento temporal no anticipado en los ingresos per cápita no tiene un impacto significativo en los gastos de salud per cápita, por lo que sugieren que es poco probable que el aumento de los ingresos sea el principal impulsor del aumento de la participación de la salud. Sin embargo, otros autores (Manning et al. 1988; Newhouse J. 1993) sostienen que la variación en los ingresos en los hogares sí se encuentra entre las variables que explican un poco el crecimiento del gasto público en salud a lo largo del tiempo. En esta misma línea Smith et al (2009) indican que el ingreso (PIB real per cápita) es un factor crítico para determinar cuánto gastan las naciones en atención médica ya que esta variable explica alrededor del 90 por ciento de la variación en el gasto real en salud entre países y tiempo, este por ejemplo, puede ser aplicado también a nivel de comunidades para este estudio.

3. METODOLOGÍA

3.1. DESCRIPCIÓN DE LOS DATOS

El conjunto de datos utilizados para el estudio es un panel anual de la población, ingresos y gasto sanitario de las comunidades autónomas de España. Dichas variables se obtuvieron de diferentes fuentes de información. Los datos correspondientes al ingreso y gasto sanitario fueron consultados en la página oficial del Ministerio de Hacienda y Función Pública; mientras la información referente a la población de cada comunidad fue extraída de la página del Instituto Nacional de Estadísticas (INE). Los indicadores gasto sanitario e ingresos por habitante es de elaboración propia y será explicado más adelante. Las listas de las comunidades autónomas objeto de estudio y las que se excluyeron se encuentran disponibles en la tabla 1 y 2 respectivamente.

Limitaciones del trabajo de investigación:

Según las características de la muestra que es objeto de estudio existen las siguientes limitaciones:

- No se ha incluido la información anterior al año 2007 debido a que, aunque existen datos de los ingresos y número de habitantes por comunidad autónoma, no existe información de los gastos sanitarios en la página web del ministerio.
- De acuerdo con la clasificación del INE existen 17 CC.AA. y 2 Ciudades autónomas en España, sin embargo, no había información disponible para 2 comunidades ni para las 2 ciudades autónomas, por tanto, para el presente trabajo se ha utilizado las 15 CC.AA que comparten sistema de financiación y existe información. Navarra y País Vasco tienen otro sistema financiación, el foral, y no se estudian en este ensayo. A continuación, se trata de explicar un poco los dos sistemas de financiación de las comunidades.

En España existen dos modelos de financiación de las Comunidades Autónomas: el régimen común (que comparten las 15 comunidades en estudio) y el régimen foral (que comparten las 2 comunidades fuera del estudio) y el de las ciudades autónomas.

A su vez, dentro del régimen común, Canarias posee un régimen económico y fiscal especial por razones históricas y geográficas, que se ha regulado teniendo en cuenta las disposiciones de la Unión Europea sobre regiones ultraperiféricas.

Ceuta y Melilla son dos ciudades que participan de la financiación autonómica, de conformidad con sus Estatutos de Autonomía y también del régimen de financiación de las Haciendas Locales. Asimismo, disponen de un régimen de fiscalidad indirecta especial, caracterizado entre otros aspectos porque en su territorio se aplica el Impuesto sobre la Producción, los Servicios y la Importación, en lugar del IVA. Junto con los recursos que el sistema de financiación proporciona a las Comunidades Autónomas, hay que añadir el resto de recursos de que estas disponen: tributos propios, transferencias de los Presupuestos Generales del Estado, fondos de la Unión Europea. De igual manera, las Comunidades Autónomas pueden obtener financiación acudiendo al endeudamiento, en los términos previstos por la normativa vigente.

La Constitución Española se refiere al sistema de financiación de las Comunidades Autónomas en los artículos 156 a 158. Asimismo, reconoce las especialidades de los territorios forales y de Canarias.

La base de datos final consiste en un panel balanceado de 15 Comunidades Autónomas, enlistadas en la tabla 1 desde 2007 a 2019, con un total de 195 observaciones.

Tabla 1. Comunidades autónomas de España con mismo sistema de financiación

Comunidades Incluidas
1. Cataluña
2. Galicia
3. Andalucía
4. Principado de Asturias
5. Cantabria
6. La Rioja
7. Región de Murcia
8. Comunidad Valenciana
9. Aragón
10. Castilla-la Mancha
11. Canarias
12. Extremadura
13. Isla Baleares
14. Madrid
15. Castilla y León

Fuente: elaboración propia.

Tabla 2. Comunidades con diferente sistema de financiación

Comunidades y ciudades excluidas
País Vasco
Navarra
Ceuta

Comunidades y ciudades excluidas
Melilla

Fuente: Elaboración propia.

Tabla 3. Variables y fuente de datos

Variables	Fuente de los datos
Población	INE
Ingresos no financieros totales	Ministerio de hacienda y Función pública.
Gastos no financieros solo en sanidad	Ministerio de hacienda y Función pública.

Fuente: elaboración propia a partir de datos.

Los estadísticos descriptivos de la base de datos son mostrados en la siguiente tabla:

Tabla 4. Estadísticos descriptivos de los datos

Variable	Unidad	Media	Desv. Est.	Min.	Max.
Población	Habitantes	2.913.768	2.537.515	308.968	8.449.985
Ingresos no financieros per cápita	Euros	2.528,67 €	360,27 €	1.810,57 €	3.560,68 €
Gastos no financieros per cápita	Euros	1.363,66 €	157,63 €	1.040,31 €	1.757,76 €

Fuente: elaboración propia a partir de datos.

Gráfico 1. Evolución de ingresos y gasto sanitario

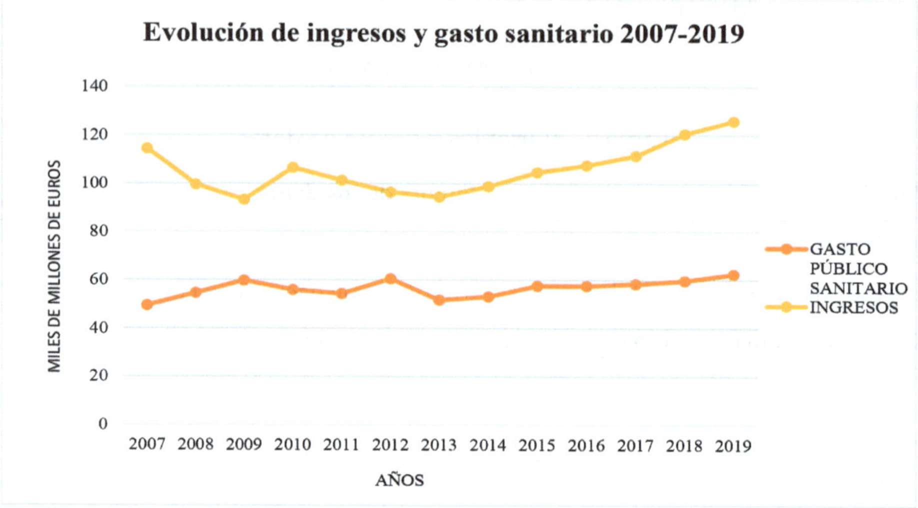

Fuente: elaboración propia a partir de datos.

En la gráfica 1 se observan los gastos públicos solo en sanidad y los ingresos totales de las comunidades. En lo que va del periodo 2007 a 2009, los ingresos sufren una importante caída, dicho efecto coincide con la importante crisis financiera global que estalló en 2008 y debido a ello, una de las medidas que tomó el gobierno fue recortar en las partidas de los gastos, tales como la sanidad. Con la reforma del sistema de financiación en 2009, se trata de proteger al sistema con repartos más equitativos, pero aun así, por muchos esfuerzos que se hicieron en esa dirección, sólo se consiguió incrementarlo de 2009 a 2010 y a partir de ese momento, nuevamente los ingresos descendieron de forma más paulatino a lo largos de los siguientes años hasta el 2013, donde España recibió inyección de recursos de Europa que ayudó a mitigar ciertos problemas de la crisis que generaron nuevamente crecimientos en los ingresos y que continúan hasta 2019, coincidiendo a su vez con la recuperación mínima pero continuada en el tiempo de la crisis financiera.

En cuanto a los gastos en sanidad, se observa que no disminuyeron, al contrario, hasta 2008 continuaron en crecimiento, esto puede ser debido a otro de los hechos históricos que vivió España, la llegada masiva de inmigrantes, es probable, que el incremento de la población tuvo como consecuencia aumentar los gastos en el sistema sanitario. Entre 2012 y 2013, nuevamente se observar una bajada de los gastos, coincidiendo con el periodo de recortes en servicios y la frenada de entrada de inmigrantes por mala situación económica, según las estadísticas unos volvieron a sus países de origen, y por otro lado, españoles migraron a otros países de Europa. Pasado ese tiempo, los gastos siguen su trayectoria de incrementarse cada año ya que, el país inicio su recuperación económica y los gastos sanitarios asistenciales han seguido surgiendo con los mismos cantidad servicios y en algunos casos con la nueva cartera de servicios según las necesidades.

Gráfico 2. Evolución de ingresos por comunidad

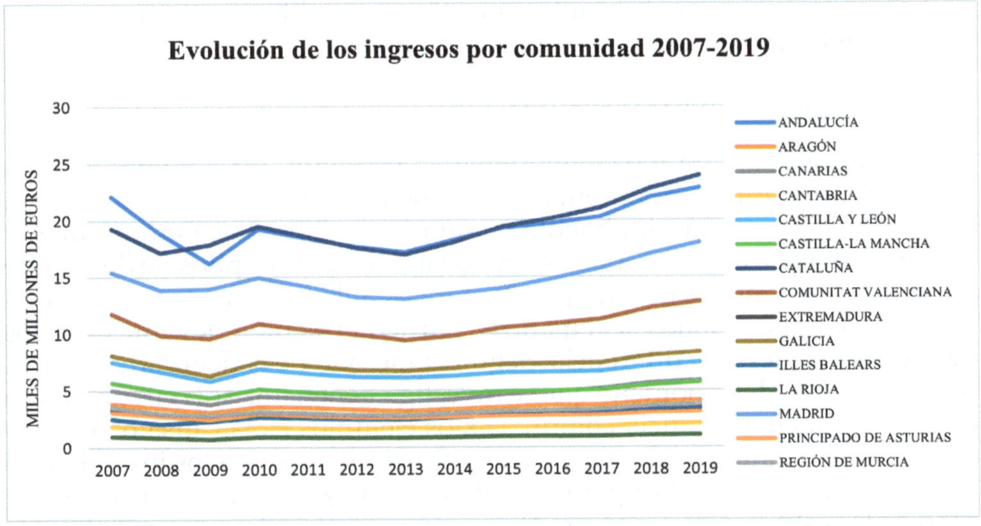

Fuente: elaboración propia a partir de datos.

En la gráfica 2 se observan los ingresos de las 15 comunidades en estudio, donde se observa los 2 puntos de inflexión importantes debido a la crisis, la migración, rescates de España o inyección de recursos y recuperación económica que vivió la economía a lo largo del periodo de tiempo en estudio. Se observa la caída del 2008 por la crisis, y a partir del 2013 la tendencia de los ingresos vuelve a ser creciente debido a la inyección de recursos procedentes de Europa. La salida de la crisis económica y la recuperación del PIB también es una variable importante que contribuye al aumento de la recaudación en de los ingresos públicos.

Variables per-cápita.

Con el objeto de realizar un análisis comparativo y econométrico que permita analizar el punto de inflexión de las nuevas reformas de la ley de financiación y cómo afectó al gasto en sanidad se emplean 3 variables; el gasto sanitario per cápita, los ingresos per cápita, utilizando para el cálculo de estos indicadores la población de los años 2007-2019 tal como se indica en las siguientes ecuaciones:

$$\textbf{\textit{Ingreso percápita}} = \frac{\textbf{\textit{Ingreso}}}{\textbf{\textit{Población}}} \quad (1)$$

$$\textbf{\textit{Gasto percápita}} = \frac{\textbf{\textit{Gasto}}}{\textbf{\textit{Población}}} \quad (2)$$

Para la tercera variable se introducirá una variable dummy para medir el efecto del cambio de ley en el gasto sanitario.

3.2. ANÁLISIS COMPARATIVO

El análisis comparativo cualitativo (QCA) (Ragin, 1987; Ragin, 2000) es una técnica analítica que combina metodologías cuantitativas y cualitativas. La técnica se centró originalmente en muestras pequeñas, pero un mayor desarrollo ha permitido su aplicación a contextos más amplios. se desarrolló a partir de los cánones de Mill (1843), para establecer relaciones causales a través de comparaciones sistemáticas. Particularmente relevantes son los métodos de acuerdo y diferencia. Según el método de concordancia, si dos o más ejemplos del fenómeno que se investiga tienen una sola circunstancia en común, la circunstancia común a estos ejemplos es la causa o el efecto del fenómeno dado. Es una técnica analítica atractiva para los investigadores debido a su capacidad para combinar el conocimiento profundo obtenido de los estudios de casos con N pequeña con el poder inferencial de los estudios estadísticos con N grande (Jordan, Gross, Javernick-Will, & Garvin, 2011) Además, ayuda a determinar las relaciones causales entre las «condiciones causales» (similares a las variables independientes) y las «condiciones de resultado» (similares a las variables dependientes). Específicamente, una fortaleza clave de este método es que sus técnicas permiten investigar la «causalidad conjetural múltiple» en todos los casos.

Las aplicaciones de QCA se centraron inicialmente en estudios de casos. El inconveniente de estos métodos es la imposibilidad de generalizar los resultados a otros casos similares. Sin embargo, en la actualidad, además de basarse en estudios de casos, el QCA se centra en el análisis de datos empíricos para la generalización de los análisis teniendo en cuenta su posible replicación en estudios posteriores, y construyendo proposiciones lógicas como resultado del estudio cualitativo del fenómeno en cuestión (Ragin 1987; Ragin 2000; Woodside y Zhang 2012). Debido a su amplia recomendación y empleabilidad, se utilizará este análisis para observar la relación que existe entre los ingresos y el gasto público sanitario. Es decir, observar si ante un aumento o disminución en el nivel de ingresos también aumenta o disminuye el gasto sanitario, o si por el contrario, no tienen una relación positiva pero sí negativa o si simplemente no tienen ninguna relación.

3.3. MODELO

Además de realizar el análisis comparativo para determinar la relación entre el nivel de ingresos y gasto sanitario, también se pretende medir el efecto que ha tenido el cambio de la Ley22/2009, por esto, se ha decido realizar una regresión de Mínimos Cuadrados Generalizados (MCG) que mida este efecto, implementando una variable *dummy*.

3.3.1. Mínimos Cuadrados Generalizados (MCG)

El modelo utilizado es:

$$Y_{it} = \beta_0 + \beta_1 X_{it} + \delta + \mu_{it} \qquad \textbf{(3)}$$

Para cada $i = 1,\ldots, n$ y $t = 1, \ldots, T$

$\mu_{it} = \alpha_i + \varepsilon_{it}$ es el término de error compuesto (inobservado)

α_i: efectos individuales (heterogeneidad inobservada permanente en el tiempo.

ε_{it}; error idiosincrásico

Donde:

α; β; δ: son los parámetros a estimar

Y_{it}: es el gasto que corresponde a la comunidad i en el tiempo t

X_{it}: indica los ingresos de la comunidad i en el tiempo t

μ_{it}: corresponde al término de error iid

Entonces, nuestro modelo a estimar será:

$$\ln{(Gastos)_{it}} = \alpha + \beta\ln{(Ingresos)_{it}} + \delta Ley22/2009 + \varepsilon_{it}$$

4. RESULTADOS

4.1. ANÁLISIS COMPARATIVO

Para realizar este análisis se utilizarán las variables correspondientes a los ingresos y gasto público sanitario de cada comunidad durante 2007-2019, para establecer la relación entre una variable económica y el número total de personas a las que afecta se utilizarán las variables en términos per-cápita.

En la tabla 5 se puede observar, en cantidades, cómo han cambiado estas variables en el tiempo en España. En términos generales, el gasto per cápita ha aumentado en más de 300 euro desde 2007 a 2019, aunque este aumento era progresivo, para el año 2012 alcanzó un nivel de casi 1500 euros, pero entonces para el siguiente año comenzó a disminuir, para el 2013 este gasto descendió en más de 200 euros para posteriormente volver a recuperarse y alcanzar niveles más altos que en años pasados. Con respecto al ingreso, este ha fluctuado más durante los años, de 2007 a 2009 disminuyó en 700 euros, volvió a aumentar en 2010, que coincide con la entra en vigencia de la Ley 22/2009, sin embargo, al año siguiente volvió a descender y solo comenzó nuevamente a aumentar en el año 2014, desde entonces, se puede volver a observar un aumento progresivo, alcanzado los 2981 euros para el 2019. (En la gráfica 3 también se puede observar esta evolución).

Tabla 5. Evolución anual de los ingresos y gasto per cápita

Año	Gasto per cápita	Ingresos per cápita
2007	1.234,35 €	2.808,27 €
2008	1.322,17 €	2.398,78 €
2009	1.392,68 €	2.172,63 €
2010	1.340,49 €	2.516,52 €
2011	1.297,10 €	2.396,06 €
2012	1.460,52 €	2.277,41 €
2013	1.222,50 €	2.273,07 €
2014	1.281,27 €	2.374,26 €
2015	1.389,00 €	2.530,58 €
2016	1.404,04 €	2.594,39 €
2017	1.421,25 €	2.670,95 €

Año	Gasto per cápita	Ingresos per cápita
2018	1.452,00 €	2.878,19 €
2019	1.510,16 €	2.981,70 €

Fuente: elaboración propia a partir de datos.

Gráfico 3. Evolución de ingresos y gastos per-cápita

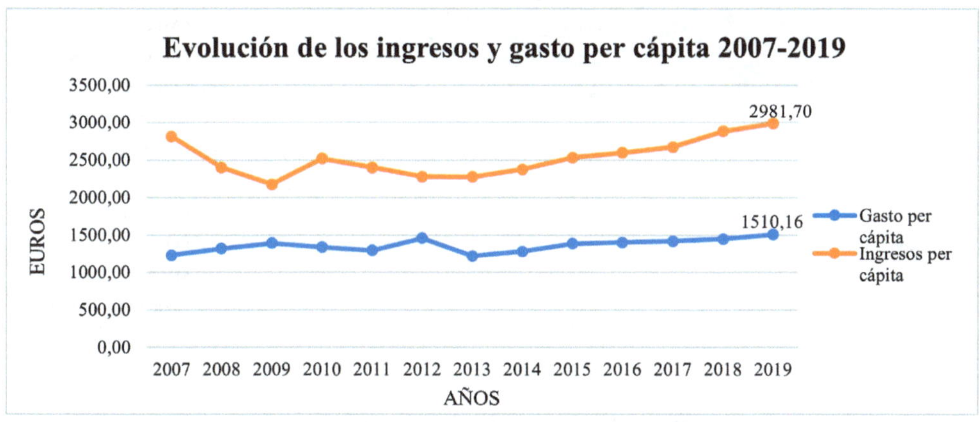

Fuente: elaboración propia a partir de datos.

Aunque anteriormente se había mencionado que Andalucía era la comunidad que, para 2019, recibía más ingresos anuales, si analizamos el ingreso per-cápita, se puede observar que es Cantabria la comunidad que tiene un nivel más elevado, recibiendo en 3560 euros, es decir, 580 euros más que la media que reciben las comunidades por año. La comunidad Región de Murcia está por debajo de la media, recibiendo ingresos de 2525 euros por persona.

Gráfico 4. Evolución de ingresos per cápita por comunidad

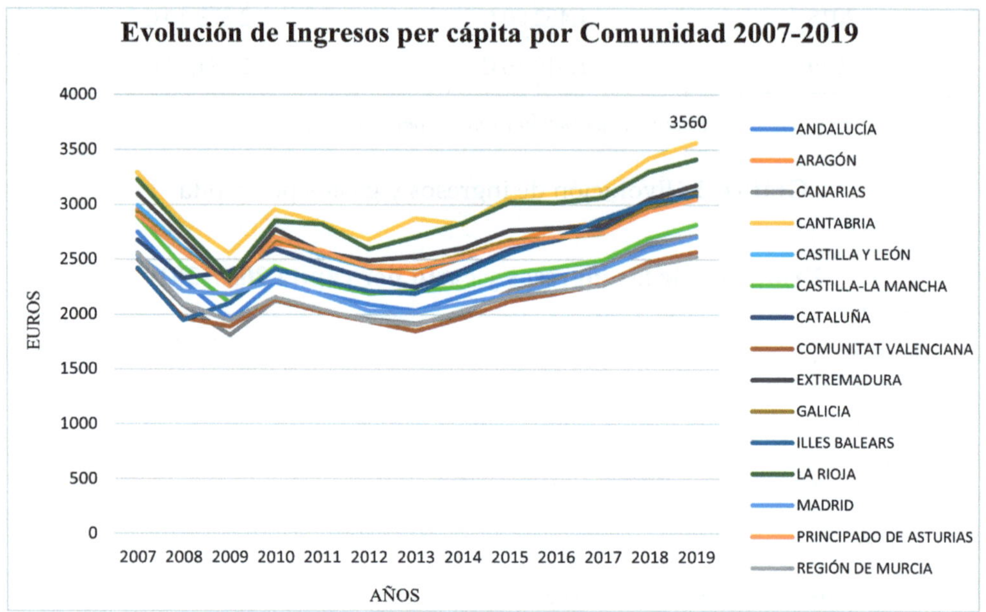

Fuente: elaboración propia a partir de datos.

En cuanto a la evolución del gasto, estos varían mucho más por comunidades y años, a 2009 Aragón es la comunidad con el gato sanitario per-cápita más elevado, mientras Andalucía es la que tiene el menor gasto per cápita. Y a 2019, la comunidad con mayor gasto per cápita es Principado de Asturias y la que menor gasto per cápita tiene es Andalucía. Y en general las tendencias se han estabilizado en el último año, con una fluctuación constante al en sentido ascendente.

Gráfico 5. Evolución del gasto per cápita por comunidad

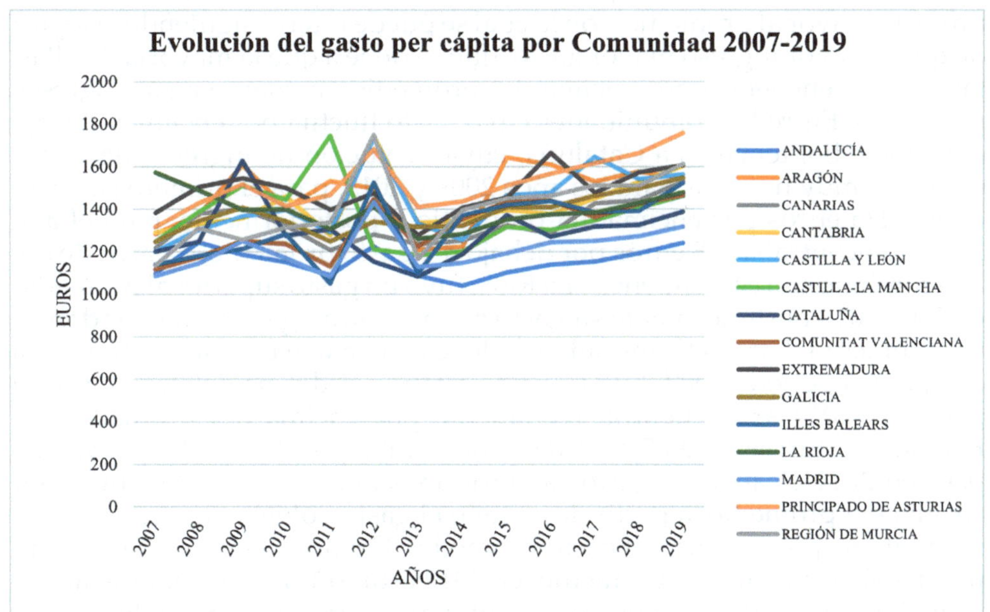

4.1.1. Análisis comparativo por comunidad

Analizando los datos correspondientes a los ingresos de cada comunidad y comparándolos con el ingreso promedio de cada año, la situación cambia, pues se puede determinar que Cantabria, La Rioja, Extremadura, Aragón, Galicia, Castilla y León y el Principado de Asturias son comunidades cuyo ingreso está por encima a lo largo de todo el período objeto de estudio. De igual manera, se observa que comunidades como Canarias, Andalucía, Madrid, Comunidad de Valencia y Región de Murcia perciben un ingreso per cápita menor al promedio durante todo este tiempo, siendo Andalucía, por ejemplo, la comunidad que más ingresos percibe en el global. Existen también comunidades cuyo ingreso fluctúa por encima y debajo de la media, estas son: Castilla-La Mancha, que durante 2007-2008 se encontraba por encima del ingreso por medio, pero a partir del año 2009 en adelante sus ingresos per-cápita se sitúan debajo del promedio; En caso de las Islas Baleares pasa todo lo contrario, durante 2007-2015 sus ingresos se encuentran por debajo del promedio, pero a partir de 2015 empiezan a estar por encima de la media. Para analizar los gatos se utiliza el mismo criterio, se compara el gasto público sanitario de cada comunidad y se lo compara con el gasto sanitario promedio de cada año. En este caso, se muestra que Madrid y Andalucía son comunidades cuyo gasto público sanitario per-cápita está por debajo del promedio, mientras comunidades como Cantabria, Aragón, Castilla y León, Extremadura y Principado de Asturias tienen un gasto mayor al promedio, con lo cual se puede inferir, siguiendo la lógica de que a mayor ingreso mayor gasto, que se debe a que la mayoría de ellas, también se encuentra por encima del promedio en cuanto a sus ingresos per-cápita. Entre las comunidades cuyo gasto fluctúa por encima y debajo del promedio, tenemos a Cataluña, cuya evolución de ingresos tiene dos extremos muy notorios para los años 2009 y 2013, para el primero su gasto estaba 235 euros por encima del promedio y posteriormente, para el año 2012 se encontraba 308 euros por debajo del gasto promedio, a partir de ese año continúo con esa tendencia. La Rioja tuvo un gasto superior al promedio de 2007-2010 posteriormente su gasto se encuentra ligeramente por debajo del promedio. Para la Comunidad Valenciana ocurre todo lo contrario, ya que para el periodo 2007-2012 su gasto estaba por debajo del promedio y a partir de 2013 se encuentra ligeramente por encima del promedio. La Región de Murcia de 2007 a 2010 se encontraba por debajo del promedio, pero en 2011 alcanzó su gasto sanitario más alto, estando 289 euros por encima del promedio, a partir de ese año el gasto volvió a descender, pero se mantiene por encima del gasto promedio. Canarias también ha variado por debajo y encima del promedio, en 2012 estuvo 127 euros por debajo de la media, el resto de los años se encuentra muy cercano su nivel de gasto al gasto promedio. Finalmente, se encuentra Galicia cuyo fue inferior al promedio durante 2011 y 2012, el resto de los años ha tenido un gasto por encima del gasto sanitario promedio. En los siguientes gráficos se muestran, por CC.AA. las evoluciones de los ingresos y gasto sanitario público con respecto al promedio.

Gráfico 6. Comparación de gasto e Ingresos con el promedio por CC.AA.

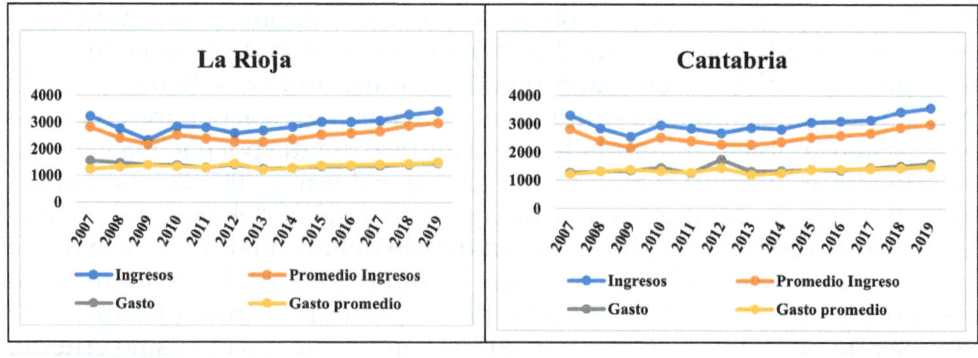

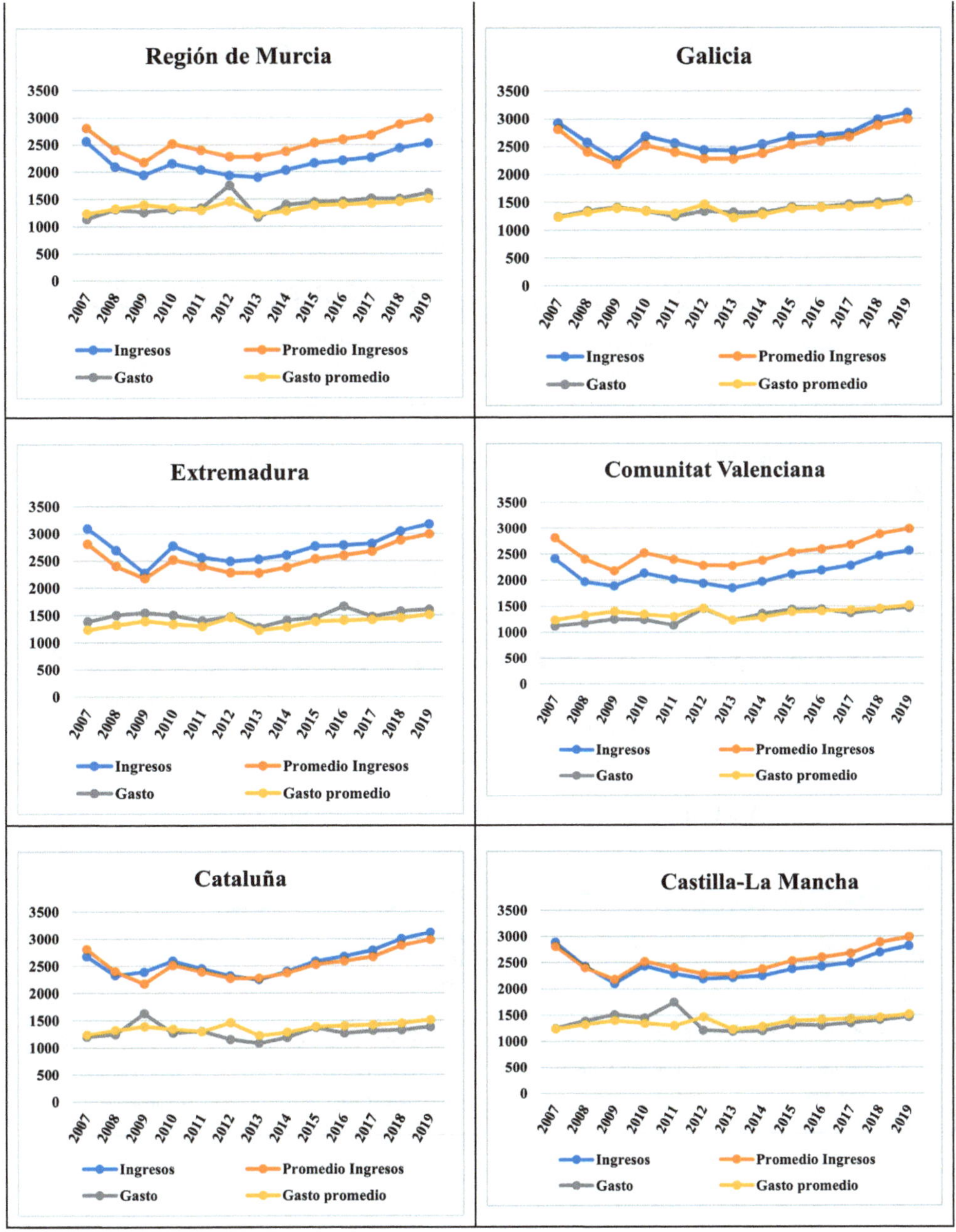
Región de Murcia
Galicia
Extremadura
Comunitat Valenciana
Cataluña
Castilla-La Mancha
3500
3000
2500
2000
1500
1000
500
0
2007
2008
2009
2010
2011
2012
2013
2014
2015
2016
2017
2018
2019
Ingresos
Promedio Ingresos
Gasto
Gasto promedio

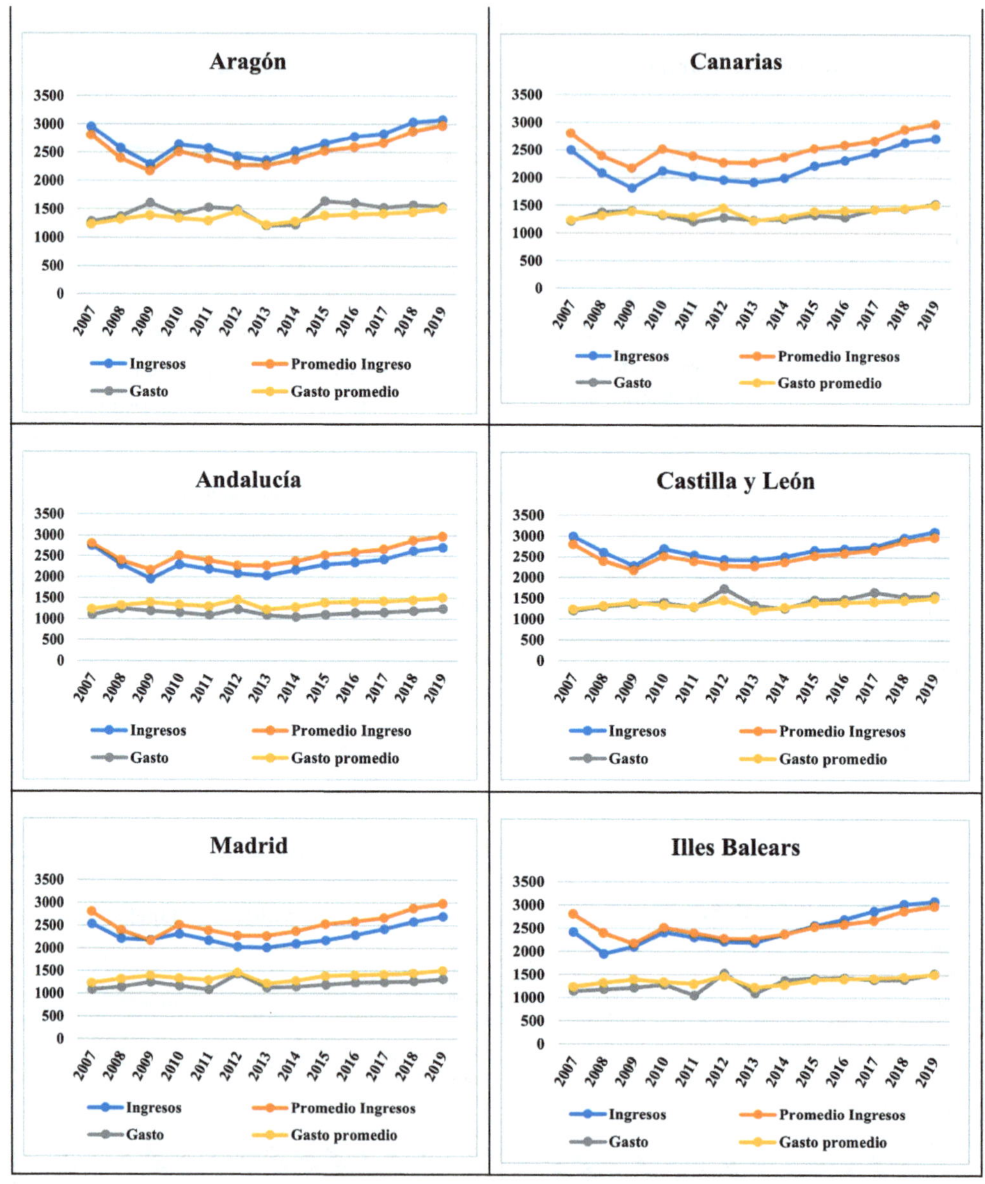
Aragón
3500
3000
2500
2000
1500
1000
500
0
2007 2008 2009 2010 2011 2012 2013 2014 2015 2016 2017 2018 2019
Ingresos
Promedio Ingreso
Gasto
Gasto promedio
Canarias
3500
3000
2500
2000
1500
1000
500
0
2007 2008 2009 2010 2011 2012 2013 2014 2015 2016 2017 2018 2019
Ingresos
Promedio Ingresos
Gasto
Gasto promedio
Andalucía
Ingresos
Promedio Ingreso
Gasto
Gasto promedio
Castilla y León
Ingresos
Promedio Ingresos
Gasto
Gasto promedio
Madrid
Ingresos
Promedio Ingresos
Gasto
Gasto promedio
Illes Balears
Ingresos
Promedio Ingresos
Gasto
Gasto promedio

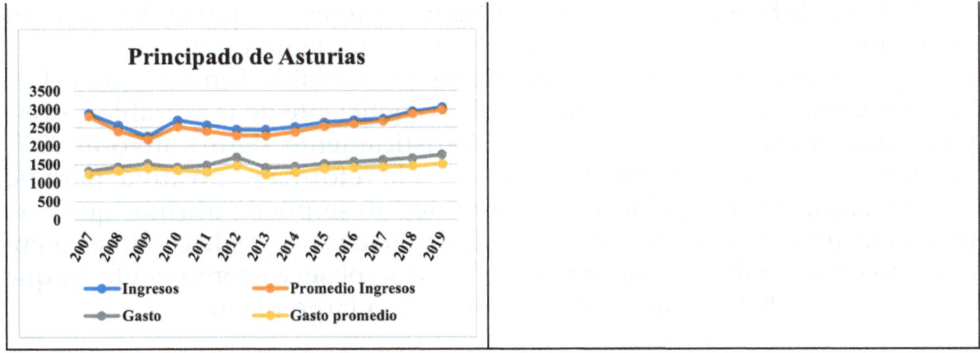

Fuente: elaboración propia a partir de datos.

4.2. ANÁLISIS REGRESIÓN

Tabla 6. Resultados

Mínimos Cuadrados Generalizados	
Variable Dependiente:	**Ln(Gasto per cápita)**
Variables Independientes:	
Ingresos per cápita	0.5678*** (0.1450)
Ley 22/2009	54,536 (43.742
Constante	1712,413*** (202,7538)
Sigma_u	219,63
Sigma_e	251,133
Rho	0,4333

Fuente: elaboración propia a partir de Ministerio de Salud.

*Nota: *** significancia al 99%, ** significancia al 95%, * significancia al 90%. Los valores en paréntesis corresponden a los errores estándar.*

En la Tabla 8 se presentan los resultados obtenidos a partir de los datos disponibles de las CC.AA., la variable independiente en el modelo es el gasto público sanitario, mientras el ingreso y la variable dummy para la Ley 22/2009 son las variables dependientes. El coeficiente de la variable correspondiente al ingreso es positiva y estadísticamente significativo al 99%, mientras que la variable correspondiente a la reforma es positiva, pero no es estadísticamente significativa, por tanto, no se puede afirmar que esta ley afectó al nivel de gasto público sanitario, lo cual coincide con lo ya mencionado en el análisis comparativo, ya que se observa como el efecto que tuvo la Ley 22/2009 no se mantuvo constante a largo plazo.

5. CONCLUSIONES Y RECOMENDACIONES

Como se puede observar a lo largo del ensayo, los gasto e ingresos del sistema sanitario han destacado puntos de inflexión que va en consonancia con la evolución y acontecimiento ocurridos en la economía española, por otro lado, dichos acontecimientos debilitan el propósito de las dos grandes reformas en la Ley de financiación autonómica que son el objeto de estudio de este ensayo, por ello, cabe destacar, que entre 2001-2009 y 2009-2019, periodos de importantes reformas en el sistema de financiación de las comunidades autónomas, hay que atender a 2 acontecimientos como la llegada masiva de inmigrantes a España y la importante crisis financiara que estalló al nivel global en 2008 y que los expertos clasificaron en tres periodos importantes: pre-crisis (a los años 2006-2007); crisis, coincidiendo prácticamente con la segunda reforma de la ley de financiación (2008-2013) y post-crisis (2014-2017) de acuerdo con los datos del Ministerio de Economía, Industria y Competitividad. Por tanto, el periodo de crisis estimado va del 1 de enero de 2006 hasta el 31 de diciembre de 2017, periodos en los que las reformas de la Ley 22/2009 se implementaron con el objetivo de favorecer los ingresos al sistema sanitario y disminuir las desigualdades de reparto y asistenciales en todo el territorio español.

Con todo lo anteriormente analizado, se puede concluir que la Ley 22/2009 realmente no ha tenido el efecto esperado. Los fondos de convergencia, que era una de las novedades introducidas, y cuyo objetivo es promover la convergencia entre comunidades autónomas en términos de renta per cápita y de financiación por habitante ajustado, no ha tenido tanta efectividad, porque a nivel per-cápita las comunidades varían bastante entre los ingresos que reciben. Madrid (2700 EUR) o Andalucía (2712 EUR), que son dos de las comunidades que más aportan al sistema, tienen un ingreso per cápita por debajo de la media, mientras Cantabria (3561 EUR) o La Rioja (3414 EUR) tiene un ingreso muy por encima de la media. En España el nivel de gasto público per-cápita es un poco bajo (1510 EUR) mientras, y también varía bastante entre comunidades lo que se invierte en sanidad. La función del Fondo de Garantía de Servicios públicos fundamentales tampoco se consigue ya que sigue manteniéndose una considerable dispersión en los recursos finales per cápita, e incluso por habitante ajustado, lo que facilita que las comunidades puedan dedicar diferentes ingresos al cometido de financiar los servicios fundamentales entre los que destaca la Sanidad.

También se ha podido observar que aun con el período de crisis, los gastos en sanidad no se han visto afectados drásticamente, incluso en 2013 hubo un ligero aumento en ellos, pero luego han continuado con un comportamiento bastante lineal. De acuerdo con las investigaciones y aplicaciones de los análisis comparativos de otros ensayos como el de Acemoglu, no siempre se cumple la secuencia de que la comunidad que más ingresos recibe es la que más invierte en sanidad. Entre las restricciones que se han encontramos a la hora de realiza el ensayo, son los datos, ya que, al no existir datos anteriores a 2007 no se puede estimar empíricamente su efectividad de la ley 22/2009 de forma contundente y obteniendo resultado variable poco significativa en el modelo econométrico aplicado, coincidiendo con las discusiones Freeman arriba citada.

Quizás, para futuros estudios sería recomendable la introducción de variables tales como los ingresos de los hogares, y cómo influye el poder adquisitivo en la salud de cada miembro del hogar, ya que como dice Smith a peor situación económica, las personas tienden a sobrevivir en el día a día y a descuidar la salud, incrementando los gastos en el sistema sanitario debido a sus agudas secuelas asistenciales. Además de que sería importante analizar la evolución de los gastos durante el período de la pandemia.

6. BIBLIOGRAFÍA

Acemoglu, D., Finkelstein, A. & Notowidigdo, M. (2013). INCOME AND HEALTH SPENDING: EVIDENCE FROM OIL PRICE SHOCKS. The Review of Economics and Statistics, 95(4), 1079-1095. Obtenido de https://direct.mit.edu/rest/article-abstract/95/4/1079/58297/Income-and-Health-Spending-Evidence-from-Oil-Price

Campillo-Artero, C. & Ortún, V. (2016). https://doi.org/10.1016/j.recesp.2016.01.013. Revista Española de Cardiología, 69(4), 370-373. Obtenido de https://www.sciencedirect.com/science/article/abs/pii/S0300893216000397

Gerdtham, U.-G. & Jönsson, B. (2000). International Comparisons of Health Expenditure: Theory, Data and Econometric Analysis. Handbook of Health Economics, 11-53.

Instituto Nacional de Estadística (INE). (2021). Series detalladas desde 2002. Consultado en Mayo de 2022, de Instituto Nacional de Estadística (INE): https://www.ine.es/jaxiT3/Tabla.htm?t=9681&L=0

Jordan, E., Gross, M., Javernick-Will, A. & Garvin, M. (2011). Use and misuse of qualitative comparative analysis. Constructions Management and Economics, 29(11), 1159-1173.

Kleiman, E. (1974). The Determinants of National Outlay on Health. London: International Economic Association Series.

Manning, W., Newhouse, J., Duan, N., Keeler, E., Benjamin, B., Leibowitz, A., . . . Zwanziger, J. (1988). Health insurance and the demand for medical care: results from a randomized experiment. The Rand Corporation (supported by flagrant from the US Department of Health and Human Services).

Ministerio de Hacienda y Función Pública. (S.F.). Portal Institucional del Ministerio de Hacienda y Función Pública. Consultado en Mayo de 2022, de https://www.hacienda.gob.es/es-ES/Paginas/Home.aspx

Newhouse, J. (1977). Survey, Medical-Care Expenditure: A Cross-National. The Journal of Human Resources, 12(1), 115-125. Obtenido de https://www.jstor.org/stable/145602?seq=1

Newhouse, J. (1993). Free for all?: lessons from the RAND health insurance experiment. Harvard University Press.

Organización Mundial de la Salud (OMS). (2022). Funciones del Sector Salud. Consultado en Mayo de 2022, de Centro de Conocimiento en Salud Pública y Desastres: https://www.who.int/es/about

Peiró, M. & Barrubés, J. (2012). Nuevo contexto y viejos retos en el sistema sanitario. Revista Española de Cardiología, 65(7), 651-655. Obtenido de https://www.sciencedirect.com/science/article/abs/pii/S0300893216000397

Ragin, C. (1987). The comparative method. Berkeley: University of California Press.

Ragin, C. (Chicago). Fuzzy-set social science. Chicago: University of Chicago Press.

Smith, S., Newhouse, J. & Freeland, M. (2009). Income, Insurance, And Technology: Why Does Health Spending Outpace Economic Growth?

Health Affairs, 28(5), 1276-1284. Obtenido de https://www.healthaffairs.org/doi/abs/10.1377/hlthaff.28.5.1276

Wang, Z. (2009). The determinants of health expenditures: evidence from US state-level data. Applied Economics, 41(4), 429-435. Obtenido de https://www.tandfonline.com/doi/abs/10.1080/00036840701704527

Woodside, A. & Zhang, M. (2012). Identifying x-consumers using causal recipes: «Whales» and «jumbo shrimps» casino gamblers. Journal of Gambling Studies, 28(1).

Ley 22/2009, de 18 de diciembre, por la que se regula el Sistema de financiación de las Comunidades Autónomas de régimen común y Ciudades con Estatuto de Autonomía y se modifican determinadas normas tributarias (https://www.boe.es/buscar/doc.php?id=BOE-A-2009-20375, consultada el 13 de Mayo de 2022).

Guía de uso

¡ENHORABUENA!

ACABAS DE ADQUIRIR UNA OBRA QUE **INCLUYE LA VERSIÓN ELECTRÓNICA.**
APROVÉCHATE DE TODAS LAS FUNCIONALIDADES.

ACCESO INTERACTIVO A LOS MEJORES LIBROS JURÍDICOS

ARANZADI

FUNCIONALIDADES

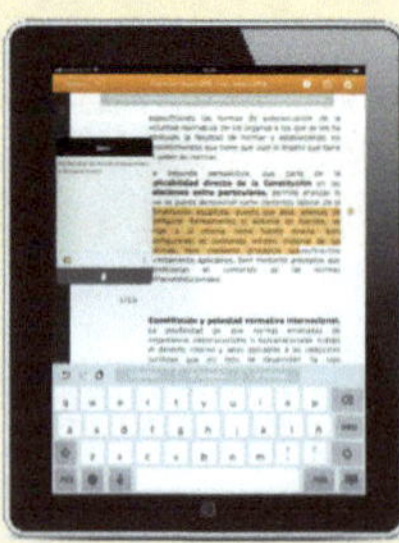

SELECCIONA Y DESTACA TEXTOS

Crea anotaciones y escoge los colores para organizar tus notas y subrayados.

USA EL TESAURO PARA ENCONTRAR INFORMACIÓN

Al comenzar a escribir un término, aparecerán las distintas coincidencias del índice del Tesauro relacionadas con el término buscado.

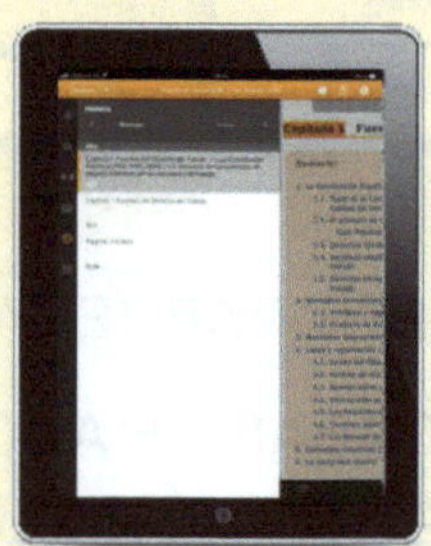

HISTÓRICO DE NAVEGACIÓN

Vuelve a las páginas por las que ya has navegado.

ORDENAR

Ordena tu biblioteca por: Título (orden alfabético), tipo (libros y revistas), editorial, jurisdicción o área del Derecho.

CONFIGURACIÓN Y PREFERENCIAS

Escoge la apariencia de tus libros y revistas cambiando la fuente del texto, el tamaño de los caracteres, el espaciado entre líneas o la relación de colores.

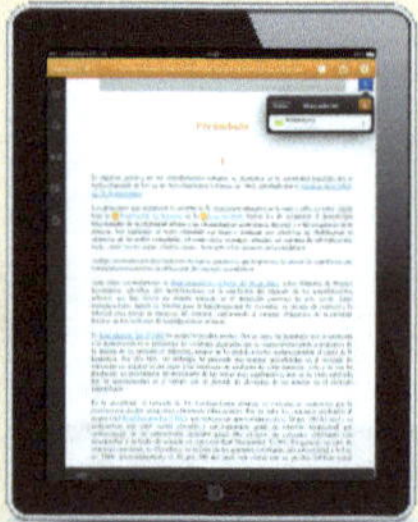

MARCADORES DE PÁGINA

Crea un marcador de página en el libro tocando en el icono de Marcador de página situado en el extremo superior derecho de la página.

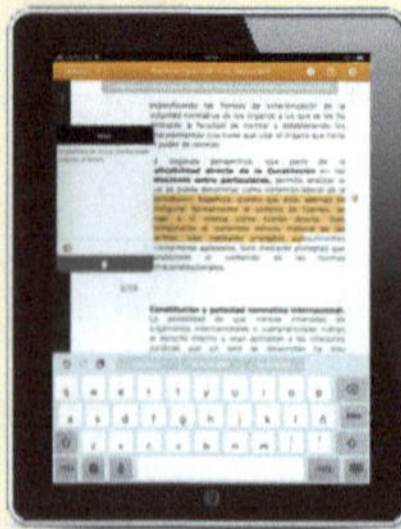

BÚSQUEDA EN LA BIBLIOTECA

Busca en todos tus libros y obtén resultados con los libros y revistas donde los términos fueron encontrados y las veces que aparecen en cada obra.

IMPORTACIÓN DE ANOTACIONES A UNA NUEVA EDICIÓN

Transfiere todas sus anotaciones y marcadores de manera automática a través de esta funcionalidad.

SUMARIO NAVEGABLE

Sumario con accesos directos al contenido.

NFORMACIÓN IMPORTANTE: Si has recibido previamente un correo electrónico deberás seguir los pasos que n él se detallan.

stimado/a cliente/a,

ara acceder a la versión electrónica de este libro, or favor, accede a **http://onepass.aranzadi.es** ras acceder a la página citada, introduce tu irección de correo electrónico (*) y el código ue encontrarás en el interior de la cubierta el libro.

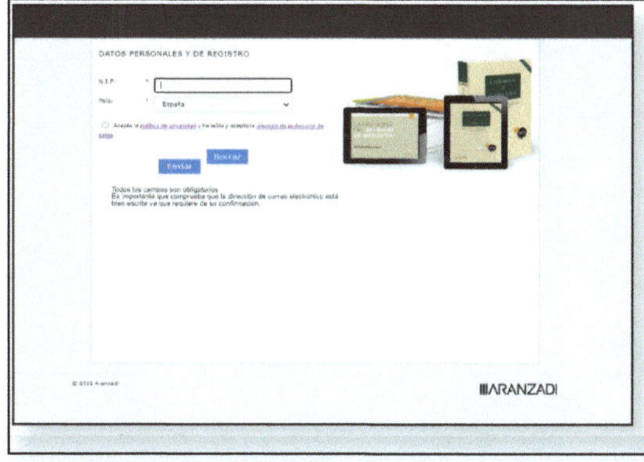

continuación pulsa enviar.

i te has registrado anteriormente en nePass, en la siguiente pantalla se te pedirá ue introduzcas el NIF asociado al correo lectrónico.

inalmente, te aparecerá un mensaje de onfirmación y recibirás un correo electrónico onfirmando la disponibilidad de la obra en tu iblioteca.

i es la primera vez que te registras en **nePass,** deberás cumplimentar los datos ara crear tu cuenta y poder acceder a tu libro lectrónico.

- Los campos **"Nombre de usuario"** y **"Contraseña"** son los datos que utilizarás para acceder a las obras que tienes disponibles a través del navegador en la ruta www.proview.thomsonreuters.com

Servicio de Atención al Cliente

Ante cualquier incidencia en el proceso de registro de la obra no dudes en ponerte en contacto con nuestro Servicio de Atención al Cliente. Para ello accede a nuestro Portal Corporativo y una vez allí en el apartado del Centro de Atención al Cliente selecciona la opción de Acceso a Soporte para no Suscriptores (compra de Publicaciones).

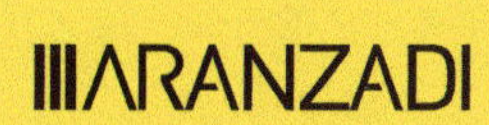